凌耕年

【增订本】

高门巨族的兰花
凌叔华传

陈学勇 著

人民文学出版社

图书在版编目（CIP）数据

高门巨族的兰花：凌叔华传／陈学勇著.——2版（增订本）.——北京：人民文学出版社，2023
ISBN 978-7-02-018191-9

Ⅰ.①高… Ⅱ.①陈… Ⅲ.①凌叔华(1900–1990)–传记 Ⅳ.① K825.6

中国国家版本馆 CIP 数据核字（2023）第 154371 号

责任编辑　周墨西
装帧设计　李思安
责任印制　张　娜

出版发行　人民文学出版社
社　　址　北京市朝内大街 166 号
邮政编码　100705

印　　刷　北京盛通印刷股份有限公司
经　　销　全国新华书店等

字　　数　404 千字
开　　本　640 毫米 ×960 毫米　1/16
印　　张　28　插页 9
版　　次　2010 年 12 月北京第 1 版
　　　　　2023 年 9 月北京第 2 版
印　　次　2023 年 9 月第 1 次印刷

书　　号　978-7-02-018191-9
定　　价　82.00 元

如有印装质量问题，请与本社图书销售中心调换。电话：010-65233595

凌叔华

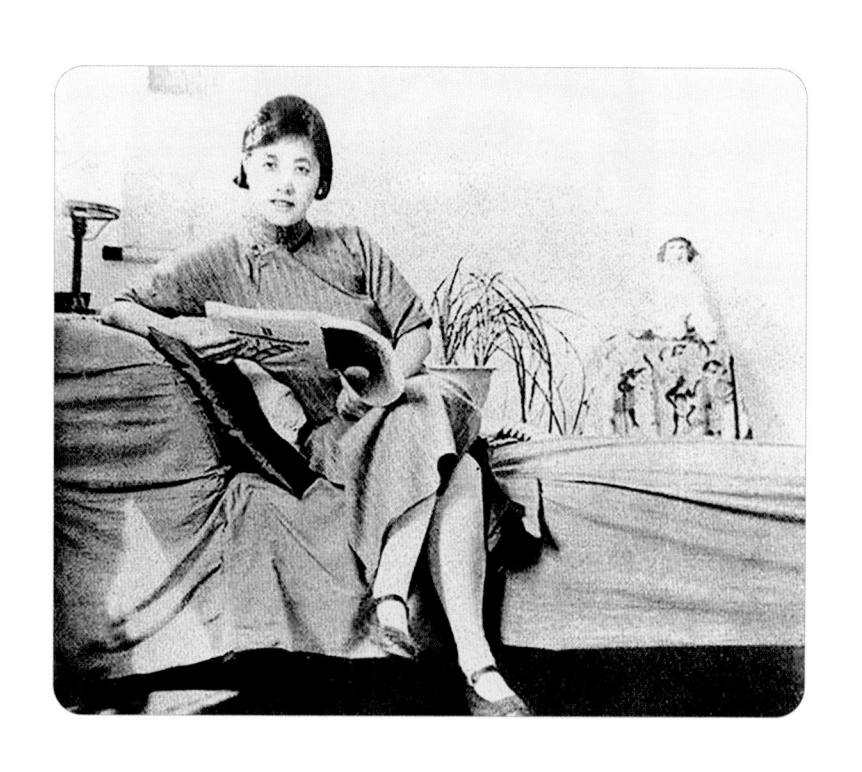

青年凌叔华

凌叔华在写作

1966 年的凌叔华

作画的凌叔华

凌叔华、陈西滢和陈小滢一家三口合影

花陰日瘦葉陰肥清鏡塵埃把袖揮不是王髙須夜燭可憐杜甫只春衣卷簾捉椅看微雨啼鳥流泉又夕暉苒苒年光經意緒誰言犀柄與金徽

中華民國六年三月　學生凌瑞棠寫

凌叔华少年时代书法习作

THE GODDESS OF THE MOON
BY
LING JUI TANG

Persons of the Play :—
Chang Ngê, the Goddess of the Moon.
Han I, her husband.
Woo Kan, the man who digs the cassia in the moon.
A White-rabbit.

SCENE I.

The scene is in a lonely mountain during the time of the Han Dynasty. Chang Ngê, dressed in yellow, sits thoughtfully in the lonely mountain cave.

CHANG NGE.
For a whole year no one has come to the mountain,
One hears only the singing of birds in the pine grove.
The leaves these days have turned red and yellow,
Autumn has come again to the world.
(*Rising she sings*).
Let me sing and dance while I am young.
Who knows how many days are still in store for me?
Life is like the vanishing morning dew,
And time is passing, oh! so swiftly.
(*Walking out of her cave, she hears the sound of some one grinding*).
The grinding sound comes from my husband's cave.
What is he doing now?
Since I accompanied him to this lonely place,
I have missed the joy of all human society.
How can a young woman forget her dear parents and lovely sisters.
When one has only a silent husband
Who never spends his time in merry making?
For years he has sat alone and read only Taoist books.
It seems unnecessary to him to talk to any one.
I shall go now and find out what he is doing.
I shall ask him to go with me to yonder mountain,
To see the fragrant golden cassias.

SCENE II.

Scene:—*A Cave, Hang I, sitting silently with closed eyes, holds an old book in his hand. A white-rabbit stands on his hind legs and pounds something. Chang Ngê enters.*

COUNTRY LIFE · OCTOBER 19, 1951

HAPPY DAYS IN KIATING

Written and Illustrated by
SU HUA LING CHEN

In the summer of 1938, when Nanking was suddenly taken by the Japanese, the authorities in charge of Wu-han University, a large and important university in Central China, decided to move immediately to Kiating, a remote, small town in Szechuan province, as it was thought that the enemy might drive up the Yangtze River to attack Hankow within the next month.

"But where is Kiating?" "What is it like?" we asked each other anxiously.

On the map of Szechuan province we found Kiating merely an insignificant black dot between the Ming River and the Ta-tu River. It was close to the famous Mount-Omei, which rose more than ten thousand feet above sea level. A professor of the department of Chinese literature told us that in ancient times Kiating had been a famous city and also renowned for its beautiful setting. The great poets of the Sung Dynasty, Su Tung Po and Huang San Ku, had lived there for many years. This did not help us much, since none of us wanted to become poets in war-time.

At last we got a letter from a woman professor who had flown to Szechuan with the university authorities to inspect Kiating. She wrote, "Kiating is a lovely little town, the landscape is beautiful and food is both good and cheap. You can buy 100 eggs for a dollar (at that time eight Chinese dollars equalled one pound sterling). There is good local salt and sugar and vegetable oil. Silk is also cheap; pure silk only costs five dollars a roll (a roll contains about 15 yards), and printed or colour linen two dollars a roll. Furniture and house rent are very reasonable. I nearly bought a house with one month's salary! The people are mostly pleasant and gentle looking, although they are very difficult to make friends with. This is because some of them are natives of Szechuan, some come from Tibet, while others belong to the Mew-tze tribes. I think they are kind people; they usually behave politely to us.

"I must warn you of one or two things. Yesterday I saw what appeared to be several black cats walking slowly across the street. When they came nearer I realised that they were rats! Enormous rats! When you come, bring as many tins as possible for storage, otherwise the rats will eat everything up. There is another thing I had better tell you now. I learned after I came that Kiating is a place which has suffered for centuries from a special kind of disease called Pa-ping that kills people in twenty-four hours. It is said to be caught if, while you are admiring the beautiful landscape, a puff of bitter and cold wind suddenly blows over you.

"There are various kinds of odd-looking insects also which I have never seen before. It will be interesting to study them. My dear friends, some of you may dislike them, but don't worry, they may be harmless creatures! Do remember to bring your medicine boxes with you when you come!"

Alas, what a place we were going to! Happy people thought only of the nice things and unhappy people thought only of the nasty ones. I am glad I belong to the former class.

In spite of all this unfavourable news everyone connected with the university had to move to Kiating before the enemy attacked Hankow. My husband, a professor of the university and I, armed with a dozen tins and a large box of Chinese and Western medicines, set off. We took our five-year-old daughter and my Peking maid with us and sailed up through the Yangtze Gorges to Chunking, where we changed on to a smaller steamer and set off up the Ming River, passing the famous Little Yangtze Gorges.

One August evening we arrived at Kiating. I was enchanted by my first glimpse of its superb beauty. The surface of the river was pinkish orange. The river was full of sandy mud which flowed down from Mount Omei and the Great Snow Mountains of Tibet, when the snow melted in the summer. This made the green mountains stand out against the evening sky. There were mountains on both sides of the river, all covered with green trees. They looked so very fresh and transparent that they reminded me of the Peking jewellery rock gardens, which are made of jade and all sorts of precious stones. The whole side of a pinkish white cliff had been used to carve the Buddha. It is said its size was to be more than five hundred feet high.

Kiating is a small town, with only forty thousand inhabitants. Very few people had ever found out how wealthy it was before the arrival of Wu-Han University. The professors in every department were satisfied in their different fields. During the first two years, before the disastrous Japanese air raids, all of us enjoyed work and life immensely.

Before the war most of us had lived in modern towns. Now we had to go back fifty years. We cooked our meals on wood fires; that at first was a hard task, but we soon learned to like it. There were only two or three streets which had electric lamps. The other houses used vegetable oil lamps. Water had to be carried from the river. In summer time the water was muddy; we had to purify it with alum or kwan chun pao, a kind of local herb that had been used since the Han Dynasty. They believed it killed all sorts of harmful things in the water. Many men and women wore white turbans here to protect them from catching a sudden cold and from long periods of dampness. Some well-off men wore modern hats, but the country people did not trust hats to protect them as well as turbans.

All the streets were paved with large stones. It was difficult to walk with our leather shoes on rainy days. Most local people wore grass or linen sandals. Boot and shoe shops began to appear shortly after we came. A young cook from Kiating High School who had never possessed a pair of shoes all his life was enchanted by the glittering leather shoes, and decided to buy a pair for himself. One day, while pouring rice into the large pan which contained boiling water to cook a meal for two hundred students, he fell into it too, because the kitchen floor was so slippery. This sad story spread quickly over the whole town. Whenever the local youngsters admired and wanted to buy some modern objects, their elders used to tell them " You have forgotten the cook."

The university had made arrangements with the priest of the Ten Thousand Buddha Temple to build twelve houses for the faculty families on some ground on a hill belonging to the temple. The families drew lots for the various houses and we were lucky enough to get one which was on the front of the hill with a large slope we could use as a garden. The Big Buddha Mountain was just opposite, so that there was always a view.

Our house had three rooms—a bedroom

THE HOUSE THE AUTHOR BUILT AS A STUDIO IN KIATING, IN THE CHINESE PROVINCE OF SZECHUAN

凌叔华20世纪50年代发表于英国的作品

凌叔华画作——《秋水秋花入画图》

凌叔华画作——《红了樱桃绿了芭蕉》

凌叔华画作——《王者之香》

目 录

高门巨族

袁世凯属下 …… 001

闺阁或青楼 …… 003

朱门豪宅 …… 013

姐妹俩 …… 019

瀑布卷走了哥哥姐姐 …… 027

童年婚约 …… 037

洋楼内外 …… 043

直隶女师 …… 049

文苑别枝 …… 053

未能成为翻译家 …… 065

中国式艺术沙龙 …… 067

师从周作人 …… 073

请泰戈尔吃茶 …… 081

闺秀雅韵 …… 089

…… 093

『抄袭』之冤	103
他们看『三一八』惨案	112
姻缘双佳楼	119
蜜月东瀛	135
『手足』徐志摩	142
『八宝箱』恩怨	157
知音陆小曼	169

珞珈风韵

直呼『适之』	179
双佳新楼	188
中国的曼殊菲尔	195
『京派』重镇	203
珞珈三杰	210
来了个英国诗人	221

烽火岁月

- 颠沛乐山 ... 235
- 沦陷的故都 ... 237
- 英伦飞鸿 ... 246
- 让庐时光 ... 252
- 书香门第的"野孩子" ... 256
- 非常之旅 ... 263

羁旅赤子

- 侨居伦敦 ... 275
- 布鲁姆斯伯里之友 ... 281
- 古韵悠长 ... 283
- 爱山庐下 ... 291
- "来去自由" ... 297
- 另一条船 ... 304
- 寂寞旅人的黄昏 ... 314

322
328

叶落故都 ………… 333

凌叔华年表 ………… 339

附：凌叔华集外生平纪行散文（三篇）………… 403

参考书目 ………… 431

2010年版后记 ………… 435

增订本后记 ………… 441

套用托尔斯泰一句名言，平凡的女性作家都是相似的，杰出的女性作家各有各的风姿。

　　中国现代女作家中，凌叔华尤为独特罕见……

凌淋华

高门巨族

凌淑華

袁世凯属下

　　划时代的"五四"亦是才女辈出的辉煌时期,那时最初登上文坛的第一代女性作家们,大抵出身官宦之家。想来这是自然的,写作须有文化基础,文化受之教育,良好教育少不得财力支撑,有此财力的商贾却往往不怎么看重女孩的文化素养,于是女作家多集中在学而优则仕的宦门。陈衡哲、冰心的父亲都是清末官员,前者文后者武;女高师一群同窗:冯沅君、庐隐、苏雪林,哪位不是县太爷的膝下千金;石评梅虽略微不同,其父并未授官职,但也是有举人功名的。凌叔华更不例外,而且她父亲在那代女作家父辈里最为显赫,授得一品顶戴,近侍帝宫,统辖京门,往来非达官显贵即名门名流。

　　凌叔华原籍广东番禺。远祖曾居于福建莆田,到了南宋先祖仕宦广州知府、广东都统,便定居粤地,繁衍生息下来。凌叔华的父亲凌福彭,乃南宋名将抗元经略安抚使凌震的第二十代孙。[①] 由宋至清近千年间,凌氏一脉起起落落,详情已不甚了然。凌叔华说,她曾祖父当过海盗,出没澳门附近海域,曾祖母便是海上劫来的意外收获。[②] 至少到了曾祖父一代,凌家祖上离开仕途,落籍番禺,栖身珠江口的深井村(今归广州市黄埔区所辖),成为当地著名富绅。番禺深井村尚留存建于明嘉靖年间的凌氏宗祠,三间三进,两大天井。首进大门颇为气派,仍能辨认出门联:"莆田远流泽,梓里庆长春"。相对或仕或商的凌府,凌叔华外祖

---

① 凌念胜:《一代才女凌叔华的父亲》。
② 魏淑凌:《家国梦影》。

家则弥漫书香。太外祖父谢兰生，主持过书院，著有《常惺惺斋诗集》，并擅丹青。

凌氏祖上致富原因，一种传闻说，劫来曾祖母以后凌家开始大发，大家叫曾祖母"黄毛太"，以为黄毛太带来了财运。① 另一种说法，黄毛太擅长经营，种植花生积累了万贯家财。② 凌叔华的曾祖父、祖父，皆好行善积德，《番禺县志》对此多有记载。富婆黄毛太希望儿孙重新步入仕途，可儿子凌朝赓无意于此，志趣仍在实业。他十四岁跟了传教士学外语，后来兴趣转向代数、几何。二十三岁画成一组设计图纸，雇人打造了一条蒸汽船，一条轮机船。在十九世纪中叶，凌朝赓所作所为实在相当新潮，算一个当时不多见的维新人物。祖父凌朝赓早早病故，凌叔华没有见过老人，谈不上受祖父什么影响。影响甚大的是她父亲凌福彭，父亲遗传了艺术禀赋给凌叔华，熏陶了她超长才情，也提供了她人生起步的优越环境。

凌福彭原名凌福添，取字仲桓，起号润台。③ 凌叔华印象里，父亲个子高，肩膀宽，脸细长、健壮、奇伟、气度不凡。年轻的凌福彭向往仕途，自幼潜心四书五经。无奈时运不济，直到二十六岁才得了个"生员"资格，红纸上写了这两个字贴在大门口，告示乡邻。他坚毅奋进，一八九五年终于中了进士，殿试过后授予翰林，几辈中断仕途的凌家重新延续仕宦。那年凌福彭三十六岁，已不再年轻。新科进士踌躇满志，觉得天下人都在看他，期望他大展宏图。他赴考途中羁旅的客栈，门前有一丛紫藤花，金榜题名的喜悦，令他感到紫藤花无比亲切，芬芳香气久久萦绕心头，多年后还对凌叔华津津乐道这醉人的香气。凌福彭名字刻进京城孔庙功名碑，孩子们常常去孔庙，到碑前荣耀荣耀。十九世纪封建社会取得的功名，到了二十世纪末，出生和生活在美国的他家第四代，掺进加拿大血统的重外孙女萨沙，竟也以此荣耀，欣欣然远涉重洋，多次跨进北京孔庙，寻查石碑上她曾外祖父的名字。另一个侨居英国的外孙女陈小滢也来过孔庙，见到石碑上凌福彭大名，和萨沙一样欣喜异常。要知道，两人都是深受西方文化熏染的现代青年。

和凌福彭同科名列金榜第二甲进士还有康有为，排位较凌福彭落后四十多

---

① 凌叔华：《古韵》
② 魏淑凌：《家国梦影》
③ 另一说，"润台"是字

名。① 凌、康同登金榜，又是广东同乡，可政见不尽相同。一起参加北京会试的时候，正传来《马关条约》签订消息，康有为发动轰轰烈烈的"公车上书"，签名者千余人，其中广东籍八十人，但凌福彭没有加入其中。康有为放弃了朝廷任命，布衣终老，而凌福彭授了末代王朝的翰林院庶吉士，担任过若干重要官职，户部主事，军机章京，保定知府，② 天津知府，顺天府尹，直隶布政使，所辖衙门无一不是官场要津。凌福彭属于典型的忠于清王室的正统官员，以才干报效朝廷为责，纵然他报效的这个朝廷已经摇摇欲坠。

比这些官职更能说明凌福彭朝中地位非同寻常的是他与袁世凯关系密切。凌、袁同僚多年，从清末到民初。凌福彭长期追随实权在手的袁世凯，施行新政志同道合。凌福彭是袁世凯推行"北洋新政"的得力助手，袁任直隶总督，便用凌做副手任布政使。袁三次派他去日本考察，决心仿效邻国鼎力革新，推行民主宪政、新式教育、监狱改革，等等。身处保守的王朝，推行宪政谈何容易。而教育又难以有立竿见影的成果，幸好狱治改革短期即收效明显。凌福彭东瀛考察回来上书袁世凯："方今各国环峙，非修内政无以定外交，内政之要，首在刑律。监狱一日不改，则刑律一日不能修。"主张刑期内培训犯人技能，"讲求工艺以辟其生机，修改刑律以宽其手足，明罚敕法，禁民为非。监狱中多一囚徒，则闾里中少一匪类；工场中多一手业，则廛市中少一惰民，似于治理不无裨益"。袁世凯首先在凌福彭主政的天津府辖地区试行新狱政，后来推广至全国。当时《东方杂志》登过一篇《天津府凌福彭调查日本监狱习艺详细情形呈直隶总督袁禀》，凌福彭狱政新举措的声誉闻名遐迩。

天津府成袁世凯推行改革的基地，袁世凯极为赏识这位属下，为此上呈奏折，竭力向宫廷为凌福彭请功，奏折说：

> 光绪二十六年奉旨补授天津知府，光绪二十七年九月到任。其时天津尚未收回，该员往来津、保，将一切应办事宜预为筹备。光绪二十八年秋间，

---

① 相关文章均说落后十多名，此据光绪二十一年乙未科殿试金榜名单顺序，凌福彭二甲第三名，康有为二甲第四十六名。
② 学者杨义查阅《清代职官年表》断定，凌福彭没有当过保定知府。但其他多种史料却有记载，如《最近官绅履历汇编》。

随臣到津接受地面，部署善后事宜，井井有条。光绪三十年委赴日本，考查监狱、工艺，各得其精意所在，差竣回国，缕晰条陈。天津习艺所之设，规制章程，皆由该员手订，保定踵而行之，化莠为良，囚徒受福。一面设局创兴工艺，贫寒子弟皆得执业以谋生。是年大计，保荐卓异，曾护天津道，并代理津海关道篆，河工洋务，考求有素，因应咸宜。光绪三十二年调补保定府知府，保定设有谳局，为通省刑名总汇，遇有疑难重案，督饬局员，悉心推鞫，务得真情，民不含冤，狱无留滞。因天津交涉事繁，仍调署天津府篆，以资熟手，并令督办自治局，总理高等审判分厅，以为立宪基础。该员才长心细，器识宏通，如果重以事权，必能力膺艰钜，应如何量予擢用之处，出自宸裁。该员现因卓异，请咨引见，除给咨送部外，理合附片具陈。

凌福彭屡屡升迁，仕途顺畅，正是由于袁世凯器重、提携，史学界把那时类似凌福彭的官运亨通称之"北洋捷径"。袁世凯曾一时政坛受挫，凌福彭依旧不作须臾避离。清皇室怕袁世凯功高盖主，寻了个好笑的借口，以袁世凯脚有毛病，打发他回了河南彰德老家。被迫屈居彰德的袁世凯岂能甘心赋闲，垂钓洹水，心存天阙。一面佯装与人唱和诗词，一面暗中静观风云变幻。这段日子袁世凯门下来客稀疏，凌福彭仍唱和不辍。日后袁世凯儿子袁克文，将洹上唱和的诗词抄录下来辑为一册，题名《圭塘倡和集》，由旁人影印了传存世间。

清朝终究灭亡，袁世凯当上中华民国大总统。凌福彭自然也换上洋服、佩戴勋章，转身为参议院议员，一如既往随从袁世凯左右。袁世凯特设一个小型的"政治讨论会"，由"富有学问经验"的八个亲信组成，指凌福彭为副会长。"讨论会"专门讨论袁所交付的政治草案、上诉建议，委实一个袁世凯决策的智囊团，此时凌福彭权势并不亚于穿满清朝服的时候。有时负责个营修郊外清朝皇陵，看来闲差，实际很肥，腰包填得鼓鼓。

凌福彭与袁世凯这般亲近关系，当然唯袁是从。袁世凯逆历史潮流，张罗黄袍加身，北京成立了拥袁称帝的"筹安会"。远在广州治理洪水的凌福彭，遥相呼应，纠集了蔡乃煌、李翰芬等遗老，设立"集思广益社"。名为国体讨论，实际亦步亦趋，簇拥了"洪宪"皇帝登基。袁世凯百日帝梦破碎，数月后又忧又惧，毙命于全国讨伐声浪。凌福彭做了"驾崩"的政治殉葬，从此无所作为。二十年代京城

◇ 保定府邸
◇◇ 凌叔华出嫁前与父亲等人合影

◇ 穿清朝官服的父亲
◇◇ 进入民国的父亲

内乱，群雄逐鹿，更没有凌福彭用武之地。北伐之后他匆匆南下避居，经上海到达广州，诀别了他发迹而辉煌的故都，做了政坛之外的南方寓公。

他晚年寄情诗词，随前清旧臣梁鼎芬、陈三立雅集沪上豫园，成立"逸社"，应和酬唱。又耗十几年心血，参与编撰《番禺县续志》，尽力保存故里史料。一九三七年秋天①凌福彭老死广东，归葬番禺深井村。墓碑刻字：

光禄大夫考润台府君

清授　　　　　　　墓

一品夫人先妣冯夫人

政界风云瞬息而过，但凌福彭广东治水的善绩则长久为后人追怀。他领导官绅设立救济公所，分赈各处灾区，进而修筑基围以绝后患。遭洪灾最为严重的肇庆，于一九二二年特地建造"三君祠"，纪念防洪救灾中立功的邓瑶光、凌福彭、叶兰泉三人。凌福彭死后，一九三五年肇庆又将热心当地水利事业的余汉谋、梁祖诰二人加列祠内，改名"五君祠"。至今五君祠为当地胜迹，瞻仰者络绎不绝。凌福彭故里深井村祠堂众多，就数凌氏宗祠格局最大，保存最是完整。乡民每每对外来者夸耀，我们这里出过一个凌福彭。②也有持异议的学人指斥凌福彭为佞臣："丧心病狂如凌福彭者，真罕有其俦也，北洋新政根本上之败坏当以凌福彭为罪魁也。"③

言辞过激了，凌福彭历宦西太后、大总统两代，政治见解杂糅并包，成败兼有。子孙们刻这么一块墓碑，④仅书王朝官职，制碑人观念偏于凌福彭旧的一侧，未能洞见先人肺腑。凌福彭是旧里出新，新里蕴旧，此是中国近代史交替期人物并不罕见的现象。他的后裔、曾外孙女、美国学者魏淑凌的结论是："他一生信奉的是实用主义而不是强烈的信仰。"⑤如此定论凌福彭，说这位有学养有作为的历

---

① 许多文章记为一九三一年，此从凌福彭嫡孙凌念胜文章《祖父凌福彭和姑姐凌叔华》。凌文写于二〇一二年赴深井村祭祖归来当时，刊台湾《联合时报》。
② 石红：《重拾失去的记忆时光》。
③ 佐藤铁治郎：《袁世凯》。
④ 循封建社会惯例，碑刻未列凌叔华等女性名字。
⑤ 魏淑凌：《家国梦影》。

史人物缺乏信仰,似有失公允。不如换个说法,信仰云云,端倪初现,尚有待充分的证明史料。现代女作家父辈,位尊近乎凌福彭者,仅冰心之父谢葆璋和林徽因之父林长民,谢为武将,林系文士,或旧或新,唯有凌福彭的政坛生涯,亦旧亦新,思想和政见不易一言蔽之。功也,过也;守旧乎?革新乎?需史家们探讨。

毋庸置疑,凌福彭绝不像其前后许多官员,专谋权术而无学养,专营私利却无建树。他那时代,宦者学而优,多饱读诗书,深谙经史。凌福彭格外儒雅,乃一个典型的头戴翎帽的士林学子。除官场往来,凌福彭多结交俊彦鸿儒。纵然和康有为政见存仁智之异,"拥君"却是相同的。两人时相过从,康有为是凌府常客。名士辜鸿铭也是十足"拥君"派,更时时出入凌府。凌福彭亦与新派文人往还,胡适即是突出的一个,而且非泛泛之交。胡适借阅凌府藏书,写了一篇《宋元学案抄本补遗》跋,送凌福彭过目,深得凌的赞赏。还有出乎意料的,凌福彭竟然随同凌叔华参加过新月社聚餐会,饶有兴趣地探视这群新式才子相聚,看它与老派的雅集有何不同。纵然如此,凌福彭又藐视新文学作品,凌叔华说,她发表的白话小说不敢让父亲寓目。

今日读者不易寻阅到凌福彭的文字了。黎元洪去世殡葬,凌福彭曾送去祭文,供在出殡队伍的祭文亭里抬着,写了什么,写得如何,遗憾未见记载,只好借助他的零星墨迹,幸存他的少量文本。邓世昌牺牲,他与凌朝康联名撰一对挽联:

> 参军务以擢功名,成名千古
> 战倭奴而殉大节,壮节一人

李伯元所著《南亭四话》,其第五卷《除夜春联》也保存了凌福彭送李鸿章的一联:

> 整顿乾坤几时了
> 不废江河万古流 [1]

---

[1] 见大东书局1925年印本,上海书店1985年影印

◇ 凌福彭墨迹

这副对联是凌福彭自己书写的，他于书法颇有造诣，书法自有家传，凌福彭外祖父谢澧浦即远近闻名的书画家，人也饶有风趣。有年春节写了十尺长的巨幅春联，房屋太小无从悬挂，他笑笑说，将来总有一天有地方挂的。果然，日后女婿发财建了高大门楼，厅堂终于张挂上这副对联。凌福彭曾经和凌叔华谈书艺体会："书法是最高的造诣，没有极境，你越写就越觉得它趣味无穷。人有天赋，方可为之，沉醉其中，才能悟得其境界。"① 凌福彭书法水平不逊时下若干书法名家，他早岁师法"二王"，后兼擅行草和篆书。有一条幅，与中国末代状元刘春霖等十二人手书，合为成套的十二屏，前几年在拍卖场上拍得十五万四千元不菲售价。他自撰书写的对联"苔色冷含丹嶂影，花光晴出绿天书"今收存在台湾学者、收藏家谢鸿轩手里。② 书画同艺，凌福彭亦擅长丹青。每当他摊开纸墨，凌叔华就看得出神。可惜今人难有一睹他画作的眼福，不知子孙们是否还有秘藏，网上拍卖过一回的。

---

① 凌叔华：《古韵》
② 谢鸿轩编《近代名贤墨迹》

闺阁或青楼

凌福彭先后娶四房妻妾，凌叔华生母李若兰是第三位。后代保存了李若兰两张相片，一张大约摄于一九〇〇年，一袭便袍，考究的丝质面料，尽显贵妇气派。另一张在一九三〇年左右，进入民国，垂至鞋面的皮毛大氅，浓浓的新时代气息，比前一张愈加雍容华贵。而眼神炯炯，则透出她精明干练。

凌叔华生母的来历有点扑朔迷离，带几分传奇色彩。凌福彭为官至贵，留存的生平资料相当丰富，地方志、文史档案、同代人记述、后世学者发掘，十分丰富。叙述凌福彭生平的难处在如何取舍，去讹存真。说到凌叔华母亲，恰好相反，世人知道得极少，叙述她，几乎为无米之炊。那个年代有谁费笔墨关注一个并无建树的女人，何况还是个偏房。幸而凌叔华写了本传记体小说《古韵》，专述"母亲的婚姻"一节，叙写母亲身世详尽、生动，甚至富于戏剧性。然而《古韵》毕竟是小说，真事多少，虚拟多少，不大好说了。李若兰到小说里改成朱兰，父亲也改为丁姓。

据《古韵》，朱兰也出生在粤地，离番禺不很远的三水镇，三条小河交汇处。小镇临水，景色秀美；水边的女孩，水灵秀气。朱兰原本同样出身书香门第，祖父很有学问，兼擅诗赋，是地方上颇具声望的名流，名字辑载入《广东省志》。颇具名望的祖父至为孝顺，虽然应试中了举人，仕途在望，却为了近侍二老，甘愿终生待在寂寞的乡间，身后留给儿女们遗产，只是他自己的著述和满架的古人典籍。

祖父过世，朱兰父亲依旧无忧无虑地攻读诗书，好在夫人陪嫁带来数百亩良田，全家无衣食之虞。这个父亲太过疏忽，一次携朱兰去广州赴亲戚寿宴，他酒意微醺地上街观灯，待灯火阑珊，走到码头要回转住处，只才发现携来同行的闺女不在身边了。寻找了三天不见踪影，父亲急火攻心，立时病倒，一年后离开了人世，女儿人生轨迹由此而改道。

　　拐走朱兰的老妇把她卖了人家，买主潘姓是家大户，无儿无女，对女孩视如己出，朱兰幸免沦为童奴或幼妓。潘家实广州四大富商之首，豪华宅院里的廊檐梁柱，处处精雕细刻。门口细瓷花盆里的花卉，四季变换。春天的牡丹，夏季的荷花，秋凉开菊，冬来吐梅。潘家少奶奶孀居内帏而主持家政，操劳一天下来，心头空空荡荡。原只打算买个丫头替替手脚，难得朱兰讨人喜欢，便收养做女儿，母女做伴，驱散了孤寂。养母一起早就打扮朱兰，送她往私塾念书写字，带她去亲友家应酬婚丧礼节。见她俊俏爽朗，认定日后或有出息，添了指望，因而如亲生闺女般疼爱。

　　朱兰渐渐长大，亭亭玉立，生母费尽周折寻到潘府相认。两位母亲都通情达理，交由朱兰自己抉择。朱兰去留两难。权衡之下，养母家温馨日久，难舍依偎，生母这头到底生疏。生母无奈返回，只好常来看看。十五岁的朱兰青春焕发，媒人三天两头登门。男方有官宦有洋商，也有书香门第，潘少奶奶总舍不得就此嫁了出去。但敌不过一句俗话，女大不中留。最终缘分系着一位京城要员，恭亲王的左膀右臂。且不说府邸金碧辉煌，仅他一笔好书法就叫女孩动心，潘府匾额正是他往日题写。京城要员赴潘家请宴，看到朱兰苗条秀丽，顿时两眼出神，几天后即着人说媒。潘少奶奶满意这门亲事，只是顾忌人家已有了原配，不忍心朱兰去做偏房。不意朱兰竟爱慕来客的魁伟儒雅，羞怯怯默许了婚事。很快她随新婚丈夫进京，进宅门后才知道，丈夫原配之外还先有了另一个偏房。[1]

　　《古韵》是依自传构思的小说，所叙不宜全然轻信。认养朱兰的潘家是否姓潘？凌福彭一个亲家就是此姓，[2] 潘姓未必不是小说借用过来的。《古韵》中"搬家""一件喜事"两章，均在凌叔华撰写自传体《古韵》之前就以小说发表了，而

---

[1] 凌福彭娶过几房太太有三种说法：一，《古韵》描述有六位；二，陈小滢说是五位，"母亲总说她最恨五姨太"，见《回忆我的母亲凌叔华》；三，凌叔华接受记者郑丽园访谈，确认四位，见《如梦如歌》。
[2] 林杉：《秀韵天成凌叔华》。

◇ 清末时的生母

◇ 民国时期的生母

第五章"中秋节"与发表过的小说《八月节》则大同小异。纵然如此,总有传记成分在内,细节虚拟不掩大体真实。

凌叔华胞妹凌淑浩叙述了母亲另一番来历。若兰父母并不算富有,父亲不过是普通读书人,母亲操持农务。淑浩告诉女婿,姨婆李若兰做过画舫上的歌伎。凌福彭上画舫听歌,指定说:"我要娶她。"若兰跟着走了。① 照理她不会随意说母亲,应该可信。可凌淑浩说此话已到九十八岁高龄,会不会出于说不清缘故的臆想呢? 记述外祖母这番话的魏淑凌,对照《古韵》不同的叙述,她"有一种被欺骗的感觉"。她说:"两姐妹对这件事情的处理(叙述)都让我怀疑其中另有隐情。"② 何种隐情呢? 或许是一个永远解不开的谜。

不论来自闺阁或出身青楼,反正李若兰嫁进高楼深院,伴随凌福彭到老,她修炼成一位十足的官府太太。凌福彭原配冯夫人去世很早,姨太太们一个不服一个,明争暗斗,为一点琐事闹得鸡飞狗跳,以致酿成轩然大波。要泼的要泼,撒娇的撒娇,各有招数,尽情描述在《古韵》里。李若兰摆一副老好人姿态,左右逢源,稳稳地享她清福。她不可能具有现代观念,无从咀嚼其中苦涩。礼教的意识和涵养,让她不得不哑巴吃黄连,人性压在了心底。抑或心已麻木,无所谓压抑不压抑,本来感受不到一丝苦味。李若兰俨然凌府的平衡器,假若没有她,凌府上下不知将乱成什么样子。撒娇的、要泼的是贵府的一类,李若兰是高门巨族太太们的另一类型,更能体现礼教涵义的那种,所谓大家风范。母亲的性情遗传给女儿们,最明显是在凌叔华身上。

李若兰膝下一色四个丫头片子,淑芝、淑平、叔华、淑浩。没能为老爷尽到延绵子嗣的责任,是她一块心病。她以为肚子太不争气,一直存着自卑情结,暗自埋怨命苦。头两个女儿后面原有个男孩,又不幸夭折。李若兰满心指望再来个男儿,叔华又是丫头。母亲泪眼汪汪地吩咐用人,别给老爷报信。三天后接生婆上门讨喜钱,凌福彭才知道家里又添了丁口。既然命中不该有男孩,李若兰只得希望女儿出人头地。不能续香火是豪门妻妾的一大罪过,压在李若兰心头的自怨自艾情绪影响到年幼的凌叔华,她成年后回忆:"有多少个早晨,我都梦想着像过去爸一样,去参加科举考试。如果考取了,我妈得有多高兴,她会向家里每个人

---

①② 魏淑凌:《家国梦影》。

夸耀自己的女儿，那时再没人敢说，她没有儿子。"① 李若兰热衷给女儿讲孟丽君之类的浪漫故事，女扮男装，高中魁首，故事不只是故事，寄寓她苦心期盼。凌府十多个孩子成年以后，未见其他几房子女多大出息，唯有叔华名垂史册，淑浩成了美国的优秀医生。晚年的李若兰该无限欣慰。

叔华、淑浩成年前，李若兰是郁闷的。每当排遣郁闷，便依赖女红，手不离针线。叔华幼小不解母亲烦恼："晴天看妈刺绣，是我记忆里的一首小诗。她那好看的手指，在竹绷子上下织来织去，发出细微悦耳的声音，给人一种时空的和谐。"但是"一次，妈问我喜欢绣什么颜色的鞋，我竟不知为什么，眼里忽然盈满了泪水。"② 莫不是女儿蓦地想到小诗以外的什么？

李若兰年幼时识得一些字，嫁入凌府再受丈夫耳濡目染，也有了少许书卷气。叔华给母亲念郁达夫小说，作者同情"袋里无钱，心头多恨"的落魄青年，很引起李若兰共鸣。李若兰房里唱本不少，她读了抒写真情的唱本《客途秋恨》，竟有如此评论："那样写法，才是文学，不是无病呻吟。"③ 泰戈尔第一次访问中国那年，她容许还是女学生的凌叔华不避闲言碎语，参与社交活动，约同徐志摩，请泰戈尔等来家里做客。她特别嘱咐叔华，不能给中国人丢脸。亲自指派用人备好各式点心，家里做的、街上买的，尽是中国传统特色的糕饼浆水。

《古韵》描绘的朱兰，知书识礼、洞晓人情、贤惠仁爱、聪慧干练。叔华母亲果真这般完美？ 小说里的形象，虚虚实实。

---

①② 凌叔华：《古韵》。
③ 凌叔华：《回忆郁达夫一些小事情》。

朱门豪宅

一九〇〇年凌叔华在紧邻北京故宫的东城史家胡同呱呱落地。可是她多次自述生于一九〇四年,一九八一年她回答夏志清咨询,依旧坚持"我算是1904年生",一个"算"字颇有意味,这一年出生的是她妹妹淑浩。辞书及许多凌叔华生平资料依据自述认定了这一年,讹传甚广。不能简单看作她记忆有误,每道及生年她便心情不爽,曾坦言:"既蒙问起,虽然自己不高兴想到,为了实用,奉告如下。我想作家,尤其是女的,多半不情愿说及年龄,这也等于长得不好看的人,怕人提及相貌同样可恕。"① 凌叔华女儿陈小滢实际出生年份和证件登记的也相差四年,不该是巧合的误记吧。凌叔华胞妹淑浩也有过类似生年差误,也是记忆问题? 凌淑浩外孙女魏淑凌即认为有意地更改,魏淑凌说,"凌氏姐妹不约而同地都变更了自己的出生日期"②,在姐姐,为的"对付考官",或"满足个人的虚荣心","有时,这种手段也能让她们逃出恒定的光阴,编织个人的回忆","是一种描述自己生活时采取的操控策略。"③

魏淑凌说,凌叔华乳名瑞唐。似不大可靠了,中国人乳名不大取得这么郑重严肃。我宁愿依从凌叔华的《古韵》所写,乳名叫十儿,兄弟姐妹中她排行第十。凌叔华本名,学界看法不一。有文字依据的是,启蒙上学名"凌淑华","淑"字

---

① 凌叔华致夏志清信。
② 应为年份。
③ 魏淑凌:《家国梦影》。

按兄弟姐妹同辈分所定，异母兄名"淑桂"，同母两个姐姐名"淑芝""淑平"。①读直隶女师用学名"凌瑞棠"，进燕京大学又用学名"凌瑞唐"。她给本校老师周作人去信，落款正是这两个字，在本校杂志《燕大周刊》发表多篇译文也都用"瑞唐"。毕业后送美国画家玛丽·奥古斯塔·马里金两幅画作，落款仍是"凌瑞唐"。②四十年代凌叔华请求驻美大使胡适代为在海外谋职，所附自我介绍，还是"凌叔华，名瑞唐。"③异母姐名"凌瑞清"，瑞含吉祥的意思。清当是大清，那么唐系盛唐，均意在祈福皇朝。④凌叔华后来以笔名"叔华"行世，当由"淑华"而来。同母姐妹她行三，合了伯仲叔季的顺序。她的笔名，除"凌叔华""叔华"，另有只用了一两次的笔名：素心、素华、文川、凤、SUHUA。二十世纪四十年代移居国外，西名是 Su-Hua Ling Chen。她在燕京大学取过一个西名，那时她认了一位德裔美籍女教授作姨母，因为"她甥女的名字与我的外国名字相同"。⑤与英国布鲁姆斯伯里文化圈交往，英国朋友都称她 Sue。

凌叔华来到人间太不是时候，正值八个帝国主义国家虎视眈眈，筹划联合攻打清王朝。几个月后联军正式宣战，北京皇城随即陷落，凌福彭携全家老小仓皇逃往河北，路上正有襁褓中的凌叔华。好在为时不长，联军撤退才回了京城。

她三四岁，又随母亲回了一趟故乡番禺，在那里母亲生淑浩，长住了几个月。叔华在番禺日子仅此一回。父亲病故她去广州奔丧，行色匆匆，疲于丧事，未能就近再回一趟番禺。唯一的一次去番禺，她还很小，尚未记事，但在大人一次次追忆里，那经过仿佛记得真切，细腻地描述在《搬家》⑥里离村前几日，"我"的依恋，四婆的慈爱，乡邻的质朴，均刻画得入景入情入心。浓烈乡情融透凌叔华全身，虽逗留家乡日子极短，她却一生无改乡音。古稀之年她赴台湾参加一个讨论会，与会的台湾朋友用"国语"交谈，以为她不再会说粤语。岂料凌叔华立即改掉国语，操起流利的粤语，气氛立刻亲切起来。⑦

---

① 也有例外，五姐凌瑞清、六哥凌大容都无"淑"字。
② 据马里金写于1935年的《在中国的一次艺术家聚会》，见魏淑凌《家国梦影》。
③ 凌叔华致胡适信。
④ 台湾学者秦贤次先生仍持原名"瑞棠"说，寄示本书著者，燕京大学学生名录及燕京大学教员一览表，皆为"凌瑞棠"或"陈凌瑞棠"。
⑤ 凌叔华：《悼克恩兹女士》。
⑥ 《搬家》先以小说发表，后辑入《古韵》。
⑦ 容天圻：《谈艺续录·记凌叔华女士》。

◇ 凌叔华绘制的凌府豪宅
◇◇ 史家胡同内院

凌叔华童年封闭在锦衣玉食的大宅院。登上院内的土丘，望得见不远处皇宫屋檐的黄色琉璃瓦，经落日映照，金光四射。大院前门朝干面胡同，后院接史家胡同，院落套着院落，屋子连着屋子，近百间，毗连一大片，掩映着扶疏浓荫，看不到边际。大院中间圈了个后园，亭台楼阁，假山池塘，应有尽有。凌叔华为《古韵》画的一幅插图《我们在北京的家》，那气派非一般官吏宅邸所及。这般气派的大院里，可想人口众多。太太有几房，各房一群儿女，孩子们一会出生，一会夭折，都弄不清家里究竟多少成员，估计得四五十。服侍的人更多，父亲的私人秘书、贴身侍卫；女佣、门房、花匠、厨师、车夫还有裁缝。

住房虽大，人员虽多，凌叔华童年依然寂寞；房子越大，反倒寂寞越深；兄弟姐妹越多，就如分母越大，各人享受到天伦抚爱的机会越少。父母的职责似乎仅限满足他们锦衣玉食，物质以外的需求就不大顾及到了。父亲那么威严，母亲那么忙碌。爱的饥渴使叔华有时希望生病，生病的时候才有机会一得眷顾。她不无酸楚地说："我就不记得曾在爸妈的膝头撒娇耍赖过，倒是有一次生病，妈坐在我的床头，心疼地抚慰着我，这是我童年时代最幸福的记忆。"① 这种寂寞情绪成了小说《凤凰》的主题。枝儿看着姐姐上学，妈妈出门，爸爸办公，偌大庭院静得叫人发怵。高墙外面是什么样的世界呢，一定热闹。谁忘记关上大院边门，枝儿伸出头望望。送水车吱扭吱扭地过去了，卖花花绿绿糖果的推车过去了，接着过来了老头儿，敲小锣挑担子，担子插满面捏的小人和各式动物。老头歇到对面树荫下，立刻围上来高高矮矮的孩子，枝儿跟了过去。你要这个他要那个，口袋里没有钱的枝儿想要那活灵活现的凤凰。没钱，老头儿不给。一个陌生大汉替枝儿付了钱，陌生人诓她，带她去看真的活凤凰。枝儿随陌生大汉一步步离开家门口，陷入圈套。亏得家里老花匠看到，追了上来，人拐子逃之夭夭。叔华或有过枝儿这么一回有惊无险的经历，《凤凰》确是她童年寂寞心绪的写真。有时叔华独自去后园，爬上平时人迹罕至的假山，山顶茅亭里长满荒草。她采一根狗尾草，又采一根，一根根地采着解闷。夕阳渐渐坠落，远处西山沐浴着霞光，山岩镀金一般。山体绵延，由青变紫，由绿变蓝，仿佛变得透明起来。远远望去，巍峨山体像一座巨大紫晶屏风。天黑下来，她呆呆地，仍不舍离去。母亲以为闺女冲犯了精怪，

---

① 凌叔华：《古韵》。

◇ 幼年影像（左二为凌叔华）

◇ 凌氏始祖墓园

哪里觉察到，寂寞的幼小心灵，无奈地只能向自然寻求慰藉。

人一寂寞便容易做白日梦，凌叔华梦想过女扮男装，像孟丽君一样京城赶考，当然也要像孟丽君似的，乌纱罩了婵娟。创作是最精致的白日梦，凌叔华写小说的愿望说不定正萌发于此时，她梦想和孟丽君故事《再生缘》的作者陈瑞生一样，做名作家。

六岁那年一个偶然，学画抢在了写作前头。绘画不必如同写作，要先识得足够的字数才行，可以随意涂涂画画。叔华孤单单玩遍了空旷院落，想起番禺老家，几个月前刚去过一趟。南方景物的记忆勾起她蒙蒙淡淡的思念，若有所失。于是捡了根炭棍，往雪白的院墙上，拖出弯弯曲曲的线条。别人看不出线条画什么，她心里却是绿山，是碧水，是小鸡小狗，是慈爱的四婆婆家茅屋。画满了一墙，第二天再画上另一面墙，而后天天来画，画成了习惯，仿佛穿了童话里无法停下的红舞鞋。宫廷画师王竹林来凌府串门，撞见叔华正忘情地画山画水。老先生夸她有丹青天分，将有望成为大画家。老画家认真地跟她父亲夸奖她的天分，并且收了叔华做艺徒。凌福彭很高兴，不再担心凌家画艺后继无人，便不去较真传承的是男是女。他倒满三小杯威士忌，问叔华："敢喝吗？敬你老师一杯。"叔华大出意外，十分兴奋。意识到父亲为她自豪，她学大人模样，一饮而尽，父亲奖励了她几个糖块。成为画家的凌叔华说起这位启蒙老师，余温犹存："我的老师王竹林，气质非凡，气度儒雅，对我特好。每次去看爸，都不忘给我带来画具，教我赏画。我的画桌上满是各种漂亮的盒子、瓶、笔洗，各种毛笔、画轴和宣纸。不知有多少次，姐姐们用艳羡的目光看着我。"① 她的生活从此特别起来，父亲在姐妹群中独对叔华另眼相看。绘画终生相随凌叔华足迹，她从未丢开画笔，比文学伴她行走还要久远。接着拜了另一位宫廷女画师缪素筠。缪女史时常替慈禧的画捉刀，声誉比王竹林还高，也相当自负。父亲担心女画师不屑教个小丫头，特地备了厚礼，锦缎衣料，山珍海味，另加一个封了钱票的大红包。凌叔华拜了这位显要名师，果然画技大为长进，她回忆："我记得，与缪师作画，多么令我沉醉，幼小的心灵充满抱负，生活特别富有诱惑力。"② 依靠近水楼台缪素筠，凌叔华便常有机会去宫里观摩古画，饱览御藏的历代珍品。她还拜过女画家郝漱玉，每

---

①② 凌叔华：《古韵》。

天交两张山水给郝师傅点评、修改。民国时期更有陈师曾、齐白石等诸多名家指导过叔华,此般师遇叫姐姐们妒忌不已,每有画事便招来她们酸溜溜的言语。凌叔华在姐姐的嘲讽中发奋,实现了父亲厚望,未及大学毕业,画坛上已经露了头角。一条山水屏风,捐赠救灾,到日本参展,得了一百大洋酬金。凌福彭给南方大女儿信中喜不自禁:"我们家出了个画家。"①

凌府对面的小街椿树胡同,住着怪杰辜鸿铭。怪杰每隔一两天就来聊天,兴致未尽便留下吃饭,时常夜半姗姗辞去。叔华非常惊讶,辜鸿铭能背诵弥尔顿《失乐园》英文原著,上千行长诗,滔滔不绝,不错一句。叔华到椿树胡同随辜鸿铭学英文,他告诉叔华:"学英文最好像英国人教孩子一样的学,他们从小都学会背诵儿歌,稍大一点就教背诗背圣经,像中国人教孩子背四书五经一样。"此话已成当今互联网屡屡重复的经验之谈。辜鸿铭家里也是来客不断,和主人一样,高谈阔论,久久无意告辞。凌叔华很不耐烦,很气恼,很无奈,只得忍着。学了一年,叔华英文根基受用终生。辜鸿铭与托尔斯泰有过书信往还,凌叔华看过一封托尔斯泰写来的长信。孩童无知,并不觉得了不起,她成年后回想起来惋惜不迭,错过细细观赏稀罕的世界文豪墨宝。

像叔华这等大家闺秀的女孩自然不多,生活锦衣玉食,文化亦滋养在浓浓的书画氛围里。但是,这种种未能整体改变大宅门里多数女性命运,她们不能左右人生旅程。凌福彭再娶新太太,原先进门的太太必须和儿女们一起,跪下来恭贺老爷婚禧。凌叔华借《古韵》自叹:"我一想到自己是个女孩就感到自卑。"婚姻更无权自主,本属大喜的婚嫁,却弄得人悲悲戚戚,其阴影烙在凌叔华心头多年。她的小说《小英》,写不谙事的女孩,感受全家办婚禧背后的压抑气氛,最后小英忍不住问:"三姑姑不做新娘子行吗?"凌叔华的批判锋芒即源自她大宅门里悲戚的童年记忆。记忆阴影激起凌叔华一生对男性的抗拒,她做了母亲告诫女儿:"一个女人绝对不要结婚。"既结了婚,也绝对不能给丈夫洗袜子、内裤。绝对不能向一个男人认错,绝对不能。②

---

① 凌叔华:《古韵》。
② 陈小滢:《回忆我的母亲凌叔华》。

姐妹俩

凌叔华的兄弟姐妹们，包括异母所生一并算来有十几个之多，① 大排行叔华列第十。那么多孩子分散在各房门户，不会个个往来亲密。异母兄弟姐妹少一层血缘，别个房里兄姊，叔华、淑浩叫他们姨哥姨姐，多个"姨"字，就像不是生自同一位父亲。姨太太彼此嫌隙，助长孩子间冷漠。大人明争暗斗，小孩猜忌争宠，各房之间大小闹剧没完没了。李若兰所生四个孩子，叔华排行老三，老四②淑浩比叔华小四岁。大姐淑芝、二姐淑平，年龄比两个妹妹年长许多，姐妹兴趣不投，玩不到一块儿。叔华和淑浩鄙视姐姐俗气，老大念书平平，不久做了哈尔滨卷烟厂老板的儿媳，老板还在铁路公司投下数量可观的股份，妹妹笑话淑芝嫁给了铁路。老二去上海升学镀金，也嫁给了靠吃祖上老本的阔少，成天吃吃喝喝无所事事。叔华、淑浩小姐妹俩，幼年相伴最多，长大往来最久，都走了与姐姐完全不同的人生道路。后人谈论凌氏姐妹们，仿佛凌府千金走出来的只有最小的这两个，同母非同母的其他姐妹都不在眼里。她俩身后，美国学者魏淑凌写了本合传《家国梦影》。③

叔华和淑浩长相不大一样。叔华娇小，秀眼迷蒙；淑浩高挑，双目炯炯。相

---

① 魏淑凌说十二个，见《家国梦影》；陈小滢说十五个，见《她苦苦寻找的世界》；凌福彭嫡孙凌念胜说有十六个，四个儿子十二个女儿，见其《一代才女凌叔华的父亲》。可能计法不同所致，即是否计数夭折儿女在内。
② 不计一个夭折的男孩，《古韵》中凌叔华将自己写成姐妹中最小一个。
③ 原著英文 A Thousand Miles of Dreams : The Journeys of Two Chinese Sisters，中译本由天津百花文艺出版社出版，张林杰译，李娟校译。

◇ 青年淑浩

貌悬殊亦如性格迥异，叔华文静，淑浩活泼。姐姐内向，妹妹爽朗。一个痴迷诗文书画，一个钻研细胞、骨骼、病理。姐姐喜好闷在房里，妹妹关不住，满街疯玩。淑浩埋怨叔华，"她整天坐着写字画画。从五岁以来就是这样，她不理睬别人，别人也不理睬她。"①叔华好动感情，淑浩偏向理智。一同去看好莱坞电影《赖婚》，影戏里穷人姑娘，命运坎坷，婚姻受骗，儿子夭折，自己险些做了鬼魂。剧情感动得叔华泪水涟涟，淑浩连连打哈欠。出了影戏院，叔华决定下周再来看一遍，淑浩不解："你怎么还想去看那种玩意儿啊？"②淑浩爱骑马，讨厌坐那个既慢又颠人的轿子。自行车引进中国，她就骑这新式代步，骑车还不熟练，已上街横冲直撞。车轮飞转，明明是朝前走的两旁行人，却像往后倒退，越退越快。她得意间见不远处，横肩扁担的农夫迎面过来。慌乱中车闸失控，撞翻了农夫一筐鸡蛋。擦擦脸上蛋黄蛋清，留个住址给人家，甩下一句，我家会赔你钱的，跨上车无影无踪了。

叔华像母亲，一副闺秀范儿；淑浩下意识仿照父亲，一身男孩劲头，穿男孩衣服，男孩似的为所欲为。淑浩最得父亲宠爱，父亲正是把她当男孩儿娇惯。凌福彭到哪儿，她都跟着，像条小尾巴。皇宫内里是何种模样惹她好奇，说通了父亲的跟班，清晨起早瞒着父亲躲在进宫上朝的马车里。待父亲发现她，马车早已进了紫禁城，父亲只好安排个僻静处，叮嘱她不得乱走。淑浩远望空旷的大殿，父亲和许多官员，恭恭敬敬朝才几岁的溥仪小皇帝磕头。她从未见过威严的父亲也会恭敬地给人磕头，还是跪在一个小屁孩面前，真是意外，真是好笑。淑浩这么调皮出格，却不挨打，连一声责骂都没有，父亲只是狠狠瞪她一眼，警告千万不能把看到的情景说出去。淑浩我行我素，她九十多岁回顾起童年生活，豪放犹存："我生来就是战斗的，你不会明白，我是在战斗中成长起来的。"③

姐俩性格迥异，充满活力则无二致。妹妹似爆发的火山，姐姐如运行的地火。两人聪慧也难分上下，叔华蕴含内秀，淑浩敏捷机灵。姐俩又互不服气。淑浩自认家中孩子她第一聪明，叔华哪在话下。晚年老态龙钟的淑浩依然以此自负，告诉外孙女：

> 我回到学校，想进叔华的那个班。他们说我不够格。我说，"我够格！"

---

①②③　魏淑凌：《家国梦影》。

他们让我考试，我答对了百分之九十。这下子他们没有办法了，只好把我和我姐姐放在同一个班。叔华心里不太痛快，因为她比我大差不多四岁。到了年底，考试成绩出来的时候，她很不高兴，因为我是第一名，她是第三名。叔华总以为她是家里最聪明的。她一直这么想。我不觉得她最聪明，不过她倒是能写会画。她的作文真的很棒。但是我说，"别的你就不懂了。我觉得我在其他方面更在行些。"①

尽管两人性格差异这么大，又不怎么和谐，毕竟一母所生，连骨连筋。幼年在一起别别扭扭，成年后叔华担当为姐责任，大事小事时不时为胞妹操心。淑浩报考清华学堂赴美留学资格，录取与否，最后由三位评判教员一锤定音。其他考生辗转找了门路，叔华也专为此事写信求助胡适：

> 评判员里范源濂，记得你与他相识，不知道您可否为淑浩写封介绍书与范？浩曾在北洋女师范毕业，在燕京大学理科二年，后在协和医学预科毕业，现在已读完正科二年。在校素有好学之名，于一九二二到一九二三两年曾得首名荣誉奖金。就她的健康活泼方面说，历年皆任女生体育部长。这都是事实，想你不至笑我自己夸自己的人吧？②

叔华长处是文学，肚里诗词古文多，也有书法功底，常抄些诗句给淑浩：

> 处世若大梦，
> 胡为劳其生。
> 所以终日醉，
> 颓然卧前楹。

还录过王之涣名句：

---

① 魏淑凌：《家国梦影》。据该校《会报》，淑浩和叔华并不在一个班。
② 凌叔华：《凌叔华文存》。

浮世若大梦 胡为劳其生 所以终日醉 颓然卧前楹 欲穷千里目 更上一层楼 云淡风清近午天 傍花随柳过前川 时人不识予心乐 将谓偷闲学少年 杂句便於记录付淑浩之书用

拼华

◇ 凌叔华抄给凌淑浩的古诗句

◇《家国梦影》(英文版)书影

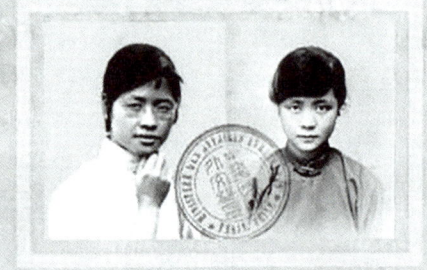

> 欲穷千里目，
> 更上一层楼。

再是一首七绝：

> 云淡风轻近午天，
> 倚花随柳过前林。
> 时人不识予心乐，
> 将谓偷闲学少年。

凌叔华特意将诗句录在狭长条的杏黄硬纸片上，权代书签，写明："杂句便于记录，付浩妹夹书用。"认真署上了落款"叔华"两字。她暗示淑浩，你需加强古文修养。

两个胞姐的婚姻都是父母之命，叔华和淑浩不似姐姐驯服，不肯屈就旧家庭陈规陋习，都追求恋爱自由婚姻自主。她们选对象，不看门第，只要他可人，尤重其才学，不嫌男方家境贫贱。淑浩比叔华还要坚定彻底，整个婚恋过程不容父母参与一点主意。她上医校，看中本校出身贫寒的年轻助教，双方志趣相投。不经父母许可便把男友召到家来约会。这举动实在惊世骇俗，叔华无此胆量。叔华嘲笑大姐嫁给了铁路，大姐大可反唇相讥，你们，一个嫁给了医学，一个嫁给了文学。叔华和淑浩的夫家都姓陈，陈西滢和陈克恢；巧在都是江苏籍，前一个陈无锡，后一个陈青浦，青浦当时划属江苏。陈克恢祖籍吴江，吴江挨无锡更近。

一九二五年凌淑浩考取清华留美奖学金，乘坐"杰克逊总统号"邮轮跨洋远离家乡。送淑浩到上海，送她上海码头登船的家人，唯叔华一个。姐姐淑平小家庭在上海，然而她絮絮叨叨劝淑浩，到了外国务必学会洋人的交际舞。淑浩感到隔膜，终其一生没有学这玩意儿。时值酷暑，可淑浩和叔华不愿住到舒适凉快的姐姐家，宁可挤在狭窄的基督教女青年会小房间。最后一夜叫人十分依恋，此后再无姐妹俩共处一室的时光。

一九二九年凌淑浩与药学家陈克恢在美国举办了西式婚礼，婚后定居异域，最终做了美国人，淑浩西名 Anmy，中文艾米。艾米给丈夫起美国的外号KK

（Ko Kuei），大洋彼岸出生的儿子叫汤姆。淑浩的婆婆和母亲都渴望抱一抱孙子。一九三六年夏天，汤姆刚蹒跚学步，淑浩和丈夫带了儿子飞到北平，叔华也带了女儿小滢从武汉赶来重逢。久别的姐妹在干面胡同母亲的老屋聚首，相伴了数十天。寂静日久的旧宅又充溢天伦之乐，然而彼此不再有童言无忌的嬉谑。姐妹俩于事业于人生各有深切体验，没有了坦诚交流。临别淑浩夫妇说，下次归来就不离开了。可是时势不如人意，国土遍地烽火，淑浩听从美国亲友劝告，打消再次回来探亲念头。她不会料到，旅居异域八十春秋，此行是她回国的第一次，也是最后一次。最终淑浩生根异国，全家由侨民入了美国籍。

八年后凌叔华远赴欧洲途经美国，特地绕道印第安纳波利斯，看望定居那里的淑浩。母亲去世，淑浩在异域举目无亲，此时相见自是另一番情景，五味杂陈，只恨时间短促。一九五四年秋天叔华、淑浩又相聚了一次，妹妹帮助姐姐安排了一次画展，就在本地小城。这回时间充裕，向往已久的重温天伦，竟又不遂人愿，许多话说不到一处。三十年漫长西方生活，淑浩形成了一套完全不同于姐姐的人生观念、行事方式，还掺和着家事上的分歧。凌叔华刚出版的自传体小说《古韵》虚构了若干凌府"丑事"，淑浩指责姐姐，为了自己名利不惜有辱家族、母亲，远隔重洋彼此牵挂的姐妹再也亲近不起来。淑浩医术精湛，誉满异邦。她以科学人士自居，不无调侃地称叔华是"艺术家"。不很温暖的重逢挫伤感情，不愿再积极谋面。偶尔有了相聚机会，竟错失良机。不是姐姐芥蒂未消，便是妹妹无动于衷。

淑浩几乎中断了与凌家的联系，只剩下往来美英上空断断续续、不冷不热的书信。有时叔华主动，略表热情，逢年过节寄去点小礼物，不过如游丝，仅表明关系没有断绝而已。对家庭看法的抵牾始终是道穿不透的厚墙，横隔在姐妹情感空间。凌叔华依旧清高，将胞妹看作异邦暴发户，不屑进一步亲近。一九五六年，均已年过半百的姐妹俩，爆发了一场笔战。淑浩女儿美芳去伦敦向凌叔华学习中国画知识，姨妈难免给侄女叙说家族往事，因此触怒了淑浩，她去信斥责姐姐：

> 至于写信，想到你对美芳说的那些关于我们的母亲、我们的太祖母以及关于我的话，我根本就没有兴趣提笔。我简直难以想象，特别是母亲已经去世，不能够亲自辩解了。我们的太祖母不是西班牙人。你是听谁说的？我很爱妈妈，你说她，就是跟我作对。像你这样的上等人，没有必要为了自己的

成功而贬低家人。美芳从伦敦回来后,变得那么困惑,我真后悔让她跟你学画。①

此信同样激怒叔华,她没有直接回复,写给了姨侄女美芳,一泄怒气:

> 昨天我正要写信给你,就接到你妈妈的信。九个月以来,我给她写了不下五六封信,她一封也没有回。可现在她却用一种气势汹汹又粗暴无礼的语气给我写信。我当然很生气,但平静下来之后,我决定给你写信。或许我应该告诉你,她说了些什么,也希望你好好告诉我,究竟是什么原因让她这么生气和无礼。
>
> ……
>
> 我不记得我曾经向你提到过我母亲的事,因为你从没见过她。我也没有谈过我们的太祖母,我是听父母说起过,说我们的太祖母有一头金黄色的卷发,所以家里人叫她黄毛太。没有人把她当成外国人,而且即便她是西班牙人,头发也应该是黑色的。我们都知道,许多杰出的美国公民祖上都是欧洲人,他们也并不为自己的血统感到羞耻。所以我真不知道你妈妈为什么对我这么大惊小怪的。至于我母亲,我一点儿也不会因为她不是正室就觉得没脸见人。在东方,一个男人可以有好几个妻子,这是一种不同的社会制度,即千年来,这是名正言顺的……
>
> 接到你妈妈的信后,我无法相信她会说这样话。她将我和我对她的情分看得一文不值,我不相信她会这么无情。这辈子我没对她说过谎,也没从她那儿得到过什么好处。每年圣诞节,我都给她寄礼物,尽是挑好的、贵的买,因为我希望她从一个最亲的亲人那里得到礼物而感到快乐,而且,也是因为从小时候我就爱这个妹妹。如今我很羞耻自己这么多年来一直在做傻事,尤其是这九个月以来,我写信给她,寄礼物给她,她不仅不领情,相反,还写了一封粗鲁、无情的信来骂我。②

---

①② 魏淑凌:《家国梦影》。

年届耄耋的两姐妹一如往常合不来，直至两位姐妹的丈夫相继作古，女儿不在叔华身边，淑浩不忍姐姐孤寂，邀请叔华去美国安度余生。对于这难得的好事，叔华谢绝了，宁愿孤寂下去。凌叔华乳癌复发，生命最后一年回北京治疗，家人从医院发信给美国的淑浩，淑浩吩咐外孙女魏淑凌回告，打算飞往北京见姐姐最后一面。外孙女准备陪行，然而叔华等不及了，她的生命已经按小时倒计。北京立即说不必，如此短时间淑浩很难从万里外赶到，护照签证颇费时日。况且淑浩八十六岁高龄，哪里经得起横渡半个地球。魏淑凌怀疑，外祖母是否有来看望的诚意："回想当时的情形，我这才意识到，外婆并没有真的打算去看叔华。她通过我来征求意见，只是为了做出一种关切的姿态、一种热切的期盼。"①

做关切姿态也好么，聊胜于冷漠。姐妹俩都做了古人，那枚杏黄色"书签"幸运地留存下来。淑浩收存它一生，再传到孙辈魏淑凌手里，淑浩并非绝对无情。叔华手书的书签，见证了两位长寿老人亲密的过去，也见证了冷漠背后亲情未绝的晚年。两人谢世的时候，叔华九十，淑浩一百零一，漫长一生里相亲相怨的同胞。

---

① 魏淑凌：《家国梦影》

瀑布卷走了哥哥姐姐

辛亥革命成功，作为清廷官员的凌福彭随即请了日本友人帮助，送叔华和姐姐哥哥去日本念书，一行六人。关于谁护送孩子们东渡，众说纷纭。《家国梦影》言："凌福彭或家里的女眷有没有陪着孩子们去日本，两姐妹（指叔华文字和淑浩口述）都语焉未详。著者（魏淑凌自称）猜测是日本友人松本。"若没安排一位家长护送，六个孩子单由一位外国朋友领行，凌福彭岂能放心。传记《秀韵天成凌叔华》[①]记："光绪三十四年（1909）春天，父亲凌福彭曾一度到日本东京任职，把叔华姐妹十人带了去。"此记三处不确：一、凌叔华姐妹去日本年份不在1909年。二、凌福彭并无到日本任职经历，仅短暂出访。三、去日本的姐妹非十人，凌淑浩等并未同行。凌福彭亲自携儿女往日本的说法显然不确。凌叔华在《我的创作经历》里提及，异母姐瑞清溺水而亡时母亲正在神户，[②]在日本是哪位母亲？按行文当指她生母李若兰，但李若兰从未出过国门。第二年凌家孩子游布引瀑布溺水而亡，翌日当地报纸报道，母亲谢氏急赴现场辨认遗体。由此可证，护送孩子日本之行的家长该是凌福彭另一位如夫人谢氏，若有松本，则是同行帮助照料。

把这许多孩子送往国外，凌福彭此举出于一种对时局的担忧。身为前清王朝大吏，改朝换代后自己前景未卜，前不久叔华生母就带叔华、淑浩到保定舅舅家躲避乱局。虽说袁世凯谋得了临时大总统宝座，但根基毫不牢固。政坛诡谲多变，

---

① 林杉:《秀韵天成凌叔华》。
② 《古韵》把溺水事故地点移至京都，属于文学虚构。

谁能保准没有不测。后来的事实，凌福彭又风光了几年，当上议员，不好怪他无先见之明。凡事早虑，此乃他谨慎多谋的为宦之道。

一九一二年的四月，春暖花开，孩子们拥上开往岛国的邮船。① 这是凌叔华第一次离开祖国，她成年后侨居英伦，阔别祖国长达四十多年。伏在舷栏旁俯视脚下海水滔滔，她不可能想到，同行六姊妹，一年后归来仅她和淑平两人，三个姐姐一个哥哥被无情的水流卷走了花季生命。

他们住在神户下山手通区，距郊外不远的一座两层小楼，窗外远处矗立着青翠山峰。三个年龄稍大的哥哥姐姐入学梁启超创办的神户同文学校，学校专收中国留学生。凌淑英和凌瑞清读二年级，凌大容读一年级。小的凌淑平、凌淑桂和十二岁的凌叔华，请了家庭教师。

凌家孩子客居日本一年多，一场极大灾难匆匆为东瀛生活画上句号。神户市郊著名风景地布引瀑布（Nunobiki Falls），看印在邮政明信片上，自几十米高处直冲下来，一级冲一级，连冲四级，壮观不逊色于庐山三叠泉。瀑布两旁浓荫森森，是炎夏消暑最宜去的胜地。最后一级叫泪滴瀑布，取此名字原是借它诗意，却太不吉祥。时值八月盛夏，午后弟弟凌淑桂结伴姐姐凌淑英、凌瑞清、凌大容三人，同去拜谒生田神社。路过布引瀑布，孩子们禁不住胜景诱惑，增加一处游点。到了山脚个个满脸汗珠，想吃冰激凌降温。但附近不见冷饮店，只有一家茶社，不售冷饮，只得顺便买了张明信片留个纪念。他们爬至山腰，想穿过一道大门继续往上，遇着公园工作人员劝阻，孩子们折回，下到瀑布水边。十五岁的淑桂，他们当中唯一男孩，燥热难忍，见瀑布下水潭清泠碧绿，纵身跃入水中图个凉快。这一跃，他再没浮出水面。十八岁的淑英顾不得脱去外衣，抢先下去救捞弟弟，结果也沉溺水里。接着十七岁的瑞清、十六岁的大容接连下水奋力救人，都没能上来。姐妹仨的致命原因全在没有脱掉外衣下水，每具尸体贴着浅色的丝绸夏衫，淑英还系了腰带，上衣口袋有她的钱包和中文书，稍远处桥下零乱地堆着四把阳伞。所幸叔华和另一个十五岁的姐姐淑平没有去拜神社，不然可能跟着遇难。四个少年溺水惊动了当地，围观的日本民众叹息不已。第二天《神户新闻》本地消息一栏登出《姊妹四人溺毙于瀑布水潭》报道，详细记述了事故原委。② 谢氏母亲带

---

① 日本学者星野幸代说是"一九一一年春"，见其《凌叔华と1959年日本を歩く——《重游日本记》》。
② 魏淑凌：《家国梦影》。

淑平、叔华赶到派出所料理善后事宜，随即匆匆回国。兄弟姐妹来日本一路热热闹闹，返回只剩叔华和淑平，哀伤而孤单。烂漫的东瀛岁月，黯然结束，叔华竟在此上了人生一课，生活不只是笑声欢语。"我怀着深深的遗憾离开了日本，所有美好的幻影都如晨雾一般消失了。"①

悲痛激起凌叔华写作冲动，数年前高门大院里寂寞生活埋下的文学种子，此时萌芽了：

> 我最亲爱的清姐掉在瀑布里溺死了。我们天天哭她。有一夜我醒了，窗外明月如画，房内夜凉如水，粉墙上风筛树影，情境凄寂极了。忽然我望见凉台上有一人影倚栏立看，细认正是清姐。我大惊跳下床，影子却没有了。这一宵便流泪直到天明。第二天，饭也不吃，独自躲在屋顶的小房里内，在衣箱背上写了一篇哭姊文。写完一边拭泪一边念，直到黄昏，母亲催逼才下来。②

凌叔华说，这是"我第一次的创作"，边写边哭。

凌瑞清是叔华异母姐，叔华对她感情胜过同胞的淑芝、淑平。姐妹中她和叔华以"瑞"字命名，瑞清、瑞唐，父亲祈福两代皇朝，寄托一位老臣情思。凌叔华非常珍爱这篇数百字短文，从不示人。只有想起瀑布卷走的姐姐哥哥，难过时才拿出来独自看看，看一回掉一回泪水。凌叔华成为著名作家以后仍然自我称许："我始终觉得这一篇该是我一生最好的创作。"③可惜这篇处女作未能留存下来，四十年后《古韵》写到瑞清姐姐溺水，只剩下短短的二十字："夏日的一天，七姐和八姐跌入高山瀑布，溺水身亡。"如此简约地一笔带过，或许她不忍再体验哀伤。相比之下，姐妹们出游京都樱花节情景，《古韵》描写了整整一章：古木参天的古寺，数百株的一大片樱花，遇见一个吹长笛的云游和尚。这一章没有点明其他姐妹名字，只标明八姐瑞清一个，好像出游者只是她和叔华。当"十儿"又说到，和尚吹的笛子十分动听：

---

① 凌叔华：《古韵》。
②③ 凌叔华：《我的创作经验》。

◇ 凌叔华姐姐、哥哥溺死于此的神户瀑布

八姐没说话，显得很忧愁，低低地唱起了她最喜欢的一首歌："花非花，雾非雾，夜半来，天明去，来似春梦无多时，去似朝云无觅处。"

当时我只觉得这首歌音调优美，并不知道什么意思。八姐关了灯，我们躺在铺了草席的地板上。月光把梨树的影子投到对面的墙上。寒冷的夜风吹起镶了花边的窗帘，不时将花瓣吹进屋来。过了好长时间，我都没有睡着，笛声仍萦绕在脑际。

《古韵》下一章开头即是，"京都两年快乐的日子像一首短歌猝然结束了。"而后是前面引述的"……溺水身亡"二十字，再而后写回国。尽管没有关于溺水的笔墨，可是凌叔华这么紧凑地布排文字（溺水在夏天，从春到夏，本来该有些事还可记），其悼亡思绪隐隐可见。纵然笔墨过于含蓄，这本来是她委婉含蓄的文字风格。瑞清溺水当天早晨，叔华向瑞清借用过梳子，梳子无处归还，成了胞姐留给她的唯一遗物。人去物在，睹物思人，人生死亡原来即如此。这把梳子叔华从不肯旁人来借用，相信它是不祥之物，担心厄运殃及旁的女孩。

凌叔华对于日本所怀情感相当复杂。她说："在童年，我曾到日本住过两年，那时的印象完全充满童话式的天真美梦。大学毕业后又去过近两年，那是日本全盛时代，处处有条不紊，确是一个山川秀丽国泰民丰的强国。"① 她喜欢日本的风光、民俗，尤其是它的民众进取精神。可是日本军国主义却是中国人民的天然仇敌。凌叔华小说涉及外国生活题材的，唯有日本，② 并有三四篇之多。《晶子》写的是年轻父母为两岁女儿晶子到岚山过生日的故事，良好教育环境里一个活泼听话的女孩形象，煞是可爱。③ 《千代子》主人公是大了十岁的少女，一知半解地知晓国家大事了。受军国主义教育毒害，她要羞辱那个常来澡堂洗澡的支那小脚女人。不料看到女人带着跟母亲一起洗澡的胖娃娃，那么天真调皮，引得周围阵阵笑声。千代子看不出小脚女人脸上一丝敌国表情，反而充溢着怜爱和善。受此感染，千代子情不自禁融进笑声，完全忘记羞辱支那人的来意。《异国》主人公是生病的中国姑娘小蕙，笔墨重在日本民众。蕙住进日本医院，备受医生和护士们亲切关爱，

---

① 凌叔华：《重游日本记》。
② 晚年有剧本《下一代》，取材中国南洋侨民。
③ 小说编入小说集《小哥儿俩》，易名《生日》。

她感动得潸然泪下。然而"八一三"枪声一响,他们对蕙的态度骤然大变,投来的目光全是冷漠、憎恶、仇视。街上的战事"号外"撕碎了曾经友好的两国人民的情谊。第一篇创作于一九三一年,中日矛盾未如后来激烈,凌叔华尚以平和心态表现异邦家庭的温馨。后两篇写在一九三四和一九三五年,日寇侵略野心日渐嚣张。《千代子》是人性化解了仇恨,《异国》是人性屈服于仇恨。作品描写的是日本民众,批评锋芒直指日本当局。

童年婚约

《古韵》记述,凌叔华远去日本前夕,义父赵朋生夫妇特意接她去赵府住几天。凌叔华写足了那几天情意绵绵:惜别前夕叔华的依恋、义母的不舍。赵朋生即赵秉钧,民国初年颇具传奇色彩的人物。他与凌福彭同僚,与袁世凯大同乡,比凌福彭更得袁世凯信赖,当过袁总统的第三任总理。《古韵》追述,义父"公文写得极好,而且涉猎广泛,书读得很多。除此而外,还弹得一手好琴,对画山水画也有高超的情趣和技巧。他是个富有魅力的人,到过许多别人想去而从未去过的地方,走遍大半个中国。"她父亲甚为感叹:"你赵叔叔真是个天才,他若生在宋朝徽宗年间,就用不着在这繁冗公务上浪费时间了。徽宗自然让他施展才华,他或许就成了宋代杰出的山水画家和书法家。"

凌叔华诉说的义父,是个和她父亲一样儒雅的官员,或许这确是赵秉钧为人的一面。应该说,是凌叔华心目中的一面。对照民国初年史料,赵的形象与此反差极大。他的另一面,是员彪悍武将,是政坛上叱咤风云的权臣。他的出生和暴亡都扑朔迷离。他是弃儿,不知父母为谁,便自称姓赵,取《百家姓》头一姓;不知哪天出生,自定生日为农历正月初一。一生大起大落,出身穷苦,但不乏天资,由流浪儿而书童,而投身军中,出生入死而屡屡升迁,军阶至上将。还当过警察厅长、直隶都督、内务总长,顶峰在北洋政府总理职任上。他参与过一系列影响历史进程的重大事件,诸如,经手逼迫隆裕太后签署清朝退位诏书,涉嫌策划刺杀宋教仁。前一件他代表袁世凯出面行事,外人知者不多,后一件轰动全国,千夫所指。所谓"北洋捷径",这条道上跑得最快的恰是赵秉钧。可是,正值炙手可热之际,便走到人生终点。传说袁世凯买通赵秉钧家用厨师,给食物下毒,他吃了四肢发青,七窍流血,倒毙在督署厕所。这个袁氏心腹,临终时刻明知是他效忠的主子灭他之口,为求得家属免遭连累,不敢放言剖明,给家人只留一句遗嘱:"葬身陵麓,近先帝。"① 洪宪皇帝袁世凯登基,追封赵秉钧"一等忠襄公"。袁世凯之外,赵秉钧的口碑极差,史书记他恶行连篇累牍,以致他家乡避嫌,一点不保存相关他的遗物遗迹。有论者评道:"赵秉钧心狠手黑,深沉阴狠,富于机谋,甘心助恶,有'屠夫'之称,以特工受宠于袁世凯,是中国近代警察制度的创始人;赵秉钧心理扭曲,甘心助逆,成为袁世凯忠实打手,宋案中被袁利用,最终又被袁世凯抛弃。"② 十足的一条鹰犬。

《古韵》记述义父,作者感情色彩浓重,且太过艺术化,这个历史人物真实面貌难以窥见一二。往大里说,史料记录的那个赵秉钧的人品,不可能如《古韵》所美言,小说中他劝勉凌叔华:"有四个字你必须首先记住,名、利、俗、懒,这是工作的大忌,一定要尽力避免。"除非他口是心非,不然是对人对己,各取截然相反的人生信条。俗与懒且不说,名和利,正是他不遗余力毕生追逐的目标。从小处看,他的才艺,以今日见到的赵秉钧墨迹,书法水准平平而已,远不似凌福彭赞美的那样出类拔萃。凌福彭眼力不至于如此拙劣,他是否这么美言过,很令人质疑。

凌福彭与赵秉钧私交非同寻常,先结金兰之盟,又期儿女姻缘。凌叔华幼年时,凌、赵便有联姻的口头承诺。赵秉钧沙场上身体受伤,几近阉人,膝下无一子嗣,联姻事系于他义子。《古韵》把本是准公婆的义父义母写得可敬可人,可见凌叔华于童年订婚事并无反感。妹妹淑浩坚决维护婚姻自主,看到姐姐出嫁(大概正是凌叔华小说《小英》写的情景),小小年纪心起波澜,第二天正告父亲:"你不会把我许配给我没有见过的男人吧。我会跑掉的,你会再也找不到我的。"果然,以后她以此自豪:"只有我没有被许配出去。"③ 言下之意,叔华和姐姐们一样,也是被许配过的。淑浩所指即凌叔华童年婚约。叔华其实是赵府未过门的儿媳,《古

---

① 见那风英编著:《清西陵探源》
② 见百科词条
③ 魏淑凌:《家国梦影》

◇ 赵秉钧

台駕抵京並偏召延詳達荷不勝誌
龐頭驛俟日東笑兩巡詹天際歸卅島
修江而進
客尚出布頃祇此
道謝
　　　　愚弟趙秉鈞†
雅命一俟布置就緒赴岢雷約

◇ 赵秉钧墨迹

韵》回避了这层关系，改称义父义女。后来婚约起了变卦，凌叔华十四岁那年赵秉钧仕途陡遭变故，两家门第瞬间大为悬殊，况且赵秉钧的暴毙很叫人嫌忌。好得赵夫人不是糊涂女子，口头婚约且当一句戏言，联姻云云，则不了了之。淑浩的说法似可印证："这家的儿子人品不好，他母亲要求退婚，说他配不上叔华。他母亲倒是很喜欢叔华的，她也是个很有雅兴的人。"①

赵家一落千丈，凌府不愿承诺这不再圆满的婚约，凌叔华也听说赵秉钧义子品行不端，幸好赵家主母明慧识趣，不再提及孩儿亲事。凌叔华心存感激，敬佩"义母"的心情油然而生。于是，《古韵》写义母俨然蒙娜丽莎，是作者"孩提时代见过的最漂亮的女人"。义母手把手教叔华弹古琴，讲解琴曲《平沙落雁》的意境：沙滩上月色溶溶，轻风微拂，芦苇摇曳，流淌的水声似有似无。义母启发叔华想象：群雁一阵嬉戏，接着起飞南迁，夜空中掠过一声声凄厉呼唤，是掉队孤雁哀鸣，孤雁终于归队，团聚在美丽的南方。亲切、悲凉、欢快，乐曲层次有序地表现了飞雁各个时段的情绪。叔华感悟古曲意境的同时，理解了义母常跟她讲的这句话："音乐是表达情感最美的方式。"愈加真切感受到义母气质的娴雅高贵。娴雅的义母偶有活泼的时候，孩子似的和叔华一起踢毽子、跳绳。她真有本事，一气踢上两百个，毽子像吸在脚上。跳绳的姿态又敏捷又灵巧，脚像不曾落地。遇着晴好天气，义母带叔华出城放风筝。风筝越放越高，叔华手里的线越牵越紧，人差不多要被风筝吊起来，既兴奋，又害怕，急得大声嚷嚷。义母赶忙过来抱住叔华，接过线板，风筝摇曳得更高，无垠蓝天只见一个越来越细小的彩点。此刻的义母大姐姐般，甚是平易可亲。叔华乐意去义母家，义母的房间淡香氤氲，她孤寂心田感受着浓浓爱意。家里人诧异，叔华每去义母家回来，便与平时寡言文静的她判若两人。

凌叔华去日本前最后一晚留宿赵府，《古韵》描写那晚，满室温馨，温馨里渗透丝丝惆怅。义母给她吟唱《阳关三叠》：

> 义母的歌喉婉转动听。她讲的国语带有山东口音，语调平缓亲切，富有魅力，仿佛夏夜里一条流水潺潺的小溪，又如同微风吹过春日清晨的竹林。

---

① 魏淑凌：《家国梦影》。

她唱完以后，我动情地哭了。

义母放好琴，对我说："你走后，我怕不会再弹了，我会想你的。"

吃过晚饭，我就睡了。半夜里醒来，月光洒满房间，一切都披上银白的光，美丽神秘，却幽怨惆怅。义母的卧房在隔壁，她还没睡，我听见她在屋里走动，然后抚琴弹奏《普安藏》。我知道，她这是在用音乐安慰自己。

我静静地躺在床上，让音乐的波浪涌遍全身。我觉得自己好像一条鱼，在美丽的池塘里尽情游荡。

突然，我想到明天就要与义母分离，心下便生起一股难以忍受的悲戚悔憾。我睡不着了。

"干妈，"我低声叫着，"我能去你屋吗？"

"我就怕你睡不好，"她说，"来吧，披上棉袍，天凉。"

她让我坐到她床上，盖上厚棉被。她也坐过来，琴放在膝上。我叫她弹我爱听的《平沙落雁》和《流水》。

皎洁的月光照着义母好看的脸，这灰色的幽光带给我难忘的忧伤。此时正值早春，水仙、梅花盛开，馨香袭人。我记起来，认识义母有一年了。

婚约是过往逝水，没有带走叔华对义母的眷恋，这眷恋许多年来系在已是旁人家儿媳的叔华心头。从日本回国，她与义母是否继续如昔日一样亲切往来，没见凌叔华留下这方面记载。凌叔华小说以擅写女人著称，义母在她众多女性形象里属于很别致的一个，其他女作家作品中亦属鲜见。由于误读《古韵》为纪实作品，因而忽略她小说人物形象的独特性和审美意义，未免有碍认识凌叔华小说的丰富多姿。

洋楼内外

凌叔华自日本归来，凌家已从京城迁居天津。天津乃凌福彭的旧地，他做过天津知府，那里遍布他的政绩。创办天津第一所官立学堂（今天津三中）、北洋工艺学堂、囚犯习艺所，还铺设了中国第一条城市轨道车路，不胜枚举。凌福彭此时仍挂着一些天津的现任职务。

凌福彭任天津知府时的旧屋在市中心德国租界，这次新居盖到海河北岸，一幢洋式楼房。洋楼离繁华市区较远，地处新铺不久的水泥马路旁边，距新火车站半里路程。[1] 它主体建筑十分洋气，楼上伸出西式宽大阳台。花园里却堆置中式假山，大树小树散立在曲径两旁，增添了东方庭院意味。这般中西合璧，像它主人政治观念，有新有旧。这里原先是块墓地，挖出过不少棺材。传闻，有个女尸，开棺时像生前一样鲜灵、年轻、漂亮。太阳一照，尸体化水，衣服成灰。孩子们总疑心美丽的幽灵还在洋楼四处游荡，有时亮灯的空房间无缘无故地突然熄灭，不看见人竟听到下楼脚步声。夜里谁都不敢出房门，男用人也壮不起胆来。可是大家喜欢说女鬼，特别是女佣们，说得活灵活现。一伙孩子听得寒毛凛凛，又津津有味。小十[2] 夜间醒来，迷糊蒙眬中眼前立着一个少妇侧影，她靠在桌前梳头，长发披盖双肩，又黑又亮，脸色则特别苍白。月光下她像块洁玉，妩媚至极。小十凝视好一阵，认不出是谁。猛然想起是俊俏女鬼，赶紧拉上被子蒙头，浑身发

---

[1] 此据《古韵》第11节"鬼的故事"，但第18节又说"我们家离车站只有二里地"。
[2] 《古韵》叙述人，即凌叔华。

颤。天明她到处诉说夜间情景,唯恐别人不信,每说一遍就多了一点细节。女鬼故事越说越多,九姐听得入神,忽然感到后背受人突然一下敲击,吓得大声尖叫。她说不出话,哭不出声。母亲请来法术先生,画一道咒符贴在每个房间门上,大家深信不疑,鬼挡在门外了。

洋楼周围过于空旷僻静,安全成为问题。新楼落成不久,附近专设一个警局派出所,警察局长是凌福彭学生。解决了户外,解决不了户内母亲的为难。住惯了宽宽松松的北京四合院,她不适应天津楼房的洋式格局。原先各房太太分住单独院落,关起院门是自成一体小天地。现在相互只隔着一层隔音不好的薄薄墙壁,说什么话墙那边能听见,她觉得,这样的生活有如赤膊过日子。孩子们反而从未有过的开心,吃住一起,热热闹闹,这才是一家人。虽然磕磕碰碰避免不了,常常生些小是非,但毕竟朝夕相处,渐渐增添了亲情。太太之间猜疑、嫉妒可就日常化了,一个屋檐下你进我出,早早晚晚碰面,引发纠纷的由头也日益多起来,说不定何时何事就引起一场唇枪舌剑。凌福彭每以消极态度处置,装聋作哑,一味地宠爱最后进门的那位姨太太。叔华开始有点怨恨父亲,以致怕和他照面,能躲则躲。

坐视没完没了的嬉闹、纷争,清高的凌叔华一再说,"觉着孤独","我真的很孤独",① 她不爱上街。天津是个新型工商业港口城市,远不及此前她在日本神户生活宁静。市区店铺很多,街面嘈杂,街后面立着一根根喷吐黑烟的烟囱,整个城市罩得灰蒙蒙。更看不得海河腐水,扔满杂物,水面漂满污油。

"我感到孤独了,就去墓地,经常待到日落。"② 慰藉她孤独的是大门外不远处一片野坟场,无碑的坟头东一坨西一坨,有的墓碑不刻死者名字,蓋着一条光石板。新结识的野坟场一群穷孩子欢迎她,她也忘记自己闺秀身份。孩子们点燃干草,火苗借风势蔓延升腾,像一条条狂舞的金色小龙。穷孩们苍白小脸映着红光,追逐火龙,嬉笑、叫嚷、疯跑,这么兴奋疯野的场景洋楼里没有,也想象不出。一个女孩递给叔华火柴,叔华划着火苗,胆怯地投到干草堆,立即火舌四处乱蹿,她也跟住火头奔跑,像大家一样。女孩告诉叔华,她爸爸妈妈都埋在这儿下面,落葬时没有钱买寿衣,只裹了薄薄一套单衣裤。冬天爸妈一定很冷,烧火

---

①② 凌叔华:《古韵》

给他们暖暖身子。叔华感动了：

> 他们天真可爱，无忧无虑，即便悲惨、贫穷，生活在他们似乎也是美好的。哪怕百万富翁，都会嫉妒他们欢快的笑声。
>
> ……
>
> 这些孩子言语粗俗，一脸脏相，但褴褛的衣衫下藏着一颗充满同情和乐于助人的爱心。
>
> ……
>
> 他们也爱吵嘴，但都听那最大女孩的，也常打架，可从不记仇。

这群铁路边捡煤渣的孩子闯入叔华养尊处优的生活，给她打开认识社会的一扇新窗口，原来世界上还有这么苦难的角落。他们，才五岁的幼童，就得挎上半身高大篮子，伸出细芦柴棒般的小手，煤灰堆里扒来扒去。手疾眼快，不会漏过一丁点儿煤核。叔华没有见过他们父母，但辛酸的故事听了一回又一回。那个男孩父亲，干活时烧成残废，走路一瘸一瘸，瘸了腿还必须每天到车站搬运行李包。腿瘸着怎么扛得起那很大很沉的包裹？叔华怎么想都是不可思议的事，除非他父亲是神仙铁拐李。

叔华终于目睹了一次他们大人惨状。穷老婆子迫于生计，偷了棺材里女尸的头发，警察抓住她要送牢房。警察呵斥老婆子，你太狠了，死人的头发也要偷！老婆子回辩，您是没到过我们又穷又破的家，要是听了我儿媳妇病得直哎哟，孩子们饿得直哭，您就不会这么说了。这婆子满脸皱纹，掉光了牙齿，干瘪如核桃。她苦苦哀求，长官，跟您说实话，我真的一点不在乎您逮我走，判死刑也没事。我倒想坐牢哩，跟牢里待着，每天还能管饭，不再去愁什么了。只求能吃饱了，我死也踏实。我这老婆子，早晚得饿死。您带我走，我真乐了。我那老头子多老实呀，从没犯过法，饿得咽气了。儿子多孝顺，卖苦力挣的那点钱，得养活全家五口。他自己吃不饱，也死了。我要是规规矩矩，不偷点拿点，不也一样死了。可怜我这穷老婆子，一家五口全在您手里了。您放我走，五口人兴许还有个活头。警察眼睛泛红，可哪敢违抗上司命令，还是带走了老婆子。叔华回家告诉母亲刚才的一幕，母亲指派用人，带钱请医生给老婆子的儿媳看病。已经来不及，儿媳永远闭上了眼睛，怀里婴儿也随母亲闭上了眼睛，两个稍大的哥哥姐姐进入孤儿院，一个家就这么完了。

《古韵》描述的凄惨人间，有细节有对话，难免小说色彩，应该是叔华经历过的。叔华怨恨父亲的同时，也开始思考人生和社会，她说："我开始意识到，世界上有些东西比死亡更重要。"①

母亲不许她再去坟场疯玩，不让她混杂在野孩堆里，关闭了凌叔华观望外界另一种生活的窗口。未必真能阻止叔华足不出户，阻止起效是暑后送她进新式学校念书，从此学府高墙圈住了娇弱千金。凌叔华与洋楼外捡煤渣孩子们这段友情，仅是她人生中匆匆一瞥，日后竟没在她小说里留下笔痕。

---

① 凌叔华：《古韵》

直隶女师

母亲立意要叔华接受正规教育,上新式学校。以前读私塾,请家庭教师,都有局限。想进新式学校必须经过入学考试,为此母亲又请了一位家庭教师辅导叔华应考。以叔华的聪慧,轻松顺利地考进天津的直隶第一女子师范学校,并且插班,直接上了三年级。直隶女师与"南开"并享盛誉,毕业生人才辈出。它是中国最早的女子师范,受到梁启超、秦毓琦诸多名流关顾,叔华父亲凌福彭也多所参与校务,多次为学校校刊题写专栏栏名。两年后凌叔华读完师范本科,同窗纷纷奔赴各地谋职,她年龄尚幼,更无家庭经济负累,再升入本校刚开设的"家事专修科",又修业两年。专修课毕业后并未从事家政,优裕家境无需她及早立业,于是考入燕京大学,告别了天津。

一九一五年秋天凌叔华开始住读直隶女师,① 入学那天,她着淡蓝上衣,黑色短裙,辫子盘在两耳朵边,民国初年典型时髦的女学生装束。站到母亲跟前得意地宣称:"妈,我终于长大了。"母亲却叹了口气:"等你真的长大了,就不会这么想了。"② 许多年后凌叔华才回味出母亲话中的意味,特别"怀恋着童年的美梦,对于一切儿童的喜乐与悲哀,都感到兴味与同情。"③ 第二年妹妹凌淑浩也考进这

---

① 《古韵》记9岁(1909)去日本,两年后回国,1919年录取在天津第一师范学校(即直隶女师)三年级。1921年入燕京大学,所记年份均有误。本传记初版所附"年表"及拙编《中国儿女——凌叔华佚作·年谱》均参照《古韵》,曾多误。马勤勤博士考辨,凌叔华一九一六年入直隶女师,似亦欠准,见其《凌叔华在直隶第一女子师范学校事迹及佚作考》。《家国梦影》记凌叔华1914年入女师二年级,或近凌叔华在校年份。
② 凌叔华:《古韵》。
③ 凌叔华:《〈小哥儿俩〉自序》。

所师范，① 好胜的一对姐妹同校，学习赛道上你追我赶。淑浩不得不承认，"和我相比，她的学业要规矩得多，她是一门心思朝前走，我则是东一榔头西一棒。"② 女师时期预示了姐妹俩未来不同的发展方向，淑浩偏爱数理化，叔华仍旧喜欢文学、绘画、书法。

进了直隶女师凌叔华立即脱颖而出，同时脱颖而出的还有一位同级又同姓的凌集嘉（有时用"荷生"名）。凌集嘉系安徽籍，明清之际祖上由粤迁皖。凌叔华祖籍广东番禺，粤、皖两地相距数千里，粤、皖两凌往来隔绝数百年，眼前两家后人邂逅女师，一见如故。授语文课的张皞如老师③ 惊为奇遇，特撰写一篇《奇遇歌赠荷生淑（叔）华二女士》，盛赞两人。诗序说："中国女子多高才，余所知者荷生淑华其尤也。""二女士亦相亲相近，宛若姊妹，人之见之者，咸以为才士惜才士。"④

凌叔华十分活跃，担任过"校友会"总委员长。⑤ 此会下设学艺、文艺、运动、交谊等八个部门，凌叔华又兼任了文艺部委员长，学妹邓颖超、许广平皆文艺部成员。文艺部分管诗社、文社。校友会编辑公开出版的综合性刊物《会报》，是很受师生喜爱的写作园地。《会报》刊有凌叔华习作二十余篇，包括论说、游记、通讯、日记、信函、文言诗、悼念文章，还有一篇化学实验课"心得"。七律《感怀二首》即现今见到的凌叔华发表最早的文学作品：

其一

悔向尘寰寄此身，
聪明徒惹世人嗔。
落花飞絮常扃户，
明月清风自结邻。

---

① 《古韵》写作梅姐，其外貌描写及"梅成了著名医生，同一位知名科学家结婚"，均可指认梅姐为淑浩 淑浩自己也对了号，见《家国梦影》
② 魏淑凌：《家国梦影》
③ 张皞如在南开中学任教，与学生周恩来过从甚密，周恩来赴日本前夕来辞行，张皞如曾赋诗送行："秋花经雨傍阶开，剥啄叩门有客来 久离乍见惊还喜，暂坐兴辞更怅怀 "其时张皞如也在女师兼课
④ 载直隶女师《会报》
⑤ 此会非今日各学校必有的毕业生联谊团体，它近似学生会，成员虽也有毕业生，主体乃是在校学生

◇ 直隶女师校门

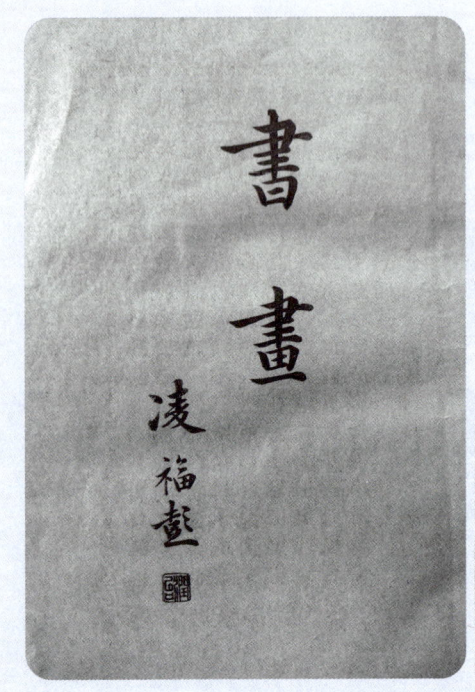

◇ 凌福彭为《会报》专栏题名
◇◇ 直隶女师《会报》刊封

与我神交惟笔墨，
慰吾残喘是萱亲。
愿将绵力供天职，
岂怨前途历苦辛。

其二
前游如梦又如烟，
碌碌尘寰十几年。
读书空美班超志，
倚柱时怀漆室篇。
窗前喜种冬青树，
池里憎开并蒂莲。
念纪文明多俊秀，
莫辞骀驽逐先鞭。

教员白眉初称赞这两首诗："幽思逸致、落落不群，予以知闺阁多英才也。"凌叔华才华更是深得张皞如老师称道，他为凌叔华作文的评语不惜过头，不厌其烦。并且，得意门生赢得业师唱和：《和凌君淑（叔）华原韵》"秋树秋风秋雨天，白衣寥落似当年。自从唱和添诗兴，笑顾及门也莞然。"①

凌叔华入校这年，正值袁世凯政府与日本签订《二十一条》约定谋和，凌叔华作文《对于中日秘约之感言》：

呜呼！五月七日之国耻方新而二十［原刊如此］条亡国之秘约又至，吾中华民国之末日，其至矣，四千载之文明古国仅值两千万元矣，四万万黄帝子孙永沦为奴隶矣。吁！诚不审当道者如何忍心为此孤注之一掷。亦曾念及此则，今日之父老昆弟，皆降为牛马之列否？来日之子孙，将忍气吞声、受人鞭笞咤叱否？此犹为他人计。然不知亦曾□及覆巢之下无完卵否？己亦不

---
① 均载直隶女师《会报》。

齿于人否？其为丧心病狂之流耶。自私自利之心何其过也！或醉生梦死之徒耶，则汲汲然阋墙之争又何其烈也！此诚百思不得其故矣。或曰当道非全无心肝者，此次秘约纯为中日御敌便利起见也。承认之又何伤哉？予曰，经举国人民泣血陈请、奔走呼号，何为始终不肯破其秘密耶？如云为军事秘密，防敌侦知然，何为于国人方面，不能开诚布公，以释疑以正舆论耶？推心置腹、同心协力，以谋御敌耶？又何为藏首露足、含糊宣布一二以塞责，以饰人目耶？且外交事均须外交部经理，总统缔结为何？此次总统及交涉员皆不负责耶。若于日本无利，为何朝夕催促，进行暂不付款要挟而恫吓耶？然于彼有利，我则受其害矣。噫！就以上各方面视之，无一不足证其伪者，不待智者而明矣。苟于我国有涓滴之利，则彼悍然甘为卖国之奴者，方欲沽名市誉之不暇，又何能掩秘不宣耶？（某当道方极力运动总统位置也。）噫嘻！亡国秘约已签字矣，将继朝鲜之后矣，四万万同胞将沉沦于万劫不回之域矣，复何言哉！然尚存一线之希望者，则印尚未盖，现此事已暂缓进行也。夫人之病危，必不能坐待死神之至，而深思苦虑力求不死之，方恨庸医之误药，悔已往之不揑生也，我同胞乎？吾国今日即类于濒死者也，惟稍异稍优者，即吾国青年尽有力强体壮、才大思精者在，苟能息争悔祸，同心协力，十年生聚，十年教训，卧之以薪，尝之以胆，不信以四万万之众，不能吞吴强越也。同胞！同胞！莫忘今日之耻！①

看似文弱的闺秀淑女，竟放言这般激昂文字，且敢如此直指"当道者"，真有点初生牛犊气概。历史激变，时代风尚求新图变，青年们意气风发，此精神更见于她另一篇《人必如何而后为得志说》：

　　……处今生存竞争之秋、优胜劣败之日，苟闲居终日，无所用心，优游岁月，虚耗时光，与人无争，与世无益，则何如不有此身之为。愈耶，吾故曰，人不可无志，亦不可徒立富贵之志。盖无志则可不生，徒立富贵之志亦无益于人生。人之生也，生当有益于世，死当留名于世。死死生生本物之道，

---

① 载直隶女师《会报》

與同學書勸其熟讀尤西堂反恨賦

四年乙 凌瑞棠

人生不相見，動如參與商，猶憶拾翠裙屐，聽鶯載酒同倚，陰陰此情如昨，小齋課畢頻復思之，曷勝悵惘，推窗悶眺，藉以消愁，而荒草夕陽斷碑殘樹，轉增愁恨，及閱新聞徒作倚柱之悲，無補安危之事，似此奈何天裡那禁久度誠恐不閒，二秋化鶴始悟人矣，惟近讀尤西堂反恨賦，滌暢襟懷，恨昔作無謂之悲，並悟行樂之須早，且人生自有責任在上，而國下而家天職何限，苟以風燭憔悴之軀，臨天演淘汰之日，不敢者乎，而健康之精神寄於健康之身體，青年尤應知之聞，足下亦以離羣索居酒酣耳。

熟感時傷世往往長歌當哭，西風葉落益助淒涼，余何忍獨私此樂願與子共之課餘靜坐試長誦此賦，方知吾言不謬且秋來景物亦頗宜人淡煙疎雨，菊花天霜落螯紫酒十千非良辰美景耶，偷不嫌道里云遙，常降梅花片片謹奉狀不宣。

無一語不神韻無一筆不風華凌生才人也，學有根柢人也，勉之進之，嗟如風骨出於六朝情懷託於三百清詞麗句飄飄欲仙 眉初

雨後天晴邀女友看菊小啓

四年乙 蔡裒穎

木落霜寒天高雲暗嗟嚶旅客魂傷又值陰雨，連綿鎮日霏霏益增悵悵倦極而夢夢醒而悲傷大陸之沉沉瞌時乎之不再正增無限之煩憂，日昨新晴鳥聲清脆倚樓閒眺白雲高下薄霧輕籠遠樹青

◇ 青年邓颖超（时与凌叔华同窗）

胜负得失乃事之常，安可以世俗之得失而馁吾人之大志哉。①

语文老师张皡如在文后作批语："色色空空，唤醒世人。理既超妙，笔复纵横。读之如遇南华老仙，放言谈道，句句令人点头称是。"

教员们虽竭诚爱国，但对于新文化运动中的文白之争，偏向保守，国文课作文照旧限于文言，凌叔华登载《会报》的全部诗文，包括一篇化学实验"心得"，无一不用文言。这篇"得志说"，所受旧赋影响显而易见。然而它摆脱亦步亦趋的模仿，亦属难得。好在文言教学没有拖住凌叔华脚步，她毅然投入新文学洪流，而文言写作训练也为她日后小说创作打下了坚实基础。

《会报》文章作者还有许广平，她比凌叔华大两岁却低一个年级。凌叔华和许广平时常切磋文章。熟悉后又知道是小同乡，许广平祖籍福建，出生在广东番禺，许氏家族的发展也多在番禺，自认广东人，两人格外亲切，毕业分手后仍有书信往还。立业成家，小说家凌叔华嫁给了陈西滢，闹学潮的许广平则与鲁迅结成伴侣。鲁迅与陈西滢结怨极深，两位太太不得不一左一右各行其道。直至鲁迅去世多年，凌叔华远赴英伦前夕在上海，还特意登门看望许广平，重续同窗情谊。凌叔华带去的女儿小滢纪念册，留下许广平为小滢的题词：

多才多艺
博学和平
像我们的先生一样
小莹（滢）妹妹
　　　　景宋

这几行字有点意味。其一，先生指的并非鲁迅，乃凌叔华。题词本是给女儿的，竟大大美言母亲。有头两句垫底，美言并不显得生硬。凌叔华能写能画，夸她博学多才，有依有据，而"和平"两字倒有点出乎所料。好使投枪匕首的鲁迅不很喜欢这个词，鲁迅夫人这么说，想是战后民众心理的表露。其二，许广平和凌叔华

---

① 载直隶女师《会报》。

乃同辈，谓小滢"妹妹"岂不是乱了辈分。有人解释，凌叔华在女高师教过许广平几天英语，许就认作老师（先生）了。①这么说太过坐实"妹妹"和"先生"称谓，此无非大人对孩子的亲热，对学姐的尊重，何况凌叔华已经享誉文坛，对有成就又不再年轻的女性，尊称先生是一种时尚。总之，这题词意味着前嫌尽释。上海一晤以后，两人相隔于大陆和海外，再无重逢机会。

直隶女师同学中出了一批左翼风云人物，邓颖超、郭隆真、刘清扬，个个不愧为时代弄潮健儿。凌叔华与她们都有过从，与郭隆真尤为密切，她敬佩郭隆真随时准备为国捐躯的气概；郭隆真对年幼几岁的凌叔华也如姐姐似的亲切和蔼。接触过洋楼外那群捡煤渣孩子，增添了凌叔华对民情的感性了解；交往邓、郭、刘这一群巾帼志士先驱，又加深她对国情的知性认识。

学校每年春天举办体育运动会，好动的淑浩不会放过大显她身手的机会。好静的凌叔华无力上跑跑跳跳的赛场，新式学校运动会的崭新气象也令她深受熏染。体能与智能并重正是来自西方教育理念，女师西式校园为凌叔华萌发新思想提供了温床。比校园更大的温床则是校外时代氛围。负笈南开中学的周恩来热衷演出新剧，易卜生的剧作《玩偶之家》是饭堂、寝室热门话题。渴望摆脱旧婚姻牢笼的女生赞赏娜拉勇敢出走的精神。《新青年》杂志在学生中风靡，掀起新思想热潮。正值"五四"洪流滚滚而来，许广平说起她们学校：

> 那浪潮马上卷到天津来，学生们的游行、讲演，是没法子禁止得住的时候，而那位张先生，就在他上课的时候，我们要全班请假而遭严厉禁止了。谁也不会忍受下去，终于在他摇头叹气，以辞职相威胁之后大家走出课堂。②

虽大势所趋，张先生仍要求学生继续做文言文。不过发讲义的时候，也发了些胡适的《文学改良刍议》、克鲁泡特金的《互助论》。凌叔华思想变化或起始于此时。

那是书生意气的岁月，担任燕京大学学生会文书的冰心，与凌叔华同龄，一在北京，一在天津，同时投身爱国运动，不约而同地担任了文字宣传角色，是

---

① 陈小滢：《散落的珍珠》。
② 许广平：《像捣乱，不是学习》，载《许广平文集》。张先生即张皞如，在凌叔华笔下和别人关于周恩来的文章里，张皞如是积极支持学生运动的。

"五四"洪流激起的两朵细小浪花。凌叔华记述：

> 我们女师的所有学生都热情洋溢地参加了这场运动，以能为国家分忧感到骄傲。我校大多数老师积极帮助学生制定游行计划。在北京学生联合总会下面，每个学校都有自己的学生会。我的中文是班里最好的，被选为学生会的四个秘书之一。当我们准备游行或到公众中演讲的时候，都是由我来写计划、标语和演讲词。①

矫枉难免过正，"打倒孔家店"的呐喊声响彻校园，凌叔华深受国文老师张皞如影响，对于过激地否定一切传统文化的主张持保留态度。张皞如认为，孔孟著作含有类似现代民主国家的一些政策，他送凌叔华一册《庄子》，扉页题写了一句："这本书会使你的头脑保持清醒、睿智。"凌叔华读完《庄子》，"开始怀疑学生运动的某些举动"，她说，"我能看见我的白日梦。我常一坐就是几个小时，静思冥想一些以前从未理会过的意念。"张皞如老师一句话深植在凌叔华心坎："一场随随便便的革命不能拯救中国。"② 这话或引人遐想，若没有国文张老师，凌叔华有没有可能走上革命道路？凌叔华转向以文化建树为己任，远离了政治。较之郭隆真的激进，凌叔华态度审慎多了，郭隆真不以为意，③ 找凌叔华谈心，想说服"迷途"的小学妹。凌叔华没有争辩，只是给她读张老师送的《庄子》。郭隆真起先皱着眉毛，渐渐露出笑容，由不太情愿的睨视到不由自主地入神，被小学妹说服了。这一细节预兆，新文化队伍分化时，凌叔华将跟随胡适，而不是加盟左翼。纵然显露了认识差异，但无碍凌叔华心目中郭隆真形象的美好高大。凌叔华仰视长小粉刺黑脸蛋的学姐，"单纯、虚心使她的个性迷人，而且这也是当时许多领导者的品德"④。她"非常爱国，是那时的思想先驱之一，随时准备为拯救中国牺牲自己"。郭隆真实践了诺言，以青春殉国，生命祭奠了信仰的主义，死在山东军阀韩复榘屠刀下。《古韵》虚构了张皞如和他学生相同结局，"张先生在第二次世界大战开始前一年，在南满被日本人杀害。"⑤ "我仿佛听到张先生在用浑厚的声音诵读《庄

---

① ② ④　凌叔华：《古韵》。
③　《古韵》写作郭荣欣。
⑤　其实张皞如死于疾病，在抗战爆发前三年。张曾经担任民国时期的地方参议员、县长、省厅秘书长。

子·秋水篇》：秋水时至，百川灌河，泾流之大……"① 凌叔华虚构这一细节，或寄寓某种心曲，有味可寻。

负笈直隶女师数年，凌叔华在此确立了人生方向。天津终究不是中国的文化中心，九州人才都向北京集聚。北京本来有凌叔华魂牵梦绕的童年家园，那里巍峨的长城、辉煌的宫殿、富丽的园林，岂能是天津的烟囱、浊水所能相比，她盼望重返古都。父亲慑于政局，加上与天津渊源很深，没有返回北京的意思。幸好北京的冯表哥来凌府做客，他刚从国外归来，见多识广，且能说会道，鼓动凌老爷放行叔华、淑浩去京城深造。父亲同意了送两姐妹到北京上大学，那天晚上，姐妹俩兴奋不已，跑到洋楼后面白雪覆盖的花园，撒开两条大狗，假山、花坛、石阶、树间，追上追下。这时叔华仅仅为回到故宅欢欣，还不明白，那里为她伸展了人生的康庄大道。

入大学前夕，一九一九年暑天，凌叔华随父亲去北戴河度假，下榻父亲老友家里。阔绰的海滨别墅，二楼阳台望得见跑道上赛马。父亲借这里办过宴会，畅饮木盆里堆满冰块的德国啤酒。第二年暑期她又去了一回北戴河，享受着她最后的富贵生活。

---

① 凌叔华：《古韵》

文苑别枝

凌淑華

未能成为翻译家

凌叔华到北京上了燕京大学女子学院,燕大迁到西郊海淀之前校址在东城灯市口,离凌府干面胡同很近。这所美国人办的教会学校,和美国的韦尔斯利女子学院结了姐妹对子。教义约束学生,学校倡导向善自律,不主张他们干预社会、有涉政治活动。许广平入学的北京女子高等师范学校则大不一样,女高师教员鲁迅、周作人、钱玄同、沈尹默等都是新文化运动风云人物,学生们关注社会,为革除社会弊端冲锋陷阵,一九二五年爆发过驱赶校长学潮,一九二六年遭遇"三一八惨案"。可是,燕京大学毕竟地处五四发源地北京,它无法完全置身于社会变革激流之外。凌叔华虽没有上街游行,但思绪起伏与校外激荡风云相应合拍。那时一个热门话题是争取女子地位平等,凌叔华写文章发表在很有影响的《晨报副刊》,叫板"新派"人物里藐视女性的言论:

> 我还要诚恳的告诉新文化的领袖,或先进者,请您们千万不要把女子看作"无心前进的,可以作诗就算好的,或与文无缘的"一路人,更祈求您们取旁观的态度,时时提携他们的发展,以您们所长的,补她们所短的。不受栽培,加以忠告,忠告无效,不妨开心见诚的指摘,可是千万不要说:"她们又回到梳头裹脚、搭脂弄粉的时期,女子们是没有希望的了!"咨嗟叹息袖手旁观态度,是不该对本国人用的。①

---

① 凌叔华:《读了纯阳性的讨论的感想》。

这是迄今能见到的凌叔华参加新文化运动最早文字，① 有股初生牛犊的锐气，宣告她投身社会革新的志向。然而凌叔华终究不是许广平，更不是邓颖超、郭隆真、刘清扬，她心系文学，无意政治。

　　出人意料，凌叔华进大学起初读的是动物学专业。她有自己的谋虑，目标是圆其作家梦想。国内当时正风行外国小说《少年维特之烦恼》，作者歌德便是学这个专业的，她要仿效歌德的人生足迹，亦步亦趋。这想法太幼稚可笑，很快她放弃了动物学，转入外文专业，中国现代文学史上不少成绩斐然的作家出身外文科班。凌叔华英文受教于辜鸿铭，打下扎实的"童子功"，攻读英文如鱼得水，毕业前夕编写了两个英文本中国神话短剧《月里嫦娥》和《天仙配》。戏由燕大学生演出，② 凌叔华包揽了演出一切事务，从撰写台词、设计布景、配用音乐，到指挥家里用人做舞台道具，出面向梅兰芳借用戏服、幕布，请陆小曼指导排练，还不忘分送戏票，请胡适等名家挚友光临。平素文静的淑女，此时惊人地干练。她当过直隶女师校友会学生干部，现在又一次大展身手。戏在协和医院小剧场公演，一连爆满两个晚场，卖出一千多张门票，所得两千多元收入全部捐给了基督教女青年会赈灾。《月里嫦娥》演出本子登在了上海的英文杂志 the China Journal of Science and Arts（《中国科学美术杂志》）③ 上，用英语演出中国神话成燕大校园文化活动一件盛事，八十老妪回忆当年演出，喜形于色，说"真出尽风头！"④ 为此她获得了学校金钥匙奖。接着凌叔华又写了《中国女皇》（The Goddess of the Han）。说也登在这份杂志上。其实并无《中国女皇》，只见到《月里嫦娥》，二十一世纪初被译成中文面世，剧名译为《天宫女神》，刊华东师范大学《现代中文学刊》。⑤

　　凭这高起步的英文水平，凌叔华有足够理由立志成为文学翻译家。确实开始译著努力，从一本《伟大艺术家的故事》原著（Stories of Great Artists）选译了三

---

① 《古韵》记载她有文章于一九一九年刊天津《民国日报》，迄今未曾见到，或系小说家言。
② 有说请来陆小曼主演，见《秀韵天成凌叔华》实系误传，陆小曼在《爱眉小札》里只说，来燕大指导过学生排练，演员均为在校学生。
③ 凌叔华晚年误记为北京的 Journal of Science and Literature（《科学及文学期刊》）。此刊后改名 the China Journal，即《中国杂志》。
④ 郑丽园：《如梦如歌——英伦八访文坛耆宿凌叔华》，见陈学勇编《凌叔华文存》下卷，下文简称《如梦如歌》。
⑤ 以附录收入陈学勇：《故纸札记》。

◇ 学生时代发表在《燕大周刊》的译作

个艺术家生平故事，连续登载于《燕大周刊》，它们是《约书·那瑞那尔支》（*Sir Joshua Reynolds* 今通译乔舒亚·雷诺兹）《汝沙·保诺》（*Rosa Bonheur*）和《加米尔·克罗》（*Camille Corot*）。看其译笔，尚未脱去大学生初涉此津的拘谨和稚嫩，求达而欠雅，略嫌硬直而不够流畅。

凌叔华成熟的翻译作品是毕业不久发表的《小姑娘》和此后两年译的《一件事》，均载《现代评论》周刊。前一篇原著者系英国的曼殊菲尔（今通译曼斯菲尔德），后一篇出自俄国的契诃夫。翻译这两篇小说距翻译画家故事不过两三年时间，译文水平已令人刮目相看。这回译文一扫尝试阶段的稚嫩生涩，文笔简洁流畅，雅致传神，足以显示，凌叔华能够成为优秀翻译家。她选中曼殊菲尔和契诃夫的作品，表明两位外国作家与她的创作特色的某种关联。两篇小说均属儿童故事，凌叔华本人的小说创作也由写女人转向兼写孩子，在此透露出她题材转变的信息。

读者希冀一位优秀翻译家出现，凌叔华却让他们大失所望。她曾经想翻译整本著作，选定约翰·梅西（John Macy）的《世界文学故事》（*The Story of World Literature*），这本书厚达六百余页。可顾虑到内容未必适合大众兴趣，书里引述的诗歌也不容易译好，最终放弃了。她给胡适的信说到此事："不过当我真的要译时，忽然觉得这本书中国人（普通人、中学生）未必怎样看得入，有些地方未免太简略些，而且里面诗太多，一定不会翻成功。第一次译一本书，自己就给自己失望，未免太苦了，而且苦的事，兴趣一定不会长。"[1] 她请求博览群书的胡适介绍相宜的几种原著，遗憾此事未再有下文。

凌叔华再次决心坚持翻译，奥斯汀的长篇小说《傲慢与偏见》很适合，大概是一九三二年的事。原先陈西滢计划翻译这部名著，见凌叔华也大有兴趣，便让给了夫人。凌叔华译到一半，又听说叶公超正在翻译此书，急忙致信叶公超，请他"割爱"，叶本是她相熟的朋友。再致信胡适谈及此事，有请出老大哥再替她说项的意思。凌、叶、胡三人为译事经过一番怎样的交涉，不得而知。读者一直没有读到凌叔华译本，未必是叶公超小气，后来也未见叶公超译的《傲慢与偏见》出版，想来他答应"割爱"了。

[1] 凌叔华：《凌叔华文存》

一九三二年至一九三三年，其间整整两年，凌叔华没有发表一篇小说，也没有多少其他文章见诸报刊，这样的空当在她创作生涯前期实为少有，不妨猜度她正专注于译事。然而始终没有读到凌译《傲慢与偏见》，其原因，是这段日子才出世的女儿小滢嗷嗷待哺？还是武汉大学迁址珞珈山需要安置新家？再不然是由于不知出于什么原因成天在武昌乡间奔波？若由于时间不够充裕耽搁了译事，那么以后数十年时间也有闲暇时刻，为何也舍弃那已经翻译了的半部书稿？难道是徐志摩"八宝箱"事件干扰了翻译情绪？她一封信里说过："我这几年更无成绩可言，本来自己早就觉得，墙角的蟋蟀，多叫几声与少叫几声有什么要紧？有了这种原因，自己更可原谅自己了。"①——情绪总有平复的时候，不论哪种猜测都不大叫人信服。一九三四年，她就有了不少作品发表，除了三篇小说，还连续发表文章，谈创作经验，谈中国画，甚至谈她不很在行的《诗经》，又连载了长篇游记。凌叔华一生漫长岁月，上述种种可能的原因均不存在了，她仍未问津译事。后旅居英伦四十来年，译事条件难得的优越，直至终老，始终不见她有译著问世，凌叔华未能成为翻译家。

直到一九三六、一九三七年，凌叔华受来武汉大学的英国诗人朱利安·贝尔鼓动，把自己的中文小说译成英文，《无聊》《写信》《疯了的诗人》三篇先后发表于温源宁主编、上海出版的英文刊物《天下》月刊（T'ien hsia）。前两篇借助了英国诗人帮助，署名是合译，翻译第三篇时朱利安已经回欧洲参加反法西斯战争，想来是凌叔华单独完成的。

抗战时凌叔华避居四川内地，把自己发表过的小说《搬家》《一件喜事》《八月节》译为英文寄给英国小说家弗吉尼亚·伍尔夫，以求发表。译本人作品介绍到国外，这在中国作家是鲜见的文学现象。此三篇英文作品，和她所写其余英文的回忆故事，辑成《古歌集》（Ancient Melodies）一册，于五十年代在英国出版，为她在海外赢得很大声誉。除却其中《搬家》那三篇，《古歌集》基本是她直接用英文写作的作品，不算翻译。二十世纪九十年代傅光明译《古歌集》为中文，先后在台湾、大陆与国内读者见面，也产生了相当的影响。书名傅译为《古韵》，较为优雅而贴近故事风味。傅的译笔也好，体现了凌叔华简朴淡雅的文风。《搬家》三

---

① 凌叔华致胡适信，载《凌叔华文存》。

篇中译本较原著中文有些细小改动或润色，改动较多的是《八月节》①不仅由第三人旁述改为第一人称自叙，人物的名字也改了几个（身份、行为均依旧），或是为了符合自传体裁，为了适应外国读者阅读。

英文科班出身的凌叔华，做英国侨民数十年，曾有志从事翻译，理应成为译家。试想，她以相当精力投诸译事，有志而事成，也许塞翁失马，她文学、美术方面的建树会受影响不小。创作和翻译兼擅的全才并非没有，凌叔华也许会是，也许不会。略可一提，她曾经把陆放翁一首七绝《剑门道中遇微雨》译成英文：

> On the dress dust of travel
> Winestains :
> Wandering anywhere, one
> Might lose one's
> Heart.
> In my last life I must
> Have been a
> Minor poet
> Riding a donkey in the
> Rain through
> Che Men②

原诗中文是，"衣上征尘杂酒痕，远游无处不销魂。此身合是诗人未？细雨骑驴入剑门。"英国诗人朱利安·贝尔为译文作过润色，又由朱利安寄往英国——凌叔华极想她的作品走出国门。所以选译这首古诗，没有见到凌叔华或朱利安的说明，诗里洒脱的情调和浓郁的意境，颇富中国特色，当然值得到外国去展示一下。只是，这点儿译作成果于凌叔华言，远远不足道哉。可是也就此止步，以后再也不见她的中译英作品。倒是直接用英文写了几篇短文，已与译事无涉。

---

① 傅光明中译本题名为《中秋节》。
② 引自帕特里卡·劳伦斯:《丽莉·布瑞斯珂的中国眼睛》。

中国式艺术沙龙

立志当名作家的凌叔华还是先成了画家,而且早早有了建树,大学毕业前在北京画界就小有名气,《晨报》"星期画刊"登过她的国画《匡庐烟雨》《北戴河大山落潮》。华北旱灾那年,她为赈灾捐出几联山水屏风,日本画家渡边晨亩带回日本卖得一百大洋,叫初出茅庐的凌叔华欣喜、意外。

不该意外,她幼年的绘画天赋,又得到众多名家的悉心指点,更有机会进宫观摩御藏名画,上了大学仍与画笔不离不弃,她说:"我虽然初入大学读书,但是每天大半光阴都是用在书画上。"① 今日成绩原本是顺理成章的事。二十刚出头遂了童年志愿,比许多画家的成功算早了一点,外人惊讶,内行羡嫉。

一次凌叔华参加名家云集的画会,年轻秀美的女大学生,乖巧伶俐,厕身父辈画家堆里,既不碍眼遭嫌,又鲜亮夺目,反给画会平添几分生气。还有一个江采(号南苹)与凌叔华做伴,她小凌叔华两岁,却先为人妇,丈夫吴静庵供职银行而热衷收藏书画。新婚少妇随丈夫同好,拜了陈师曾学画,后来因擅写墨梅闻名画坛。故都一群画家时常聚会,和三十年代风行的西洋味道的林徽因的太太客厅不同,他们的聚会全然中国传统做派,有茶有酒,乃另具风采的艺术沙龙。凌叔华回忆:

---

① 凌叔华:《回忆一个画会和几个老画家》。

那时的画会，大都是由当地几个收藏家、书家、画家折柬相邀，地点多是临时选择幽雅的园林与寺院举行。人数常是十余人，茶余酒后往往濡毫染纸，意兴好的，画多少幅，人亦不以为狂，没有兴趣作画，只管在林下泉边，品茗清谈，也没有人议论。①

借着苏东坡诞辰的名义，凌叔华做了一次沙龙女主人。她与江南苹联名做东，设席凌府宽敞的厅房，备了丰盛佳肴，请来陈师曾、陈半丁、姚茫父、王梦白、萧厔泉、齐白石、金拱北、周养庵，没有一位不是画坛一时之选，外加一个美国女画家穆玛丽（Mary Augusta Mullikin），江南苹丈夫吴静庵赶来凑了热闹。时值隆冬季节，但窗外艳阳高照。庭院里干枯的枝影投射到窗棂白纸上，俨然一幅天然淡墨画。室内暖气融融，来客谈笑风生，各有各的个性。齐白石乡情最重，却最恨人家讨画；陈半丁于清王府当过差，却不染官场习气；陈师曾言谈谦和，举止洒脱；姚茫父能豪饮，能神侃；王梦白脸庞圆圆，笑容可掬；萧厔泉则一脸沧桑；而金拱北穿着考究，满身散溢富绅气派。酒饭过后，个个怡然亢奋。凌叔华、江南苹捧出宣纸画笔，他们全都围拢过来跃跃欲试。陈师曾首先开笔画上几枝墨竹，王梦白随即添上一只小肥猪，跑动在竹林里。陈师曾兴致再起，题写打油诗："无肉令人瘦，无竹令人俗；若要不瘦亦不俗，莫如竹笋烧猪肉。"哄笑声中，齐白石抹了几只老鼠、小鸡；陈半丁补笔，一簇牡丹共梅花，妍丽鲜亮；姚茫父绘上素色菊花和赏菊的人。大家兴致越来越高，提议合作一幅中堂，谁会持异议来煞此刻风景？陈师曾簌簌几笔，他得意的秋海棠便落在宣纸中央，笔致苍润。王梦白以飞白技法描摹秋风里的白菊，吹落花瓣如飘散的鹅毛。齐白石配上雁来红，再铁线勾出浓黑花叶上的叶筋，顿时挺立起来。陈师曾再捏画笔添一枝秋葵，逸笔草草，凸现了秋葵的清标绝俗。姚茫父连连撇笔，撇出一丛瘦长的剑兰。周养庵缀一枝桂花，金拱北落下一朵牵牛一茎红蓼。最后萧厔泉以疏疏松针收尾，衬托了满纸的花花草草，愈加绰约妩媚。凌叔华迫不及待讨下这幅作品，姚茫父篆书题名"九秋图"，篆字下行书说明，每种花草各归所属，末尾总结一句："集于香岩精舍，叔华索而得之。"②

---

① 凌叔华：《回忆一个画会和几个老画家》
② 姚茫父题词引自《回忆一个画会和几个老画家》，对照原画题款，这一句略有异

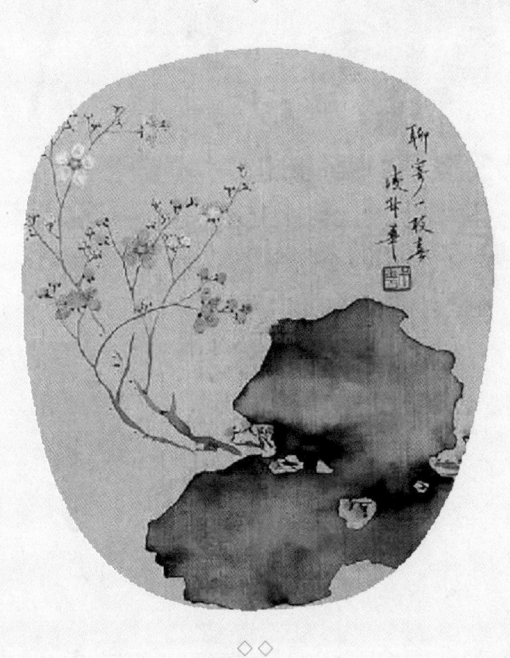

◇ 凌叔华画作——《匡庐烟雨》
◇◇ 凌叔华绘团扇片《聊寄一枝春》

◇《九秋图》

《九秋图》由如此诸多名家合作，乘意气而即兴，俨然游戏笔墨，实尽各家所长。凌叔华视为她收藏的现代画作中最喜爱最系情思的精品。从画上她品赏出各位独特的风神，从画外回味他们可爱的个性。她说："《九秋图》的可贵，并非因为作者皆一时名家，或是他们大多数已经作古。我所珍视之点，实是由此一画，可见各家各派擅长与会心之点，其中也许有种笔、逸笔，能品种种，如若你对这几个画家知道很清楚，你会在这一二尺的纸中，找到另一天地。在无言相对时，你会看见你那几个熟人的面目，如他们都是有所谓'艺术家脾气'的，那么你也许会听见他们常有的嬉笑怒骂了。"① 此画今已失落不知去向，所幸不知哪位有心人摄成照片留存下来，后世得以一窥大概。

与会的穆玛丽回到美国久久不能忘怀这次画会，写下追忆文章《在中国的一次艺术家聚会》。她特别赞赏沙龙女主人凌叔华的风度："那一天本身就像凌瑞唐这位年轻女士创作的一幅杰作。她贤淑文静，不指手画脚，也不自以为是。客人有需要时她就恰到好处地出现，说起话来让人如沐春风。"② 穆玛丽曾受赠凌叔华两幅画作，落款署名都是"凌瑞唐"。丝面折扇上的一幅，凌福彭特为题款。父与女，字与画，珠联璧合，穆玛丽珍爱如文物，果真成了文物。

凌叔华大学毕业，一时没能谋到如意的职业，于是凭借她丹青素养，回母校燕大教了一年"中国艺术史"和"中国绘画"。一九二九年凌叔华身在武汉，兼任了北平故宫古物陈列所专门委员五年多。至抗战爆发前，她参加了各处美术展览十余次，自己特别看重其中两次，即日本的东京东洋名画展和南京的全国美艺展览会。

年轻女画家与那群颇孚众望的老人成了忘年交。齐白石收到凌叔华题赠的画作《夜景》，即刻回赠七律一首：

    开图月似故园明，
    南舍伤离已五春。
    画里灯如红豆子，
    风吹不灭总愁人。③

---

① 凌叔华：《回忆一个画会和几个老画家》。
② 转引自魏淑凌：《家国梦影》。
③ 齐白石：《白石诗草》。

齐白石自诩他的诗词在自己的书法、绘画之上，然而这一首并不及他自炫的那样了得。给凌叔华画作题诗更多的是小万柳堂主人廉泉，他的旧体诗显然比齐白石高明。此翁号南湖，比凌叔华父亲早一年进入光绪朝殿试，思想较凌福彭更维新一步。他夫人吴芝瑛与秋瑾为知交，大义凛然为秋烈士收尸。廉泉仅写于一九二四至一九二八年间的《梦还集》，便至少有十多首题给凌叔华，此迻录《叔华属题玫瑰团扇》其二：

> 隔墙柳色映鹅黄，
> 南海明珠入梦芳。
> 移向鸥波亭子里，
> 一生旖旎不离娘。①

诗人有注，说明玫瑰花俗名离娘草。凌叔华画室与娘卧房一墙之隔，最后一句即赋其母女之情。诗人未料，"一生"也，未得终生。诗成之日到凌母病故，凌叔华远离娘身，浪迹日本、湖北、四川，母女聚首的日子实在少而又少。廉泉诗所题凌叔华的画，今多不存。看看题目：《题凌叔华女士写高房山小帧》两首、《叔华飞瀑鸣琴图为陈通伯作》两首、《叔华属题玫瑰团扇》两首、《题叔华花卉小卷》一首、《题凌叔华临夏珪溪山无尽卷子》两首、《凌叔华仿南田山水小册属题》一首、《叔华为通伯画菊》一首，从诗题可约略窥见凌画题材之一斑。

廉泉是著名书画鉴赏家，眼界甚高，堪为凌叔华知音。他称道她的画艺："叔华醉心南田，能得其幽澹之趣。吴岱老对于古松亭子一帧爱不释手，有出蓝之誉，以此知鉴赏之自有真也。"② 凌叔华深受宋代米元章和清代恽南田熏染，走文人画路子，画作意在精神和情趣。于米、恽之外，凌叔华尤其钟情元代的倪瓒（号云林），她评述倪瓒一幅画：

> 上面只有疏疏的三四株树，一片远山，下面是并不崎岖的山地，别的一点没有。可是一念他的诗，"遥山掩映溪纹绿，萝屋萧然依古木。篮舆不到五

①② 转引自姜德明：《梦书怀人录》

侯家，只在山椒与泉曲。"就更明白他的画了。他一生不求闻达，财帛散于乡里，自己一人乘了一只小船，遨游山水过了一生。他的画品诗格书法都是清绝人寰的。①

还对巴金说过："我想在这薰湖上包一只小船，像倪云林之流过一个真的乡村生活。"② 凌叔华的历史小说只有一篇，正是取材倪云林生活行迹。③ 凌叔华挚友，女作家、女画家苏雪林评论她："其画风近郭忠恕，笔墨痕迹淡远欲无，而秀韵入骨，实为文人画之正宗。"④ 现代美学大家朱光潜也评论过凌叔华的画，更其详细透彻：

> 作者自言生平用工夫较多的艺术是画，她的画稿大半我都看过。在这里面我所认识的是一个继承元明诸大家的文人画师，在向往古典的规模法度之中，流露她所特有的清逸风怀和细致的敏感。她的取材大半是数千年来诗人心灵中荡漾涵泳的自然。一条轻浮天际的流水衬着几座微云半掩的青峰，一片疏林映着几座茅亭水阁，几块苔藓盖着的卵石中露出一丛深绿的芭蕉，或是一湾静谧清莹的湖水的旁边，几株水仙在晚风中回舞。这都自成一个世外的世界，令人悠然意远。看她的画和过去许多人的画一样，我们在静穆中领略生气的活跃，在本色的大自然中找回本来清净的自我。⑤

品赏凌叔华文人画有助于理解凌叔华小说艺术，文风近似画风，她循文人画传统，取材、布局（尤其是擅用空白）、精神，与其小说的语言、谋篇、旨意，很是相通。求淡雅、求蕴藉、求高远，明显有别于同时代许多女小说家，她们偏重故事，放纵情感，切近政治。二十年代后期凌叔华有意往法国研习西洋画，终未成行。倘若遂其心愿，以她远高于潘玉良的起点，可望成就辉煌。

凌叔华移居英国以后，曾多次举办个人画展，展览遍及欧美、南亚，法国作

---

① 凌叔华：《我们怎样看中国画》。
② 《凌叔华致巴金》（之二），陈建功主编"中国现代文学馆馆藏珍品大系"《信函卷》（第一辑）。
③ 凌叔华：《倪云林》。
④ 苏雪林：《凌叔华女士的画》。
⑤ 朱光潜：《论自然画与人物画》。

家为她画展撰序,由此她在海外声誉日隆。可是旅居国外长达四十余年,她竟从没回大陆办过一次画展。今日大陆画家已忘却了这位前辈,几乎不知画家凌叔华为何人。并非大陆没有办她画展的筹划,朋友们提议过,她坚决谢绝了他们的美意。不知她有何顾忌,又是一个谜团,凌叔华一生有太多的小谜团。

  书画同源,身为画家,凌叔华书法水平自不在话下,有品有格。民国女作家手泽大多守些法度,上点品位,不像新时代才女们多缺少章法。然而即使凌叔华同时代才女,她们也多逊色凌叔华一筹。可惜——凌叔华又有太多可惜,她没有书法面世。陆小曼保存过一批凌叔华致徐志摩信,陆死后信交陈从周收存,陈从周介绍,信"系用仿古诗笺来写,笺上画着帘外双燕,书法是那么秀逸,且仅文字之美而已。"① 究竟如何秀逸,陈从周不着一字。今陈从周作古,这批宝贵的信函不知存在何处。一九四八年北平被围,胡适匆匆离开大陆,大批书信未及带走,现由专家整理影印出来。幸存凌叔华致胡适二十多封信,多数亦用彩笺,字的娟秀妩媚自是女性笔触,但不失遒劲挺拔,为寻常女辈不易达到的。凌叔华身后陆续披露出若干她晚年信札,均硬笔信手写来,腕力犹在。终究硬笔不能等同翰墨。略补缺一二的,直隶女师的《会报》曾登载凌叔华十六七岁时一页书法习作,书录一首七律:"花阴日瘦叶阴肥,清镜尘埃把袖挥。不是王高须夜烛,可怜杜甫只春衣。卷帘捉椅看微雨,啼鸟流泉又夕晖。苒苒年光经意绪,谁言犀柄与金徽。"属中规中矩的楷书,童子功不凡,起点之高如同她当年绘画。凌叔华书艺深得徐志摩父子偏爱,徐志摩出版第一本诗集,特请凌叔华题写扉页"献给爸爸";徐志摩去世,他父亲徐申如又请凌叔华题书墓碑"冷月照诗魂"。② 真算得徐、凌一段逸事佳话。

---

① 陈从周:《记徐志摩》
② 题碑事凌叔华犹豫许久,因碑不能久等,今碑名系浙籍书法家张宗祥所题

师从周作人

凌叔华进燕京大学那年,学校当局不满中文系现状太过沉闷保守,高薪请来周作人,寄望他注入新风。只要不与教会学校的宗教精神冲突,任凭他施行种种改革举措。

读生物学的凌叔华得以转到外文系,她说正是周作人帮了大忙。凌叔华晚年告诉来访者:"他为让我顺利转成,特别让我把日文列为副科,当时燕大外文系除有两种语言为正副修外,尚需有两种副修,而当时燕大尚无日文科,周作人破天荒赠我三四尺高日文书恶补。好在幼时住过日本,有底子,考试时,还算轻松过关。"① 这说法似不大可信。周作人是一九二二年七月才定下兼任燕京大学教职,② 正式到学校授课当是暑后开学的九月。凌叔华拜识周作人在一九二三年九月,她已升到四年级。第一次写信给周作人请求指导,已告知周,自己是英文系学生。③ 凌叔华至迟于一九二二年七月前已经办好转系手续,周作人哪里还有机会帮她这个忙呢? 凌叔华这段话,关于日语副修的意思也含混得很,学校既无日文学科,如何以它考试? 周作人来燕京前凌叔华日文水平已不在众人之下。"访谈"这么说,不知是凌叔华年老记忆不清,抑或是记者笔录有误。

凌叔华的不确说法事出有因,她和周作人确实有过一段特别的师生情谊。若

---

① 郑丽园:《如梦如歌》。
② 周作人自撰《知堂年谱大要》,载《周作人文类编"八十心情"卷》。
③ 凌叔华致周作人信,载《中国儿女——凌叔华佚作·年谱》。

◇ 燕京大学时期的周作人

说周作人把凌叔华送上文坛，亦未尝言过其实，其于凌叔华人生意义远甚于帮助她转系。当时周作人声望日隆，是新文学运动中举足轻重的人物。凌叔华一心想当作家，听说周作人来燕京大学任教，欣喜异常。周作人课上夸奖冰心的新文学创作，堂下听课的谢婉莹羞得抬不起头来，恨无地缝可钻——周老师不知道，听课女生谢婉莹正是《晨报》上连连发表作品的才女冰心。冰心是凌叔华燕大同学，虽不属同一年级，但凌叔华对此佳话不会没有所闻，她如何羡慕可想而知。然而毕竟她不在国文系，不是周作人亲授弟子，囿于矜持，未敢贸然求教。近在咫尺，远似天边。熬了一年，其间有过多少次犹豫全埋在心里。又到新的学年开始，她终于冲破女孩腼腆的束缚，写了封长信给周作人：

周先生：

您既是燕京大学教员，我又是燕大学生，在第一次给您写信，也用不着说些久仰德范等套语了。我自从读了几次您的大作，心里总想选您所教的国语文学念，但是事与愿违，好光阴匆匆的便过去了。我在燕京所选都是英文（我读的是英文系），所以不能另找出时间来读国文，三年级学生只许选十六点钟，而我上年已选了廿点，科长不允许再添。眼看又快开学，今学期不能选四点国文，因为所注重专修之书已经过了十六点以外。可是，我不再像上次的愚笨了。今天冒昧的给您写封信，不知您肯在课外牺牲些光阴收一个学生吗？我虽然愚鲁，但是新旧学问也能懂其大概，在燕京的中英日文皆不曾列众人以下，但凡有工夫还肯滥读各种书籍，这是女学生缺少的特性，也是我能自夸的一点长处。这几年来，我立定主意作一个将来的女作家，所以用功在中英日三国文上。但是想找一位指导者，能通此三种文字的很少。先生已经知道的，燕大教员除您自己以外，实在找不出一个来，所以我大着胆，请问先生肯收我作一个学生不？中国女作家也太少了，所以中国女子思想及生活从来没有叫世界知道的，对于人类贡献来说，未免太不负责任了。先生意下如何，亦愿意援手女同胞于这类的事业吗？我或者是一个使先生失望的学生，但我相信，"凡人立志坚、肯用功，三分天才也能成十分了"，所以我还不自己灰心呢。我写语体文不多，但我很愿意把它学好的。目前写了些语体游记，如先生肯认我作学生，我必诚恳的呈上请教，如果先生能课外牺牲光阴指导，那更是感激不尽的了。若是先生以为孺子可教，请复数行，以便努力进行我的工作，否则尚祈代守秘密，因为普通人尤其是女子，像我这样请教先生的很少，事不成反作为笑柄呢。

凌瑞唐　谨启，九月一日。①

凌叔华可能打了一次次腹稿，信纸撕了一张又一张。作家的强烈愿望，终究顾不得矜持，哪怕遭受冷遇落下笑柄——此事于女孩儿家极易遭人笑话，况且是凌叔华这等大家闺秀。信中有些话不免自负，文辞也略嫌絮叨。人们第一次听到凌叔华想成为作家的自白，且将这个愿望与女性话语权乃至人类贡献相关联，原来她的看似文静的性格却包含着烈焰，瘦弱身躯里迸发出某种气概。

周作人惜才，被打动了，他早先就感觉到，"燕大的女生中很有些有才气的女子"，②现在又添了一个凌叔华，立即热情回复，对这位外系学生的尽心超过对任何一个国文系学生。凌叔华收到周作人信翌日即寄上习作，证明她所言不虚。习作订成一册，有散文有游记有小说，周作人选了最长篇幅的小说推荐给《晨报副刊》。他与编辑该刊的孙伏园关系密切，《晨报》不久刊出的《女儿身世太凄凉》，正是凌叔华的小说处女作。

小说描述一个待嫁姑娘婉兰，听说未婚夫品行不端，却难违父母之命，如期委屈成亲。结果，遭丈夫冷落，受小妾愤恨（婉兰未过门时夫家婢女先与未婚夫有染，收为妾妇），被婆母厌弃。来年春天，婉兰拖着病躯回到娘家，苦水倾盆。这样的题材、立意、写法，新文学初期比比皆是，它并无格外引人注目处，略可赞许是故事渲染得凄楚动人。作者借三姨娘口控诉："中国女人太容易叫人糟踏了。"恰如凌叔华给周作人信中说的，她负起了将中国女性苦难"叫世界知道"的责任。小说结尾，婉兰对三姨娘道出后悔："我和你，都是见识太晚。早知道这家庭是永远黑暗的，我们从少学了本事，从少立志不嫁这样局促男人，也不至于有今天了。"作者仅这么轻轻点了一句，整篇故事竭力铺叙她的"凄凉"，未以"见识太晚"作题旨统率全篇，可谓浅尝辄止了，而唤醒民众已成当时文学思潮，作者慢了一步，局限了它批评力度。假如偏重描绘主人公觉醒过程，或揭示她苦难根

---

① 凌叔华致周作人信，载《中国儿女——凌叔华佚作·年谱》。
② 周作人：《几封信的回忆》。

源在没有觉醒,那么它就不会湮没于大量同类作品里。凌叔华不乏自知之明,编定第一本小说集《花之寺》时,摒弃了这篇处女作品。

这么一篇可等闲视之的小说,倒给凌叔华带来过小小麻烦。燕京大学学生中好事者,捕风捉影,勉强对号,把小说情节和作者订婚传闻联系起来,写成文稿投寄《晨报》。写稿人举说凌叔华已非闺中千金,曾为人妇,因婚姻不谐而离异。又妄言凌无燕京大学正式学籍,旁听旁听罢了。幸好编辑谨慎,没有贸然刊登,先转阅推荐凌叔华小说的周作人。周再传阅给凌叔华,询问属实与否。凌叔华赶紧回信复明原委。虽事出有因,但远不是来稿写的那般:

> 若论赵氏之事亦非如稿中所说者,唐幼年在日本时,家父与赵秉钧(他二人是结拜兄弟)口头上曾说及此事,但他一死之后此事已如春风过耳,久不成问题,赵氏之母人实明慧,故亦不作此无谓之提议矣。①

经一番申辩,好事者文稿才未能见刊。凌叔华猜度,撰稿人必是她无意中得罪过的同学,那人借讹传以报复个人恩怨。周作人再次挺身相助,亲自出马写了《卑劣的男子》发表于《晨报副刊》,公开为凌叔华辩诬:"有女子做了一篇小说登在报上,不久就有一个男子投寄一篇'批评',寻求作者的身世,恶意地加上许多附会。"②凌叔华感恩师长侠义,可老师并不以为施恩,反而感到:"她的小说因我的介绍在副刊上登载,引起了无端的诽谤,这是很对她不起的事。"③周作人写到最后义愤填膺:"总之不尊重别人的人格,在因袭的旧礼教容许之下,计画〔划〕自己的安全,一面用了种种手段暗地里求达私利的目的,这便都是卑劣的人。有胆量的男子,索性站出来与传统反抗罢。这样扭扭捏捏的行为,真教人看了恶心。"④这又何止要挽回对不起,完全当作批判人性之恶的一回战斗。闲适的周作人不总是闲适,这次很有些火气,最后两句近似乃兄的文字了。

接着凌叔华在《晨报副刊》发表了第二篇小说《资本家之圣诞》,想来也由周

---

① 《中国儿女——凌叔华佚作·年谱》。
② 署名荆生。
③ 周作人:《几封信的回忆》。
④ 周作人:《卑劣的男子》。

作人推荐。这前后还接连在同一副刊发表了散文《朝雾中的哈大门大街》《我的理想及实现的泰戈尔先生》《解闷随记》和小说《我那件事对不起他？》，正式登上了她向往的文坛。凌叔华八十七岁那年回顾创作起步，追念周作人给予的热情提携，形容他"完全是那种望子成龙的态度"。①

周作人素有日本情结，凌叔华毕业离开燕京大学，周作人送了她一大摞日文书，她说，垒起三四尺高，在周作人是"破天荒"的事。② 周作人这么想，凌叔华既学了日文，又在日本生活过，而且具备相当的文学素质，她必是翻译并研究日本文学不可多得的人选，这方面人才十分匮乏。凌叔华用"破天荒"一词，言外之意周作人为人小气，不大肯送人东西。这回慷慨赠书，情意殷殷。周作人桃李天下，女弟子很少，冰心是往来较久的一位，谊在师友间，也不及待凌叔华的殷切关怀。不料女弟子未如师愿，终生与翻译日著无缘，那摞书算白送了。

凌叔华与周作人的亲近关系很短暂，两三年后即由一桩文坛纠纷戛然中止。纠纷是女师大潮引发的"语丝"派和"现代评论"派的著名笔战，凌叔华是殃及的池鱼。留学归国的杨荫榆新任女师大校长，她的教育管理，严格刻板，与向往民主自由的学生发生剧烈冲突。鲁迅为首的"语丝"派站在学生一边，"现代评论"派陈西滢为校长申辩鸣屈。吵架无善言，互相恶语相加。双方皆杂文高手，文章都刺伤了对方。陈西滢得"正人君子"名号，随他终生；他回敬周氏兄弟以绍兴"刑名师爷"，鲁迅嫌恶至极。杨荫榆系无锡籍，陈西滢亦无锡籍，鲁迅厦门大学任教，到校才三天，给朋友的信里就说："今稍观察，知与我辈所推测者甚为悬殊，玉堂极被掣肘，校长有秘书姓孙，无锡人，可憎之至，鬼祟似皆此人所为。"③ "无锡人"三字下鲁迅特加了以示醒目的圈号。一个"似"字，可见认定并不确凿。即使此人真的可憎，又与他出生何地有甚关系，本不必特别强调。鲁迅对"无锡人"的观感好像未能摆脱私人情绪。凌叔华憋一肚子苦水："其实，陈先生与章世钊只不过同是留英的，并无其他关系。至于与女师大校长连面都没见过，但因女师大校长与陈先生都是无锡人，鲁迅就以为有啥关系，唉，真冤枉得很。"④

① ② 郑丽园：《如梦如歌》
③ 致许寿裳信
④ 郑丽园：《如梦如歌》 说陈、杨没有见过面，系凌叔华记忆有误，陈西滢自己明说，"在开会的时候见过她五六面"见陈西滢致徐志摩信，信刊一九二六年一月三十日《晨报副刊》

凌叔华如履薄冰,谨慎避免自己文章涉嫌笔战。然而还是没能躲开,外界传闻她与陈西滢的交往超乎一般文友,《语丝》便有文章把她扯了进来。她很尴尬,也很烦恼,于是求助周作人,周担任《语丝》编务,凌叔华希望如前回,经他周旋得以化解纠纷。周作人表示爱莫能助,很久以后周作人谈起这事:"我很是同情她,也真诚的愿望她得到美满的婚姻,但是我很抱歉,只好复信说,我写文章一向很注意,决不涉及这些,但是别人的文章我就不好负责,因为我不是全权的编辑,许多《语丝》同人的文字我是不便加以增减的。"①

段祺瑞政府弹压学生的"三一八"惨案接踵而来,两人师生关系渐渐疏远、冷淡,越来越隔膜。惨案前周作人与陈西滢还算是朋友,不只一般往来,相互请过对方饭局,一起游逛京郊碧云寺,到甘露旅馆饮茶,这些《周作人日记》均有留痕。如何看"三一八"惨案,周作人和陈西滢已势如水火,两人直接交锋。周作人文章排炮似的连发,题目指名道姓的就有《陈源先生的来信》《陈源口中的杨德群女士》《陈源教授的报复的按语》《恕陈源》;题目不点明而全篇对准陈西滢而来的,如《京兆人》《闲话的闲话之闲话》《我们的闲话》《恕府卫》《论并非文人相轻》《论并非睚眦之仇》,前后不下二十来篇,直指凌叔华热恋的未婚夫,语言之激烈不在鲁迅之下。周作人愤怒斥责:"……《现代评论》的陈源之流,使用了明枪暗箭,替段政府出力,顺了通缉令的意旨,归罪于所谓群众领袖,转移大家的目光,减少攻击政府的力量,这种丑态是五四时代所没有的。"②"我不知道陈源先生是文人呢,还是什么东西。"③——他承认自己"以至破口大骂"。④这么连篇累牍瞄准对手,这么气势凌厉的文字,周作人一生不为多见。鲁迅和陈西滢恶战日后成了中国读者文化常识,而周作人与陈有过不亚鲁迅的回合,现在仅为学界所知。

誓不两立的双方,一边恋人,一边恩师,凌叔华想持续与周作人的亲近关系而不得,唯有无奈、丧气。她与陈西滢成婚,彻底断绝了周作人那边,背道而驰,渐行渐远。有为凌叔华立传者说,周作人的"火气这么大,并不是为了什么女师

---

① 周作人:《几封信的回忆》。
② 周作人:《恕府卫》。
③ 周作人:《论并非文人相轻》。
④ 周作人:《知堂回想录》。

大事件,那时女师大事件已经过去半年。①是他提携过的学生凌叔华'背叛'了他,成了陈西滢的恋人,且在背后说了他'闲话',他要给她一个惩罚"。②唯恐冒犯恩师的凌叔华绝无背后说周"闲话"的可能,周的心胸也不至于狭隘到这程度,更谈不到凌叔华"恩将仇报"。周作人不至于迁怒到钟爱过的学生,反对她恋谁嫁谁。卷入"闲话"纠纷的徐志摩,周作人最清楚他与陈源交情深厚,周作人并未介意,更无迁怒,依然视徐为朋友。诗人罹难,他随即著追悼文章《志摩纪念》,多少年后还说:"徐志摩也是我的故友之一,他的早死真是最可惋惜的。"③了解这些,该明白,向来于女子特别宽厚的周作人,对自己女门生,不会摒弃旧谊,作此不近情理的株连。"惩罚"云云缺乏依据。

凌叔华告诉友人,北京沦陷期间她和周作人有过一次不期而遇。周作人乘列车南下,见包厢里跑来跑去的七八岁女孩,很可爱。问她父亲是谁(买包厢车票该不是一般人家),原来是陈西滢女儿小滢。周作人是否与凌叔华车上照面、交谈,友人回忆文章不甚了了。④估计两人都持回避态度,周的伪职身份,凌是撕破过脸的论敌的妻子,何苦彼此尴尬。

一九六三年热暑中,知堂老人闲坐北京四合院,忽然想起远居英国的凌叔华来,拣出当年学生求教求援的旧信,不免感慨一番。历经沧桑,多少物品不复留存,这几封信安然犹在,意味着寂寞老人何种情愫?周作人以《几封信的回忆》做题目,把信披露给香港的《文艺世纪》杂志,文章忍不住称道:"我看这封信里所说的话,觉得是一个颇有才气的女子。"才气,又是女子,周作人不能不怀念。

---

① 虽过去仅半年,但更为激烈的"三一八"惨案接踵而至,周作人与陈西滢结不解之怨主要因"三一八"惨案立场分歧。
② 林杉:《秀韵天成凌叔华》。所谓凌叔华说的背后闲话,大概源自韩石山书里转送凌叔华的一句:"你不要再做文章得罪人家了,好不好?回头人家来烧我们的家,怎么好?"(见韩著《少不读鲁迅老不读胡适》)韩并未确信此话,只说"若凌叔华真说了这样的话,等于是在讥刺周作人(虽说是无意的),等于是在自己情人面前挖苦过去的老师。说得严重点,这就是背叛师门,恩将仇报了。"韩的假设不大可能存在,因为那口气似凌叔华已经结婚,而婚期在一九二七年,笔战早成了过往。
③ 周作人:《太戈尔的生日》。
④ 常风:《回忆凌淑[叔]华》。

请泰戈尔吃茶

二十世纪二十年代中国,刮过一阵阵世界名人来华讲演的旋风,杜威、罗素,一位接着一位,又来了十年前亚洲第一位荣获诺贝尔文学奖的泰戈尔。前两位是哲学家,一般人眼中曲高和寡。泰戈尔不同,大文豪、诗翁,又是东方民族,天然靠近大众,反响自然格外热烈。中国诗人徐志摩早早赶到南方迎候,一路护行北上,杭州、上海、济南,四月下旬抵达北京。古城文化界轰动起来,梁启超、林长民(林徽因父亲)、辜鸿铭、胡适,甚至逊位的溥仪皇帝,接待、会见、陪同,热热闹闹,极一时之盛。鲁迅对泰戈尔不无保留看法,也应邀出席了庆祝文豪诞辰的戏剧晚会。晚会上用英文演出了泰戈尔的神话诗剧《契特拉》(*Chitra*),林徽因饰主人公,一位公主,张歆海、徐志摩分饰王子阿俊那和爱神玛达那,林长民挤在年轻人里粉墨登场,角色是春神伐森塔,女作家袁昌英上台跑了个龙套,陆小曼站到剧场门口叫卖戏报。

年轻学生们盼望一睹泰戈尔风采,清华学堂沾了国学研究院导师梁启超的光,有幸请来泰戈尔讲演。其他好几所大、中学校纷纷送上请帖,泰戈尔应酬活动太多,亲笔回复,多数婉辞了。

凌叔华读过泰戈尔的《新月集》(*The Crescent moon*)《园丁集》(*Gandener*),认为大文豪果然是东方近邻,很了解中国,读他作品丝毫不感到隔膜。凌叔华也渴望聆听文豪讲演,听讲后再读作品,愈能深入理解,外添一份亲切。东道主特为安排了一场泰戈尔面向学生的讲演,会场原定天坛内圜丘,那里可容纳比礼堂多得多的听众。后来顾虑天坛门券较贵,替穷学生省钱,临时改在不收门券的先农坛内的雩坛。① 凌叔华没有去先农坛,嫌场面过大,听讲不清楚,看人不真切,说不定还预知有更佳机会。

燕京大学也请了泰戈尔,请帖正由凌叔华执笔拟写,她花了整个下午斟词酌句。泰戈尔赞赏过中文极富文学价值,她先写一封中文信,绞尽脑汁,力避俗套。再自己译成英文附后,中英文对照。精诚所至,老诗翁到底来了燕京大学女子学院。讲演完毕,羞与生人交谈的中国女学生,一改平素的拘谨,蜂拥到走下讲台的泰戈尔身边,团团围住,问这问那,一无忌惮。诗翁身躯魁伟,上下印度装束,宽袍阔袖,下摆垂到地面。胡须又白又长,隐隐闪着银光。双目炯炯,深邃明亮。顿时凌叔华感受到一股神秘感召力。

刚成立的北京画界同志会正在贵州会馆办画展,同时张罗接待泰戈尔茶会。画家们发愁找不着合适场所,陈半丁、齐白石、姚茫父便求助凌府,恰好泰戈尔下榻在史家胡同,一个胡同内,距凌府不过几步路,往返极方便。凌府院落宽敞,府里小姐本是画友,难得老爷儒雅热心,太太殷勤好客,款待泰戈尔的琐碎事务全用不着画家操心。凌叔华惊喜天赐良机,那天面对面与文豪聊了个尽兴。

凌府现磨了杏仁茶,到上等点心铺子订制了藤萝饼、玫瑰花饼、萝卜丝饼。浓浓中国风味,来客大大饱了口福。胡适、丁西林、徐志摩、陈西滢一群文人闻风而至,二三十位名流济济一堂,其中还夹着林徽因。客人中还有随泰戈尔同行的印度画家兰达·波士。站文豪面前,凌叔华拉着他手,心里一动,老诗翁俨然从中国古代画幅上走下来。初生牛犊的凌叔华斗胆问起泰戈尔:"今天是画会,敢问您会画吗?"② 身旁人担心她莽撞下去,赶紧捅了捅她,不得乱说。泰戈尔竟应声坐了下来,不是摊开画纸,是排开的几片檀香木叶,画起佛像、莲花,都是佛教图样。③ 泰戈尔反问凌叔华,绘画技法喜欢中国的还是西洋的? 凌叔华回道:"中画年纪大些,经验也许比欧画深些。中画好的真能令人出神,可是拿四王做招牌的又是真使人厌恶。欧画有些太重写实,近年流行巴黎新式也很怪气,叫人一

---

① 数十年来许多书刊不知讲演地点变动,一直误传在天坛。
② 郑丽园:《如梦如歌》。
③ 此据凌叔华自述,见《如梦如歌》。另一说法,作画的是印度画家兰达·波士,见赵国忠:《散落在画报上的凌叔华》。

◇ 泰戈尔

看见分不出什么来，细看方知。真艺术品，并不贵乎做作，愈随便愈见妙笔，兴会到了的作品，实有一种不可泯灭的神力。"一通不知天高地厚的议论，诗翁不以为忤，大加赞同："好诗也是如此呀！"① 贸然出现的戏剧性场面，令茶会气氛活跃起来。泰戈尔谈吐幽默，说的是平常话，听来十分风趣。他回忆起十三岁学英语时神情仍带着少年时的淘气。当晚凌叔华写了两千余字日记，所记情状具体、生动，以《我的理想及实现的泰戈尔先生》为题，发表在《晨报副刊》。

泰戈尔走了，给凌叔华留下终生难忘的印象。没见文豪之前，她只想，泰戈尔一定是位"可敬仰的诗人"。见面过后，她才觉得，"可亲可爱的诗人，聪颖解人的文人，原来也是泰戈尔先生"。② 中印两位作家结下深厚友谊，第二年凌叔华做了一顶精致的中国便帽，帽额镶了块白玉，早早准备好这份明年泰戈尔六十五岁诞辰的贺礼。凌叔华留给泰戈尔的印象也很好，老人认为，凌叔华"比（林）徽音有过之而无不及"。回印度以后，她成了泰戈尔"不能不怀念的人"。③

正是这次茶会，凌叔华结识了陈西滢，姻缘有了归宿；又结识了胡适，人生细流汇入老大哥为首的自由主义知识分子大潮；结识了徐志摩，文学道路突显宽广。此前她与周作人过从，好比是"单线联络"，创作是单枪匹马。现在，陈西滢、胡适、徐志摩，还有那个文人大圈子，那种氛围，从人文思想、文学观念、艺术技巧到创作园地等等，成就了凌叔华名垂史册。

---

①② 凌叔华：《我的理想及实现的泰戈尔先生》。
③ 徐志摩致泰戈尔信。

闺秀雅韵

凌叔华能译、能书、能画，给她带来盛名的还是小说创作。她小说创作起步于《晨报副刊》，一九二四年初接连发表了好几篇，几无反响。出版的第一本小说集，这几篇也全弃之集外。陈西滢批评它们"文字技术还没有怎样精炼"，① 作者自爱，固然有此原因，这不是主要的。同一时期的庐隐小说，文字技术不比凌叔华高明，而名震一时。主要原因应归结于它们内容平平，艺术亦未成熟。抨击婚姻包办罪恶，揭露富人穿金戴银，均流行题材，凌叔华再演绎一遍罢了，未胜人一筹，无瞩目亮色。

其实此时凌叔华已经写出相当水准的小说《阿昭》，然而写于一九二四年的这篇旧稿，直到一九二八年才发表出来，而且发表在影响有限的《燕大月刊》。发表时她已被奉为新闺秀派作家的代表，而《阿昭》距"闺秀派"风格似远。写惯女人和儿童的凌叔华，《阿昭》破例写了一个性格鲜明的中年男人。阿昭是大户人家包用的厨师，手艺很不一般。他觉得比一般仆佣有点儿身份，就带点儿派头，也长点儿脾气。他的可说之处不在高超厨艺，不在派头脾气，而是在他关心时政且十足的保皇情绪。阿昭对皇上和殿前重臣（他主人）的愚忠可不只是一丁半点，他骂起革命党来慷慨激昂，有一回操起菜刀要与反叛朝廷的军官拼命。阿昭作为一个小老百姓不明白，皇朝气数已尽，自己有心无力，只好眼睁睁看着大清退出历史

---

① 陈西滢：《〈花之寺〉编者小言》。

舞台。进入民国，阿昭不再关注政治，只与有丈夫的女仆阿秋调情，最终跟随主家南迁，阿秋单身同去，双双奔向自由天地。结局是否想暗示什么，南行是他的进步还是转变，小说含蓄有过，不易读解。阿昭的悲喜剧，以小人物的落伍反映了历史向前无可阻挡。位卑未敢忘忧国，直接描写带政治色彩的下层平民，又是凌叔华小说第二个例外。阿昭形象性格鲜明，且有变化，为凌叔华早期小说最为丰满的人物形象。阿昭形象成功，因为作者十分熟悉这个人物，小说开头一句就写，"阿昭是我童年最感兴味的一个人"。《阿昭》的艺术魅力比一九二四年发表的那几篇高下悬殊，它跳出了铺叙故事习作阶段，着力刻画人物，结构得当圆润，文字朴素简洁。她创作起初，《阿昭》在同期平常的几篇小说中，算得奇峰突起，也不逊色于她日后小说，不失当时文坛一件精品。它具备了京派小说诸多特色，童年视角、回忆、乡土、人性，等等，那时京派尚未形成，实在开了这一流派先河。小说完篇缀上一行："录一九二四年旧作。"但没有说明发表时是否作了修改、润色。这么优秀的作品，她为何没有编入小说集呢？又是个小小谜团。在小刊物面世，未编入她任何一部小说集，或是这些缘故，它始终没有引起学界关注、重视，甚至少有学者知晓它，不能不说十分遗憾。

凌叔华成名在《现代评论》周刊，用鲁迅的话说，"凌叔华的小说却发祥于这一种期刊（《现代评论》）的"。① 《现代评论》创刊刚一个月即发表了凌叔华的《酒后》，小说立即得到名家们一片喝彩。第九天周作人已经在《京报副刊》写文章赞扬："在《现代评论》读的一篇叔华先生的小说，觉得非常地好。"② 朱自清写信给俞平伯谈到："《现代评论》中《酒后》及冯文炳之某篇，弟颇爱之。"③ 左翼批评家钱杏邨也加入赞扬行列，出人意料地称道她："我对于作者的勇敢表示了相当的敬意，同时，也觉着她的文字是很清丽的。"④ 丁西林则不止是赞扬："我读了那篇小说，觉得它的意思新颖，情节很配作一独幕剧。当时同读的两位朋友，亦表示赞同，并极力怂恿我写一篇短剧。"⑤ 他说的两位朋友是小说家杨振声和沈从文。丁西林果然据此创作了同名独幕剧《酒后》。小说又被翻译到日本，登在极负盛名的《改

---

① 鲁迅：《中国新文学大系·现代小说（二）·导论》。
② 《嚼字》，署名平明。
③ 见《中国儿女——凌叔华佚作·年谱》。
④ 钱杏邨：《关于凌淑（叔）华创作的考察》。
⑤ 《现代评论》第一卷第十三期。

造》杂志。热热闹闹，《酒后》一时纸贵，乃至有了"酒后"派一说。

《酒后》篇幅相当短小，仅四千来字。情节也十分简单，甚而可说没有什么情节，充其量是日常生活一个瞬间的素描。永璋、采苕夫妇在家里请客吃饭，席散客走，唯三十多岁的子仪醉卧在椅子上不能回去。永璋陶醉美满的婚姻，借酒意絮絮叨叨，不停地赞美采苕的品貌，且慷慨许诺，新年送她想要的礼物，不管花他多少钱。采苕也借着酒意，所要礼物出奇。永璋万万想不到，又万难答应的礼物是，允许采苕过去吻一下熟睡的子仪，只求一秒钟的吻。永璋先是为难，听了采苕一番解说，勉强同意。采苕怯怯地走近子仪，心跳剧烈，到了他身边，感到心跳突然停止，忽然急急转身，回到永璋跟前，说："我不要 kiss（吻）他了。"作品到此戛然而止。看似一幕无事生非的荒诞小剧，貌似匪夷所思，未必不合情理，反映了新时代里新的时尚、新的生活、新的人物风貌。醉酒的子仪，斯文、有才，而娶了个不解人意的妻子，家庭生活属于那种"无事的悲剧"。采苕过去曾倾心子仪，现在则怜惜多于倾心。发乎情止乎礼，她终究没有出格，表露了人性，到底没有乱性。永璋爱恋妻子，爱屋及乌，尊重爱妻对朋友的感情表达。这一对夫妇显然沐浴着欧风美雨，一对绅士淑女，完全现代知识分子的情感、人伦。采苕纯真，永璋大度。有永璋的大度才可能有采苕的非分之想。反之，有采苕的纯真才可能有永璋的大度。小说丝毫不见猥琐，不见亵渎，倒是满纸温馨。有事或无事的家庭悲剧，时时处处存在的社会，夫妇这般厮守，现实中少有。这理想化的和谐，很有点情感奢侈，即使新派人物也会神往。《酒后》的发表，表明凌叔华的小说艺术已趋成熟，也看出她以后日渐稳定的别致风格。题目"酒后"，不只指事情（它没有故事）发生的时间，更在点明事情发生的氛围。若夫妇二人失去微醺的酒意，那么，小说恐怕要流于不近情理的笑谈。作品着意而不露痕迹地暗示：一切在非常态的微醺中行进。可是又不尽情渲染，不然会有碍全篇的温婉情调，这就是凌叔华。它的文字比她此前作品（不计《阿昭》）明显地简洁，并且丝丝入扣。《酒后》是凌叔华小说的名作，也是《现代评论》里小说作品反响最大的一篇。与《阿昭》一样，即使放大到整个现代小说园地，这内容、这写法，不失为一朵奇葩。

紧接着她发表了小说《绣枕》，把题材转到高门巨族里旧女性身上。待字闺中的大小姐甘冒酷暑，精心刺绣一对靠枕，单一只小翠鸟图样就配了三四十种颜色的丝线，像《锁麟囊》里薛湘灵吩咐下人绣新婚鞋子。绣了拆，拆了绣，足足绣了大半年。绣枕是要送给白总长家的,总长家二少爷还没找到合适的媳妇,大小姐父亲有意高攀结亲,她自己也乐意遵从父命。她绣的不只是一对靠枕,实实在在绣进了她的终身期待、她日后的命运。父亲与女儿有意落花,却掉入白总长家无情流水。一对精致华美的靠枕送入总长府邸,并未受到起码的爱惜,随意弃置椅上,一只被醉酒客人吐脏了一大片,另一只遭打牌的客人踏了满枕的鞋印。《绣枕》篇幅比《酒后》的更短,仅三千余字。应该有的情节依旧写成没有情节的两个平常的生活画面:两年前大小姐刺绣靠枕的专注和两年后她无意中听到靠枕污秽时的发怔。这么一组接,平常画面连在一起收到了委婉而强烈的不平常效果。大小姐像洪流未能冲击到的一湾死水,她身处新的时代却仍过着老派闺秀生活,本该争取自主婚姻却寄望父母媒妁,悲剧正在于此。作者同情大小姐,又渗入温和的嘲讽。此篇最具凌叔华小说特色,深得鲁迅赞赏。作为新文学运动十年成绩的展示,鲁迅选它入编《新文学大系小说二集》,十年选本,入选门槛十分严格,何况鲁迅选定的。

  与《绣枕》题旨相近的小说是接下来发表的《吃茶》,主角芳影又是位小姐。然而她不像前一位那样封闭,开始与外界有了交往。国外归来的王姓青年带回了绅士风度,待女士特别礼遇。他约了芳影小姐外去听音乐,一路殷勤照应。上车扶她,下车挽她,步行帮她提手袋捧大衣,芳影小姐感到,"丫头使仆都没有他那样谨慎小心"。她循旧派小姐习惯思维,以为王姓青年大有张君瑞余风,燃起她怀春情焰。一周后芳影小姐突然接到王青年来信,拆信时指望他信里进一步表示发展关系,禁不住脸红心跳。岂料信封里却是王姓青年与别一位小姐的婚礼喜柬,事后芳影从那青年妹妹口里知晓,青年在国外即和张小姐订了婚约。他也曾请另一位黄小姐吃茶,同样地扶她挽她,黄小姐竟托人让他来提亲。原来,绅士风度的青年那方,吃茶是吃茶,爱情是爱情。芳影小姐和黄小姐都不解,礼遇女士乃"外国最平常的规矩",她们自寻了一场烦恼。作者对笔下人物的嘲讽意味比《绣枕》既加重又显露,不过还不到夸张程度,夸张从不会在凌叔华作品里出现,而温婉如一。另一篇《茶会以后》不妨看作《吃茶》的姊妹篇,阿英、阿珠姐妹俩痴心地期待一次茶会,如期的茶会可能带来婚恋机会。等来的仍是失望。不必苛责姐妹俩痴心,痴心是由她俩身处的环境养成的苦果。两姐妹出门赴茶会时,阿珠告诉阿英,"娘叫我留神看看你同谁……"国外的吃茶本是通常社交,到了国人这

里，另添了一种婚介功能。

凌叔华嘲讽落伍的旧女性，同样针砭时髦或流俗的新女性，针砭她们温婉中稍添辛辣，《花之寺》即典型的一篇。燕倩与诗人幽泉自由恋爱成秦晋之好，婚后卿卿我我。但是燕倩存着戒心，怕丈夫禁不住诱惑拈花惹草。某日假冒仰慕丈夫的文学女青年，写信倾诉，情意绵绵，约诗人到郊外"花之寺"会面。此信果然乱了诗人方寸，他忐忑而兴奋地赶去四月的古寺，按信中约定的碧桃树下，等了足足两个钟点，等来的竟是夫人燕倩。丈夫尴尬不已，燕倩则不恼怒，满脸捉弄成功的得意，双双相拥而归。路上妻子问："我就不明白你们男人的思想，为什么同外边女子讲恋爱，就觉得有意思，对自己的夫人讲，便没有意思了？"丈夫笑笑："我就不明白你们女人总信不过自己的丈夫，常常想法子试探他。"夫妇这一番调侃后，一幕生活小喜剧就告落幕。和《酒后》一样，《花之寺》遭人贬作"一个平凡的浅薄的故事"。① 这幕喜剧怕不能一笑了之，其中未必不含有人生启迪。与其说小说批评男主人公心猿意马，不如说它嘲讽了女主人公，整治丈夫治标不治本。这一回以喜剧收场，难保他下回不再出轨。女主人公若醒悟不到这点，笑过之后会哭的。"五四"新文学时期的婚恋小说，普遍旨意在勇敢反对婚姻包办，主张自主婚恋，女性作者尤为热衷于此，冯沅君的《隔绝》就是以锐气撼人，震动文坛。这些小说往往锐气有余，思考不足。唯鲁迅的《伤逝》立意深远，指出有情人成了眷属并非其胜利终点，如果不与全社会解放相结合，胜利后不一定笑到最后。虽然凌叔华小说远未达到鲁迅作品深度，但《花之寺》同样触及婚后如何葆有爱情活力的命题，较之女作家同类作品似胜一筹。凌叔华听从徐志摩主意，定它《花之寺》做她第一本小说集书名，因为题名"蛮具诗意的"。② 其影响超出作品本身，董桥说，有位孙姓南洋老华侨，即以"花之寺"命名家里一个小园子。③

凌叔华小说还有特别的一篇《说有这么一回事》，它说不上怎么优秀，情节描述也是作者不大有的缠绵，不像她一贯文字风格，也看不出比其他女小说家独特。但是小说触及同性恋题材，放在当时文坛来看有些出格。取材原是杨振声的小说《她为什么发疯了》，徐志摩约稿杨振声，匆匆交稿，发表后大家嫌它太过草率，

---

① 弋灵的同题文章《花之寺》，刊一九二八年十二月九日《文学周报》第七卷。
② 郑丽园：《如梦如歌》。
③ 董桥：《今朝风日好》。

主人公疯得突兀。凌叔华也有相似看法，杨振声便请女作家用它重新创作一篇，"果然，写出的又细丽又亲切"。[1] 尽管两篇小说源自同一个素材，题旨却不尽相同。凌叔华的构思不再落到疯上，人物似乎也没有疯（结尾很含蓄）。重新创作的小说给予同性相恋的两个大学生以同情，这种十分超前的现代观念，于考察凌叔华的思想、观念颇耐人寻味，表面循规蹈矩的闺秀，内心深藏离经叛道精神。

凌叔华同期女性作家的小说，冰心回避爱情，庐隐沉湎爱情，冯沅君奋斗爱情，而凌叔华的爱情题材作品，当年有论者说得好："她是站在爱情之外来讲（写）爱情的。"[2] 凌叔华既不写爱情的甜蜜，也不写它的痛苦，她关注的是人物对爱情的态度。写得相当冷静，俨然隔岸观火，理智地审视人物在爱情婚姻中暴露出的弱点。作为小说家的凌叔华基本上是位女性批判者，所用批判武器乃"五四"后的新文化新思想，人物的弱点恰是旧生活旧观念落在新时代才暴露无遗。她们和她们的生活，像是春风拂不着的死水，春天到底来了，大气候不容她们再心如古井。有别冯沅君、庐隐吹响时代号角，凌叔华只是一支短笛，鸣响在同一天空下，从侧面折射了二十世纪初的新曙光。诚然，凌叔华题材囿于闺帏和客厅，不必讳言其局限。可是，她熟悉的正是小姐、太太这类人物，遵循生活乃创作基础的道理，不骛远强写她陌生的生活，甚至化局限为特色，文坛上别具一格，又正是凌叔华的聪明。

"五四"前后登上文坛的女性作家，她们投身创作，有为启蒙民智者，有为憧憬理想者，也有开始仅是为了生计，更多是寻求情感宣泄。这样的创作驱动，不能说凌叔华完全没有，但驱动她创作的原始动力，或许就是单单想当一名作家。幼年便萌生这念头，如同那时想成为画家。凌叔华心目中，画家、作家，都各是某一门类艺术的行家。成为画家后，便努力再成为文字艺术的行家。大学毕业时她宣称："一个人作事差不多离不开三者：名、利或自己的兴趣。三者无一真是无聊。"[3] 小说创作于凌叔华，三者俱备。

女作家的创作，凭才气，凭激情，凌叔华较之她们，尤重技巧锤炼，刻苦求精，因而她的小说富有艺术魅力。从最先涉足小说创作的陈衡哲数过来，冰心、

---

[1] 杨振声：《说有这么一回事·杨振声附字》。
[2] 毅真：《几位当代中国女小说家》，载黄人影（钱杏邨）编《当代中国女作家论》（影印本）。
[3] 致胡适信，载《凌叔华文存》。

冯沅君、石评梅（她以诗人著称，同时写了若干小说）、庐隐，她们成就或大或小，而共同的不足是小说技巧稚嫩，或失之概念化，流于直白枯瘦；或沉湎情感，漫无节制，枝蔓拉杂。唯到了凌叔华笔下，结构也好，语言也好，摆脱了现代短篇小说幼稚粗糙。寻求平淡、寻求含蓄、寻求素雅，犹如一丛兰花，不愿争奇斗妍，静静地甘偏一隅，悠悠地散发幽香。或可说，中国现代女作家的短篇小说，直到凌叔华出现，这一体裁开始成熟，《花之寺》是个标志。

　　凌叔华小说集《花之寺》出版于一九二八年，凡十二篇。① 它剔除了创作之初的几篇，是凌叔华的第一本集子，由新月书店付梓。各篇水平大体齐整，内容和艺术都呈现了鲜明的共同特色，评论家称凌叔华是"新闺秀派作家"，并誉之为此派代表。② 理由在于："她的作品中，主要的角色总是一个中年的太太，中国太太是爱她的丈夫的，但是偶然也要同他开个小玩笑。她的行为是一个新女性，但是精神上仍脱不掉闺秀小姐的习气。"③ 吴宓主编的《大公报》"文学副刊"发表评论："《花之寺》之作者似无为'大文豪'等等之野心，故其书中无大悲剧以震骇人之耳目。亦不愿为严正之道德家及狂诞之讽刺作家，故其小说不议论人生哲学，亦永不嘲笑其主角。独以闲雅之笔写平淡之生活中最富有趣味之数段，以自成其风格。凡不得于海内鲁莽夸诞之男作家者，于女士书中得之。不见于西洋之小说家而一二见于日本现代作家者，亦于女士文中见之。"④ 这些话略道出她小说大概特点，但不尽准确，亦欠深刻。更有评论于凌叔华创作十分隔膜，署名"弋灵"的书评说："我猜想作者是处于较安适的环境，人生的悲哀，人间的冷酷，都不曾亲尝，由此，作风是平和的：没有讽刺的气味，也没有偏激的狂热，只是把感觉到的现象，忠实地写在纸上，所表现的人生不是丑恶的、冷的、死的，而是热情的、享乐的、积极的，虽则后面几篇也写出了悲惨、感伤和虚伪，可是作者对于人生并不曾失望。"⑤ 至于左翼评论家，有的全盘否定《花之寺》："题材差不多都是相同的，不外是资产阶级的家庭的日常琐事。作风以消遣和趣味性为主，到处弥漫着不自然的玩笑和浅薄的滑

---

① 陈西滢写的"编者小言"说，"这里总共有小说十四篇。"实际只有十二篇：《酒后》《绣枕》《吃茶》《再见》《茶会以后》《中秋晚》《花之寺》《有福气的人》《太太》《说有这么一回事》《等》《春天》。
②③ 毅真：《几位当代中国女小说家》。
④ 署"佚名"的书评《〈花之寺〉》。
⑤ 与书名同题评论《花之寺》。

稽。所以这书只能当作茶余酒后的消遣读物，是没有多大意思的。"① 这位论者自居为革命文学批评家，却忘记，真那么革命，也不屑"茶余酒后"拿凌叔华小说来消遣的。从批评技术看，他显然将作家态度和作品人物混为一谈。同样是革命文学批评家，钱杏邨对《花之寺》的分析、评价比较切实中肯：

> 她的特色是在描写资产阶级的太太们的生活和各种有趣味的心理。她的取材是出入于太太、小姐、官僚，以及女学生，以及老爷少爷之间，也兼写到不长进的堕落的青年。
>
> 她应用绘画上素描的方法，来表现以上的种种人物，风格朴素，笔致透逸。她的态度，当然是对这种种的生活表示不满，她表现了她们的丑态和不堪的内里，以及她们的枯燥的灵魂。
>
> ……
>
> 她是站在进步的资产阶级的智识分子的立场上，在表现着资产阶级的女性，对她们表示不满。
>
> ……
>
> 说到描写方面，是有几点值得我们注意的，那就是宗法社会思想下的资产阶级女性的生活，资产阶级女性的病态，以及资产阶级的女性被旧礼教所损害的性爱的渴求，和资产阶级青年的堕落，作者的描写是在这几方面擅长的，而且有了相当的成就。②

二十一世纪仍有读者喜爱《花之寺》，称道它："这些家庭婚姻的淡淡故事，在今天依旧闪烁着其鲜活的内核。"③ 凌叔华固然不属思想深刻型作家（现代女作家中没有哪位是），然而，她的小说蕴含深刻阐释它们的依据。

展示新文学初期实绩的一套《新文学大系》（1917—1926），鲁迅主编其中"小说二集"，给予凌叔华小说创作以客观公允的评定，这段话是凌叔华小说研究者不能不读的：

---

① 贺玉波：《中国现代女作家》
② 钱杏邨：《关于凌淑（叔）华创作的考察》
③ 龚静：《今天看过去的〈花之寺〉》，刊二零零二年二月二十二日《文汇读书周报》

◇ 初版《花之寺》

她恰和冯沅君的大胆、敢言不同,大抵很谨慎的,适可而止地描写了旧家庭中的婉顺的女性。即使间有出轨之作,那是为了偶受着文酒之风的吹拂,终于也回复了她的故道了。这是好的,——使我们看见和冯沅君、黎锦明、川岛、汪静之所描写的绝不相同的人物,也就是世态的一角,高门巨族的精魂。①

得到鲁迅肯定当然非同寻常,一九六〇年凌叔华在新加坡出版《凌叔华选集》,她写的"后记"特别追述,《绣枕》入选了鲁迅编辑的"新文学大系",俨然受宠若惊,说《酒后》发表,"鲁迅在《语丝》上特别提出来称赞"。其实在《语丝》上称赞《酒后》的是周作人,凌叔华把这笔账误记到鲁迅头上了。

---

① 鲁迅:《中国新文学大系·现代小说(二)·序言》

"抄袭"之冤

《酒后》发表时,鲁迅不仅与《现代评论》周刊关系疏远,而且接着爆发了现代文学史上有名的"语丝派"和"现代评论派"一场恶战,凌叔华受牵连,蒙受了"抄袭"之冤。

起因于"女师大"学潮。原来的校长许寿裳离任,许和鲁迅过从甚笃。接任的是留洋专攻教育学的杨荫榆女士,她正是后来著名女作家杨绛的三姑母。杨绛含而不露地叹息:"如今她已作古人;提及她而骂她的人还不少,记得她而知道她的人已不多了。"① 杨荫榆先后留学日本和美国,按说也是一位新女性。可是,父母包办,她嫁给智商很低的大户少爷,婆婆则有名的厉害。很快她避到娘家不再回婆家,渐渐性格有了些古怪执拗。杨绛说:"她很不喜欢我,我也很不喜欢她。"②

杨荫榆执掌北京女子师范大学,是二十年代初中国唯一的女性大学校长。学生欢迎她上任的场面还是热烈的,正所谓希望愈大失望亦愈大。她办事刻板,较之前任许寿裳的宽厚,她自然不受学生拥戴。到任不多时就为学籍管理与学生发生矛盾,激起学潮。那几年,学校不是驱赶老校长就是拒绝新校长,学潮不断。陈西滢感慨于此:"以前学校闹风潮,学生几乎没有对的;现在学校闹风潮,学生几乎没有错的。"③ 他认为学生闹得过分,主管大学的教育部尤举措失当,为此在《现代评论》上写了杂感《北京的学潮》。文章批评当政过处,末尾替校长辩解

---

①② 杨绛:《回忆我的姑母》。
③ 陈西滢:《粉刷毛厕》。

了几句，问代理主持部务的教育部次长马叙伦，这回将如何处置女师大问题。学潮依旧愈演愈烈，陈西滢猜疑有教员暗里筹划、鼓动，又在《现代评论》刊出"一个女读者"来信："女师大是中国唯一的女子大学；杨氏也是充任大学校长的唯一一个中国女子；如果她的教育练训，不在女师大历来的官僚校长之下，而她的校务行政，又无重大的过失，我们应否任她受教育当局或其他任何方面的排挤攻击？我们女子应否自己还去帮着摧残她？"这"其他任何方面"，在另外一处说得较为明白："这回风潮的产生和发展，校内校外尚别有人在那里主使。"① 当校长杨荫榆开除了许广平、刘和珍等六名学生的学籍，鲁迅代表同人执笔拟写了《对于北京女子师范大学风潮宣言》，公开表明态度支持学潮。签署宣言的七名教员是：马裕藻、沈尹默、周树人、李泰棻、钱玄同、沈兼士，还有已经兄弟失和的周作人。他们大部分是浙江人，大部分供职国文系。事既已挑明，陈西滢再写"闲话"《粉刷毛厕》，认定"在北京教育界占最大势力的某籍某系的人在暗中鼓励"。这一则"闲话"刊出当天，鲁迅立刻写了《并非闲话》予以反击，只隔两天又写了《我的"籍"和"系"》。杨荫榆与陈西滢都是无锡人，新上任教育部长章士钊是陈西滢的留学欧洲的朋友，本是鲁迅的老对手。鲁迅看来，你自己出于乡谊而帮凶，反告我同乡结派；你出于私人情谊偏袒当政，却偏要佯装貌似公允的"正人君子"模样。他对许广平说："所谓西滢也者，对于我们的宣言出来说话了，装作局外人的样子，真会玩把戏。"② 因此深恶痛绝之。鲁迅并疑心，"一个女读者"的来信，可能"是男人做的"，③ 当然恶而又恶之。这场持续两三年的笔仗，鲁迅为首率领"语丝派"冲锋在前，陈西滢据《现代评论》阵地身为主将；陈西滢在"闲话"专栏说了许多"闲话"，鲁迅回击了一系列的"并非闲话"。彼此免不了意气用事，恶语相加，双方伤对手感情不浅。而《京报副刊》讨伐陈西滢恋人抄袭之罪，把岸边唯恐湿鞋的凌叔华拖下水。

一九二五年十月，《晨报》报社老板因事突然辞退主编《晨报副刊》的孙伏园，众人皆知孙与鲁迅、周作人兄弟关系亲密。孙伏园窝着闷气另去编辑《京报副刊》，接编《晨报副刊》者是徐志摩，徐与陈西滢的密切关系同样众人皆知。两个

---

① 一九二五年三月二十一日《现代评论》周刊
② 鲁迅一九二五年五月三十日致许广平信
③ 鲁迅一九二五年三月三十一日致许广平信

◇ 鲁迅

副刊天然地各偏向一边。

《晨报副刊》是家老店铺，徐志摩头一回当掌柜，带了三把火来，组织人马，摩拳擦掌，要烧它个面貌一新。他撤去孙伏园原先所用刊头，换了一幅新的：扬手的半裸妇人。"裸妇"系英国画家琵亚词侣（Beards'ley）的作品，徐志摩喜欢，请凌叔华描摹下来制作刊头。新手办刊，毛毛糙糙。接刊时间又紧，匆匆找刊头，匆匆催凌叔华描摹，又匆匆写下刊登凌叔华小说《中秋晚》的编辑"附言"："为应节（日）起见，我央着凌女士在半天内写成这篇小说，我得要特别谢谢她的。还有副刊篇首广告的图案①也是凌女士的，一并道谢。"此话急不择言，更词不达意，未交代原画作者，未说明凌女士只是描摹之工，自然产生了误会，怨不得旁人。徐志摩递给《京报副刊》一个现成把柄。果然，仅隔一周，《京报》登出署名"重余"的文章《似曾相识的〈晨报副刊〉的篇首图案》，②文章讥讽凌叔华剽窃琵亚词侣。惹出祸端的徐志摩，急得连夜致信孙伏园：

伏园兄：

这回《晨报副刊》篇首的图案是琵亚词侣的原稿，我选定了请凌叔华女士摹下来制版的。我谢了她，却没有提画的来源。重余先生不耐烦了。该的。他骂了。该的。幸亏我不是成心做贼，一点也不虚心，赶快来声明吧。第一我先得把重余先生这份骂完全承担在我一个人身上再说，绝对没有旁人的份。那天出了报以后我的朋友就问我为什么没有声明那是琵亚词侣的原画，叔华更是着急，她说又该人家骂了！我说不忙，我正想长长的做一篇说明我为什么选用那个姿态，我正在着忙寻一本卡图勒斯Catulius的集子哪。琵氏原画是像图解卡图勒斯一节诗的，那诗的内容我不知道，所以我得看了书再写。我问了好几个朋友都没有那书。同时我忙着编稿，就搁了下来，直到今天一早一个朋友摇电话给我，把我从暖被窝里挖出来，告诉说有人骂了。该的！可不要错怪了人，这疏忽的份全是我的。其实琵亚词侣的黑白素绘图案，就比如我们何子贞、张廉卿的字，是最不可错误的作品，稍微知道西欧画事的谁不认识谁不爱他？我们朋友里就有不少一见那图就指说是他的，没有错儿。

---

① 即新刊头。
② "重余"是追随鲁迅的女作家陈学昭所用笔名，文章载于一九二五年十月八日《京报副刊》。

我还记得那晚最先认出的是徐祖正与邓以蛰两位。所以我即使成心做贼，我也决不会到团城里去偷了那尊大玉佛回来，供在家堂说这是我亲手雕的。太笑话了……

真对不起，伏园，这来得沾光贵刊的篇幅，请你就替我登出，并且有便时转致重余先生以后多多教正。同时我得对替我摹制图案人深深的道歉，因为我自己不小心连累她也招人错怪了。还有那原画有一小块林木的黑影没有摹上的，乘便声明。

显而易见，徐诗人息事宁人心切，言语间絮絮叨叨。孙伏园应了他要求，信全文刊登在翌日的《京报副刊》。本不难说清楚的原委，就是不说也不难猜出的原委，但是，人家是拿它说你的事儿，说过这一个再说别一个。十月的刊头抄袭风波刚停息，十一月《京报副刊》再次登出揭发凌叔华剽窃的文章《零零碎碎》，署名"晨牧"，① 指控一周前她发表的小说《花之寺》剽窃了俄国契诃夫作品《在消夏别墅》。

契诃夫小说的情节是，表弟兄俩收到不具名同一女性的来信，写信人暗中分别约他俩同时到某个别墅花园幽会。两人各自到了约会的花园，各怀鬼胎等待写信人，都设法支开对方。谁也不肯离开，吵得面红耳赤。正僵持不下，出现了期盼的妻姐倩影，信是她写的。他们回家才明白，受了妻子／姐姐的愚弄，不过是变法儿赶走男人，以便自个儿好在家里从容擦洗地板。一望而知，《花之寺》情节确与《在消夏别墅》部分貌似，但是两个作品旨趣迥异也一望而知。诚然，凌叔华创作与契诃夫作品有一定关联，② 若要论定凌叔华抄袭契诃夫，尚远不足为凭。作家受国内外作品的启发乃至影响，创作了某种程度类似的作品，这种文学创作现象本属寻常，包括一些著名作家的著名作品中也不罕见，鲁迅小说也并非找不到例子。

陈西滢清楚，《京报副刊》属于鲁迅地盘。此副刊一再发难，自然怀疑到文章

---

① 载一九二五年十一月十四日《京报副刊》。
② 创作《花之寺》前，凌叔华致信胡适谈及她的小说《再见》说："原来我很想装契诃夫的俏，但是没装上一分，你与契老相好，一定知道他怎样打扮才显得这样的俊俏。"发表《花之寺》后又致信胡适："有人劝我抛了契诃夫读一些有气魄的书，我总不能抛下，契的小说入脑已深，不可救拔。"致胡适信均载《凌叔华文存》。

出自鲁迅手笔，至少有鲁迅策动。其时不只是陈西滢与凌叔华正谈婚论嫁，而且鲁迅和许广平的关系也由师生向恋人演化。许广平得鲁迅支持驱逐杨荫榆，凌叔华又无辜蒙冤，气愤的陈西滢忍无可忍，于是撰写了"闲话"《剽窃与抄袭》。文章不指名地为凌叔华的"抄袭"辩护，费不少口舌，而矛头刺往鲁迅：

> 可是，很不幸的，我们中国的批评家有时实在太宏博了。他们俯伏了身躯，张大了眼睛，在地面上寻找窃贼，以致整大本的剽窃，他们倒往往视而不见。要举个例么？ 还是不说吧，我实在不敢再开罪"思想界的权威"。①

尽管陈西滢仍没有指名道姓，但"思想界的权威"大家都明白，是评论家们奉与鲁迅的头衔，读者一眼看出陈西滢矛头所向。一个月后陈西滢再写一封近四千言长信给徐志摩，愈加全面声讨鲁迅。信中又提及此事，这次彻底捅破了窗纸：

> 他常常挖苦别人家抄袭。有一个学生抄了沫若的几句诗，他老先生骂得刻骨镂心的痛快。可是他自己的《中国小说史略》却就是根据日本人盐谷温的《支那文学概论讲话》里面的《小说》一部分。其实拿人家的著述做你自己的蓝本，本可以原谅，只要你书中有那样的声明。可是鲁迅先生就没有那样的声明。在我们看来，你自己做了不正当的事也就罢了，何苦再挖苦一个可怜的学生，可是他还尽量的把人家刻薄。"窃钩者诛，窃国者侯"，本是自古已有的道理。②

徐志摩便将此信全文刊布于《晨报副刊》。骂学生抄袭郭沫若诗歌的不是鲁迅。③

陈西滢指斥鲁迅剽窃日本学者著作，亦言过其实。且不看鲁迅的自辩，单说与陈西滢过从甚密的胡适，读过盐谷温著作，也持秉公之论："通伯（陈西滢）先生当日误信一个小人张凤举之言，说鲁迅之小说史是抄袭盐谷温的，就使鲁迅终

---

① 载一九二五年十一月二十一日《现代评论》。
② 载一九二六年一月三十日《晨报副刊》。
③ 鲁迅文章《不是信》曾予以澄清。

身不忘此仇恨！现今盐谷温的文学史已由孙俍工译出了，其书是未见我和鲁迅之小说研究以前的作品，其考据部分浅陋可笑。说鲁迅抄盐谷温，真是万分的冤枉。盐谷一案，我们应该为鲁迅洗刷明白。"① 鲁迅多次受陈西滢攻击，以这一回记恨最深。文字剽窃乃最伤文人脸面的大忌，鲁迅耿耿于怀，以后多次说到这笔旧账，始终余怒未消。欧洲人临死有仪式，当牧师面请人宽恕。鲁迅病逝前一个月则斩钉截铁说道，让他们怨恨去，我一个也不宽恕。他们之中必有陈西滢。陈西滢为此付出的代价亦可谓惨痛，具体说，与鲁迅论战过后他很少再做杂感，这位以"西滢闲话"闻名的杂文家几乎从文坛消失。文坛失去这么一位杂文高手，殊为可惜。②

鲁迅予陈西滢长信以双倍篇幅的反击，一如惯常的针锋相对，细节亦寸步不让，题目拟为《不是信》。③ 鲁迅没有因为读了陈西滢的辩解而开释《花之寺》抄袭罪名，除说明"我并不看这些小说"，又声明揭发抄袭的文章非他所写，顺带了一句，"以为揭发叔华女士的剽窃小说、图画的文章也是我做的"。言外之意，只澄清非我揭发，却仍旧不放过她小说、图画的"剽窃"。后来在另一处鲁迅又说了一遍，"只有某女士窃取'琵亚词侣'的画的时候……"④ 事情过去数年，鲁迅仍旧难忘，他与梁实秋论战，讽刺一批新月派作家时，再把凌叔华捎带在内：

> 读了会"落个爽快"的东西，自有新月社的人们的译著在：徐志摩先生的诗，沈从文、凌叔华先生的小说，陈西滢（即陈源）的闲话，梁实秋先生的批评，潘光旦先生的优生学，还有白璧德先生的人文主义。⑤

所谓"爽快"，是梁实秋批评鲁迅译文拗口，不易读懂，主张译文应该读来流畅。鲁迅拣出凌叔华刚在《新月》杂志发表的小说《搬家》，举它做证批驳梁实秋"爽快"论。鲁迅文章向来凝练，这回来了个例外，不避冗长，大段引述《搬家》

---

① 胡适致苏雪林信，载《胡适来往书信选》。
② 传言陈西滢从此不再发表文章，此言夸张有过。三四十年代他在《中央日报》《武汉日报》《武汉大学季刊》等报刊发表数量可观的随笔、论文、时事评论。
③ 载一九二六年二月八日《语丝》周刊。
④ 鲁迅：《革"首领"》，载一九二七年十月十五日《语丝》周刊。
⑤ 鲁迅：《"硬译"与"文学的阶级性"》。

里的对话：

> "小鸡有耳朵没有？"
> "我没看见过小鸡长耳朵的。"
> "它怎么听见我叫它呢？"她想到前天四婆告诉她的耳朵是管听东西，眼是管看东西的。
> "这个蛋是白鸡黑鸡？"枝儿见四婆没答她，站起来摸着蛋子又问。
> "现在看不出来，等孵出小鸡才知道。"
> "婉儿姊说小鸡会变大鸡，这些小鸡也会变大鸡么？"
> "好好的喂它就会长大了，像这个鸡买来时还没有这样大吧？"

鲁迅判定："就这么一段看，是既不'爽快'，而且和不创作是很少区别的。"①他的意思，凌叔华的小说太照搬生活里对话，缺乏应有的艺术提炼。此论或许顾此失彼，忽略了儿童小说特点，对幼小读者哪能如他的文风那么凝练，儿童小说很难讲究微言大义、弦外之音。鲁迅如果稍稍冷静，应该看出凌叔华这段文字，实适合儿童阅读水平，描写孩子的天真、憨态还算传神，为那时的儿童小说不可多得。

凌叔华就是这样，被卷进鲁迅与陈西滢论战。旁观的胡适曾欲出面劝解，给鲁迅、周作人、陈西滢三人写了同一封信，其中说道：

> 你们三人都是我很敬爱的朋友；所以我感觉你们三位这八九个月的深仇也似的笔战，是朋友中最可惋惜的事。我深知道你们三位都自信这回打的是正谊（义）之战；所以我不愿意追溯这战争的原因与历史，更不愿评论此事的是非曲直。我最惋惜的是当日各本良心的争论之中，不免都夹杂着一点对于对方动机上的猜疑；由这一点动机上的猜疑，发生了不少笔锋上的情感；由这些笔锋上的情感，更引起了层层猜疑、层层误解。猜疑愈深，误解更甚。结果便是友谊上的破裂，而当日各本良心之主张，就渐渐变成了对骂的笔战。②

---

① 鲁迅：《"硬译"与"文学的阶级性"》。
② 胡适：《胡适来往书信选》。

这段话录自胡适遗留在大陆的信函稿本，大概没有付邮。即使投入邮箱，依鲁迅个性，是否会收到胡适期待的效果，难说。也许适得其反，鲁迅早已把胡适归为"陈西滢之流"矣。由你胡适批评我混淆、猜疑，还不分是非地谓之"对骂"，不难想象鲁迅将作何反应。

《京报》揭发《花之寺》抄袭，凌叔华出版第一个小说集，特意挑这篇《花之寺》作为书名。此篇既谈不上她的代表作，也没有受到过她偏爱，是否可意会为，凌叔华以此表示自己的无辜、坦然和自信。

他们看"三一八"惨案

一九二六年三月十八日是史书无法回避的日子,这一天共产党的北京地下组织,发动数千民众集会天安门前,反对帝国主义,抗议美、英、日等八国通牒北洋政府。会后抗议人群往段祺瑞执政府所驻铁狮子胡同请愿,遭政府卫队弹压,死四十七人,伤二百余人,酿成了民国史上震惊中外的"三一八"惨案。亲历惨案的朱自清写下《执政府大屠杀记》,记述详尽,鲁迅的名篇《记念刘和珍君》,称此日是"民国以来最黑暗的一天"。

惨案发生刚十天,《语丝》发表了鲁迅极为愤慨的文字:

> 中华民国十五年三月十八日,段祺瑞政府使卫兵用步枪大刀,在国务院门前包围虐杀徒手请愿、意在援助外交之青年男女,至数百人之多。还要下令,诬之曰"暴徒"!
>
> 如此残虐险狠的行为,不但在禽兽中所未曾见,便是在人类中也极少有的,除却俄皇尼古拉二世使可萨克兵击杀民众的事,仅有一点相像。①

在鲁迅这篇文章发表的前两日,陈西滢先已发声,抨击惨案制造者,言辞直指当局:

---

① 鲁迅:《无花的蔷薇之二》,载一九二六年三月二十九日《语丝》周刊

三月十八日血案的真相已经很明瞭的了。

在民众方面，那天参预的人都完全为了对外，并不是一党一系的运动。据我们所调查，那天死伤者之中，许多人非但没有党籍，并且是平常不轻易到民众大会的。群众到执政府，不过是和平的请愿。他们最激烈的行动，也不过是叫几声口号。政府通电所说的"暴徒数百人手执枪棍"和"并有抛掷炸弹，泼灌火油等举动"完全是凭空捏造，希图证赖卸责的话。

在卫队方面，他们在事前已经向新闻记者等吐露口气，表示他们有"干一干"的决心。他们的行动也可以证明他们的开枪，不是为了仅仅要驱散民众。他们非但在民众四散逃避的时候，在后头追击，并且东西两铁门外，都驻有兵士，向在门口往外拥挤挣扎的人民，迎头开枪，所以死伤在门口的人特别多。

自然，同丘八先生讲人道，还不如向着老黄牛弹琴。可是，卫兵无论怎样的残忍，无论怎样的仇视学生，没有居高位者的命令或暗示，我想他们还没有胆量干出这种惨酷残暴的行动来。

这主谋的是谁，下令的是谁，行凶的是谁？他们都负有杀人的罪，一个都不能轻轻放过。我们希望特别法庭即日成立，彻底的调查案情，严正的执行各罪犯应得的惩罚……①

文章陈西滢做不过鲁迅，义愤毫不弱于鲁迅。鲁迅重在声讨，陈西滢偏于揭发、追责；鲁迅似乎不再对当局抱有幻想，陈西滢却为法制意识所囿，寄希望于什么特别法庭。

谴责执政府屠杀民众是"现代评论"派整体一致态度，非陈西滢独有，它体现自由主义知识分子们共同的正义感。《现代评论》周刊以最快时间发表了一组相关文章，陈西滢的《闲话》外，依次还有署名"记者"的《悼三月十八日的牺牲者》、王世杰的《论三月十八日惨剧》、陈翰笙的《三月十八日的惨案目击记》、及泉的《三月十八》、许仕廉的《首都流血与军学阶级战争》。篇幅占了该期周刊的大半，不啻是一期声讨"三一八"惨案的特辑，署名"记者"的第一篇，可看作杂志同人

---

① 陈西滢：《闲话》，载一九二六年三月二十七日《现代评论》。

◇《现代评论》对"三一八"的反映

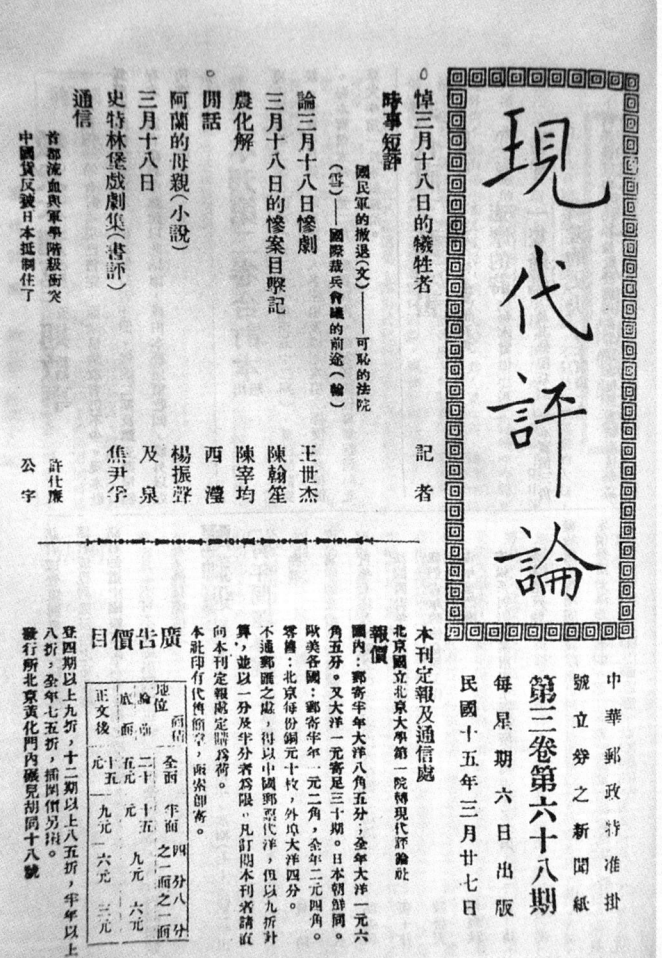

集体表态。表态何止是《现代评论》杂志,他们当中的徐志摩,也在《晨报副刊》发表了有感"三一八"的诗歌《梅雪争春》:

> 南方新年里有一天下大雪,
> 我到灵峰去探春梅的消息;
> 残落的梅萼瓣瓣在雪里腌,
> 我笑说这颜色还欠三分艳。
>
> 运命说:你赶花朝节前回京,
> 我替你备下真鲜艳的春景;
> 白的还是那冷翩翩的飞雪,
> 但梅花是十三龄童的热血! ①

诗的表达虽委婉,但不必苛求一定用殷夫、蒋光慈那样的战斗词句,只要了解,新月诗人对于屠杀绝非无动于衷,而且所做反应还相当的快速。

凌叔华一时没发表关于惨案的文字,然而她参加了三月三十一日北京大学举行的烈士追悼会,这是和文字同样意义的表态。她看到陈列的烈士血衣,感到一阵从头到脚的麻木,心里又乱又慌。第二天写给胡适的信里仍禁不住义愤道:"这里真竟不好,满街迷眼的黄土挟着牲畜味儿扑人来还不够,还叫你听烦腻吓人的谣言,呵,还叫你看好好的青年流血饮弹,使你气破肚子也没什么着实的法子报复。在乱世养成我们的怯懦吗?!"连用了反诘问号和惊叹号。她相信远在上海的胡适一定持相同态度。信还预示:"我想写些宣传文字尽尽本分"。② 所说"宣传文字"就是发表于《现代评论》的小说《等》,③ 这篇小说第一次逾越她唯美轨道,投入"宣传"品队列,把它视为作者"本分"。

取材"三一八"惨案题材的小说,那段时间在"新月""现代评论"的作者里不

---

① 载一九二六年四月一日《晨报副刊》新办的"诗镌"特刊第一期,后编入诗集《翡冷翠的一夜》,加副题"纪念三一八"。
② 凌叔华:《凌叔华文存》。
③ 载一九二六年四月十日第三卷第七十期。

见第二人问津。小说主人公即"三一八"牺牲青年,虽没有出场,却是没有出场的主人公。作者笔墨浓重地落在等待他回来的未婚妻阿秋和未来的岳母三奶奶身上。明天将是年轻人相识一年的纪念日子,青年生前说,这天是他第二个生日。阿秋三岁丧父,三奶奶守寡,含辛茹苦带大独生女儿,艰辛岁月熬得老人长年不见笑容。三奶奶庆幸找到个知情达理的女婿,他面临大学毕业,并受聘了一份不错的职务。三奶奶满是皱褶的脸上露出多时不见的喜气,青年约定今天来看阿秋和老人。三奶奶早早下了厨房烧出几个好菜,要好好款待未婚女婿。等到中午不见女婿人影,等到傍晚依旧不见影子,最终等到的是青年牺牲的噩耗。小说仍然呈现凌叔华创作风格,侧面表现悲痛。着力渲染母女等待青年的喜悦心情,先扬后抑,以喜衬悲。这样的哀诉或许不足以表达作者愤怒,但她取用她习惯或擅长的风格创作。《等》叫人联想到叶绍钧的名作《夜》,那是写"五卅"惨案青年夫妇牺牲的作品,也是侧面描写,也是母亲落空的等待——等到的是她弟弟去认尸的消息。内容、构思、写法多处相似。幸好凌叔华的创作在前,不然保不准又一次招惹抄袭嫌疑。

当时和今天,很多人似乎根本不知道凌叔华小说《等》存在。相反,他们倒很敏感陈西滢的一些话:

> 在我所已经听见的,要算杨(德群)女士最可怜了。(这话我听见两三个人都这样说,要是错了,我们自然很愿意改正。)杨女士湖南人,家中不甚好。她在师范学校毕业后,教了六七年书,节衣减食,省下了一千多块钱,去年就到北京来升学。平常很勤奋,开会运动种种,总不大参与。三月十八日她的学校出了一张布告,停课一日,叫学生们都去与会。杨女士还是不大愿意去,半路又回转。一个教职员勉强她去,她不得已去了。卫队一放枪,杨女士也跟了大众就跑,忽见友人某女士受伤,不能行动,她回身去救护她,也中弹死。①

陈西滢这样记述烈士壮举,杨德群牺牲显得被动,平常。女师大的雷瑜等五

---

① 陈西滢:《闲话》,载一九二六年三月二十七日《现代评论》。

同学致信陈西滢，纠正他关于杨德群的不实言辞。杨德群虽给人沉默好学印象，其实素有爱国志气，三个月前加入国民党。"三一八"这天，"沿途散发传单，意气很激昂的。"她怀抱政治信仰，是为救国救民而捐躯。陈西滢轻信传闻，以为突出杨德群之死的无辜，意在突出当局残忍。没想到顾此失彼，损伤了烈士光辉形象。他遭此指责当然咎由自取。但他也坦然认了错，及时将信刊于由他编辑的《现代评论》，①并且明确表态："如以为说杨女士那天没有打算去开会就是诬蔑，我情愿认罪。"②五人来信的口吻不算激烈。但当时也有激烈者斥陈西滢是"欲为卖国贼减轻罪恶，""罪状比执政府卫队还大！比军阀还凶！"③明眼人读来自有是非。陈西滢又说："我们要是劝告女志士们，以后少加入群众运动，她们一定要说我们轻视她们，所以我们也不敢来多嘴。可是对于未成年的男女孩童，我们不能不希望他们以后不再参加任何运动。"④这多嘴有其善意，碰到如此残暴的政府何苦白白去送死。陈西滢的话只在就事论事，一码归一码，是他杂感的文字风格。其实鲁迅一向对请愿并不以为然。"三一八"那天清早，许广平在鲁迅家替他抄完《小说旧闻钞》稿子，急着要去参加请愿集会，鲁迅留下许广平继续抄其他文稿。⑤要不是被鲁迅留下，罹难的刘和珍、杨德群她们当中，说不定会添一个许广平。

然而陈西滢声称不敢多嘴，却正在多嘴，说他"遇见好些人"，都说"那天在天安门开会后，他们本来不打算再到执政府。因为他们听见主席宣布执政府的卫队已经解除了武装……所以又到执政府门前去瞧热闹。……我们不能不相信，至少一部分人的死，是由主席的那几句话。要是主席明明知道卫队没有解除武装，他故意那样说，他的罪孽当然不下于开枪杀人者；要是他误听流言，不思索调查，便信以为真，公然宣布，也未免太不负民众领袖的责任。"⑥

这就激怒了鲁迅：

"有些东西——我称之为什么呢，我想不出——说：群众领袖应负道义上的责任。这些东西仿佛就承认了对徒手群众应该开枪，执政府前原是'死地'，死者就如自投罗网一般。群众领袖本没有和段祺瑞等辈心心相印，也未曾互相钩通，怎么能够料到这阴险的辣手。这样的辣手，只要略有人气者，是万万豫想不到的。

---

① 见该刊一九二六年四月十日第三卷第七十期。
②③ 陈西滢：《杨德群女士事件》，同上。
④⑥ 陈西滢：《闲话》，载一九二六年三月二十七日《现代评论》。
⑤ 许广平：《鲁迅回忆录》。

"我以为倘要锻炼群众领袖的错处,只有两点:一是还以请愿为有用;二是将对手看得太好了。"①

由于鲁迅的杰出成就以及他在民众中的声望,更由于很长一段时期对他的神化,鲁迅话语优势不言而喻。后人追述"三一八"惨案,每每戴着鲁迅色镜看陈西滢。凌叔华因为与陈西滢的特殊关系,无疑是个"近墨者",即使不黑,也灰得厉害。事情并不是往昔描述的那么简单,今天回望这段历史,可以客观、全面些。

陈西滢迂腐,论杂文艺术陈西滢也差鲁迅一大截。对时局对当政对时弊对旧文化对国民性的认识与批判更不及鲁迅深刻,但二人对待"三一八"惨案的基本态度并无根本区别。

陈西滢女儿回忆,父亲告诉过她,三十年代一次文坛聚会,鲁迅和陈西滢相遇,"两人还礼貌地握了一次手"。②握手确有过,两人恶战之前,观看林徽因主演泰戈尔名剧《齐特拉》的那回。但三十年代绝无可能,即使陈西滢有意一握,鲁迅决计不会伸手。陈西滢晚年再版《西滢闲话》,他将论战鲁迅的文字悉数删去。曾与鲁迅打过笔仗的梁实秋感叹:"删去的一部分,其实是很精采的一部分,只因事过境迁,对象已不存在,他认为无需再留痕迹,这是他的忠厚处。"③可是鲁迅难释战士情怀,与"新月派"论战的三十年代,既然陈西滢与"新月派"关系那么密切,无疑是同伙,对于敌人的同伙,他至死一个不会饶恕。见面,握手,这不是陈西滢记错就是陈小滢听错。倒是周作人,三年后致信胡适,劝说胡离开任职上海公学的是非之地,回北平专心教书做学问。信里说道,"关于这一点我与陈通伯④先生同一意见。"相同意见的人诸多,唯独特别提及陈西滢一人,显然已经冰释前嫌。

"三一八"过去了近一个世纪,今天看凌叔华的小说《等》,纵然不属凌叔华小说上品,但是它题材的特别,情感的难得,无疑增添了她小说的丰富性。

---

① 鲁迅:《空谈》,发表于一九二六年四月十日《国民新报副刊》。
② 陈小滢:《回忆我的母亲凌叔华》。
③ 梁实秋:《悼念陈通伯先生》。
④ 陈西滢原名陈源,字通伯。

姻缘双佳楼

与鲁迅激烈论战的日子里,有情人陈西滢、凌叔华成了眷属。

近来有"凌叔华暗恋杨(振声)"一说,虽源自凌叔华女儿之口,[①]实可信度很低。陈小滢转述冰心晚年所言:"凌叔华是让徐志摩抛掉,追杨振声又不成功的情况下,下嫁陈西滢的。"[②]凌叔华因一九二四年春接待访华的泰戈尔结识徐志摩、陈西滢一群才子,随即交往频繁。至迟在秋天,陈西滢已常常出入凌府,与凌恋情匪浅。这一年杨振声刚留美归国,又先赴外地任教,未见此时他和凌叔华怎样的来往,时间、空间均不给她多少"追杨振声"的机遇。再说,杨已三十有四,比凌年长整整十岁。二三十岁年龄段,十岁之差近乎隔了一代,况且杨又有家室。诚然他如友人形容,"风流儒雅,世罕其俦"[③]。要说凌叔华这闺秀身份,甘心嫁给有妻有子的中年男子,在那时,需何等勇气和多新的观念,凌叔华不大会有的。梁实秋是熟悉杨振声的老朋友,他作《忆杨今甫》,追叙杨的私人生活,说杨"把原配夫人长久的丢在家乡"[④],并未提到凌叔华一句。梁与凌也很熟悉,未必是为贤者讳。"暗恋""追恋"云云,致命处正在于,除冰心的片言只语,没有半点其他佐证,甚至从未有人谈及。想来,不是冰心年迈误记,便可能是陈小滢误听。冰心是大家,陈小滢是亲属,出自两人之口,难免不叫人轻信。但愿勿再误传,无端为凌叔华婚恋情事笼罩一层粉色迷雾。

---

①② 陈烈:《双佳楼往事》。
③④ 梁实秋:《忆杨今甫》,杨振声字今甫。

倒是凌叔华结识陈西滢前不久，她先交往过另一异性朋友。大学生的凌叔华已在画坛显露了尖尖角，是北京老画家们的宠儿。一九二三年一次画界午餐会，有日籍外交官松冈洋右在座，他跟随另一个热心中国画的日本朋友来的。松冈洋右一眼看上凌叔华，说她："容姿清楚，举止优雅而聪明，本帮（日本）现代妇人中所稀见也。"① 松冈洋右不顾忌唐突，初一见面就索讨凌叔华画作。女画家并不介意，立即付诸画纸，老画家陈师曾为她作品又添了几笔。松冈洋右很喜爱这幅山水，但落下他人笔迹，觉得"已不纯粹是您的作品了"，"震惊和心痛"。② 他要的固然是画，更是要怀念作画人的凭借，俨然当作信物。第二天凌叔华据原作重新画了一幅，殷勤登门送画。恰值松冈外出，画留在他下榻的北京饭店，附一便条。松冈回饭店见画幅和留字，受宠若惊，当夜写了七页长信给"亲爱的凌小姐"，诉说仰慕之情，又约请凌小姐去他大连住处休憩几日。再请小姐顺便看看那里他的一块地产，约四千平方米的"黑礁屯"。地产作为他一份厚礼，五年后凌叔华领到"南满洲大连民政署"签发的土地转让证书。土地证凌叔华保存到生命终点，传给了女儿。

凌叔华、陈西滢婚后东渡日本，松冈洋右认识了陈西滢，以朋友礼遇。自松冈洋右得画开始，到他一九四六年病死，与凌叔华联系二十余年未有中断。见面则极少，书信也不多，其间爆发了八年抗日战争，松冈洋右以他的特殊身份，一直通过下属关照、庇护凌叔华。四川乐山遭日寇"八一九"大轰炸，武大师生多人死伤，凌叔华正暂居北平。她感到生命威胁，不想回到战火中的乐山。于是求助松冈洋右，安排她和女儿移居日本。这个念头显然荒谬，松冈洋右一再婉言拒绝，提醒她，"可能会给陈先生和他的家庭带来灭顶之灾"。凌叔华执迷不悟，最后松冈洋右不得不点破要害，"最好不要这样，以免你们被怀疑成汉奸"。③ 移居无望。她若真去了岛国，以后的人生不堪设想。北平形势吃紧，凌叔华不得不再回她不愿去的乐山小城。她离开北平不久，松冈洋右升任日本内阁外务大臣；日寇投降，他被列为第五号战犯，不待审判终结即病死狱中。凌叔华与他这段神秘而传奇的暧昧关系由此戛然而止。

四五十年后凌叔华病逝，陈小滢从她伦敦卧室拣出一束红丝带系扎的信件，

---

① 松冈洋右当天日记，又录在他给凌叔华信里。转引自陈烈《双佳楼往事》。
②③ 松冈洋右致凌叔华信，转引自陈烈《双佳楼往事》。

◇ 年轻的陈西滢

全是松冈洋右手札。现在意外发现母亲与日本外交官的密信，陈小滢猛然挨了一棒。徐志摩、朱利安、伍尔夫的来信都不存一件，唯独松冈洋右手书珍藏终生，想到父母多年不谐，母亲曾移情英国诗人，她推定母亲与这个日本人发生过私情，甚至猜疑自己不是父亲的血脉，① 痛不欲生，狂饮整瓶威士忌，大醉三天。

一个外国人，又是政要，后来名列敌国战犯，松冈洋右在凌叔华情感天地的位置难免引人遐想。两人确实难辞逾越友情之嫌，但仅凭有限几封书信及陈小滢模糊零星回忆，要坐实两人相恋，似乎还不足以信服。纵然有松冈洋右的情意绵绵言辞，并不见凌叔华相应的片言只语。难以设想，一个尚负笈校园的大家闺秀，会匆匆恋上年龄近乎父辈的有妇之夫，还是个外国人。最初凌叔华的殷勤，或出于礼貌略失分寸，或另存私心，借他增添自己画作在岛国影响，或再有想不到的其他缘由。结识松冈洋右第二年凌叔华便陷入陈西滢情网，所以与松冈洋右依旧往还不断，也许是感恩，也许是情谊延续，也许是割不断的利益相关。松冈洋右情感倒有迹可循，先钟情她气质优雅，日渐转化为视凌叔华为"我的孩子"，予以关爱、呵护，② 相处也由爱慕到应尽义务，回归了两代人身份。至于凌叔华未曾毁弃松冈洋右信札，从而使后人得见，其动机更不宜妄断。凌叔华的情感究竟如何，学人不妨再探索，不宜拘泥于有无、非此即彼，它源自人性的复杂、幽深吧。

松冈洋右回日本大半年凌叔华相识了陈西滢。鲁迅笔下嘲讽的那个"正人君子"，凌叔华心目中，却是令人钦佩的新派才子。他应杂志征稿，推荐了新文学运动以来十部著作，其中有小说集《超人》和戏剧集《丽琳》。陈西滢独具慧眼，评论两位著者道：

> 一位是几乎谁都知道的冰心女士，一位是几乎谁都不知道的白薇女士。冰心女士是一个诗人，可是她已出版的两本小诗里，却没有多少晶莹的宝石。在她的小说里，倒常常有优美的散文诗。所以我还是选她的小说集《超人》，《超人》里大部分的小说，一望而知是一个没有出过学校门的聪明女子的作品，人物和情节都离实际太远了。可是里面有两篇描写儿童的作品却非常好。

---

① 后陈小滢多方查证，她确是父亲亲生骨肉，自己过敏多疑了。
② 松冈洋右致凌叔华信，转引自陈烈《双佳楼往事》。

> 白薇女士的名字在两个月前我们也从没听见过。一天有一个朋友送来她的一本诗剧《丽琳》（商务），我们忽然发现新文坛的一个明星。她是与冰心女士很不相同的。除了母亲与海，冰心女士好像表示世界就没有爱了。《丽琳》二百几十页，却从头到尾就是说的男女的爱。它的结构也许太离奇，情节也许太复杂，文字也许有些毛病，可是这二百几十页藏着多大的力量！一个心的呼声，在恋爱的痛苦中心的呼声，从第一页喊到末一页，并不重复，并不疲乏，那是多大的力量！①

在叫好冰心的一片热闹里，在无人关注白薇的一方寂静中，这番话堪为空谷足音，略见陈西滢的识见和才华。杂志编者只要求推荐十部著作，他破例荐了十一部，最末一部正是白薇的诗剧。此后白薇剧作源源不断，成为中国现代文学史上最早一位成就卓越的女性剧作家。

陈西滢幼时受新式教育启蒙，父亲约同几位同窗，创办了无锡第一所新式学堂"三等小学"，年仅三四岁的陈西滢随父亲到学校旁听。父亲又把学校办到上海，陈西滢跟到了上海。他表舅吴稚晖去欧洲发展教育，陈西滢随同远涉重洋，留学英伦，那时他才十六七岁。在英国得到大学者赫伯特·乔治·威尔斯赏识，参与威尔斯《世界简史》写作。又结识了同时留学的王世杰、傅斯年、徐志摩、徐悲鸿，个个是才俊。十载后陈西滢满腹经纶归来，蔡元培以他博士身份聘为北京大学教授，这一年他刚二十六岁。时人都以为他是博士，其实，蔡校长为引进人才，给他虚拟了这顶帽子。社交场合人称"陈源博士"，他不便纠正，有苦难言，十分尴尬。背后他从不称自己博士，旁人以为谦虚。②

一九二四年底，陈西滢和志同道合者创办著名的《现代评论》周刊，他任专栏"闲话"主笔。此栏目原本由多位作者参与撰写，唯陈西滢越写越有影响，而旁人越写越少，它倒像是陈西滢包揽的专栏，"闲话"与西滢笔名分不开了。③许多人不了解，陈西滢还把"闲话"写到别的刊物，譬如《真光》杂志。④

---

① 陈西滢：《新文学运动以来的十部著作》，出自《西滢闲话》。
② 详见翁贺凯辨析文章《陈西滢博士学位系出于虚造》，二零二一年二月二十四日《中华读书报》。
③ 陈西滢写得最多，数量几近其他作者总和。
④ 见该杂志第五卷第一号。

陈西滢专业在外国文学研究，徐志摩宣称，"我的好友陈通伯他所知道的欧洲文学怕在北京比谁都渊博些。"[1] 与陈西滢无多交往的章衣萍竟然说，"陈通伯的英文比英国人还好"。[2] 除开夸张成分，他的渊博和水平之高确令人佩服。读多了英国随笔，陈西滢行文便有了它们的韵味，机智、俏皮、隽永，尤其近似他心仪的法郎士。他的"闲话"集成一册《西滢闲话》，朱自清称道："陈西滢先生的《闲话》平淡而冷静，论事明澈，有点像报章文字。他的思想细密，所以显得文字也好。他的近于口语的程度和适之先生的差不多。"[3] 梁实秋赞许："通伯的文章冷静隽雅。""《闲话》的内容太丰富了，里面有文学、思想、艺术、人物，可以说是三十几年前文艺界的一个缩影。"[4] 史学大家钱穆则从中读出史学价值："《西滢闲话》涉及多方面的问题，多方面的意见，多方面的事态，不仅是当时的一种文艺小品，却同时是一本有很高价值的历史参考书。读了此一本闲话，使此一时代的消息和面相，都充分地暴露，充分地保存。"[5] 他恶战过的周作人，晚年慨叹："陈西滢亦是颇有才气的人。"[6]

世人多知陈西滢擅长"闲话"，少有了解他写过"美文"的，他一旦抒情，委婉的情愫不乏感人力量。譬如为散文集《灯火》作的序，他跳出"闲话"评头论足套路，写成饱含情感的叙事文章：

> 在七八年前，要是你高兴在暑假内陪我到北平府右街一个朋友家去，你会发现在一条小胡同中有一所幽静的房屋。进了大门便是一个宽广的庭园，里面的花树果树在阳光中绿油油的、五色鲜明的、欣欣向荣。檐前好多牡丹，枝干高大，此时当然没有花了。凉棚下面是几只金鱼缸和盆栽的荷花，鸟笼中有不同的鸟在上下跳跃。一排前后很深的正屋，宽阔的走廊上又挂了芦苇帘子，骤然走进去，黑越越的几乎看不见东西了。屋子里很素雅，也有不少盆花，尤其是主人远远的从福建亲自提回来的一盆名贵的建兰。书桌很大，

---

[1] 徐志摩:《哀曼殊斐儿》。
[2] 章依萍:《古庙集》。
[3] 朱自清:《论白话》。
[4] 梁实秋:台湾版重印《〈西滢闲话〉序》。
[5] 转引自陈漱渝:《"正人君子"陈西滢的后半生》。
[6] 周作人:《周作人晚年手札一百封》，转引自高恒文、桑农合著《徐志摩与他生命中的女性》。

◇《西滢闲话》书影

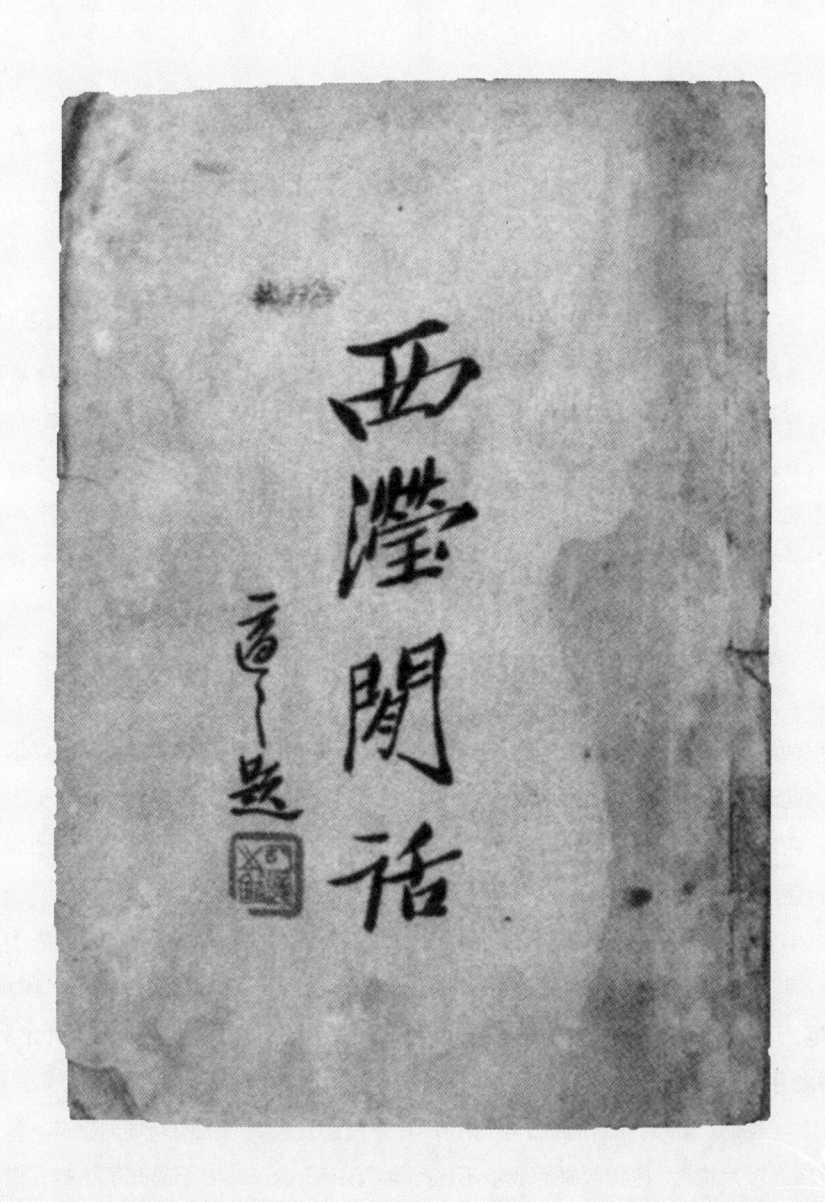

也许该说是画桌。你进去时也许主人在画画，也许主妇在临帖，或为人写屏条。但是她时时走出去，照料在间壁屋中三个不同年龄的孩子。有时主人也走去了，你可以听到儿童们的欢愉的笑声。你走的时候，这一个和悦的家庭，免不了在你心中留下不易磨灭的印象。你欣美他们的幸福，以后时时会想起这人家来。

……一别多年，你又有机会陪我去访问这一家人家。孩子们都长大了，最小的女郎也已经快进中学，怪不得主妇的头发也花白了。她招呼你时还是那样的亲切。她留你吃了便饭才走。她留下一个天真聪明的孩子陪你闲谈，自己到厨房里去煮饭做菜，其余的两个孩子也帮着搬东西，摆桌子。在灯光底下，你看见三个孩子与他们的母亲在一处，依然有说有笑，还是一个和悦的家庭。可是在笑乐的底下似乎蒙着一层抹不下的悲哀，你感觉得，也许笑声止，眼泪便会突眶而出了。你不敢久坐，因为你知道这主妇明天一早还得出去做事。她得养活这一家人。你走的时候，带去了一幅心酸的画景。

所引两段文字占了全序大半篇幅，记述的主妇是《灯光》作者、熊佛西前妻朱君允，此时朱已经与熊离异，所以作者"心酸"，后一段尤其感人。一般读者更少知晓陈西滢创作过小说，刊登《新月》杂志那篇《成功》，也是款款道来，备述成功者一路艰辛，满篇酸楚。

学界流行一种说法，陈西滢与鲁迅论战败阵，从此写作一蹶不振，消失于文坛。其实陈西滢并未消失，论战不久旅居日本还写过三篇《日本闲话》。"闲话"搁笔，其他文章仍遍及《武汉日报》"现代文艺"副刊、《中央日报》社会评论版、《珞珈月刊》"文艺专号"、《武大》、《国闻周报》"论评选辑"、《东方杂志》、《新月》杂志、《长城》杂志、《新时代》半月刊，有一篇还发表到《医药新闻》杂志，参加"西医问题讨论"。搜集起来，数量不比一本"闲话"少。[①] 由于离开了论战，离开了大众关注，才有了"消失"错觉。当然，总的说来，文章不算丰硕。原因诸多，一则他本非高产作家。论战前就写得不多，再则偏于武昌一隅，话题不及在故都唾手可得。此外两个非写作原因，其一，担任武汉大学文学院长，公务缠身难以

---

① 2000年辽宁教育出版社印过一册《西滢文录》（陈子善、范玉吉编），专收陈西滢"闲话"之外文章，仍未全部收入

顾及文章。其二,他侧重外国作品翻译出了几本译著。

吃了十年面包牛奶,陈西滢带回一身西方绅士习气,是一位十足的书生。他论人苛刻,凌叔华说他:"陈先生是不太夸奖别人的,但却善于批评。你若要他说句好听的,比打他一顿还糟糕。"① 这样的性格和他好友徐志摩恰是相反的两极。诗人如团火,有说有笑,到哪里,哪里便暖意融融。而一身学问的陈西滢,看上去似乎很冷,一种学者式的古板、不大说话,说起话来有点期期艾艾。徐志摩与陈西滢私交甚厚,相知亦深,郭沫若听说,有人读他俩的文章,疑心陈西滢就是徐志摩。② 徐志摩相当钦佩陈西滢,称他"说话是绝对不敏捷的,他那茫然的神情与偶尔激出的几句话,在当时极易招笑,但在事后往往透出极深刻的意义,在听着的人心上不易磨灭;别看他说话的外貌乱石似的粗糙,它那核心里往往藏着直觉的纯璞。他是那一类的朋友,他那不浮夸的同情心在无形中启发你思想的活动,引逗你心灵深处的'解严'"。③ 当是知人之论。

不擅言语的陈西滢却偏好说俏皮话,如果话里含着贬义,不免显得尖酸刻薄,偶尔幽默一下,谑而近虐。他挖苦诗坛:"难怪我们常常听见人说,新诗多的像雨后的春笋,虽然这个比喻有些不切当。与其说新诗像雨后的春笋,不如说新诗人像雨后的秋蛙吧。"④ 哪个诗人听到这话能不生气,当然相知既深性格又好的徐志摩除外。陈西滢常这样得罪人,包括一些朋友。要是论敌,便结怨不易解结。陈西滢的学生叶君健,晚年追述乃师,其言颇出人意料:"与他接触多了,我发现他还是一个相当羞涩的人,说话有时还显出一点脸红。"又说,"虽然他在语气中也常表现出某种英国绅士式的冷静、幽默和讥诮风,道出一两句颇具风趣、貌似充满哲理和聪明的俏皮警语。他是一个与中国现实脱节而沉湎于英国旧文化的人,更谈不上是战士。"⑤ 此话道出陈西滢的另一面。

与陈西滢同为北大教授的温源宁,在英文杂志《中国评论周报》给这位同事画像:

---

① 郑丽园:《如梦如歌》。
② 徐志摩:《爱眉小札》。
③ 徐志摩:《求医》。
④ 《闲话》,载一九二六年四月二十四日《现代评论》。
⑤ 叶君健:《陈西滢与凌叔华》。

清瘦、中等身材、脸色淡黄、陈先生显然得天独厚，最适于户内工作而不适于户外工作。离开椅子，他就换了另外一个人。坐在椅子上，或谈话，或阅读，或讲课，或（我总想说，）争斗，他左右逢源。久坐的习惯把他的身子弄成一个问号了。他坐下去的时候，你看不出来什么，刚一站起来，他的头就太重了，似乎脊髓吃不住劲儿，于是身子明显地弯下去。①

下面是点睛的一笔：

他那个面孔，见过一次，便不容易忘；它多少有点儿凶相，尤其是一歪一扭而现出笑容的时候。我得到的印象总是，他要把什么东西掩藏起来。是要把利爪或者毒牙缩回去呢，还是像一只老虎要退到洞里去呢？我说不准。可是，不知为什么，我不怕他绷脸，倒怕他微笑。

温源宁把陈西滢写成这样，很像陈西滢写自己心向往之的法郎士。② 少与陈西滢接触的人，总以为他性格冷漠。相处多年的苏雪林便印象相反："人家都以为他是一个尖酸刻薄的人，或口德不好，其实他的天性倒是忠厚笃实的一路。"③ 恰如苏雪林所说，陈西滢外冷内热，于友朋笃诚，于亲人孝顺。且不说父母，即使胞姐去世，他的伤痛表现，令在场的人无不感动。姐姐未肯瞑目，他俯下身，用无锡乡音边哭边劝："战乱时期不得已，母亲和你的灵柩暂时存在四川。只待胜利，一定将你们送回老家入土。"劝到姐姐终于闭上两眼才止住哭诉。

凌叔华相识、相恋陈西滢，契机是泰戈尔访华。④ 一九二四年春天，陈西滢陪泰戈尔一行去凌叔华家参加欢迎画会。凭这一面之缘，凌叔华写信约请陈西滢来家里喝茶。所以陈小滢说："父亲和母亲的结识，说起来母亲主动的成分似乎多一些。"⑤ 赴约那天，陈西滢在胡同里转来绕去，找到大门口，先是门房带路，再

---

① Lmperfect Understanding，此引自诗人南星译本《一知半解》，钱锺书译为《不够知己》
② 参阅陈西滢：《法郎士先生的真相》《再谈法郎士》
③ 苏雪林：《陈源教授逸事》
④ 有说，此前已相识
⑤ 陈小滢：《回忆我的母亲凌叔华》

是老妈子引进内院,最后丫鬟报告给凌小姐,他惊愕凌府的豪华和幽深。

深怀文学情结的凌叔华,炫目于陈西滢文学才气,何况他顶着留洋博士、北大教授的光环。陈西滢去世后,凌叔华对他在天之灵说:"我常取笑'你是一个有西方科学的头脑而是一个手无缚鸡之力的东方书生'。在国内的时候,你永远不上西餐馆,你的举止容仪,也尽量不带一点洋味儿(你的好朋友们也多半儿有此倾向),当年也许因为你这些不同凡俗的品质,赢得我最初的钦佩与爱慕吧?"①她欣然接受追求,或者说,暗示追求她。凌叔华的人生是文学艺术的,夫婿也该必定是文学才子。陈西滢或先已钟情凌叔华,不敢存非分之想罢了。他同样赏识凌叔华才情,两人结伴终生的情缘是共同的文学情结,不妨说,凌叔华嫁给陈西滢,等于嫁给了文学。然而,人生不仅仅是文学,若没有文学之外维系情感的种种契合,婚姻难以持久和美。陈西滢娶了凌叔华,也类似的娶了文学,但始终不渝。虽妻子出轨,仍不离不弃,甘愿吞下婚姻苦果。不过恋爱之初,双方都没意识到文学和婚姻不是一码事,热恋情感遮掩一切。凌叔华享"中国的曼殊菲尔"之美称,陈西滢写过一篇介绍曼殊菲尔的长文,其中说道:"曼殊斐尔②的小说是一种空前的新格调,麦雷亦是蹊径独辟的批评家,他们的结合,实在是理想的佳偶了。可是这种文学史中的佳话,在实在的生活方面,却常常不像一般人所想象的幸福,而他们的感情,似乎始终非常的融洽。"曼殊菲尔和麦雷这一对,一个是新格调小说家,如凌叔华在中国文坛;另一个是眼光苛刻的批评家,像凌叔华诉陈西滢苦:"我写东西都不让他看,免得他泼冷水,写不下去。"③《曼殊斐尔》写在新婚不久,陈西滢一定沉醉在琴瑟和鸣的"融洽"里,佳偶、佳话云云,即使不是夫子自道,也是他的婚姻憧憬。那句"常常不像一般人所想象的幸福",竟又成了婚后家庭险些破裂的谶语。两人性格不合,价值观不一,凌叔华红杏出墙,朋友无不叹息,本人则意识到在所难免。

尽管潜伏危机,但缔结姻缘头些年,家庭是和谐的,他们也陶醉过甜蜜生活。凌叔华为恋人画了一幅《飞瀑鸣琴图》,又画过一幅《菊图》,廉泉为《菊图》题诗:

---

① 凌叔华:《写在周年祭前夕(未完稿)》。
② "曼殊菲尔"旧译"曼斯菲尔德、曼殊斐尔"。
③ 郑丽园:《如梦如歌》。

一语缠绵岂暗投，
银河迢递隔牵牛。
卷帘人瘦西风起，
如此韶华未是秋。①

首句的"一语"，指凌叔华画上题款："送我案上最爱的一盆花给你（按，指陈西滢）"。书案上菊花是画家的最爱，陈西滢也喜爱，或者表示过喜爱。画家送的不是迟早要枯萎的那盆真花，照它画了一幅"肖像"，永不凋谢。廉泉题诗描摹了画外人的情意绵绵，时令入秋人未秋，祈愿这一对恋人，暂时有点曲折，终会称心如意。题诗道尽老人的勉励、祝福。

凌叔华结识了陈西滢，她的作品园地由《晨报副刊》扩大到陈西滢编辑的《现代评论》周刊，并且立即成了这块园地上最鲜亮的新花。一九二五年是置身爱河的凌叔华小说丰收的一年，共计发表了九篇作品，成名作、代表作，悉数其内。外国人说，愤怒出诗人；中国古人说，"文章憎命达"。②郁达夫曾经嘲笑现代散文家川岛，他因恋爱成功便不再有作品。③凌叔华突破这古今中外的"惯律"，一边热恋，一边文思泉涌。九篇小说中有六篇经未婚夫婿之手编辑问世，不难想象交融于文字的柔情蜜意。

陈西滢不避嫌，积极编发恋人作品。进而"后台喝彩"，多次亲手撰写文章，不吝言辞赞扬女朋友的创作。凌叔华主创的《月里嫦娥》《天河配》公开演出，陈西滢在《现代评论》的"闲话"专栏为之宣传：

> 上星期北京西人的小戏院团体在六国饭店又做了一个新颖的试验。一个中国的故事，由中国的演员，用中国的排演方法、布景服装，表演出来。它与纯粹的中国戏不同之点，不过言语是英文，也没有乐器和歌唱。这个试验似乎很受观众的欢迎。剧本质朴简洁，颇有天真之趣，表演也正是如此，所以倒并不觉得怎样的不自然。我们庆贺这剧本的作者凌淑华女士，导演者

---

① 廉泉：《梦还集》。
② 杜甫：《天末怀李白》。
③ 郁达夫：《中国新文学大系·散文二集·序言》。

Miss A·James 和张仲述先生，表演者燕京大学的女生们，尤其是饰牛大媳妇的张群英女士，为了这个小小新试验的成功。①

恋情进展很快，至迟在一九二四年秋天，陈西滢已经时常出入凌府，②可证之十一月凌叔华致胡适信："昨由宁寄到美味的鱼，送了三尾（不易得之味）到东吉祥，③顷通伯来说，您有饭局不能吃鱼了。"信里又写道："由津回来，我打算借你的诗签抄一本，可以割爱吗？ 如可，便中请交通伯带下。"④陈西滢借了新月俱乐部的餐厅和厨师，请来凌叔华父亲、兄长，这该是恋爱成功的标志。不像徐志摩写下《爱眉小扎》、陆小曼记下日记，许多的絮絮叨叨、卿卿我我，陈西滢和凌叔华的恋情没有留下什么文字。前面引述过的那首廉泉的题画诗《叔华为通伯画菊》，稍能一窥他俩闺中情趣。

婚事没有受到多大阻力。有些新派家长，什么都新，唯独于儿女嫁娶态度便守旧起来。凌福彭这位前清高官，对女儿们还算开明。他为凌叔华姐姐办婚礼，女婿不耐老式风俗，忍受不了花轿上上下下，响器吹吹打打，请求办得新式一些，新娘不戴婚冠，不蒙红布。凌福彭一概应承，毕竟是年轻人结婚，干吗要干涉他们。⑤话这么说，到了办凌叔华婚事，凌福彭稍有点不很爽快，问题出在门第落差不小。尽管陈西滢出身书香门第，父亲办教育有方，更有位大名鼎鼎的表叔吴稚晖，毕竟家道式微，比起显赫一时过的凌府，远够不上门当户对——表叔不过是表叔而已。好在凌福彭终究没有顽固守旧，凌叔华的冯表兄替她向父亲作一番游说，就过关了。毕竟凌福彭对胡适一帮人，包括陈西滢，印象不差，凌叔华给正在南方的胡适道谢："有一事还是告慰，想通伯已经向你说了吧？ 这是我们两年来第一桩心事现在已经结论，当然算得最值得告诉朋友的事。适之，我们该好好的谢你才是。"⑥她不知道，徐志摩早已抢先通报了好消息："通伯、淑华已经老

---

① 载一九二六年六月六日《现代评论》。
② 《家国梦影》记述，凌叔华发表了《酒后》才邀请陈西滢来凌家。似恋爱始于一九二五年，疑不确。
③ 东吉祥胡同是那时陈西滢住处。
④⑥ 凌叔华：《凌叔华文存》。
⑤ 凌叔华：《古韵》。

◇ 报纸上刊登的陈西滢、凌叔华结婚照

太爷批准，不久可成眷属，会捉老虫①猫不叫，殆斯之谓欤！"②末一句，诗人想到自己和陆小曼婚恋好事多磨，陈西滢却十分顺当，仿佛口里含了一粒酸梅。

婚事很快排上日程，徐志摩透露给陆小曼，一九二六年二月陈西滢和凌叔华办了订婚仪式，办得比较简朴。③大喜之日在七月，一年最热的时候。盛传父亲凌福彭以二十八间老宅陪嫁，罕见地气派。是否真有这么多，叫人将信将疑。她兄弟姊妹十多个，不说个个如此陪嫁，半数如此，父亲的房子也不够分的。凌叔华婚后，曾几次借居别处，那二十八间用作什么了？

临近婚期，陆小曼天天奔凌府，为新娘参谋、打扮婚服。婚礼地点，起先考虑的是豪华的北京饭店，后嫌其华而不实否定了。热心的徐志摩联系好一处私家花园，主人还是凌福彭的朋友，既省钱又不失排场，但没能落实。最后假座北京欧美同学会，不事铺张。胡适热心来证婚，老大哥发表的一通证词，大意是，"中国夫妇只知相敬而不言相爱，外国夫妇只言相爱而不知相敬，陈君与凌女士如能相敬又能相爱，则婚姻目的始得完成。"④两个知名的新文学家结为伉俪，乃故都文化界兴趣甚浓的新闻。《晨报》的"星期画报"登出新人合影，并附注胡适的证婚词，一时传为美谈。吴昌硕送了新夫妇一方闲章，篆书白文："双佳楼"。这一室名，从北京用到日本寓所，用到武汉大学新居。

婚后凌叔华自然切实了解陈西滢的长处，今留存的凌叔华信函有限，但致胡适信里多次夸说丈夫："通伯头脑清醒，理解迅速观察准确，是许多人不及的。""他不是没有希望做些不朽事业的，白放在那种无味的'办公'⑤上，真是可惜。""新近五六年，他对世界情形研究很有点心得，（鲠生常说过，他做的世界政治社评可以放到外国外交杂志上，毫无愧色）也有兴趣。"⑥

新婚夫妇南下无锡，循礼俗拜望陈氏老家长辈、亲友。按老派，侍奉公婆是儿媳本分，新派的凌叔华不以为然。与其说她放不下大家闺秀架子，不如说她被人伺候惯了而不惯伺候旁人，她根本没有"放不下"的意识，实在像后来朱利安说

---

① 沪浙人谓老鼠。
② 转引自虞坤林编《志摩的信》。
③ 徐志摩：《爱眉小扎》。
④ 引自七月十八日《晨报》的美术副刊"星期画报"。
⑤ 指任武汉大学文学院院长。
⑥ 凌叔华：《凌叔华文存》。

的:"你天性就不是一个妻子或家庭主妇。"① 恰好她身体不适,借此推托,没有行晚辈礼仪。② 亲友上门看新娘子,凌叔华理该端上茶点待客,她也不屑于此。还有另一层缘故,凌叔华正心里生着闷气,为的陈西滢每月寄薪水回家,数额多到教授全薪的四分之三。无锡之行不很愉快,徐志摩透露,"通伯仍是一副'灰郁郁'的样子,很多朋友觉得好奇,这对夫妻究竟快活不,他们在表情上(外人见得的至少)太近古人了!"③ 徐志摩说的"古人",意思新娘拘谨端庄,不见现代女性常有的新婚燕尔的欣喜。

  婚前凌叔华曾经对陆小曼感慨,男女的爱一旦成熟结为夫妇,就会慢慢地变成怨偶的,夫妻间没有真爱可言,倒是朋友的爱较能长久。④ 真不解,待字闺中为何先存有这般经验之谈? 她于陈西滢的缺乏恩爱,莫非早已注定。不过,终归相伴到了白头,纵然不很幸福。比之与她友善的谢冰心和芥蒂很深的林徽因,她们的婚姻恩爱偕老,凌叔华家庭生活大为失色。

---

① 朱利安致凌叔华信,转引自帕特里卡·劳伦斯《丽莉·布瑞斯珂的中国眼睛》
② 《家国梦影》写:"就假装生病,不肯下床"说假装似言过其实 据徐志摩这一年九月十二日致胡适信说:"叔华、通伯已回京,叔华病了已好,但瘦极"可见,确实她有病在身
③ 徐志摩致胡适信
④ 陆小曼日记,载《爱眉小札》

蜜月东瀛

大学毕业至结婚的两年间,凌叔华没有谋到称心职业,她择业标准之高可以想象。要不,是从未认真去谋职,尚心系文学创作,赋闲做着白日梦。反正父亲的丰厚资财足够她有衣有食。说赋闲,实在没有多少闲空,小说一篇连一篇地登上报刊。此外又抽"闲空"去故宫临摹古画,报刊也接连见到她画作。然而,婚后另立了门户,久远来说,总得自谋生计。即使不为柴米油盐,总不甘心做个全职太太。她曾经许诺林长民,去林宅做家教,林家几个孩子都还没有上学。可是她又听来闲言:"教家塾的女先生等与[于]外国的管家妇差不多,社会上并不看重此地位的人。"① 于是托词变卦,回母校燕京大学担任不领薪酬的义务助教,讲授两门美术方面的课程。仍然不是长久之计,讲了一年终于辞掉了。

军阀统治下的北京,形势日渐险恶,新文化运动精英纷纷出走故都。凌叔华和陈西滢决心东渡日本,蔡元培替他们安排了北京大学海外撰述员的虚职,从学校支些国外生活费用。出国前带上胡适为他们写的一些私函,介绍日本朋友照顾人地生疏的中国作家,田汉、欧阳予倩也写了三四封给东京文艺界。凌叔华童年在神户生活过,回想起来,纯是童话般天真梦幻,现时她对日本差不多毫无印象。

他们落脚京都近郊的东山麓下,租一座双层小楼。上面两间,面积大一些;下面三间,一大二小,外带个厨房,相当地宽敞。租金只二十八元,很是便宜。

---

① 凌叔华致胡适信。

打开房门即看见对面山峰，名寺古刹错列山坡上，他们觉得住进了桃花源。离开纷扰的北京文坛，夫妇俩心境一片平和。每天做这些功课，学日文、读书、写作。这里的学术氛围不错，有的是中国书籍，不缺汉学家。他夫妇鼓动上海的胡适，不如迁居过来。凌叔华一则日记反映了当时怡然心境：

> 今日街上行人颇少，反不若平日热闹。静坐室内，惟听见孩子们在路上拍羽子板玩，得得不断的声音稍带新年意味。东山下的空坪，有五六个孩子穿了颜色鲜明的花衣服在放纸鹞，以苍松翠柏的东山作背景，真美极了。
>
> 近暮同滢散步到吉田山，走入稻荷神社。社前是满铺白石碎砂，两旁有长叶青松，衬着古朴无华的庙宇，这才算是不染红尘的地方呢。①

陈西滢写信给田汉介绍的日本朋友，首先是大作家谷崎润一郎，请允往关西登门访谈。谷崎润一郎没有一点架子，竟亲身光临京都，看望年轻的中国作家，自关西冈本颠簸了两个小时火车行程。凌叔华看到的这位日本文坛翘楚，一身特别的谷崎润一郎式的全身蓝色礼服。看似很魁梧，明知他并不高大。陈西滢称谷崎润一郎是有法国风的作家，他正处在日本作家中骄子地位。谷崎进屋，让了他几次，才肯移到上席，交谈时特别谦和，听说中国作家想了解日本文学界近况，随即开列一长串小说家和戏剧家的名单，并在凌叔华手绢上写了一首日本和歌。谷崎润一郎邀请中国夫妇一起晚餐，订了一间精致的包房，菜的风味绝佳。谷崎善饮、健谈。说到欧洲作家，他极喜欢波德莱尔，也喜欢巴尔扎克、叶芝，但不喜欢肖伯纳和王尔德。交谈了整个下午，意犹未尽再继续了一晚。京剧的梅兰芳和王凤卿，苏州的寒山寺和天平山红叶，京都的艺伎，话题像脚踩西瓜皮，滑到哪里聊到哪里。最后去看祇园的艺伎，他介绍，日本艺伎数京都的最为出色。夜阑人静，谷崎润一郎直送中国客人到旅馆，方郑重道别。与这等大名气、这么好性格的作家，有这般亲切的一面，中国夫妇很是欣慰、难忘。可是，夫妇仅在交流的层面上获益，并没有给创作带来什么影响。凌叔华以后的小说面貌依旧，除了她原本就有的唯美倾向与谷崎不谋而合。谷崎润一郎很先锋，荒诞怪异，丑里

---

① 《中国儿女——凌叔华佚作·年谱》

◇ 陈源、凌叔华夫妇在日本

求美，恶中扬善，人称"恶魔主义者"，而凌叔华还是晤面前温婉优雅的凌叔华。

凌叔华夫妇还去东京拜访了日本学者盐谷温，他正是《支那文学概论讲话》作者。陈西滢曾错误地批评鲁迅《中国小说史略》抄袭了这本原著，若说会面没有谈及鲁迅和鲁迅的"小说史略"，似不合常情。但却无从追述具体情状，陈、凌都没有留下相关文字。

一九二八年初夏，徐志摩借道日本再次远游欧美，他发电报给京都的陈、凌夫妇，希望在东京见上老朋友一面，但没有确定日期。夫妇俩兴奋得当夜梦见诗人到了日本，清早醒来匆匆赶往东京。他们宁愿相信梦境的真实，明知道只是个睡梦，以为要在车站苦等诗人一整天。岂料他们刚进月台，徐志摩真的从缓缓过来的列车窗口伸出头来，熟悉的笑容，满面春风。故旧重逢，且在异乡，欣喜胜过于一个节日。三年后诗人罹难，凌叔华立即回想起东京巧得不可思议的往事，感叹宇宙或许有一种神秘的力，要不就是诗人真执地寻爱寻美，精诚所至。志摩搭乘的邮轮前一日已到神户，从那里上岸即转乘火车来东京，后一日再乘火车往横滨上船离开岛国，匆匆的离开正如匆匆的到来。徐志摩随陈、凌游览神户，特地去了布引瀑布，凭吊凌叔华姐姐哥哥溺水的那个深潭。徐志摩神户的朋友告诉他，凌叔华和陈西滢入乡随俗，敢于和当地男女共用一个浴池了。浪漫诗人写信禀告陆小曼："这是可咋舌的一种文明！"①这个传闻与事实略有出入，陈西滢那时写过一篇《汤屋》，汤屋就是日本浴室，文章记述他在旅馆浴室洗澡，"对于这位坦然进来的女子，虽然表示相当的敬意，却很自惭不能同样的坦然，只好立刻出去了"。②陈西滢尚且不能坦然，遑论凌叔华。她也有文章记述此事情状："忽然若林夫人裸体进来，她坦然走近前给我行礼，我光了身子只觉得手足无措，事后想起很觉可笑。"③共浴者其实是同性。

日本匆匆一面，诗人带来不少令人振奋的消息。凌叔华第一本小说集《花之寺》已于年初出版，陈西滢唯一的作品集《西滢闲话》接踵面世，均由徐志摩参与的新月书店付梓。新月书店又在三月创办了《新月》杂志，叮嘱夫妇俩"加倍帮忙"。陈西滢陆续发去了一组《西京通讯》，西京即京都。

---

① 徐志摩《爱眉小札》
② 载《现代评论》七卷一七四期
③ 凌叔华：《西京日记几页》

◇ 谷崎润一郎

来日本观光的外国人,是一掠而过的过客,没有闲暇登富士山。但凡旅居岛国的外籍,有充裕时日,不可错过这国标似的景致。凌叔华到京都半年多,起初竟无饱览此山的兴致。以她画家的挑剔眼光,看东洋画片上的富士雪峰,坟墩似的呆板俗气,不禁窃笑邻国民众,何其地敝帚自珍。可是一旦游过富士山,凌叔华才明白,人家珍视的可不是一把扫帚。

炎夏闷在燠热的屋内如投入蒸笼,听说登临富士山需要穿上棉衣,她想,必定像吃冰淇淋那样惬意,凌叔华、陈西滢参加了东京的华人旅行团,一路很轻松。全团二十多人,来自中国六七个省份,女性只有两人,凌叔华和一位汕头的李女士。七、八月正是登临富士山好季节,沿途游客熙熙攘攘。凌叔华看路上的日本游客,不分男女,一色白土布上衣,印了一块块红印,是他们上庙的符号。裤子袜子也一律白色,戴草笠,蹬芒鞋,男的似中国行脚僧,女的似戏台上戴孝复仇的孀妇。

远远望见富士山了:

> 忽见含烟点翠连绵不断的万山中间,突然露出一座削平的山峰矫然立于云端,峰头积雪尚未全消,映着蔚蓝的天光,格外显得清幽拔俗。山的周围并不接连别的小山岭,同时也许因为富士的山形整齐的缘故,周围蜿蜒不断的美山,显然见得委琐局促的样子,恰似鸡群中立着一只羽衣翩翩翛然出尘的仙鹤。①

黄昏时分才到富士山脚下,刚起步上山,天就黑了下来。二十多里山道,走不动的老人幼童雇一匹马,夜色里缓缓跋涉,颠颠簸簸:

> 我仍旧带些诚惶诚恐的情绪骑着马穿进了杉木林。大家把纸灯笼点着提在手里,纡徐的山路上和高低的树丛中,一处一处露出一点一点灯火。我的马落在最后,马夫提了小灯笼默默在旁边走着,山中一切声息都听不见,只有马蹄上石坡声音。这目前光景好像把我做成古代童话里的人物一样……这是十多

---

① 凌叔华:《登富士山》。

年前最甜美的幻梦了，什么时候想起来都还觉得有一种蜜滋滋的可恋味儿。我迷迷糊糊的一边嚼念着童年的幻梦，不禁真的盼望怎样我可以跌下了马，晕倒过去一会儿。在那昏迷过去的工夫，神秘的王国一定可以游到了吧！①

山巅海拔八千多尺，凌叔华感叹，"我愈往山望，愈觉得自己太小了，愈看清绝高超的山容，愈显得自己的局促寒伧了，有几次我真想下马俯伏道上，减轻心里的不安。"登上巅峰，"这目前的确是一幅神品的白云图！这重重舒卷自如，飘扬神逸的白云笼罩着千层万层青黛色蜿蜒起伏多姿的山峦是何等绰妙，山下银白色的两个湖，接着绿芊芊横着青青晓烟的水田是如何的清丽呵！我倚在柱子旁看痴了。我怕我的赞美话冲犯山灵，我恐怕我的拙劣画笔猥亵了化工，只默默的对着，连带来的写生本都不敢打开了！"②

一九二八年的日本，正处在它强盛时期。如果说凌叔华的童年的神户生活，似藏在她心里的童话，那么新婚后一年来③东瀛生活，目睹了这里山川美丽、人民进取的现实。童年和青年时代这两段岁月，熏陶了凌叔华与岛国的特殊感情。即使在抗战时，中日关系的非常时期，她给伍尔夫的信仍这样说："我常常觉得，我对日本普通百姓的爱并不亚于对中国人的爱。"④二十年后，凌叔华在新加坡南洋大学任教，特意又就近去了一趟"时常想念的那个日本"，盘桓三周，"实在觉得自己仿佛回老家一次了"。⑤写下两万言的《重游日本记》，是她散文里篇幅最长的作品。

蜜月里旅居日本，夫妇二人不只沉醉蜜月，凌叔华发表了小说《疯了的诗人》《小蛤蟆》，剧本《她们的他》，译作契诃夫小说《一件事》，散文《登富士山》。陈西滢写《西京通讯》《日本闲话》之余，依旧侧重翻译文学作品，译了不少梅里克的小说。尤为意外，他破门而出，创作了小说，《菊子》发表于《现代评论》，另一篇《成功》发表在《新月》。一九二八年是陈西滢写作丰收的一年。

---

①② 凌叔华：《登富士山》。
③ 自一九二七年十月至翌年九月。凌叔华曾著文称："大学毕业后，又去过近两年。"见《重游日本记》，略有出入。
④ 转引自魏淑凌：《家国梦影》。
⑤ 凌叔华：《重游日本记》。

"手足"徐志摩

徐志摩和陈西滢相识于欧洲,他俩都在英伦留学。回国不到两年同时认识了凌叔华,即接待泰戈尔首次访华的日子,一九二四年四、五月。为迎接印度文豪,徐志摩筹建"新月社"——泰戈尔有本诗作《新月集》。他又张罗了一个聚餐会,习惯谓之新月聚餐会。① 凌叔华参加了新月社聚餐会,此会不设章程,聚餐大体定期,却不定人。你来他来,已经相识的朋友,或在此结识成朋友,它属于极具中国文人色彩的雅聚,谈天说地,酒菜助兴。松散又有点像西方沙龙,却没有女主人。与餐者多为政治家、文化人、绅士、名媛,也有银行家、事业家,以及旁的什么人。梁启超、林长民、胡适、陈西滢等是常客,偶尔来些特殊的不速之客,如凌福彭、郁达夫、丁西林、沈从文也都来过。和凌叔华一样,林徽因、陆小曼也是来客,那段时光徐志摩的心全系在林徽因身上,后来又移至陆小曼。新月聚餐会后新月社成立,公演泰戈尔剧本《齐特拉》(Chitra)算那时北京文化界一件盛事。张歆海、徐志摩、林长民、丁西林、蒋百里、袁昌英纷纷踊跃登台,未登台的陆小曼守在剧场门口,来回叫卖戏单。凌叔华原是对于演剧极感兴趣的,竟没见她身影,其缘由,应是徐志摩策划、排练《齐特拉》时,凌叔华还是名在校女学生,未便进入社交圈。

一进圈子,凌叔华的千金身份和温婉才情备受瞩目,陈西滢、徐志摩时常登

---

① 新月聚餐会、新月社、新月派,是不同阶段不同成员不同形态的组合,徐志摩贯穿始终

◇ 徐志摩

门凌府与这位闺秀聊聊文学艺术。那年冬天，凌叔华邀徐志摩、陈西滢搞了个"快雪同志会"，赏雪清谈。这个会一阵轻风过去，几无留痕。凌叔华则人事丰收，一位做了恋人，一位引为知己。

也是这一年，夏天林徽因、梁思成双双赴美留学，一去将常住数年，诗人追林的狂热兴头被泼了一盆凉水。其时他与陆小曼结识不久，恋陆的火苗还没燃起。诗人感情天地一时虚空，满腹积郁急切要倾诉，希望有个倾诉对象：

> 我一辈子只是想找一个理想的"通信员"，我曾经写过日记，任性的滥泛着的来与外逼的情感。但每次都不能持久。人是社会性的动物，除是超人，那就是不近人情的，谁都不能把挣扎着的灵性闷死在硬性的躯壳里。日记是一种无聊的极思（我所谓日记当然不是无颜色的起居注）。最满意最理想的出路是有一个真能体会，真能容忍，而且真能融化的朋友。那朋友可是真不易得。①

无论容忍他的老大哥胡适，抑或推心置腹的陈西滢，都不是诗人如意的"通信员"。他希冀的是女性，一位善解人意的柔情才女。找这样的倾诉对象谈何容易，虽说他身边不缺女性。陈衡哲、沈性仁、谢冰心、韩湘眉、袁昌英、苏雪林，一个个智商情商俱备。可是，异性间传书频频，做了人家太太的易招误会；未做太太的远在国外，远水解不了近渴。身边未做太太的女性不能说没有，但志趣不合，难以知心。数来数去，数到凌叔华，她既聪颖又温婉，堪为理想的红粉知己。凌叔华起初以为只是文学交流，"我既愿领略文学情况，当然不忍不屑学俗女子之筑壁自围"，②出于大家闺秀姿态，应允了。诗人感激不尽：

> 不想你竟是这样纯粹的慈善心肠。你肯答应常做我的"通信员"，用你恬静的谐趣或幽默来温润我居处的枯索，我惟有泥首！我单怕我是个粗人，说话不瞻前顾后的，容易不提防得罪人；我又是个感情的人，有时碰着了帐触，难保不尽情的吐泄，更不计算对方承受者的消化力如何！我的坏脾气多得很，

---

① 徐志摩致凌叔华信，原载凌叔华主编的《武汉日报》"现代文艺"副刊
② 凌叔华致胡适信

一时也说不尽。同时我却要对你说句老实话，××，① 你既然是这样诚恳，真挚而有侠性，我是一个闷着的人，你也许懂得我意思。②

鱼雁往还，诗人的积郁一泄而尽，得到了精神慰藉：

说也怪，我的话匣子，对你是开定的了，管你有兴致听没有。我从没有说话像对你这样流利，我不信口才会长进这么快。这准是×③教给我的，多谢你。我给旁人信也会写得顶长的，但总不自然，笔下不顺，心里也不自由，不是怕形容高、词太粗，就是提防那话引人多心，这一来说话或写信就不是纯粹的快乐。对你不同，我不怕你，因为你懂得，你懂得因为你目力能穿过字面，这一来我的舌头就享受了真的解放，我有着那一点点小机灵就从心坎里一直灌进血脉，从肺管输到指尖，从指尖到笔尖，滴在白纸上就是黑字，顶自然，也顶自由，这真是幸福。④

徐志摩和凌叔华都在北平城内，当面畅言绝非难事。然而在惯用文字的诗人，面叙替代不了笔谈，快意写出，兴味哪里一样！于是，有事无事，想写就写，短则千言，长至数千，看这一大篇：

准有好几天不和你神谈了，我那拉拉扯扯半疯半梦半夜里臬笔头的话，清醒时自己想起来都有点害臊，我真怕厌烦了你，同时又私冀你不至十分的厌烦。×，告诉我，究竟厌烦了没有？平常人听了疯话是要"半掩耳朵半关门"的，但我相信倒是疯话里有"性情之真"，日常的话都是穿上袍褂戴上大帽的话，以为是否？但碰巧世上最不能容许的是真——真话是命定淹死在喉管里，真情是命定闷死在骨髓里的——所以"率真"变成最不合时宜的一样东西。谁都不愿不入时，谁都不愿意留着小辫子让人笑话。结果真与疯变成了异名同义的字！谁要有胆不怕人骂疯才能掏出他的真来，谁要能听着

---

① 似为"叔华"两字。徐志摩死后此两字由凌叔华发表时所改。
②④ 载《武汉日报》"现代文艺"副刊。
③ 指凌叔华，可能是昵称"华"字。

疯话不变色不翻脸才有大量来容受真。得，您这段啰嗦已经够疯。不错，所以顺着前提下来，这啰嗦里便有真，有多少咬不准就是！

……

完了，昨夜三时后才睡，你说这疯劲够不够？这诗① 我初做成时，似乎很得意，但现在抄誊一过，换了几处字句，又不满意了。你以为怎样，只当他一首诗看，不要认他的什么 personal 的背景，本来就不一定有。真怪，我的想象总脱不了两样货色，一是梦，一是坟墓，似乎不大健康，更不是吉利，我这常在黑地里构造意境，其实是太晦色了。×，你有的是阳光似的笑容与思想，你来救度救度满脸涂着黑炭的顽皮××吧！②

这些信，感情充沛、文采斐然，大可当作散文来读，写信人潜意识里何尝不是当散文写呢。

两人相识最初的大半年内，徐来信多达七八十封。信来信往（有时徐来凌不往），③ 相互了解愈来愈深，交情越来越厚。外界渐渐起了关于他俩流言，后世学者进而推断两人果真生过恋情，读者亦多津津乐道。而且"恋情说"播及港台乃至海外，凌叔华胞妹凌淑浩的外孙女，美国加州大学魏淑凌博士，所著《家国梦影：凌叔华与凌淑浩》（*A Thousand Miles of Dreams：The Journeys of Two Chinese Sisters*）写道："陈西滢一直在耐心等待，而徐志摩则没有这样的耐心。"言外之意，确有过这么一回恋情。另一位美国学者帕特丽卡·劳伦斯论述布鲁姆斯伯里文化圈和新月派文化交融，也把恋情作为立论基础写进专著《丽莉·布瑞斯珂的中国眼睛》。香港的梁锡华教授、台湾的蔡登山先生均附议此说。

相信徐、凌"恋情"，事出有因，却查无实据。④ 只要细细品味这些信，无非是个人性情表白，终究不是常人猜度的情书。徐志摩的情书不这么写，写给林徽因的情书不见于世间，无以为证了。好在致陆小曼情书早就公开出版，读一读《爱

---

① 当夜徐志摩创作诗歌《问谁》，抄录在信里。
② ××显然不是叔华，当为徐志摩自谓，但不知哪两字。原字发表时凌叔华所隐，信载《武汉日报》"现代文艺"副刊。
③ 凌叔华致陈从周信，载《凌叔华文存》。
④ 详情参阅拙文《事出有因而查无实据的"恋情"：读徐志摩致凌叔华信》，载杭州徐志摩纪念馆馆刊《太阳花》"纪念徐志摩诞辰120周年专号"。

眉小扎》，诗人行文用词何其火辣，不难对照出，他致凌叔华信满含有别于情书的另一种情韵。不宜用常人之心度徐志摩之腹，众人皆知诗人纯真率性，他恭维女性愈其率性，却与暧昧无关。陈岱荪回忆，某日诗人突然起了兴致邀人吃饭，随意一个个地邀请。大家来齐了，坐下一看，满桌客人竟全是女性，诗人自己才意识到特别，先就不大自然地笑了。① 与徐志摩一同留学英国的温源宁，记述更其形象、生动：

> 志摩和女人的关系是完全和雪莱一样。也许有的女子以为志摩曾经爱过她，实则他仅仅爱着他自己内在的理想的美的幻象，即使是那个理想的淡薄的倩影，他也是爱的。他在许多神座之前烧香，并不是不专一，反而是他对理想美人之专一。好像一个光明的夏天的白日里阴影的移动，志摩也在女友中踪影靡定；可是这些荫影是由一个太阳造成的，所以志摩的爱也仅仅为了一件东西——他的理想美人的幻象。②

《爱眉小扎》里徐志摩多次提及凌叔华。外界风传他和陆小曼绯闻，为避避风头，他决定再去欧洲一段时日。临行致信陆小曼："最后一句话：只有 S 是唯一有益的真朋友。"赴欧途中给陆小曼信又写道："女友里 S 是我一个同志。"③ 他在陆小曼面前说及凌叔华从不避讳，自知与凌叔华本无暧昧，从未越过"朋友""同志"的雷池，料想小曼不至于吃醋。而只要信里提及林徽因则小心翼翼，唯恐引起陆误会。

徐志摩和凌叔华频繁通信的时间不长，仅一九二四年秋冬之际，几个月罢了。不长的缘故，是诗人不久堕入陆小曼情网，虚空填满，时过境迁，或者无闲心于此了。徐、凌那许多通信，除凌叔华披露的徐志摩六封，俱已湮没，多半被

---

① 本书著者与作家奚学瑶一九九一年同访陈岱荪先生所闻。
② 温源宁：《徐志摩》，载英文《中国评论周报》，"人间世"杂志社编入《二十今人志》，未署明作者，后收入温源宁文集《一知半解》。
③ S 指凌叔华，她有西名 SUHUA。

◇ 徐志摩（前排左二）在伦敦与刘半农（中排左一）、蔡元培（中排左二）、章士钊（中排左三）、张奚若（中排左四）、陈西滢（中排左五）、张道藩（前排右一）、傅斯年（前排右二）等五四运动领袖人物合影

凌叔华处置了。陈从周说，他曾经在陆小曼那里见过凌叔华致徐志摩信。① 现今写信人和收信人和保存者以及陈从周均已做了古人，信也随他们消失了。另有一封长信完整刊布《晨报副刊》而得以留存，它为公开发表而写。徐志摩编发凌叔华小说稿，排印出现很多琐碎的错乱，凌叔华不得不去信纠正。信里谈的全限于文事，不着一丝私人情性。与其说它写给徐志摩，不如说致《晨报》编辑。信虽很长，而无助认识凌、徐个人关系。此外，徐志摩致凌叔华信的零星片段散落在别处。② 至于凌叔华致徐志摩信，似只见到徐志摩转述在他给陆小曼信里的一段：

> 我觉得自己无助的可怜，但是一看小曼，我觉得自己运气比她高多了，如果我精神上来，多少可以做些事业，她却难上难，一不狠心立志，险得很。岁月蹉跎，如何能保守健康精神与身体！志摩，你们都是她的至近朋友，怎不代她设想设想？使她磋磨下去，真是可惜，我是巾帼到底不好参与家事。③

徐志摩抄示这几句话，显然借凌信中语规劝夫人进取，据此信笔调读者可推测，凌致徐志摩信距"恋情"多远。

现在读到的徐志摩致凌叔华信，基本都是凌叔华编辑《武汉日报》副刊"现代文艺"时，经手公开发表在报纸上的。或许她以此作坦荡姿态，既追念了故人，又暗含交底用意：我和诗人，就是这么样的往来，不要再多去遐想。晚年凌叔华一再表白："至于志摩同我的感情，真是如同手足之亲。""志摩对我一直情同手足，他的事向来不瞒人，尤其对我，他的私事也如兄妹一般坦白相告。我是生长在大家庭的人，对于这种情感，也司空见惯了。""说真话，我对志摩向来没有动过感情，我的原因很简单，我已计划同陈西滢结婚，小曼又是我知己的朋友。"④ 这些话出自当事人口，说得越多，越容易引起猜疑，成了"此地无银"。读凌叔华许多

---

① 凌叔华寄徐志摩信，徐不会交陆小曼，尤其是这些日子的信，恰如林徽因寄他的信，陈从周见到的可能属个别例外。这许多信很可能返归凌叔华保存，也如林徽因那些信的归属。林信后来被追归写信人了。凌的后人从未见过徐志摩信，连同其他凌保存的大批颇具价值的信件，不知是否都被凌本人病重回国治疗前一并处理了。
② 见凌叔华文《志摩真的不回来了吗？》、虞坤林编《志摩的信》等。
③ 徐志摩：《爱眉小札·志摩日记》。
④ 分别见一九八二年和一九八三年凌叔华致陈从周信，载《凌叔华文存》。

信令人感到，她喜欢表白，喜欢叫屈，聪明人为聪明所误。不过，情感非一成不变，会流动，有过程。两人年岁相仿，非亲非故，而情同手足，这情感，旁人来指定有无，由自己把握分寸，都不是容易的事。传闻中的"恋情"，旁人说它有，拿不出确凿证据；自辩为无，不足以服人。陆小曼初恋徐志摩时，也禁不住闪过一丝怀疑："我有点纳闷，他爱她么？①我想他亦许爱她，我狠[恨]不要立刻拉他来问个明白才心死呢。"②确凿无误的是，此时，凌叔华恋上了陈西滢，陆小曼俘获了徐志摩。外界传言的绯闻，不论他人信与不信，和本人的实与不实，不久均不了了之。毋庸讳言，正是一九二四年的通信，诗人才引凌叔华为"同志"，超出非寻常友情的朋友，亲近或仅次于恋人，十足的红粉知己。凌叔华说，"他和林徽音、陆小曼等等恋爱也一点不隐藏的坦白的告诉我多次了。"③这语气颇为自得。外人看来，凌叔华怀抱文学情结，诗人那么才华横溢、风流倜傥，这般美事好事者往往宁可信其有，不愿信其无。

针对传闻，凌叔华致信胡适，诉苦、解释："我们被人冤的真可气，我至始至今都想，志摩是一个文友，他自今也只当我是一个容受并了解他的苦闷的一个朋友。"信中坦陈："譬如志摩常与我写信，半疯半傻的说笑话自娱，从未有不可示人之语。我很懂他的内力不能发展的苦闷。"并声明，"我对志摩除了相当朋友的同情，并可惜他的被诬外，一些关系都没有，我永远不信他会与我有什么关系。"④尽管凌叔华有言不由衷处，但这些话应当可信，谎言骗不过知悉徐志摩一切的这位老大哥。倒正是这些貌似情书的疯言疯语，排除了它们真是情书的可能。徐志摩信，有热烈言辞，有亲近语气，还有徐志摩式的撒娇，却没有暧昧，没有桃色。徐志摩倾心英国女作家曼斯菲尔德，她刚去世，凌叔华接踵登上文坛。徐志摩敏锐地认识到凌叔华创作里曼氏风格的潜质，相见恨晚，由此而亲近，原是人之常情。但再如何地亲近，终归未曾逾越雷池。假若琢磨一下诗人择偶目标，固然非才女不娶，尚需是位活泼爽朗的才女。林徽因是，陆小曼也是，凌叔华就不是了。随和温婉的凌叔华，把自己包裹得很紧，不太适合做诗人的太太。

① 指徐志摩和凌叔华
② 见虞坤林编《陆小曼未刊日记墨迹》"三月十八日"，陆小曼整理出版的《爱眉小扎》多有修改增删，这天日记改标"三月十九日"，并删去含此话的段落。
③ 凌叔华致陈从周信，载《凌叔华文存》。
④ 凌叔华致胡适信，载《凌叔华文存》。

一九二五年徐志摩再度远赴欧洲。临行前凌叔华备了一条长幅白绢，托徐志摩到那里代为征集名人字画。诗人不负重托，果然长绢上留下中外诸多名家手笔，罗杰·弗莱的风景画，多拉·罗素的英文题词："说到底，精神与物质的二元论是一种阳性的哲学。"以及徐悲鸿在欧洲画的奔马、逸伏庐主人题款"奔马"的五言："天涯读奔马，东望空神驰。故人喜无恙，莫问我何之。"此后长幅丝绢又陆续添上若干字画，有冰心的题字："遮断行人西去道，轻躯愿化车前草"、张大千的国画"松下君子"、丰子恺的漫画"走开的孩子"、闻一多的素描"托尔斯泰"头像、林风眠的小品"两个外国人之印象"、王代之的"玩球孩子"、陈晓楠的"君子泛舟芦荡"、江小鹣的静物写生、日本小说家谷崎润一郎手书他的诗歌。群星璀璨，有心的凌叔华为后世留存了一件极其珍贵的艺术珍藏。

徐志摩启程前也请凌叔华保存他的"文字因缘箱"，即后来引出一场风波的"八宝箱"。箱内存放了徐志摩的日记、文稿、若干信件。诗人真真假假地说，里面有许多材料，万一他回不来了，凌叔华可以用它们写他的传记，或者以诗人为原型演绎成小说。中国航空业起步不久，容易出飞行事故，常搭乘飞机的诗人，每次临行几乎都有这类不祥的话。

不意徐志摩和陆小曼的恋情出现转机，诗人接到报信电报匆匆回国。适逢《晨报》编辑换人，徐志摩接手改版它的副刊，诗人开始了编辑生涯，此前他专事创作。徐志摩在代发刊词的《我为什么来办　我想怎么办》中，罗列了大串撰稿人名单，凌叔华自然名列其内。她何止是撰稿人，已成徐志摩接编的副刊台柱，《酒后》《绣枕》的作者在读者中已经颇有号召力了。首刊那一期只容得三篇文稿，不计徐志摩的"编者交代"，创作仅两篇，其一梁启超古体诗《题宋石门画像》，篇幅短小，且是旧作。真正推出的作品唯凌叔华的小说《中秋晚》，占大半个版面。徐志摩以凌叔华作品开张他初次编辑的刊物，或许是凌叔华就近救急，也能说明徐志摩毫不掩盖他赏识凌叔华小说。

《晨报副刊》是《现代评论》之外凌叔华发表作品的另一块园地，徐志摩创办《新月》杂志，她的园地又延伸到《新月》。凌叔华与徐志摩过从密切，加之与陈西滢恋爱，耳濡目染，她的小说艺术明显趋于成熟。徐志摩和陈西滢都极为崇拜曼殊斐尔，徐谒见这位外国作家有如膜拜女神，翻译她作品，作关于她的专题讲演，一再评论她的诗文；陈西滢难得撰写长文，那篇万余字的《曼殊斐尔》不失为

◇ 所托徐志摩的长绢

当时评论曼氏最具深度的文字。可想而知,诗人和评论家双双促成了凌叔华小说风格的"曼殊斐尔化"。

徐志摩筹划、出版凌叔华第一本小说集《花之寺》,选定情调最为浪漫的一篇作书名,在他主持的新月书店发行。徐志摩为《花之寺》撰写了序言,不知什么原因,印在书上的序言却换成陈西滢的《编者小言》。较之过于简约"小言",徐志摩的序文,内容到位、文字斐然。原稿不知所终,今人所见是移作《花之寺》广告的三个小段,多次登在《现代评论》《新月》杂志。序文全稿竟然未予发表未得留存,个中原因费人猜测。此序对于理解凌叔华创作很有启发,研究者屡加引述;对于认识徐志摩文艺思想也不无启发。略早出版的多种徐志摩全集均佚于集外,①此抄录:

> 写小说不难,难在作者对人生能运用他的智慧化出一个态度来。从这个态度我们照见人生的真际,也从这个态度我们认识作者的性情。这态度许是嘲讽,许是悲悯,许是苦涩,许是柔和,那都不碍,只要它能给我们一个不可错误的印象,它就成品,它就有格;这样的小说就分着哲学的尊严,艺术的奥妙……
>
> 《花之寺》是一部成品有格的小说,不是虚伪情感的泛滥,也不是草率尝试的作品,它有权利要求我们悉心的体会。……
>
> 作者是有幽默的,最恬静最耐寻味的幽默,一种七弦琴的余韵,一种素兰在黄昏人静时微透的清芬……②

一九二五年夏秋,徐志摩南下,雨中登杭州西湖楼外楼,独自小酌。有鱼有虾,却无知己。斜风细雨,遥念起故都旧识,忍不住给凌叔华写信:"(此刻)想起适之、彭春与你,就只你们三位可以领略这风雨中的幽趣,可以不辞醉的对案痛饮,可以谈人生的静。"③这般骚人墨客的惆怅,怕不易得常人理解,又有误读的可能。

---

① 此三段文字二〇〇五年由韩石山编入《徐志摩散文全编》。
② 录自《新月》第一卷第四期,个别文字、标点与《徐志摩散文全编》不同。"全编"录自另一期广告,该期排印有误。
③ 载虞坤林编《志摩的信》。

更易误解的是，诗人孤身游孤山，采撷两枝梅花寄往北国，一枝给陆小曼，一枝送凌叔华，还附上打油诗：

绿梅瘦，
红梅肥，
绿梅寄与素，
红梅寄与眉。

"素"指凌叔华，她在徐志摩编辑的《晨报副刊》发表小说用过笔名"素心"；"眉"是陆小曼，她名"陆眉"。即使不能坐实绯闻，单单寄梅雅事，足使好事者遐想。徐志摩不在乎外界捕风捉影，过从凌叔华一如既往。他仿西方文人时尚，出版第一本诗集《志摩的诗》，请凌叔华手书扉页题词"献给爸爸"——徐志摩自己的字并不差，为《梦家诗集》题写过封面书名；他的一本小说集《轮盘》，扉页题词又是"敬献给我的好友通伯和叔华"。

　　诗人与女小说家过从密切，徐志摩父亲徐申如不会没有所闻，单凭凌叔华代他儿子手书题词，再迟钝的老人也会猜想到两人友情非同一般。徐志摩和张幼仪离婚后，据说徐申如表露过，如儿子不如续娶凌叔华为媳妇。当时陆小曼正与徐志摩热恋，如果二者可选其一，从哪方面看老人都会取凌舍陆。可是凌叔华不会嫁给诗人的，不仅在于已与陈西滢恋爱在先，还有一个为人忽略的原因，即凌府这样的大家闺秀，有才有艺，如何愿意屈就做人家二婚的填房。这样的人家，这样的千金，哪能不顾忌这身份——新女性的凌叔华，潜意识终生未能彻底摆脱大家闺秀身份束缚。和徐志摩的亲近，她多次申辩清白，申辩到徐志摩死后，到她自己晚年。如前所述，即使她内心萌生过一丝暧昧意思，按她性情，断然不肯主动示意，且不说追求了。再者，凌叔华非常明白，徐志摩的心从未离开过林徽因。有人说："仅有凌叔华本最有资格做徐的妻子、徐家媳妇的。"[1] 这是戴徐志摩父亲的眼镜看凌叔华，只能说她有做徐家媳妇的资格，未必有资格做诗人妻子。纵然泰戈尔认为，凌叔华"比（林）徽音有过之而无不及"，[2] 可是深知凌叔华的徐

---

① 见《民国十大奇女子》等书刊，此语出自刘绍唐《不容青史尽成灰》。
② 徐志摩致泰戈尔信。

志摩，一定会说，做恋人做妻子，林徽因比凌叔华有过之而无不及。叶公超听徐志摩多次谈及："陆小曼有句话我不敢说，这个女人是很奇怪的女人，实际上是和凌叔华同样的人，不过彼此不承认是同样的女人。"① 要是叶公超没有传错诗人的原话，叶公超接着说："而陆小曼和凌叔华是不说话、不肯见面的。"可能他将林徽因误为凌叔华。但又很难设想，徐志摩会用这般口吻议论林徽因，何况谈不到"彼此不承认"。那么此话真大有不便明说的深意。

一九三一年十一月，朝气蓬勃的徐志摩骤然腾空而去，朋友们一片哀痛。凌叔华哀痛尤加一等。她不敢相信，"明天要御风南去"，诗人离京时的玩笑话还在耳边，怎么就一去不返，"像一朵红山棉辞了枝柯"。② 精神上这一猛击，打蒙了凌叔华，她茫然发问："志摩！我们这群人没有了你这样一个人，我们怎样过这日子？"③

徐志摩生前与凌叔华有许多交谈，他可能说过颓唐的、戏谑的、偶尔有点轻薄的、无趣的话，可是凌叔华最记住他说的是：

> 我想我们力量虽则有限，在我们告别生命之前，我们总得尽力为这丑化中的世界添一些子美，为这贱化的标准、堕落的书卷添一些子价值。④

还有这两句：

> 我不能不信人生的底质是善不是恶，是美不是丑，是爱不是恨；这也许是我理想的自骗，但即明知是自骗，这骗也得骗，除是到了真不容自骗的时候，要不然我喘着气为什么？⑤

诗人不只浪漫，且亦坚韧，他如此进取人生的言语，是否给凌叔华人生增添过励志效应呢？

徐志摩遗骸落葬故乡海宁城郊东山，徐申如特意请凌叔华书写墓碑。凌叔华情难辞却，推敲用词费时一年多，以致想作罢。起先拟写徐志摩诗句"往高处走"，

---

① 叶公超：《新月旧拾》。
②③④⑤ 凌叔华：《志摩真的不回来了吗？》。

舍弃了，怕人误解攀附高枝。另一位诗人方玮德提议，用"我悄悄的来，正如我悄悄的走"，未采用，走得并不悄悄。最终套用林黛玉的"冷月葬诗魂"，易一"葬"字，书成"冷月照诗魂"。到底相知，到底是才女，五个字贴切写照了安息者人生及归宿。传说胡适也手书了一方墓碑，较大。凌叔华题写的一方略矮略小，立在正碑边侧，很少见这么立碑的。又说，凌叔华和胡适书写的墓碑，大约毁于动乱的抗战时期，因此见过的人不多，乃至误传墓地十多年无碑，只为空等迟迟未到的凌叔华墨迹。[①] 现今看到的碑名"诗人徐志摩之墓"，系海宁书法名家张宗祥所书。

徐志摩罹难那年凌叔华三十一岁，诗人形象日后伴随了她一生。凌叔华编辑报纸副刊，披露了诗人六封来信；去新加坡讲学，她举例诗人作品证明自己对新诗未来的乐观；游览日本，念起诗人从杭州寄她梅花；旅居英国，致信大陆朋友一再说，她和诗人情同手足。

凌叔华辞世那年相距诗人罹难整整一个甲子，弥留之际，神志迷糊，竟喃喃念叨诗人名字，莫非希冀在天国与诗人重逢？凌叔华与徐志摩的情感，或能言刻骨铭心。她或许暗自叹息过，一生交往的男性，还是徐志摩最可爱，有甚于白头到老的丈夫，亦有甚于春风一度的情人。可爱而已，不能由此时序倒推，证明发生过恋情。

---

① 陈从周：《记徐志摩》

"八宝箱"恩怨

徐志摩仙逝,留下几大卷诗文,定格了他天才作家形象;留下朋友们绵绵追思,以及后世年轻人无限神往。然而,也留下一个惹出是非的"八宝箱",留下一桩悬案,一笔糊涂账,一场他过从最密切的两位才女之间的恩怨。

"八宝箱"里存放着若干徐志摩私人文件,有他留学康桥的英文日记和若干文稿、信函。康桥日记据说内容有涉林徽因,不便陆小曼寓目。他曾许诺,日记将来归林徽因保存,而那时林徽因远在美国。一九二五年春天徐志摩欧游,"八宝箱"不得不相托一位保管人。谁合适? 男性朋友多东奔西颠,或许他根本无意托给男性。思来想去选中了凌叔华,就彼此关系、为人性格、所居地域,她最为可托。交付"八宝箱"时徐志摩还说了句戏言,哪天他死了,凌叔华可用里面的材料写传记写小说。欧游归来,与陆小曼好事遂愿,马上要一起生活,"八宝箱"仍继续留存凌叔华处。一九二六年凌叔华婚后东渡日本,本该完璧归赵,诗人顾虑未释,依旧存放史家胡同凌府,由凌叔华母亲保管。一九二八年秋凌叔华夫妇回国,随即去武汉大学,无论如何凌叔华不宜再保存了,她曾经致信胡适说明此事:"我去日本时,他也不要,后来我去武昌〔前〕交与〔卞〕之琳,才物归原主。"一九七九年中华书局出版的《胡适来往书信选》,据原信誊录编入"选"书。此时卞之琳读到凌叔华信,才知道自己无端卷入纠纷,八十多岁的卞之琳赶紧写文章申明,他从未接到这个"八宝箱"。① 卞之琳话可信,一九二八年他在上海念中学,

---

① 卞之琳:《徐志摩的"八宝箱":一笔糊涂账》。

还没有到北平上大学，根本不认识徐志摩、凌叔华，也未进入他们的文人圈。卞之琳大胆设想："他的'八宝箱'是否也是耍的花招？布下迷魂阵，跟熟人开个小玩笑，使小说家朋友沈从文和凌叔华都小上一当。不是大家都说徐志摩一直有孩子气，会淘气吗？"① 经考证，"之琳"实系"丽琳"之误，《胡适来往书信选》誊录或排印中误植。② 丽琳是位外籍女子，英文名 Lilian Tailor，正与金岳霖同居。这对同居者暂时借居凌家北京老宅，和留住北平的凌叔华生母李若兰分住东西厢房。一九二八年底徐志摩由上海返北平，是金岳霖、丽琳到车站接徐志摩去凌宅住了一夜。

按林徽因说，徐志摩是取回"八宝箱"的。她听徐抱怨，"八宝箱"被人开启过："我锁的，如何开了，这是我最要紧的文件箱，如何无锁，怪事。"并惊诧："太奇怪，许多东西不见了。"林徽因说，徐抱怨、惊诧时有丽琳在场，③ 看来确是丽琳负责任地将"八宝箱"交到徐志摩手里。后来沈从文和凌叔华又都说到，徐志摩曾带沈从文去凌宅看过"八宝箱"，又有意要沈从文日后用它们做小说。④ 那么，可能徐志摩没有取走丽琳转交的"八宝箱"，或者取走以后再送回凌府继续寄放。

原先箱里的材料，不单单徐志摩指的"怪事"，少了许多东西，而且添进了陆小曼的日记。照理一九二五年徐志摩交付凌叔华保管，里面不可能有它。三月九日⑤ 徐志摩赴欧之前陆小曼未曾写日记。徐走后陆小曼记于三月十一日的第一篇日记，开头便写道：

> 一个月之前我就动了写日记的心，因为听得"先生"们讲各国大文豪写日记的趣事，我心里就决定来写一本玩玩……一直到昨天摩叫我当信一样的写，将我心里所想的，不要遗漏一字的都写了上去，我才决心如此的做了，等摩回来时再给他当信看。⑥

---

① 卞之琳：《徐志摩的"八宝箱"：一笔糊涂账》。
② 详见高恒文、桑农合著《徐志摩与他生命中的女性》，本书依该著所言，但"丽"的繁体与"之"字似并不容易看错，故仍存疑，除非原信此字漫漶，或缺漏，誊抄者臆断所致。
③ 林徽因致胡适信，载陈学勇编《林徽因文存》。
④ 见《沈从文全集》书信卷、《凌叔华文存》下卷。
⑤ 许多关于徐志摩一九二五年出国记述，都是三月十日或十一日，据《陆小曼未刊日记墨迹》考订，实为三月九日，参见拙文《陆小曼何故如此》。
⑥ 陆小曼：《爱眉小札·小曼日记》。

◇ 林徽因

到该年八月十四日徐志摩欧游回国向陆小曼才提议："我想去买一只玲珑坚实的小箱，存你我这几月来交换的信件，算是我们定情的一个纪念，你意思怎样？"① 难道是凌叔华为了放进陆小曼日记而去掉箱子锁的？ 另一可能，别人去锁后徐志摩再放进陆小曼日记。说箱里有陆小曼日记，依据在凌叔华这句话：

  前天听说此箱已落徽音处，很是着急，因为内有小曼初恋时日记两本，牵涉是非不少（骂徽音最多），这正如从前不宜给小曼看一样不妥。②

可是陆小曼的话又与之相忤：

  说也奇怪，这两本日记本来是随时随刻他都带在身旁的，每次出门，都是先把它们放在小提包里带了走，惟有这一次他匆促间把它忘掉了。看起来不该消灭的东西是永远不会消灭的，冥冥中也自有人在支配着。③

听陆小曼话，徐志摩死前"八宝箱"里本来就没有她的日记。"不该消灭的东西"在徐志摩逝世五周年陆小曼编《爱眉小札》进了"小札"面世，那么它从未放入"八宝箱"。究竟该信哪一位呢？ 只好这么假设，徐志摩时刻带在身边的小提包里只有陆小曼日记的一部分，"八宝箱"里的又是另一部分。又有新疑问产生，上海的陆小曼为何让徐志摩拿去自己另一部分日记放入北平的"八宝箱"？ 似乎更可以怀疑，《爱眉小札》里的陆小曼日记恰是"八宝箱"里取回的，她序言中"带在身边"云云，未必是实情。④ 沈从文还有个说法，卞之琳转述的：

  沈从文口头悄悄告诉我当时引起的小小风波，是空闹一场，"八宝箱"的内容，实际上无非与武汉大学的一位女教授有关的一些文字，不涉及疑神疑鬼、提心吊胆的几方女士。⑤

---

① 徐志摩：《爱眉小札》
② 凌叔华致胡适信，载《凌叔华文存》
③ 《爱眉小札》陆小曼序
④ 陆小曼出版《爱眉小札》，她作不少文字改动（参见拙文《陆小曼何故如此》），此序难说绝对真实
⑤ 卞之琳：《徐志摩的"八宝箱"：一笔糊涂账》

徐志摩接触过的武汉大学女教授唯袁昌英、苏雪林两位。凌叔华住武汉大学，并不在学校任教，谈不到教授职称。苏雪林与徐志摩之交泛泛；袁昌英虽有较多过从，但远不够关系暧昧程度。①"八宝箱"不会珍藏相关武汉大学女教授的文件，沈从文的话似小说家言。要讲疑神疑鬼的几方，至多有林徽因一方，凌叔华哪会在疑神疑鬼之列。沈从文"忘记"了，当年他建议过胡适处置"八宝箱"："把一部分抽出，莫全交给徽音较好，因为好像有几种案件，不大适宜于送徽音看。"②此是实话，沈从文后来出于什么动机，将矛头引往武汉大学女教授为凌叔华、林徽因开脱呢？仅用他息事宁人的想法不易解释得过去。林徽因已经去世二十多年，凌叔华又侨居在英国，均无事可息了。而且，沈从文这么说，非但不能息事，倒徒然节外生枝，会引出"女教授"们的不宁来。幸好袁昌英也已谢世，苏雪林远隔海峡对面，不然难保不引出另外一番公案来，将热闹不已。

"八宝箱"里到底藏有什么敏感文字，已经费人猜测，它的归属过程和结果则愈加扑朔迷离。诗人陡然意外陨落，大家悲伤未息，一些人关注到"八宝箱"。不能不关注的，筹划出版纪念诗人的全集，岂能缺了它里面的书信、日记，种种。

全集编入书信、日记，原以为不过是技术性的资料收集，不意人事阻力重重。林徽因不愿拿出徐志摩写给她的英文信，凌叔华不愿"八宝箱"公之于众。对林徽因是无可奈何，但"八宝箱"是"公器"，朋友们都知道存在凌叔华手里，她想藏匿，绝对说不过去。不得已，她便退守为许诺交陆小曼保管。她晚年向陈从周说起顾虑：

> 我因想到箱内有小曼私人日记二本，也有志摩英文日记二三本。他既然说过不要随便给人看，他信托我，所以交我代存，并且重托过我为他写"传记"，为了这些原因，同时我知道如我交胡适，他那边天天有朋友去谈志摩的事，这些日记恐将滋事生非了。因为小曼日记内（二本）也常记一些是是非非，且对人也无一点包涵。③

---

① 近来有人猜测，在伦敦张幼仪讥讽的小脚洋学生是袁昌英，即使属实，关系亦不过尔尔，徐志摩不会有关于袁的需随身带着的文字密件。
② 沈从文致胡适信，载《沈从文全集》"书信卷"。
③ 凌叔华致陈从周信，载《凌叔华文存》下卷。

如今学者索解"八宝箱"悬案,一直不易说得明白。为求略近事情真相,不如汇集各方诉述,整理关于它的一笔流水账,备智者明断。

一九二九年元旦,徐志摩在北平告诉林徽因,陆小曼看到他的"雪池时代日记"很不高兴,以致气得要付之一炬。又说,他还保存着"康桥日记"。雪池乃林徽因自英国回来所居寓所,位于景山附近。这个"时代"的日记显然记载了徐志摩与林非同一般的交往,诗人紧追才女不舍,必落下情事笔墨。康桥时期的情事已世人皆知,而"雪池时代"如何,多语焉不详,这段日记人们就倍加关注。

一九三一年,约春夏,徐志摩说,"康桥日记"仍保存在硖石老屋,可找出来给林徽因看。如果林要,便给她,以便和诗人写给才女的信归在一处收藏。徐志摩这么说,托付凌叔华的"八宝箱"里应该没有"康桥日记"。

一九三一年十一月二十六日,朋友们商量悼念徐志摩活动过后,为撰写徐志摩传记,凌叔华约叶公超到家里商谈。叶公超在凌家看到"康桥日记"。

一九三一年十一月二十八日,林徽因由胡适处得到"八宝箱",其内有一堆日记本,计:徐志摩中文日记,记满的一本,仅记了几行的数本;陆小曼日记,大小各一本;徐志摩英文日记两本,一本"康桥日记",起始于1921年7月31日,另一本起始于同年12月2日至他回国。再有一小本,徐志摩一九二五年在意大利所记文字。日记本外,还有几包徐志摩编辑《晨报副刊》的原稿、通信地址本、夹小相片的空白本子,两页扇面。林徽因认定,"此箱装的不是志摩平日原来的那些东西,而是在您(胡适)将所有信件分人分类捡出后,单单将以上那些本子、纸包子聚成这一箱的。"①

一九三一年十一月二十九日,凌叔华致胡适信:"今晚听炮响两声,坐在冷清灯影下重读志摩旧信,忽发现了一页,寄呈一阅。这一页中令我想起彭春。"② 这一页是日记还是书信?若是书信,写给谁的?均不详。能否排除收信人为凌叔华本人?若是致凌叔华的旧信,无需特别说"发现"。

一九三一年十一月下旬,沈从文写信给凌叔华,告诉她:"志摩说过叔华是最适宜料理'案件'的人。"③

一九三一年约十二月一日左右,林徽因听张奚若说,叶公超在凌叔华家见到

---

① 林徽因致胡适信,载《林徽因文存》
②③ 凌叔华致胡适信,载《凌叔华文存》

徐志摩日记情况。

一九三一年十二月五日,沈从文致信旅居美国的王际真,征集徐志摩遗札:"这些信件,照我意思主张将来由一个人保管(我以为叔华最适宜于作这件事)。"

一九三一年十二月七日,凌叔华到林徽因家征集徐志摩遗札,准备编辑徐志摩书信集。林徽因说,信在天津,百分之九十为英文,一时拿不出,即使拿出来也不能付印。林徽因又告诉凌叔华,胡适有意将徐志摩日记交孙大雨,林不很赞成,胡即交了林,要她先编个目录。林徽因请凌叔华看了一遍,并问叶公超看到的徐志摩日记有几本,与林这里的"康桥日记"封皮是否相同。凌叔华承认她那里的是两本。林徽因提出当日下午往凌家取日记,凌说下午她不在家,约定林后天派人去取。

一九三一年十二月九日,林徽因遵约定日期去凌家取日记,凌已外出,留信给林徽因:"昨归遍找志摩日记不得,后捡自己当年日记,乃知志摩交我乃三本:两小,一大,小者即在君处箱内,阅完放入的。大的一本(满写的)未阅完,想来在字画箱内(因友人物多,加意保全),因三四年中四方奔走,家中书物皆堆叠成山,甚少机缘重为整理,日间得闲当细捡一下,必可找出来阅。此两日内,人事烦扰,大约须此星期底才有空翻寻也。"林徽因随即留便条:请她务必找出来。林徽因读凌信后猜想:"她推到'星期底'必是要抄留一份底子,故或需要时间(她许怕我以后不还她那日记)。"①

一九三一年十二月十日,凌叔华致胡适长信:"前天听说此箱已落徽音处,很是着急,因为内有小曼初恋时日记二本,牵涉是非不少(骂徽音最多),这正如从前不宜给小曼看一样不妥,我想到就要来看,果然不差!现在木已成舟,也不必说了。"又写道:"请你不必对徽音说,多事反觉不好。不过内中日记内牵涉歆海及你们的闲话(那当然是小曼写给志摩看的),不知你知道不?这也是我多管闲事,其实没有什么要紧吧。"②信中一个"落"字见出凌叔华多么不情愿,再牵出涉及张歆海、胡适的闲话,事情便愈加复杂,难怪有学者怀疑,为什么胡适后来对出版徐志摩遗著冷淡了,猜疑胡适怕由此引火烧身。③

---

① 林徽因致胡适信,载《林徽因文存》。
② 凌叔华致胡适信,载《凌叔华文存》。
③ 韩石山:《此中果有文章》。

一九三一年十二月十二日，在青岛的沈从文听说北平的"八宝箱"纠纷，致信胡适："若事情还来得及，我想告诉你一件事情，就是志摩留存的案件，把一部分抽出莫全交给徽音为好。因为好像有几种案件，不大适宜于送徽音看。八月间我离开北平以前，在你楼上我同他谈到他的故事很久，他当时说到最适宜于保管他案件的人，是不甚说话的叔华。他一定有他的苦心，因为当时还同我说到，等他老后，等我们都老一点后，预备用我老后的精力，写他年青的故事，可以参考他百宝箱的一切。所以我到青岛后，他来信还说已经把百宝箱带来了，等将来到北京看。其中我似乎听到说过有小曼日记，更不宜于给徽音看，使一个活人，从某一些死者文件上，发现一些不应当发现的东西，对于活人只多惆怅，所以我盼望我说这话时间还不过迟。若一切已全给了她，那羊已走去，补牢也不必了。"①

一九三一年十二月十四日，凌叔华将"康桥日记"送至林徽因家，林也不在。凌也留便条，说怕林着急，赶早送来。林徽因收到的日记是半本，计128页，起始于1920年11月17日至不知何日的"计划得很糟"一句告终。

一九三一年十二月二十八日，胡适得知凌叔华送至林徽因处的徐志摩日记只有半册，写信给凌叔华，申说凌私留日记四条流弊：一、材料分散不便研究。二、容易引起他人学样，也私藏徐志摩材料。三、朋友们对私留日记会有意见。四、朋友们既已知道日记在你处，瞒也瞒不住。信明确提出："请你把那两册日记交给我，我把这几册英文日记全付打字人打成三个副本，将来我可以把一份全的留给你做传记材料。"并紧逼一句："请你给我一个回信。倘能把日记交来人带回，那就更好了。"②

一九三二年元旦，③林徽因致胡适长信，详细叙述她向凌叔华讨要徐志摩日记的经过。信寄后当晚，意犹未尽，再致信胡适，谈道："事情应着手的也复不少，甚想在最近期间能够一晤谈，将志摩几本日记事总括筹个办法。此次，您从硖带来一部分日记尚未得见，能否早日让我一读，与其他部分作个整个的survey？"④硖石的日记是否就是徐志摩生前说的"康桥日记"？ 如果是的，就不

---

① 沈从文致胡适信，载《沈从文全集》"书信卷"。
② 胡适致凌叔华信，载《胡适来往书信选》。
③ 梁从诫编《林徽因文存》"文学卷"（天津百花文艺出版社一九九九年四月出版）误订为一九三一年元旦。
④ 意"考察"。

是"八宝箱"里原封的那部分，它是哪些内容，后来归属如何，都不再见文字记载。是否遂了林徽因所愿归她一并收存，不得而知。如果没有归到林徽因手里，则大有堙没于胡适大量遗物的可能，说不定尚有重见天日的一线希望。林徽因在同日第二封信里，表示对凌叔华强烈不满："女人小气虽常有的事，像她这种有相当学问知名的人也该学点大方才好。"两信一并发出。①

一九三二年一月二十二日，凌叔华手里的"康桥日记"送到胡适家，凌叔华附信：

> 适之：
> 　　外本璧还，包纸及绳仍旧样，望查收。此事以后希望能如一朵乌云飞过清溪，彼此不留影子才好，否则怎样对得住那个爱和谐的长眠人！
> 　　你说我记忆不好，我也承认，不过不是这一次。这一次明明是一个像平常毫不用准备的人，说出话（即偶然说一二句前后不相呼应的话，也为见好于人而已），行出事，也如平常一样，却不知旁人是有心立意的观察指摘。这有备与无备分别大得很呢。算了，只当我今年流年不利吧了。我永远未想到北京风是这样刺脸，土是这样迷眼，你不留神，就许害一场病。这样也好，省得总依恋北京。即问你们大家好。
> 　　　　　　　　　　　　　　　　　　　　　　即日

一九三二年一月二十二日，胡适日记记道："为了志摩的半册日记，北京闹的满城风雨，闹的我在南方也不能安宁。今天日记到了我的手中，我匆匆读了，才知道此中果有文章。我查此半册的后幅仍有截去的四页。我真有点生气了。勉强忍下去，写信去讨这些脱页，不知有效否。后面是今早还日记的原书。②这位小姐到现在还不认错！"这一天胡适日记抄录了《康桥日记》中一段：

> 七十多年前，麦考利在他的日记里评论道：
> 　　现在，研究把意义弄得清楚明白的这种重要的艺术是如此之少！除了

---

① 梁从诫编《林徽因文集》。
② 书即上面引录的凌叔华还日记时所附书信。

我本人，别的有名的作家很少思考这一点。许多人似乎把问题弄得越来越难理解。就某一方面而言，他们的确是对的；因为大多数读者非常信任那些晦涩难解的作家，而把那些表达清楚明了的作家看作是肤浅的。但是，请大胆些吧！想想二八五〇年吧，到那时，爱默生的著作不知道会在哪里？但是，人们仍然喜欢阅读希罗多德的著作。我们也必须尽最大努力做到这一点。①

看来"康桥日记"不是全记情事。

一九三二年二月九日，从凌叔华致胡适信中知道，为日记事胡适又曾来过两信，讨论徐志摩日记中Y指谁。凌叔华信说："你指出Y即代表某两姓，我的记忆及理智告我不敢同意。这事我又要说还□□②稳好些，省得令一个无辜的朋友（老实人）难过，也是为了免得误会那个死朋友用情不专的错误。"③信里用Y指代，当然是不让外人知悉。虽然缺少背景资料，加之信的内容含混，但指向大体可猜度。Y可能是袁昌英，她常用"杨袁昌英"这名字，杨是夫姓，即信里说的"两姓"，"杨"和"袁"的第一个英文字母都是Y。

"八宝箱"里的陆小曼日记，大概就是《爱眉小扎》公开的日记，出版前经陆小曼作过文字"净化"处理，不宜公开的言语一删而尽。徐志摩日记则不知所终，林徽因不会忍心销毁它们。她去世以后，梁思成也无必要销毁。然而梁的续弦林洙女士说，没有看到过这些日记，而金岳霖私下透露给卞之琳，它消失在"文化大革命"的时候，但不是红卫兵的打、砸、抢所致。④

也曾有人就"八宝箱"下落问到陈小滢，她提供了另外一种猜测：

> 母亲去世后，我在整理她遗物的时候，没有发现一封徐志摩给她的信。我们撤离武汉时，母亲把她的一些珍贵的字、画，连同重要的信件等，都寄存在英租界的一个仓库里，这个仓库后来被日本人炸掉了。徐志摩的日记是

---

① 徐志摩日记系英文，此据胡适日记的中译。
② 原文字迹不清。
③ 载《凌叔华文存》下卷。
④ 卞之琳：《徐志摩的"八宝箱"：一笔糊涂账》。

否在那里面?①

这么猜测的前提,当然是徐志摩日记仍在凌叔华手里。不过,猜测的依据很是渺茫,陈小滢那时太小,而且她并没有见过日记。

这笔流水账记得琐屑冗长,欠明白处依旧不少。十分明白的是,凌叔华和林徽因的关系由此恶化,差不多是商与参了。

都是经历新文化洗礼的闺秀,都深处胡适为中心的自由主义知识分子文化圈,都才华过人,为同时代女作家难以比肩。彼此也有过往来,除了新月聚会,聚会外也有过交集。林徽因去美国留学,她父亲曾托徐志摩介绍,请凌叔华来林家给几个孩子做家教。大学刚毕业的凌叔华一时未谋到如意的职业,暂且答应受聘,转而顾虑,家庭教师是否如外国习俗,身份与管家婆相仿,结果辞谢未就。又,凌叔华婚后搬出史家胡同老屋,和母亲住进雪池寓宅,这雪池新居正是买的林徽因家旧宅,凌母独处的那个小院留有林徽因少女时代记忆。为此,林徽因留学美国时,经胡适转请凌叔华拍几张旧宅照片,以慰藉客居异邦的思乡情绪。林徽因回国患病在香山疗养的那段日子,凌叔华曾经随同徐志摩一伙上山探视。

此外不见其他多少过从,即使没有"八宝箱"纠葛,两人亦不会如外人以为的相近相亲。"八宝箱"纠葛三言两语说不清楚,至少不是文人相轻,不是女性嫉妒。林徽因和凌叔华本非同一类女性,无论为人处世或性格做派、生活态度,皆大相径庭。林徽因天生丽质,才气逼人,几乎时时处处受男性追捧。她进取而有时流于好胜,豪爽有余随和不足。凌叔华亦是丽质,不输才华,可是性情内敛,城府不浅。凌叔华曾自诩"大众情人",②林徽因呢,如李健吾夸张的,和所有女性是"仇敌"。③

凌叔华认识林徽因之前已经埋下不良印象。接待泰戈尔那阵,《晨报》有文章说,泰戈尔所到各国,都受到妇女欢迎,只有在中国,"千金丽质,与泰氏周旋者,林女士一人而已"。凌叔华读后不快,发文章辩驳:"中国女子与泰氏周旋者,确不止林小姐一人,不过'丽质'与否,不得而知。但是因她们不是'丽质',便可

---

① 陈小滢:《回忆我的母亲凌叔华》。
② 郑丽园:《如梦如歌》。
③ 李健吾:《林徽因》。

以连女子资格也取消吗？中国女子虽不爱出风头，像西洋太太小姐那样热烈欢迎，可是我知道北京中等学校以上的女士，已经有几群下请帖请过泰氏。"① 凌叔华著文以正视听，大有侠义气概，但细品她行文，似乎能品出一点酸溜溜味道。这一组"随记"也登在《晨报副刊》，林徽因不会看不到，看到了不会没有想法。

这回"八宝箱"风波，林徽因实在气愤至极，满腔怒火发泄在给胡适的信里："我从前不认得她，对她［指凌叔华］无感情，无理由的，没有看得起她过。后来因她嫁通伯，又有《送车》等作品，觉得也许我狗眼看低了人，始大大谦让，真诚的招呼她。万料不到她是这样一个人！真令人寒心。"② 她说从前不认得凌叔华，是言不符实，话也说得语无伦次。真气得可以，吐出这样出格的粗话，多少有失风度。

两人就此断了往来。不过，一九三五年林徽因受萧乾约请，选编当年《大公报文艺丛刊小说选》，还是选入凌叔华一篇《无聊》，显示了应有的度量。一九三七年朱光潜主编的《文学杂志》创刊，凌叔华和林徽因均名列编委，她们始终活跃在同一个文学圈里。可无论如何，"八宝箱"风波产生的友情裂痕已不可弥补，如果还能参与共同的文学活动，仅限于就事论事的活动而已。尤其是凌叔华难以尽释前嫌，垂老述及往事，依然语含讥刺："那时大家均为志摩暴卒精神受刺激，尤其林徽音和她身边的挚友，都有点太过兴奋。"③ 又说："至于林徽音，以外国语法写小说，倒是别出心裁。可惜因为人长得漂亮，又能说话，被男朋友们给宠得很难再进步。"④ 自花季至暮年，酸味仍未消尽。

"八宝箱"纠纷过后，凌叔华和林徽因的人生历程是两条平行线，永无相交之日。三十年代分别生活在武汉和北平，一南一北；抗战时期，一个在乐山，一个在宜宾，同在省内而山重水复；胜利后，凌叔华去了西欧，林徽因参加新中国建设，就算她们本人忘却芥蒂，中间也隔了一道政治鸿沟。六十年代凌叔华以外籍华人身份回国观光，林徽因驾鹤西去已经五六年了。

---

① 凌叔华：《解闷随记》
② 载《林徽因文存》
③ 凌叔华致陈从周信，载《凌叔华文存》
④ 郑丽园：《如梦如歌》

知音陆小曼

凌叔华对人介绍,"小曼又是我的知己朋友"①。本节标题即由此而来。凌叔华说得略嫌夸张,聪颖而不擅处世的陆小曼,哪里能洞穿凌叔华肺腑,更谈何知己。陆小曼与徐志摩热恋时也曾把凌叔华当作知音,凌叔华是否真正理解陆小曼,同样不好说。

女性进出新月聚餐会的不多,有林徽因,她很快出国留学;有袁昌英,她年岁稍长,性格矜持。还有凌叔华,只大陆小曼三岁,待人温和,自然易于亲近。她俩关系密切则始于外界风闻徐志摩和陆小曼绯闻的时候。陆小曼是已经出阁的外交官府第千金,丈夫王赓毕业于世界闻名的西点军校,与日后美国总统艾森豪威尔同窗。世人看王赓和陆小曼,郎才女貌,自然是梦寐以求的一对佳偶。王、陆两家亲友,谈婚论嫁的家长,莫不十二分地歆羡。但婚姻事难说得很,两个粗俗男女凑在一起可以过得有滋有味,君子配淑女不一定都和谐如意。王赓为人正派干练,属传统观念的好丈夫,但落在妍丽、多情、可人、时髦的陆小曼眼里,却嫌其古板,不谙风情。

但王赓深受上级赏识,外派到哈尔滨警察局长任上,愈加不能时时温存闺中娇妻。陆小曼娇生惯养,活泼、好玩,纵然做了家庭主妇,却不耐寂寞,时常出入交际场合,出尽风头。自我陶醉,无所事事。王赓托请胡适、徐志摩一群文化

---

① 凌叔华致陈从周信,载《凌叔华文存》。

◇ 陆小曼

人照应陆小曼,希望她置身文化圈远离交际场。想不到,陆小曼结识了徐志摩,诗人的热情、才华、风度,诗人的种种魔力,如春风叩击她憋闷生活的院门,迎风大开。两人失控的炽热、狂放举止,尽管力避耳目,还是引起外界风言风语。

起初凌叔华听到徐、陆恋情传闻并未相信,不愿相信:"他们俩绝不能有一半似社会所附度的那般不成样",偏偏"志摩特加青眼并加以鼓励,两人为感遇而成知己,也是当然之事"。① 她觉得,徐、陆彼此好感,亲近或许有,绝无背友背夫的不轨。凌叔华和父亲从新月聚餐会回来,冯表兄谈起徐志摩和陆小曼绯闻传遍全城,凌叔华竭力为之声辩,竭力说是谣言。陆小曼写过一封四五千字的信给她,倾诉委屈,辩解自己过度活跃,遭人嫌忌,只有闭门谢客才得清净耳朵。她感激凌叔华:"我觉得你还不像厌恶我。"一句话大大触动了凌叔华慈悲心肠,她想,小曼这个不大拿笔的人,竟下笔数千言,那诚意和真挚,当不容置疑,即便她有些言行欠检点。这封长信更叫她坚信自己的判断,凌叔华如此判断,还与她自身委屈相关。她接受徐志摩"半疯半傻"的倾诉,并且认真回信抚慰,也引起外界说三道四。以己度人,同病相怜,她轻信了陆小曼,以为陆真是受了不白之冤。

绯闻传得这么煞有介事,凌叔华意识到无风不起浪。保不准徐志摩和陆小曼将错就错,传闻未必不可能演化为实情。许多朋友碍于陆小曼名声不佳,陆续疏远。徐志摩萌生了出国避一阵的念头,凌叔华就竭力怂恿他再度欧游,唯恐诗人犹豫变卦。其实凌叔华被热恋的两人蒙在鼓里,她以为这一走,风影必定自行消散。哪里知晓,诗人因陆小曼那头离婚无望,又抵不住舆论压力,才无奈暂且远避是非之地。凌叔华鼓动徐志摩出国,还另有一番良苦用心。她怕绯闻损害新月聚餐会声誉,因此父亲会阻挠她与新月才子们往来,她热恋的陈西滢恰是里面活跃的一员,自己图谋文学发展,不能失去新月社这近在咫尺的捷径。

徐志摩出国,哪里舍得远离是他"生命"是他"诗"的"龙龙"。② 他对龙龙表白,"这次想出去也不是十二分心愿的"。③ 行期一拖再拖。夜长梦多的事常有,只有徐志摩启程了凌叔华才得放心。她思忖自己鼓动诗人出国的力度有限,又写信求助老大哥胡适,请他出面催促诗人尽快成行。参与此事,凌叔华心态好像不

---

① 凌叔华:《凌叔华文存》。
② "龙龙"是徐志摩对陆小曼的昵称。
③ 徐志摩:《爱眉小扎》。

大坦然，致胡适信一再叮嘱："请求你不要将此纸与他人看，提也不必，因为不明白我的人且说我多事，或疑其他更可悲了。"甚至连"志摩、通伯等皆不必告他们"。如此仍很不放心，知道胡适有来信存档的习惯，信尾再叮嘱胡适不要留存此信："请阅后付丙，以免无同情心人看了误解。"并且在"阅后付丙"四字旁打着小圈以请特别注重。①

凌叔华所谓的误解，她顾忌到外界同时也在谣传她与诗人关系暧昧。她主张诗人和陆小曼分开，势必被人怀疑，说她借此乘虚而入，遂了与诗人相好心愿。误解何止在外界，自己圈里人胡适是否没有一点儿猜疑呢？信里她还写道："其实我们被人冤的真可气，我至〔自〕始至今都想志摩是一个文友，他自〔至〕今也只当我是一个容受并了解他的苦闷的一个朋友。"后面再写："我要声明我与志摩永久是文学上朋友，写此信纯粹本于爱护同道而已。"后面又写："我因为受志摩与小曼的另眼重看，且引我为至友，所以我对于他们事很关怀以免不负他们期望。心所认为危，不忍不说。但说出很难，我的身分〔份〕地位，俱不能对他们作明白劝告。"信尾第四次写道："我对志摩除了相当朋友的同情，并可惜他的被诬外，一些关系都没有，我永远不信他会与我有什么关系。"②凌叔华文风一贯简洁，此刻一而再，三而四，絮絮叨叨，急迫洗刷自己的心情难以自持。她倒不是偷银的"隔壁王二"，实在对于自己所受的谣言压力太大。这封长信，既为求助，也意在释疑。聪明的凌叔华庸人自扰了一回，假如她看到此时徐志摩给陆小曼的情书，看到情书里火烫、肉麻的字句，知晓那一对恋人正浓情似火，对理该知情的胡适费此口舌，原属多余。说不定，还翻倒了五味瓶。凌叔华更没想到，有考据癖的胡适，并未承诺毁信要求，信留存下来了，编入她的文集公诸后人，无疑是研究他们的一份重要文档。

徐志摩离开北京那天，和陆小曼还得在众人面前演戏，普通朋友似的送别，礼貌地微笑，强带些漫不经心，装作若无其事。陆小曼真想冲出人堆对恋人说几句临别知心话，终究敌不过世俗威力，送行人群里有她丈夫。诗人一样缺少勇气，只有陆小曼看得出的一双泪眼，隐隐地发怔。车轮滚动了，他伸手做出飞吻，似乎飞给大家，陆小曼心里默认，吻是给她一个人的。

---

①② 凌叔华：《凌叔华文存》下卷.

徐志摩启程了，陆小曼立即感到，她如扁舟漂浮在漆黑海上，看不到边际，潮涌的情感找不到人倾诉。第四天下午凌叔华登门看望她，原没指望凌叔华是她倾泻情感的闸口，不意一直交谈至深夜十一点，两人大有相见恨晚的感慨。凌叔华先前只以为陆小曼成天打牌跳舞，是一个爱慕虚荣的浅薄少奶奶。今晚才认识到，她和自己本是同一类有学养的淑女。听了这话，陆小曼感动不已——凌叔华常说些令她感动的话。凌叔华告辞后，陆小曼倒在床上纵情痛哭，她不知哪来那许多泪水。从此两人经常来往，陷入情绪低谷的陆小曼，精神畅快了不少。凌叔华请她吃饭，她无意中说了句，一个星期来日子过得太慢。同席的朋友会心笑起来。陆小曼嫌慢，当然因为诗人不在身边。她被笑得一脸通红，凌叔华赶紧解围，转移了话题，她才不至于太窘。陆小曼感受到凌叔华体贴，与凌格外亲近。

凌叔华终于知晓了徐志摩和陆小曼已经恋爱的实情，她毫无受骗的不快，反而同情小曼婚姻不幸。对于陆嫁王赓这种"名义上的伴侣，十分不满，觉得以后一定没快乐"，幡然支持徐、陆，直告两人，希望他们成眷属。她检讨先前不愿相信徐、陆恋爱的态度：一是顾及"新月"由此声誉受损，一是她人生观"为旧道德驱使"。——听起来好似为十年后她的出轨埋下伏笔，刻板的陈西滢与公而忘私的王赓太过相似。徐志摩出国期间，凌叔华与徐志摩通信，都说到陆小曼的生活和情绪，担心小曼这么伤感下去，"直等于吃大烟"，① 势必薄命。她向胡适诉说："我觉得自己无助的可怜，但是一看小曼，我觉得自己运气比她高多了，如果我精神上来，多少可以做些事业，她却难上难，一不狠心立志，险得狠。岁月蹉跎，如何能保守健康精神与身体，志摩、你们都是她的至近朋友，怎不代她设想设想？使她蹉磨下去，真是可惜。"② 陆小曼的女性朋友中几无这般真诚友善待她的，她自然引凌叔华为知音。

陆小曼曾对徐志摩坦言："我的投进你的生命中，也许是于你不利，也许竟可破坏你的终身的幸福的。"③ 她算有点自知之明，且不幸而言中。婚后陆小曼暴露的缺点愈来愈多，沉迷看戏演戏，此其一。捧角儿，并自己粉墨登台，甚至拉诗人上台串角《三堂会审》里陪审老爷，一个没有一句唱词的蓝袍。与世家子翁瑞午同处一榻吞云吐雾，尤遭非议，此其二。用钱挥霍，断了父亲那方财源的徐志

---

① 凌叔华致胡适信，载《凌叔华文存》。
②③ 见《爱眉小扎》中引凌叔华语。

摩为供养她,不得不到处兼课,南北奔波,最终搭乘免费邮机殒命,此其三。陆小曼再度成为社会舆论靶点,如今非议她的人正是支持过她嫁徐的朋友们,其中激烈者奉劝徐志摩再度离婚。徐志摩不忍伤害陆小曼,若离婚小曼必为社会唾弃。他抱怨有的:"你难道我走了一点也不想我?现在弄到我和你在一起倒是例外。你一天就是吃,从起身到上床,到合眼,就是吃。也许你想芒果或是想外国白果倒要比想老爷更亲热更急。老爷是一只牛,他的唯一用处是做工赚钱。"①

凌叔华对陆小曼一味地宽容,为她鸣不平:"可惜小曼也被友人忽视了,她有的错处,是一般青年女人常犯的,但是大家对她,多不原谅。"②徐志摩罹难后陆小曼在上海服丧,凌叔华担心她愈加沉沦,请求胡适:

> 你到上海时,我希望你能托一个像王文伯那样聪敏而有决断的人,好好的看看眉。如遇不像样事,打开一切直告她知道。她早不是孩子,又不是笨人,我想不至于辜负这一片好意。最好同时有几个她一向敬畏而不疑惑的朋友都向她警告,叫她醒悟不如此不足以生存才好。她的过去使大家不满的,我觉得不是罪恶,乃是习惯与环境。③

话虽宽容但不护短,陆小曼在上海浑水里蹚下去的话,就彻底毁了。爱之深恨之切,于是凌叔华恳切希望朋友们援手相助,挽救难以自拔的陆小曼。她的有情、有义、有识,算是不负陆小曼认她为知己这份厚意。

凌叔华相助陆小曼另外一件事,令陆小曼后半生受益不尽。她规劝陆小曼把聪慧和精力用于丹青,介绍她拜自己老师陈半丁习艺。天资可赖的陆小曼终于成为民国时代不多得的女画家,留下一批山水佳作,并且与著名女画家冯文凤、李秋君、陈小翠、吴青霞一群才女发起成立"中国女子书画会",名噪一时,留名美术史。

陆小曼并不以卖画谋生,失去徐志摩便靠翁瑞午供养。进入共和国时期,翁的祖传家产吃用殆尽,连他自己生活开销也拮据起来,日常支出愈加捉襟见肘。

---

① 徐志摩:《眉轩琐语》。
② 凌叔华致陈从周信,载《凌叔华文存》。
③ 凌叔华致胡适信,载《凌叔华文存》。

◇ 陆小曼的画

一次上海举办画展，市长陈毅看到陆小曼的画作，驻足凝神，往事历历。他早年与诗人有过文章争论。陈毅问及未亡人近况，指示安排陆小曼进上海文史馆，领一笔不薄的月薪津贴，她生活有了稳定保障。继而陆小曼为上海市人民政府参事，再受聘为上海画院画师，她说："我只好把绘画作为我的终身伴侣了。"① 当初没有凌叔华规劝学画，可想陆小曼晚景将如何不堪。

陆小曼病故前一年，用工整小楷抄录毛泽东《矛盾论》全本，因体力不支未得完成，引以为憾。几乎同时，凌叔华五十年代给新加坡南洋大学学生讲文学理论课，搬用的论述正是大陆学界盛行的马克思主义"典型论"。教职任满回英国，又在广播电台播讲毛泽东诗词。

抗战胜利了，凌叔华定居海外，一九五九年数次回大陆探访。她惦念故旧，每次都看望老朋友，陆小曼总是很想见的一个。凌叔华期待与她久别重逢的欣喜、兴奋，始终未能如愿。先是碍于政治环境，后来陆小曼早早病逝，凌叔华只好兴叹阴阳两隔，给海外友人信里念叨："想到陆小曼，日内不免伤感起来，我清楚的记得她当年如何要好过。我结婚的打扮及衣饰，都是她天天跑到我家帮忙的。"②

---

① 王映霞：《我与陆小曼》
② 孙连五：《凌叔华致夏志清书信六封辑注》

珞珈风韵

凌淑华

直呼"适之"

胡适是先认识凌叔华而后与其父凌福彭有了交往,还是先结识了凌福彭才交往了凌叔华,不容易考证了。他与凌氏父女订交,最早不会在泰戈尔来访以前。

胡适的声望已如日中天,先以新文学运动先驱著称,后转向思想、文化领域,是他那个圈子的当然领袖。圈内追随老大哥的优秀女性不在少数,不论亲近与否,皆以胡适为师辈。与胡适年龄相仿的袁昌英① 亦敬称老大哥"先生"。比胡适小五六岁的苏雪林,尤执弟子礼,恭敬有加。通信抬头书"适之"者唯陈衡哲、凌叔华两人。② 陈衡哲年长胡适一岁,一起在美国投身新文学运动,因而陈、胡以平辈、同道过从,友情之深非其他女性作家可比,她当然有资格直呼其名。而凌叔华才是个二十多岁的毕业大学生,何以敢大胆"僭越",第一封信开头就说明:"我想您也不高兴有'先生'二字,所以去了,否则请恕大胆了。"③ 可见称呼上凌叔华有她的思量,刻意为之。信里问及胡夫人,也写"冬秀姐"。凌叔华依仗父亲和胡适是世交? 凭借恋人陈西滢与胡适称兄道弟? 以为和胡适相当熟悉? 相识刚刚一年。都不太合乎常情。关系不很亲近,或稍讲点礼节,不能这么随便的。那么就是凌叔华一厢情愿? 不论别人怎么看,反正她把胡适当作知己了。摘录几段看看:

---

① 袁昌英生于一八九四年夏,胡适生于一八九一年冬,相差不足三岁。
② 三十年代年轻女诗人徐芳本是胡适学生,因单恋胡适,给胡适写信也称呼特别,不在此列论。
③ 拙编《凌叔华文存》付印将最后"了"字误植为"子",此据原信影印本改正,影印本见《胡适遗稿及秘藏书信》。

◇ 胡适

昨由宁寄到美味的鱼，送了三尾（不易得之味）到东吉祥。项通伯来说，你有饭局不能吃鱼了。母亲说，丁、胡两先生能办［辨］味的，鱼便少了一个知味（？）的人了。

本星六日我没有事，你有空来瞧瞧我们的后园，迩来秋花寂历盛开，小白粉蝶飞絮一般多，令人常忆三月底光景。

舍间后圃桃杏都着花，碧桃丁香也都到时候了。那天舍下清静，我很想煮些好茶在花下谈谈书——此当在后一星期了。

我们可以问你那时可以来吗？去岁今时，小斋秋菊正俯首拜见"胡圣人"，您记得不？今年菊也不低头，大概没人可拜了吧！（丁）西林那天还追说去年东兴楼狂饮的乐，"曾日月之几何"，不可复得矣。①

尽是些闲话，这样的闲话不是什么人都能在信里随意和胡适说的。闲话而外，若有心结、郁闷，更得向老大哥倾诉、请教：

如果你明白我气闷的情况，无人可语的苦衷，你一定不会说我多事，所以我不得不详细的说一说要讲的事的原本。②

自然我得十二分感激你的肺腑语，因为我自己常常觉得自己说话常有一个大毛病，自己可不知道到底误在哪里，也没人正式纠正我。我想我认识的人中必也有人觉到我这短处，只是不肯说出。也可怜，外面人看我都觉得我很像一个仔细谨慎的，其实真不是。我工作上许可以是仔细，行事上确相反。我常说：最可怜的就是像精细的人，最笨的就是假装聪明的人，这些人在世上最吃亏不过，结果没人怜惜。我常怕自己堕落到此等人地步，现知自己果不免！但是，我仍是十二分感谢有人提醒我。③

可见胡适不是凌府稀客，博士那么忙碌，竟有兴趣跑史家胡同。凌府收藏的丰富的文史典籍，吸引着这位有考据癖的博士，他就借阅过《宋元学案抄本补遗》。另一面，凌家父女，赋闲的遗老，刚出道的新秀，大事小事，求助胡适的更多。

①②③　凌叔华：《凌叔华文存》。

单说相识之初一二年里,凌叔华食言,答应好去林长民家做家教,却临时变卦不去。谁来传达,这个不大好办的差事请了胡适。凌叔华和同学在协和礼堂公演《月里嫦娥》,需向梅兰芳借用幕布,又请胡适写了便条介绍。胞妹凌淑浩投考清华的出国留学资格,胡适再给相识的主考教授打招呼。至为关键的一条,胡适疏通了凌叔华和陈西滢婚事中凌府障碍。出面说情的虽是凌叔华表兄,凌父允婚的深层因素还是背后谋划的胡适——事情有谱,凌叔华立即致信:"适之,我们该好好的谢你才是。"① 帮忙帮到底,新婚夫妇一时租赁不到合适住房,干脆搬进陈西滢单身时借宿的胡家那间屋子。凌叔华带来的书画、杂物无处搁置,胡夫人又让出了小楼。胡适两个小儿子喂养的鸟儿被猫叼了去,弟兄俩发誓报仇,凌叔华取此素材,创作了小说《小哥儿俩》。为感激也好,为友情也好,凌叔华送过一幅画作给胡适。老大哥很是领情,为它写了首新诗《题凌叔华女士画的雨后西湖》,报之以李:

> 一霎时雨都完了,
> 云都散了。
> 谁料这雨后的湖山
> 已作了伊的画稿,
> 被伊留在人间了。
>
> 九百五十年的塔也坍了,
> 八万四千卷的经也烂了。
> 然而那苍凉的塔影
> 引起来的许多诗意和画意,
> 却永永在人间了。

"八宝箱"风波陡起,凌叔华和胡适的亲近关系出现裂痕。这之前胡适对凌叔华和林徽因是否已经有了褒贬,不便妄猜。单就风波过程来看,胡适认为凌叔华

---

① 凌叔华:《凌叔华文存》

◇ 致胡适彩笺

私心过重,不肯拿出"八宝箱"文件,更不断变着花招,他实在是生气了。老大哥似乎偏袒了林徽因,因生气而偏袒,抑或因偏袒致生气,不大说得清楚。凌叔华不知,胡适在这风波之前对她和林徽因已都略有微词。沈从文便听到一回,在徐志摩罹难前夕,大家正劝说诗人与陆小曼离婚。沈从文回忆:"据胡先生那夜里和我说的意思,把林徽因、凌叔华及某名作家并提时,却以为论才情,小曼先生或不及三人有才气,论为人气度开阔,小曼却高一着。"①

总之,凌叔华为"八宝箱"风波非常不满胡适,当时不很表露,但耿耿于怀到老,八十多高龄垂垂老矣,终于一吐为快,话相当过火。她写信给陈从周追述当年情景:

> 在胡适家有一些他的朋友,闹着要求把他的箱子取出来公开,我说可以交给小曼保管,但胡帮着林徽音一群人要求我交出来(大约是林和他的友人怕志摩恋爱日记公开了,对她不便,故格外逼胡适向我要求交出来),我说我应交小曼,但胡适说不必。他们人多势众,我没法拒绝,只好原封交与胡适。

口吻一改当年的亲切体己。半年后她再写信给陈从周,不满和怨愤尤加一等:

> 日来我平心静气的回忆当年情况,觉得胡适为何要如此卖力气死向我要志摩日记的原因,多半是为那时他热中政治。志摩失事时,凡清华北大教授,时下名女人,都向胡家跑。他平日也没机会接近这些人,因志摩之死,忽然胡家热闹起来。

信中另一处几近人身攻击:

> 那时适之正办《独立评论》,他要清华北大的名教授捧他,所以借机拉拢他们。那时公超和陈之迈都是被拉的人,他们话中示意过,沈性仁和陶孟和、

---

① 沈从文致赵家璧信。沈从文在信里大体同意胡适的看法,又觉得他"稍带感情作用,因为小曼先生对胡适是极好的,口口声声叫老师"。沈说的胡"感情作用",疑不大确实,此时陆小曼给胡适印象已经不佳,劝说徐志摩离婚的几个人里胡太太即有分量的一员。

杨今甫也示意过，可怜我一个不懂政治热的人，蒙在鼓里，任人借题发挥，冤枉了多少年！①

稍稍了解胡适的人不会轻信此话，凭胡适拥有的声望、地位，何须再竭力拉拢教授们和"名女人"。他们奔走于胡府恐是实情，不能因此说是博士拉拢的效果。按凌叔华推论，她与胡适的往来，令人质疑，莫非她当年受过拉拢，也是趋之若鹜中一个？杨振声（今甫）等均是胡适的故交，何须此刻再来拉拢。即使拉拢，胡适很清楚，他们非等闲之辈，哪里用拉拢这等小伎俩。说陶、杨有过"示意"，实在不敢相信它的真实性。凌叔华这么说缺席被告，有悖厚道。

"八宝箱"风波中，不只胡适给她压力，她还感到来自她那文化圈其他朋友的压力。她孤立、委屈，向老大哥诉苦：

> 这一次明明是一个像平常毫不用准备的人，说出话，行出事，也如平常一样，却不知旁人是有心立意的观察指责。这有备与未备分别得狠呢。算了，只当我今年流年不利吧了。我永远未想到北京的风是这样刺脸，沙是这样迷眼，省得总依恋北京。②

北京风沙仍是原来的风沙，情绪恶劣，便刺脸迷眼了。

凌叔华明白，不能意气用事闹翻开来，以后需要胡适帮助的事不会少。不满在心，只好忍气吞声。她为弥补裂痕，专门致信胡适："朋友相处长了，误会自然不能免，说开也就完了，不是吗？""此事以后希望能如一朵乌云飞过清溪，彼此不留影子才好。"又为她此前信中的话说明："我只是觉得我不写出我觉到的，心里总是不舒服罢了。我更希望你不必对任何人提到我此次的话。你若说我'觉'得的一点都不对，也不要紧！我当然也不能辩白的。"③

裂可补，痕难消，怕不像她比喻的不留影子的乌云，倒像乌鸦嘴里含的泥块，掉下清溪，乌鸦无影无踪，溪水难免浑浊一阵。凌叔华被逼补交扣下的日记，胡适收到，将凌叔华随日记致胡适的信粘附到他自己的日记本，立此存照。胡适在

---

① 凌叔华致陈从周信，载《凌叔华文存》。
②③ 凌叔华致胡适信，载《凌叔华文存》。

日记中写下：

> 我查此半册的后幅仍有裁去的四页。我真有点生气了。勉强忍下去，写信去讨这些脱页，不知有效否。
> 后面是今早还日记的原书。这位小姐到今天不认错！

泥沙沉在溪底经不起搅动，数十年后凌叔华致信陈从周那些话，便是泥沙泛上了水面。

数十年前，一时水面干干净净，凌叔华与胡适往来如常。这一年年底胡适有武汉之行，应邀去几所学校讲演，日程很紧。去武汉大学那次，讲演在下午，午饭便安排到已经定居在学校的凌叔华家。校园里巴望胡适光临吃顿饭的大有人在，文化人流行一句不无讥讽的话："我是胡适之的朋友。"能做东款待胡博士那是真正的朋友了。凌叔华倒不至于要争这点儿面子，多年老交情犹在。陈西滢和胡适的关系更不是一般的朋友。饭前凌叔华取出她绘画作品展示给客人，是湖南衡山写生的一叠画稿，胡适大兴赞叹。他此次到武汉大学，遗憾没有时间顺道游一游衡山。"七七事变"蒋介石亲自主持的庐山抗战形势座谈会，胡适和陈西滢均在被召之列。会期时间很紧，胡适仍抽空去陈西滢、凌叔华夫妇下榻寓所看望，过两日又去他们寓所吃饭。饭后凌叔华求索胡适留墨，博士兴致勃勃写了两幅。民族危难时刻，庐山笼罩不安气氛，此时此地，凌叔华仍不丢弃她的雅兴。九月胡适第二次来武汉大学，午前到，午后走，午饭公宴。宴罢，胡适又不忘再登门凌叔华家。陈西滢参加学校公宴，席上见过胡适，胡适还来小坐，无非专程看一下凌叔华。胡适不失绅士风度，若不去和凌叔华照个面，保不准她会有想法。

维持着这般交往，大凡有难处，凌叔华依旧请求老大哥帮助。小事不言，大事如陈西滢想去国外谋事，凌叔华不止一次求援任驻美大使的胡适，不避做一回卖瓜王婆：

> 他［陈西滢］应当在此大时期用用他的才力，我同小滢的生活也可以由我自己支持两年，让他走走外国，完成他的抱负，也是一件时不可失的事。
> 通伯头脑清晰，理解迅速，观察准确，是许多人不及的。你也深知，这

样人让他藏在角落里天天听张三李四话长道短,未免可惜,况在现在缺乏这种人才的时候,尤为可惜。①

岂止陈西滢想出国,凌叔华也有了出国念头,再次写信推荐自我:

> 听刘通诚先生说,现在美国很想要能教国语及粤语之人材,亦有许多学术机关起始研究中国文学艺术。我如能去美,不但可以治了病,且亦可以在战时做点事。因为我结了婚,一向未到社会或政治场面上活动过,所以我在门口是无法找事出去。你在美可以替我找一位置吗?如能在大学中找一教职更好,否则去教国语,我也乐意去。我自认比一般妇女(结过婚的)为努力……我还希望你为我格外费神看看那〔哪〕样工作我可以胜任。如有定议望打一电来,我可以据之请求护照办一切手续。文学不论新旧我都可以胜任,此外中国艺术,我也用不着惭愧,胜任无疑的。②

此事很不容易,必须的人情账和繁琐的联系事务,可想而知。凌叔华夫妇先后如愿,胡适是对得住朋友的。

最后一次友好往来在一九五四年秋天,凌叔华去美国印第安纳州讲演《怎样欣赏中国画》,在哈伦美术馆举办个人画展,胡适专程赶到这偏远之地为画展揭幕,又专为画展写了英文稿《凌叔华绘画导言》,称赞凌叔华是"中国传统古画的真正代表"。③ 胡适的光临和美言,给画展锦上添花。这本应是两人一生交往的圆满句号,揭幕那时刻,胡适怎么也不会料到,这份盛情全随他的去世被画家淡忘。凌叔华不能释怀"八宝箱"恩怨,最终句号还是欠圆欠满。

---

①② 凌叔华致胡适信,载《凌叔华文存》。
③ 见一九五四年十二月二日台北《中央日报》报道《女画家凌叔华在美个展》,录自曹伯言、季维龙编著《胡适年谱》。

双佳新楼

东瀛一年的新婚"蜜月"将近尾声,凌叔华和陈西滢考虑回国将落脚何方,夫妇为此很是犹豫。北平属最佳选地,那里毕竟是全国文化中心,做学问,搞创作,任何一处都比不上它。且不说凌叔华自幼在那里成长,况且史家胡同有她一大笔祖产。可是,革命势力南移,北平军阀统治空前黑暗,《语丝》杂志迁往上海,留在北平的《现代评论》周刊生存难以为继,年底终于停刊,连凌叔华父亲这样的半新半旧人物也避往南方了。想去北平而不成,令陈西滢、凌叔华十分失落。他们讨厌上海的乌烟瘴气,凌叔华尤其厌恶这个十里洋场。陈西滢是江苏人,考虑过江浙,依旧去教书吧,凌叔华不很情愿。最为理想的方案再到欧洲旅居二三年,凌叔华借此得以下一番西洋画功夫,陈西滢则认真研究法国德国的文学。可是没人提供这笔不菲的经费。

《现代评论》其他同人也都犯愁无处安身,他们谋划到武昌创办一所新的大学,约陈西滢同行。凌叔华又不大情愿,武昌于她是一个完全陌生的地方,交通远不及北平、上海。陈西滢的态度是:"武昌那样的地方,一个人到了不能不去的时候才去,自然一有了可以不去的机会便不去了。"[1]

真是没有了"可以不去的机会",到了"不能不去的时候",夫妇俩略感沮丧地离开故都去了武昌。创办武汉大学的骨干人员,王世杰、周鲠生、杨端六皆《现

---

[1] 陈西滢致胡适信,载《胡适来往书信选》。

◇ 凌叔华与陈西滢

代评论》同人，从山东大学聘来当文学院长的闻一多亦新月派老朋友。王世杰正式上任校长，不多久闻一多却遭学生反对而辞职离去，陈西滢补了文学院长空缺。原就是创办学校的骨干，现在加上正式职务，陈西滢全心全意扑在办学上。他积极罗致人才，借同乡关系请来了叶圣陶和朱东润，借胡适关系聘顾颉刚没能如愿。武汉大学是国立大学的牌子，开办伊始一派蓬勃气象，在陈西滢眼里："精神倒不坏，在此的同事很努力，学生也还用功。"① 头两年校舍借在市区的武昌高等师范旧址，城内阅马场东首。校园太小，活动局促，于是校长瞩目郊外，寻建新校区。一九三二年新校舍落成于武昌洪山外的罗家山，胡适参观后印象甚好："雪艇[王世杰]诸人在几年之中造成这样一个大学，校址之佳，计划之大，风景之胜，均可谓全国学校所无。人说他们是'平地起高楼'；其实是披荆榛，拓荒野，化荒郊为学府，其毅力真可佩服。"② 罗家山这地名有点儿土，闻一多以诗人才思，改名为珞珈山，东山坡下的郭郑湖也叫了东湖。新校园依山傍水，秀丽无比。校舍依山而上，图书馆雄踞山顶，气势雄伟。双佳楼落在半山腰，是学校专为知名教授建造的高级寓所，它掩映于葱郁的小树林里。小楼有北平老屋不可比拟的长处，放眼窗外，幽美环境颇称凌叔华心意，她计划在这么宜人的环境里翻译奥斯汀的长篇小说《傲慢与偏见》。外人看凌叔华名声那么大，以为她是武汉大学教授。本校人知道，她随丈夫而来，只是教授的家属。他们看凌叔华只是位全职太太，而她最怕的就是沦为这样的太太：

> 一个女人是怎样心乱得可怜。尤其是不甘心光做主妇的人。一个像我们这样的人，时间都是别人的，仆役一声"太太"，小孩一声"妈妈"，丈夫的同事、朋友、亲戚一声"某夫人"，你都得竖着耳朵（不管你正在出神写什么！）他们要你怎样你怎样，一不留神便有别扭出了。一个有丈夫的女人真是公仆。因为自己名义上没有按月按日的正当收入，故一切人都把你当作被人豢养的。③

---

① 陈西滢致胡适信，载《胡适来往书信选》。
② 胡适：《胡适日记》。
③ 凌叔华致巴金信，载陈建功主编《中国现代文学馆馆藏珍品大系·信函卷》（第一辑）。

她虽然不是教授,却不愿闲散,笔耕之外兼任北平故宫古物陈列所专门委员。

初上珞珈山,一切都是凌叔华从未经历过的新鲜生活,她一时心情还不错。大学来了,地名改了,人杰地灵,珞珈山成为市区居民郊游的景点。她常听到门前的过路人羡慕赞叹,住在这里的人才享福呢!珞珈山不仅景色秀美,还有知音文人,一位小说家、老朋友近在咫尺——任教上海中国公学的沈从文,因为学潮胡适的校长当不下去,他也跟着胡校长走人,转来武汉大学当了名助教。与凌叔华一样,沈从文创作起步于《晨报副刊》,是徐志摩经手发稿的。凌叔华颇为得意,沈从文第一篇小说正是她推荐给诗人的,似有自诩伯乐的意思。沈从文喜欢画,有时也涂抹两笔,尽管距画家水平尚远,总还够得上观赏女画家作品的资格,他时常来看凌叔华的画。此时沈从文正在追求张兆和而未得回应,情绪十分低落。生活又是清苦,月薪用完向陈西滢借钱救急。他见到凌叔华才生的女儿小滢,真小得可怜,但乌黑的双眸转动起来很有神气,讨人喜爱。母亲比小滢更具魅力,曾经是他择偶的理想女性,他给知心朋友吐露心声:"这女人也顶好,据他们说笑话,要太太,只有叔华是完全太太的,不消说,那丈夫是太享福了。"①

有作家仰慕凌叔华大名,上珞珈山来拜访。那次刘英士来茶叙,凌叔华特意请了任教武汉大学的苏雪林作陪。她不晓得刘和苏过去有过芥蒂,见面介绍,刘英士佯顾左右,苏雪林好生尴尬。

最特别的来访是朱湘上山,他事先写信约了凌叔华。朱湘堪称新月派后期诗人中佼佼者,然而性情乖戾,脾气暴躁。他为此遭安徽大学解聘了外文系主任职务,妻子与他闹离婚。受经济和情感双重打击,他精神崩溃了。立在凌叔华面前的朱湘,形容憔悴,嗫嚅其词。明摆着他是走投无路了,凌叔华抑住怜悯,没有留诗人住下。她解释说:"当时打仗期间,谁也不敢留客,所以我就没有留他。"第二天看到报上登出朱湘从汉口至武昌的渡轮跳江自尽的消息,凌叔华百感交集。② 难道命运指派她站在朱湘人生终点,送别诗人诀别这个世界? 如果那天她留下诗人,甚或资助一下,像苏雪林那样慷慨一回,③ 诗人短暂的人生旅程或还会

---

① 沈从文致王际真信,载《沈从文全集》"书信卷"。
② 郑丽园:《如梦如歌》。凌叔华记忆有误,朱湘投水地点在上海往南京途中,武汉报纸也赶不及第二天发消息。
③ 朱湘投江前不久也曾访苏雪林,苏给他些钱,请他去小饭馆吃了碗面,给他买了一包香烟一盒火柴。道别苏雪林朱湘没有立即轻生。

◇ 武汉大学
◇◇ 珞珈山寓所

延伸。凌叔华的百感交集，应该是包含自己不够仗义的歉疚。一年后凌叔华编辑《武汉日报》副刊，特别刊登了朱湘两首遗作《白朗宁的福分真正不小》《中国该亡》，其追念与歉疚之意该是兼而有之的吧。

丁玲也来访过，重逢带给凌叔华亲切回忆。前几年凌叔华在北京已认识了这个没有写小说没有成名的湖南姑娘。那时《晨报副刊》《现代评论》经常发表胡也频的诗歌、小说，丁玲还没有开始创作，另外做着演艺明星的梦，与凌叔华往来一般。① 这次丁玲上珞珈山，胡也频刚刚牺牲，她送遗孤回湖南老家给母亲抚养，沈从文一路陪行。自湖南回程经过汉口，他再陪丁玲过江上山。这回重逢，在远离北平的异地，丁玲尚在丧夫之痛中，两人又都是文坛瞩目的小说家。看丁玲脸色憔悴，情绪低落，凌叔华、陈西滢夫妇避免谈及胡也频。凌叔华买了南方人爱吃的活鲫鱼留饭招待，还留丁玲住了一宿。亲切招待一时盖去了丁玲悲痛，又一起去珞珈山下东湖划了三个钟点小船，饱览山光水色、碧波荡漾。难得一聚，凌叔华、陈西滢夫妇和丁玲、沈从文合拍了几张照片，留下珍贵的雪泥鸿爪。珞珈山一面，各自享受着温馨友情，丁玲的心不再那么冰冷。凌叔华读过《莎菲女士的日记》，丁玲小说完全是另外一种风格，为凌叔华的美学观念不易认同。但她对丁玲本人的印象不坏，"她人倒谨慎，不像她文章中的莎菲女士，十足大家闺秀模样"。人和作品差异的原因，凌叔华归之丁玲的出身和教养，父亲中过科举，母亲课之以古文。② 凌叔华忽略了，她俩出身、教养虽相似，丁玲却已彻底背叛了家庭，走上凌叔华所畏惧的无产阶级革命道路，凌却正在给别人的信里以恶称"赤祸"诅咒这场革命。后来，丁玲创办并主编左联的《北斗》杂志，为躲避当局文网特意刊登一些非左翼的名家作品，她想到凌叔华。又是托请沈从文约稿，凌叔华从珞珈山寄来了儿童小说《晶子》。③ 自由主义文化圈作家，在革命者的杂志发表了作品。一九八一年，中国作家协会宴请海外回国观光的凌叔华，她提出邀老朋友沈从文、丁玲与席，从北大荒流放归来不久的丁玲在座作陪，白发苍苍的两位老人似梦里相对，唏嘘不已。因为丁玲在座，沈从文辞谢缺席。

---

① 凌叔华对学者李辉说，她念大学时经沈从文介绍认识丁玲（见李辉《沈从文与丁玲》），当是她记忆有误。凌叔华大学毕业前夕才认识徐志摩、陈西滢，又是经他们认识沈从文的，凌叔华与丁玲相识不会在毕业之前。另，丁玲初次到北京是一九二四年夏，凌叔华刚刚毕业，丁玲也无从相识学生时代的凌叔华。

② 郑丽园：《如梦如歌》。

③ 此篇小说刊《北斗》第一卷第二期。后编入作者的小说集《小哥儿俩》，易名《生日》。

武汉距故都北平、首都南京、第一都市上海都相当遥远，珞珈山更地处武汉市郊外。凌叔华久困山中，况且是一名家属，觉得烦闷是自然的。她给胡适的信，第一句便说："我们回到这谁都不高兴来的地方不觉已将及一月了。"此信结束前又说："可怜活活的一个人，整天关在三四丈大的几间小房里，除了吃睡之外，看书看得眼也发黑了！"① 稍后陈西滢给胡适的信也说道："我还可以支持，因为还有一点儿工作，还得到学校去，还见到些人。叔华在这里，却实在是活埋。她时时闷得要哭，我也没法子劝慰。也许有一天她连哭都不想哭了，那我们在别人看来是完了，在自己也许倒好了。"②

　　沈从文陪护丁玲走一趟湖南，为此丢了来之不易的武汉大学教职。出于道义，他没有后悔的意思。沈从文离开珞珈山，更添了凌叔华寂寞，越来越寂寞。陈西滢忙于学校事务，自己的文章顾不得多写，遑论温存妻子。他人生观天平上，敬业重过卿卿我我。

　　那几年凌叔华经常往外跑，不只是寒暑假夫妇同行，即使平时，也寻个时机独自去北平，那里旧知故友多，热闹实在诱人。沈从文告诉朋友："六月的北京真是热闹。诗哲〔徐志摩〕在此，陈通伯夫妇在此，梁思成夫妇在此，〔孙〕大雨也要来了，陈雪屏不久又要在此接老婆了，还有许多许多事情，全是那么凑堆儿在一起。"③ 不然她向反方向跑，不往客厅清谈，访窗外的平民百姓。私下里说："这两三年，我脚没有停过，我的耳目不在城里，在乡里，我比我们的朋友多认识一些真的中国人，他们是平凡穷困的人。"④ 乡下的浮光掠影，未必真认识得了民间。可寻味的一点，日后国民党退居台湾，凌叔华思想倾向大陆，是否能说，此时即已露出了端倪。

---

① ④　凌叔华致胡适信，载《凌叔华文存》。
②　陈西滢致胡适信，载《胡适来往书信选》。
③　沈从文致王际真信，《沈从文全集》"书信卷"。

中国的曼殊菲尔

能够慰藉凌叔华寂寞的还是绘画和文学，此一时期她出版了两本小说集《女人》和《小哥儿俩》，分别由上海的商务印书馆和良友图书公司付梓。第一本小说集《花之寺》反映了五四精神，现在五四渐渐远去，《女人》集转为侧重女性批评：

> 那个四十左右的母亲，每天都摇颤着臃肿的身子，牵着或抱着孩子走出走入。脸是灰黄的肿着，眼睛老像睁不开，衣服总不见换，又是满了皱褶，胸前一片精亮的，不知是积了多少时的油垢了。她不停的讲话，却也不住的叱骂孩子、呼唤仆役。夜间人家都睡了，只见她一人坐在灯下等丈夫回来，有时还巴巴的到厨房做消夜给男人吃。①

前一时期凌叔华虽对女性也有所批评，但批评里包含同情，多为温婉的嘲讽。不像《女人》集，明显鄙夷她笔下的庸常女人。《花之寺》集着力描写的女性形象，或跟不上时代，或误解了时代，均非关个人物品性缺陷，到了《女人》集，她们自甘沉沦了。小说集选定《女人》这一篇作书名，或正暗示作者批评精神的转变。不论太太、小姐、佣妇，她们都是女人，就自有女人的弱点，女作家的笔锋直指她们的平庸、狭隘、市侩习气。凌叔华拉开作家与历史的距离，以恒久的人性观念

---

① 凌叔华：《无聊》。

审视女人，渐渐融入京派创作思潮。《女人》集出版以后，凌叔华仍沿此路子走下去，《无聊》《奶妈》《旅途》皆此类作品。然而今非昔比，作者已远居京沪中心之外的武昌，题材每每偏离了社会重大矛盾，而艺术风格既未能发扬原先特色，又缺少创新，自然不大为读者关注。

凌叔华小说风貌转变意外得到左翼文学批评家钱杏邨的肯定："她显然是取着进步的资产阶级知识分子的立场，以大部分力量在描写资产阶级以及破产的资产阶级的太太小姐们的生活和心理，而表示不满，是代表进步的中国资产阶级的知识分子思想的女性的意识。"① 同时又遭到更左的批评家苛责："作者的描写有时流于平庸，显出了气力的薄弱。"②

珞珈山时期凌叔华陆续创作了近十篇儿童小说，集为一册《小孩》。不知什么原因，此集出版未果。略作增订，补充了并非写"小孩"的几篇，易名《小哥儿俩》，行销甚广。③ 自序里写道：

> 书里的小人儿都是常在我心窝上的安琪儿，有两三个可以说是我追忆儿时的写意画。我有个毛病，无论什么时候，说到幼年时代的事，觉得都很有意味，甚至记起自己穿木屐走路时掉了几回底子的平凡事，告诉朋友一遍又一遍都不嫌繁琐。怀恋着童年的美梦，对于一切儿童的喜乐与悲哀，都感到兴味与同情。

不过凌叔华在女儿眼里，不能算一位十分疼爱孩子的慈母。陈小滢追述幼时生活不无埋怨："母亲对我好像并不在意。"④ 她们母女关系远不如读者通常想象那般亲密。咀嚼凌叔华这一段自序，她的儿童小说某种程度是作者童年自恋的抒写，所言心窝上的安琪儿，恰是她本人童年形象的演绎。凌叔华明白，小说创作必须突破自恋，写出它的普遍性意义。儿童的喜乐和悲哀，都联系着现实问题，所以，她力求作品显示社会性内容，《小英》那篇，旨在抨击旧式婚姻，力度就不能说小。

---

① 钱杏邨：《关于凌叔华创作的考察》
② 弋灵的同题书评《花之寺》。
③ 许多文章、资料认定凌叔华有小说集《小孩》，疑编定的此集终未出版。查多种现代出版物目录工具书，亦均未录此著。凌叔华本人的创作自我介绍，同样从未提及。
④ 陈小滢：《回忆我的母亲凌叔华》

这些作品，不全像某位小说史家评价的："凌叔华写儿童，赞高士，亲自然，体现了她的天真、纯洁的一面，也体现了她不敢正视血淋淋的现实，不敢奋力与丑恶抗争的软弱和娇嫩的一面。""多了一点'逸气'，少了一点现实性。"① 凌叔华毫不天真、纯洁，对于现实也不是敢与不敢的问题，她根本无意激烈抗争现实，她看到的往往是有别于血淋淋的另一种现实。她关注的问题似乎很小，如《小英》，总也是现实中存在的，借鲁迅的说法，仍属"世态的一角"。当然鲁迅的"一角"非凌叔华的一角了。这一角，总得有作家关注，总有其现实意义。

二三十年代儿童题材创作中最负盛名的女作家莫过于冰心，能追步冰心的女作家大概唯有凌叔华了。冰心写的小说，儿童一个个小大人似的，正像茅盾说的，喜爱读它的读者，非少年老成的孩子，即犹有童心的成人。② 凌叔华擅用孩子的眼睛、心灵去感受世界，写的才真是正常儿童的言行、儿童的情感、儿童的心态，写出他们才有的童趣、天真、调皮以及委屈、寂寞，《小哥儿俩》的描述，细腻入微，惟妙惟肖，让所有儿童读者感到亲切。值得强调的是，凌叔华儿童小说，也适合正常成年读者兴味盎然地阅读，或者说，它们同时也是写给成人，给成人以启示的。读《弟弟》，应该纠正他们失信于孩子的陋习；读《凤凰》，提醒他们切勿漠视孩子的健康的好奇天性。《小哥儿俩》读者，属常态的儿童和常态的成人，没有生理年龄和心理年龄的偏差。学者论说凌叔华题材特色是女人和儿童，但是论其女人甚多，道及儿童颇少。到二十一世纪，儿童文学研究专家才充分阐释了凌叔华儿童小说成就，称"它是'自觉的儿童文学'，是'为儿童'的，同时也是充满艺术个性的'说自己的话'的文学，它是成人与儿童都能接受的，而且今天读来仍没有时代隔阂（这是一个奇迹）——我以为，它的魅力是永恒的。"还说，"当年周作人对冰心的期许，周作人的理论对冰心的文心的召唤，都体现在这另一位燕大学子凌叔华的身上了。"甚至称誉凌叔华为"现代儿童文学一个被遗忘的高峰"。③

女人题材也好，儿童题材也好，学界公论凌叔华小说别具魅力。她心理写实功力不凡，风格类似英国女作家曼殊菲尔。中国作家好说"中国的高尔基"，"中

---

① 杨义：《中国现代小说史》。
② 茅盾：《冰心论》。
③ 刘绪源：《现代儿童文学一个被遗忘的高峰——凌叔华和她的〈小哥儿俩〉》。

◇《小哥儿俩》书影

国的雪莱","中国的狄更斯",也就说凌叔华是"中国的曼殊菲尔"。谁最早提出凌叔华这一美称不大容易考证,苏雪林、沈从文都说过,徐志摩应是很早的一位。凌叔华发表《写信》当日,诗人兴冲冲一早登门道贺,恭维中国的曼殊菲尔云云,不意遭来凌叔华抢白:"你白说我了,我根本不认识她!"① 聪明的诗人顾此失彼,他忘了几年前那场抄袭曼氏的纠葛,此乃凌叔华一块心病。不知晓此番过节的文学青年张秀亚,拜访凌叔华也问了她是否受过曼殊菲尔、契诃夫等外国作家影响,凌叔华的回答,意思差不多,只是含糊客套多了:"也许是受了他们的影响,但是,这三家的作品,我还不曾看过呢,将来倒要看看了。"② "倒要看看",口气煞有介事。她说没读过曼殊菲尔作品,只能骗过不谙文坛往事的年轻人。未婚夫陈西滢,知己徐志摩,是中国最早介绍曼氏的学者、作家,一九二四年两人合译、出版了包含曼氏小说的专集《曼殊斐尔》。徐志摩又连续写出《哀曼殊斐尔》《曼殊斐尔》,这两个名篇,加上这本专集,就算凌叔华不读,按徐志摩那性格,非强制她读一读不可。凌叔华非但读过曼殊菲尔小说,而且翻译了曼氏小说《小姑娘》,发表在一九二六年的《现代评论》周刊,③ 这还是她第一次翻译外国小说,她一生只翻译过两个外国作家的小说。翻译的事情刚过去几年,不至于这么健忘吧。

关于凌叔华小说创作特征,沈从文发表过相似评说,分析更为透彻:

> 把创作在一个艺术的作品中去努力写作,忽略了世俗对女子的作品所要求的标准,忽略了社会的趣味,以明慧的笔,去在自己所见及的一个世界里,发现一切,温柔地也是诚恳地写到那各样人物姿态,叔华的作品,在女作家中别走出了一条新路。"悲剧"这个名词,在中国十年来新创作各作品上,是那么成立了非常可笑的定义,庐隐的作品,淦女士的作品,陈学昭的作品,全是在所谓"悲剧"的描绘下面使人倾心拜倒地表现自己的生活。或写一片人生,饿了饭的暂时失业,穿肮脏旧衣为人不理会,家庭不容许恋爱把她关锁在一个房子里,死了一个儿子,杀了几个头,写出这些事物的外表,用一些诱人的热情夸张句子,这便是悲剧。也就因为写到那表面,恰恰与年轻人的

---

① 郑丽园:《如梦如歌》。
② 张秀亚:《其人如玉》。
③ 参见拙文《凌叔华·曼殊菲尔·契诃夫》,载拙著《民国才女风景》,上海远东出版社出版。

鉴赏程度相称，艺术标准在一种迁就的情形下低落了。使习见的事，习见的人，无时无地不发生纠纷，凝静地观察，平淡地写去，显示人物"心灵的悲剧"或"心灵的战争"，在中国女作家中，淑华却写了另外一种创作。作品中没有眼泪，也没有血，也没有失业与饥饿，这些表面的人生，作者因生活不同，与之远离了，作者在自己所生活的一个平静世界里，看到的悲剧，是人生琐碎的纠葛，是平凡现象中的动静，这悲剧不喊叫，不呻吟，却只是"沉默"。①

沈从文堪为凌叔华创作知音，他从整个女性创作背景下考察凌叔华，阐释凌叔华不从俗流的"另外一种创作"，沈从文不仅有一支创作小说的生花妙笔，并有一双识得英雄的慧眼。

当然也不能因此菲薄庐隐她们，不能忽视风起云涌的时代背景，不然很不公允。凌叔华风格固然独具历史价值，弄潮儿作家也自有其时代意义。庐隐们的不足在于追逐时代却疏忽了文学特质，文学作品必须是艺术的文字。从这一点看，凌叔华比她们更具文学的自觉，胜了一筹。凌叔华的作品可能经久些，似文物，借光阴之势，愈久愈显其魅力。这可以看作历史给予凌叔华们的补偿，当年她们得到的赞扬不及庐隐她们那么热烈。

凌叔华不必忌讳"中国的曼殊菲尔"，正是曼殊菲尔和契诃夫的艺术营养助成了她小说成就。谈论凌叔华小说，"中国的曼殊菲尔"不能遮蔽了短篇小说大师契诃夫对她的影响。凌叔华小说素养更多得益于契诃夫。她完成小说稿《再见》，致信胡适说："原来我很想装契诃夫的俏，但是没有装上一分，你与契老相好，一定知道他怎样打扮才显得这样俊俏。你肯告诉我吗？"②胡适如何赐教不得而知，知道的是，此后凌叔华在契诃夫艺术门第上登堂入室了，有她致胡适信为证：

> 我近日把契诃夫小说读完，受了他的暗示真不少。平时我本来自觉血管里有普通人的热度，现在遇事无大无小都能付之于浅笑，血管里装着好像都是要冻的水，无论如何加燃料都热不了多少。有人劝我抛了契诃夫读一些有气魄的书，我总不能抛下，契的小说入脑已深。不可救拔。我日内正念罗

---

① 沈从文:《论中国现代创作小说》
② 凌叔华:《凌叔华文存》

曼·罗兰的 John Christopher（《约翰·克里斯朵夫》），想拿他的力赶一赶契诃夫的魔法，总不行。不惜，我也觉得罗曼·罗兰写得真好，但是我不信我会爱读他比爱读契诃夫更深些。

当然，契诃夫和曼殊菲尔本有其相通之处，曼殊菲尔同样私淑契诃夫，甚至想抱一个俄国孩子来抚养，以契诃夫名字安东命名，认契诃夫夫人做干妈。要是排师承下来，凌叔华与曼殊菲尔该攀得上师姐妹了。只想提醒，凌叔华师承契诃夫，关注凌叔华心理写实的艺术特色时，也需充分估价她得益契诃夫而取得她文体成就。短篇小说这一体裁，最初的中国现代女作家，无一能够娴熟驾驭。那时她们作品，不是枝蔓失控，就是枯瘦直白，要不人物符号化，唯有到了凌叔华登上文坛，才标志这一文体成熟。连不少男性小说家也有所不及。施蛰存早就慧眼识人："我以为凌叔华是一个懂得短篇小说作法的人。她的小说，给予人的第一个好感就是篇幅剪裁的适度。使读者，或是毋宁说使我，不感觉到她写得太拖沓了，或太急促了。在最恰当的时候展开故事，更在最恰当的时候安放了小说中的顶点。"① 凌叔华对于中国现代短篇小说文体的贡献，其意义当在她的温婉风格之上。

为与温婉故事相谐，凌叔华小说风格追求蕴藉隽永，她把中国画"空白"的传统手法运用于小说创作，避免了女作家们常有的冗长、累赘短处，十分精致，趋于诗意化。虽够不上庐隐的酣畅，够不上冯沅君的气势，但也不像冰心小说的板滞。凌叔华小说文字简约，从容讲述无风无浪的生活，营造出宜于故事和人物的氛围。结尾特别吝啬笔墨，也因此特别精彩。貌似平淡地收起笔来，却余韵悠长，耐人回味。无怪徐志摩提醒读者："它有权利要求我们悉心的体会。"② 莫以为诗人多虑，读者稍不细心咀嚼，便容易误读，《杨妈》即经常被误读成母爱和劳动人民的颂歌。女佣杨妈因儿子不辞而别，她顿时没有了自己的生活，丢下一切，千里迢迢追往甘肃，寻找"不务正业，什么下流事都肯干"的逆子，不知所终。杨妈固然有感人母爱，更有溺爱儿子的痴愚。只因小说描述得非常委婉，似乎歌颂盖过了嘲讽。

叶公超又举证出凌叔华作品还受第三位外国作家影响："她的文字有点像英

---

① 施蛰存：《一人一书》。
② 《新月》杂志关于《花之寺》广告。

国十九世纪的女小说家珍妮·奥斯汀，书中的人物也和《傲慢与偏见》中的相仿佛。"① 叶有多少依据不详，而凌叔华确在三十年代曾开译过这部长篇小说，而且，听说叶公超正要翻译此著，特致信叶，请他"割爱"。②

  小说家凌叔华的学养和才华备受海内外学者赞誉，夏志清评价她："从创作才能上讲，谢冰心、黄庐隐、陈衡哲、冯沅君、苏雪林等几位，谁都比不上凌叔华。"此言多少有失偏颇，至少冰心整体创作不在其内。不过，单论冰心小说，确不及凌叔华，其他几位尤不在话下。凌叔华先后经历了现代评论派、新月派、京派三个著名文学流派，堪称每一个流派的代表作家。她在文学史上的地位，哪怕在文学批评极"左"的二十世纪五六十年代，没有一部现代文学史著于凌叔华视而不见。

---

① 台湾版《新月小说选》序言
② 凌叔华：《凌叔华文存》，后来凌没有完成译著

"京派"重镇

自日本"蜜年"归国不久,陈西滢应聘刚改名的国立武汉大学,凌叔华作为家属随同去了武昌。进取心如凌叔华这么强的知识女性,哪里情愿做一名家属。丈夫忙着教学,她闲在家里,唯有用那支生花妙笔排遣时光,创作了几篇小说,小说不是能无止境地写下去的。想翻译外国名著,《傲慢与偏见》半途而废。值得一提的,她留下一篇绝无仅有的古代文学方面的评论文章《读诗札记》①,它评论的对象非当时流行的新体白话诗,乃先秦经典《诗经》。此文含四则,分别谈论"国风"中的《新台》《墙有茨》《出其东门》《车邻》诸篇,对前人的说"诗"每有辨析,如有人怀疑新文学作家凌叔华的国学根柢,那么这篇文章证明了她的国学素养。

凌叔华在武昌几年创作数量不多,时间充裕得发慌。生活充实的机会出现在一九三四年,《武汉日报》准备创办一份文学副刊《现代文艺》,报社物色主编,看上了供职武汉大学的苏雪林。然而偏务不轻,苏雪林难以分身,推荐名气不小而时间宽裕的凌叔华替代自己。苏雪林撰写了《发刊词》②,便全盘交手给凌叔华。从此凌叔华创作之外多了一项文学活动。以前她旁观过徐志摩编《晨报副刊》、助理陈西滢编过《现代评论》周刊,自己独当局面一显身手,是从未有过的事。她回

---

① 刊《珞珈月刊》第二卷第四期,断定此系凌叔华文章,一是署名素心,凌叔华在《晨报附镌》发表小说用过此笔名。二是,刊物由武汉大学编辑,本期是文艺专号。三是,同期发表陈西滢、苏雪林的文章,若别人署用此名,陈或苏很可能建议改署他名。

② 笔者推想此《发刊词》系凌叔华手笔,误收入拙编《凌叔华文存》,并在学人中讹传。特此更正。

忆，一九二五年北京局势不安定，作家、文人纷纷南下，于是她给《现代评论》当过一阵"非正式的主编"，① 这话不太可信。一是那年局势并不怎样紧张；即使后来日益紧张，《现代评论》的编辑也没有走什么人，至少台柱陈西滢没有走掉，哪里用得着他人代庖。凌叔华协助编稿完全可能，充其量干点下手活儿，助理助理，她哪能把握得住这份涉及领域很广的颇有影响的文化综合杂志，杂志刊登文学稿件的分量不足整本篇幅一半，经济、法律、伦理、宗教、政治等等，皆非凌叔华所长。

现在她接手的"现代文艺"，② 一份纯文学刊物，只发表小说、散文、诗歌及相关的书评、随笔。这对于凌叔华而言，不说驾轻就熟，也算得门内当行。她原指望袁昌英、苏雪林共同编辑，那二位碍于教务过重，只许以供稿义务。凌叔华毅然挑起重担，甚至放出大话："我同从文说起，如果我们有雄心，将来南至粤，西至川，都有文艺联号才好。这话目下也许只是一个梦，开始梦不一定不会变真的。"③ 她去北平约稿，假座北海请文友们吃茶，画册页送各地作家。收到巴金来稿，高兴得要流下泪来。

三四千言的《发刊词》，从文学观念、文学现象，到办刊态度、办刊原则，乃至联系到本地振兴华中文艺，逐条陈述。首要是说创作观念：

> 我们以为文艺的任务在于表现那永久的普遍的人性，时代潮流虽日异而人不同，文艺的本质，却不能随之变化。你能将这不变的人性充分表现出来，你的大作自会博得不朽的声誉，否则无论你怎样会跟着时代跑，将来的文学史决不会有你的位置。所以写一个无产阶级受生活压迫的痛苦而能写得悲惨动人，固然是好文学；写一对青年男女恋爱的悲剧，而能写得缠绵哀怨，震荡读者心弦，又何尝不是好文学？写一个历史奋斗失败的英雄而能写得悲壮激昂、可歌可泣，固然是好文学；写一个卑琐平凡的人，受命运的播弄，演出许多愚蠢的举动，而能写得使读者觉得可怜可笑，又何尝不是好文学？文

---

① 郑丽园：《如梦如歌》。
② 凌叔华日后不止一次误记为"武汉文艺周刊"，见凌叔华致胡适、陈从周信，载《凌叔华文存》。一些传记、文章由此讹传。
③ 凌叔华致巴金信，载陈建功主编《中国现代文学馆馆藏珍品大系·信函卷》（第一辑）。

◇ 凌叔华主编的《武汉日报》"现代文艺"副刊

◇◇ 陈西滢、凌叔华与丁玲、沈从文

学范围是无边广大的,革命可谈,风花雪月也可谈,宇宙之大固宜检讨,苍蝇之微,又岂可以抹煞。那些抢着传统的一尊思想的人,想凭藉人类社会的大题目,厉行文艺的统一政策,这条路结果是未必走得通的吧。况且文艺也似其他学术一样,有它绝对的、尊严的独立性,它不能做任何主义的工具,也与学术不能专在实用上讲一般。不明白这道理,文学就失了唯一存在的条件了。即能对文学的创造任何努力也是徒然的了,我们实在不愿干这傻事。

矛头所向不言而喻,《发刊词》不点名数说普罗文学的不是:垄断文坛、党同伐异。同时也批评了种种"病态文学",斥责它们满足官能刺激,色情、肉麻、猥亵。《发刊词》表明了"现代文艺"及凌叔华和梁实秋、沈从文、徐志摩他们的文艺观完全一致,提倡"健全文学",维护京派文学的纯正。

作家向培良不以为然,立即写来"公开信",批评副刊的消极。凌叔华最快地在第三期全文刊出"公开信",并婉拒批评,她一言以蔽之:"至于发刊词主张偏于消极方面,也有其原因。我们觉得文学的主张应从作品本身表现出来,而且文学的范围也如人生一般广大,若拿一种主义或几个条件代表它,不唯有顾此失彼之嫌,而且也怕蹈买椟还珠之弊。"①

创刊号三篇文稿,苏雪林的《发刊词》,陈西滢的《过年》和陈衡哲的小诗《海波的歌》。这版面不能不叫人联想起徐志摩接编的《晨报副刊》的第一期,也是三篇,也是篇幅差不多长的徐志摩代发刊词《我为什么来办 我想怎么办》,和凌叔华的《中秋晚》,和梁启超的小诗。何其巧合,《过年》《中秋晚》皆取材最有民俗特色的节日。要说有什么不一样,凌叔华开张的《现代文艺》有点像"夫妻店"。当然日后证明并不是,近两年所刊数百篇作品,陈西滢仅数篇,而且不涉编务。

陈西滢的作品,读者只熟悉杂感《西滢闲话》,其他文字不容易读到,《过年》正是其一,不妨这里便读一段《过年》:

> 因为住在乡间,除夕的好梦,并没有为爆竹所惊破。可是听住在城里的朋友们说,今年爆竹的声音,一夜不绝,通晓没有能合上眼。中国人爱声音、

---

① 凌叔华:《谨答向培良先生》

爱闹的脾气，在这时候尽量的发泄出来了。别看他平时不声不响，没有几句话说，一有机会，可就能闹得震天响，而且闹个不息。锣鼓是更好的例。一个家家相同永不变易的调子，可以一连闹上几点钟，而且继续的闹上半个月。要是一个神经稍灵敏，对于音乐稍有几分爱好的人，听了几分钟，就免不了头痛心烦，可是我们的国人，可以乐此不疲，他的左邻右居，住家店舍，可以发出同样的喧声。中国人爱闹爱声音，于此可见。吵闹与娱乐，在中国可以说是分拆不开的。喝酒一定要猜拳。住旅馆一定要吵个通晓，使别人不能安眠。也许正因为平时没有话说，所以一有机会就得闹一个痛快。又因为喉音不够使用，所以得求助爆竹及锣鼓了。

搁笔数年的"闲话"作者，借"现代文艺"副刊重操"闲话"旧业。这回他的话题多限于文学范围：作家与出版商如何计付稿费，国外作家聘用经纪人的得失，作家的恋爱于创作影响，作家是否世袭成世家，等等。

副刊若真的编成"夫妻店"，则决计开不长久。《现代文艺》历时近两年，计九十五期，有声有色，摇曳多姿，为华中地区文坛前所未有，俨然"京派"在京外一大重镇。这等文学生机，充分展露凌叔华编辑才干。长袖善舞，她用尽人脉，争取到众多名家支持，胡适、沈从文、杨振声、萧乾、卞之琳、孙大雨，这班新老朋友自不必说，还约到素昧平生的俞平伯、巴金、章靳以、高植、赵景深、戴望舒、朱光潜、①芦焚。又有一些新作者在这里成长，严文井、田涛、陈瘦竹、王西彦、李辉英，日后多有建树。武汉大学教职员里，朱东润、吴其昌、方重、马文珍，都积极供稿。而联系女性作家更在意料之中，可以开列一长串名单：陈衡哲、冰心、苏雪林、袁昌英、沉樱、杨刚、罗洪、维特、徐芳、陈蓝、高青子，阵容可观。②后面几位既是女性，又很年轻，凌叔华格外热情提携。张秀亚（陈蓝）投稿时是名中学生，家住天津，添一层半个老乡的亲切，她得到凌叔华的关顾已超乎寻常编辑与作者的往来。成名后的张秀亚，难以忘怀凌叔华的师恩，在《我与文学》里深情追述当年情景。节录的这段凌叔华给她的信，一定叫文学青年歆羡不已：

---

① 朱光潜此时回国不久，不居武汉。他编辑凌叔华任编委的《文学杂志》，任教武汉大学与凌叔华相熟都是以后的事。

② 维特即沈蔚德，剧作家，陈瘦竹夫人；陈蓝即后来在台岛以散文著称的张秀亚。

……我已来到北平家中,你要不要来玩玩呢,你可于一个星期六的下午搭车由津来平,在我处住一晚,我们仔细谈谈,第二天下午再回天津,不会耽隔了你星期一上课的。……这两天春当真来了,丁香开了,杏花也在打苞儿,我的院后有很多的花木,清香满庭,你来了一定会喜欢……我有的是诚挚的性情与坦率的谈吐,也许不会令来看我的朋友失望的……①

副刊作者阵容强大,编刊自然很是顺利。凌叔华作难,不是好稿件太少,而是太多。《武汉日报》"现代文艺"副刊与闻名的《大公报》"文艺副刊"南北辉映,而且互通稿件,戏称"联号"。文坛也拿这两个文学副刊相提并论,仿佛武汉副刊是天津副刊"分号"。"现代文艺"副刊硕果累累,丰富了京派文学色彩,为京派锦上添花。要全面认识京派,不可不了解凌叔华编的这份副刊,文学史当记下它一笔。无奈各地图书馆少有收藏,难得有收藏的,借阅又关卡重重。至今学者极难一睹它全貌,有研究之心,却难为无米之炊。

一九三六年底"现代文艺"副刊关门,最后一期登出《终刊词》,最后一句是:"天寒夜长,风凄雨苦,我们打着这个小刊物的丧钟。别矣!"一言道尽凌叔华伤感。缘何停办,没有见到相关文字,只在多年之后,凌叔华私人信函里简单地提过一句,"战争一来,《武汉[现代]文艺》便销灭掉。"②意思明确未必属实,战争不是它的直接原因,停刊之日距抗战全面爆发还有大半年。真的因为抗战而停刊,她就不会伤感到这程度,应该是壮烈。《终刊词》说道,"本刊的停刊,是遇难而不是病故。""遇难"一词显然把原因归在外部,但此难非指国难。十二月十二日发生的"西安事变",其影响不至于立竿见影得这般迅即。朱光潜主编的京派刊物《文学杂志》可以参证,它恰在"现代文艺"停刊后几个月降生,直到"七七"事变,出版到七月号,才被战火夭折。还是来看《终刊词》,它回顾立足华中地区的许诺做得不够时,透露了停刊原因所在:

这刊物虽然是在华中,而不是华中的。它好像与华中文艺空气不生任何

---

① 张秀亚:《我与文学》。
② 凌叔华致陈从周信,载《凌叔华文存》。

关系。它若在上海、北平出版，也不会更隔膜更疏远了。要是它曾经开过花，结过果，那么它开的不是华中的花，结的不是华中的果。所以我们承认自己是失败了。因为如此，对于本刊的停止，虽然不能没有留恋，却并不认为是一件憾事。我们同人曾经讨论过好多次，不如停办了罢。

停刊的真正原因好像是"自己的失败"，无关国事。可是，与前面说的"是遇难而不是病故"相抵，明明属自身毛病，岂非病故？话再说回来，这点小病，确不至于毙命。或许"遇难"另有所指，大概不便明说、不愿明说。凌叔华言辞，常含含糊糊，模棱两可，或前后不一。

不论何种原因，"现代文艺"副刊的停办委实可惜。编辑报刊的左翼女作家不在少数，而自由主义女性作家，创作高手虽多，却鲜见编辑能人。陈衡哲、冰心、苏雪林、袁昌英，都没有主编过刊物。凌叔华编了这一回，也是她主持编政的仅有一回，编过这么出色的一份副刊，她感到欣慰。

珞珈三杰

秀丽的珞珈山齐聚着三位著名女作家,凌叔华、袁昌英、苏雪林。每位都上了文学史册,时人誉之"珞珈三女杰",或"珞珈三杰"。三人的创作成就各擅其长,凌叔华以小说家闻名,袁昌英剧本别具一格,苏雪林最为人称道的是散文。苏和袁是武汉大学文学院教授,袁昌英专攻外国戏剧,苏雪林研究楚辞和唐诗。做了教授的袁昌英向往成为作家,成为作家的苏雪林醉心教授;凌叔华和苏雪林又都是画家,凌叔华喜抒写花卉小品,苏雪林用墨雄奇擅画山水;袁昌英和凌叔华又多一层关系,袁的女儿杨静远拜认了凌叔华做干妈。

中国现代性女作家里,不缺诗人,也不缺散文家,小说家尤其多,唯剧作家凤毛麟角,够得上青史留名的剧作家屈指可数。尝试过戏剧创作的女性作家并不在少数,石评梅、凌叔华、苏雪林、林徽因、沈祖棻以至丁玲,她们以小说、诗歌、散文知名,然而剧本成绩平平。只有袁昌英独钟情于戏剧,她的三幕剧本《孔雀东南飞》名噪一时,是她的传世之作。焦仲卿与刘兰芝悲剧,属五四时期流行题材,家长拆散恩爱夫妻的本事极易激起想要摆脱包办婚姻的青年的强烈共鸣。焦母无疑是罪恶的体现者,冯沅君为学校编写过同一故事脚本,参加演出的女同学,没有一人愿意演这个凶恶角色,她无奈自己登台演焦母。焦母两眼凶光咄咄,同台演刘兰芝的同学不敢正视,下台后一想到焦母眼神仍有寒意。可是袁昌英不循通常艺术构思,别具识见,从女性关怀切入,重点放在儿子婚后母亲的孤寂,将戏剧冲突设置成两个女性争夺儿子、丈夫。剧本告诉台下人,焦母虽凶狠,但事出

◇ 袁昌英

◇ 苏雪林

有因。她孀居后视儿男为命根子，唯恐失去儿子，她也有苦衷，同样应该得一份同情。袁昌英把表层的封建强势转至人性层面，关怀刘兰芝同时，没有忽略焦母亦为女人，不宜排斥在女性关怀之外。这样的立意和写法，令人耳目一新，剧本更为本质地契合了五四"人的发现"精神。袁昌英的其他剧本均与众不同，当剧作家纷纷鼓吹自由恋爱自主婚姻，她不随潮流，她看到一些知识分子借婚姻自由名义，随意抛妻弃子，而以剧作呼吁婚恋中道德自律，谴责新时代的陈世美。袁昌英此类剧本主题，即使超越出剧本范围，置于各类体裁作品来论，其另辟蹊径亦难能可贵。袁昌英戏剧创作成就堪与当时最知名的剧作家白薇女士并驾齐驱。抗战后期袁昌英创作了大型话剧《饮马长城窟》，歌颂官兵浴血抗战，颂扬了民族正气。

珞珈山另一"杰"苏雪林，论创作或稍逊袁昌英。苏雪林什么都写，小说、剧本、新诗、旧体诗，影响较大者当推系列散文《绿天》和近似散文的自传体长篇小说《棘心》，它们的内容是作者婚前婚后生活的记录或生活中求之不得而做的"白日梦"。《棘心》重纪实，取材自身经历，"介绍一个生当中国政局锐变时代，饱受五四思潮影响，以后毕竟皈依了天主教的女性知识青年，借她故事的进展，反映出那个时代的家庭、社会、国家及国际各方面动荡变化的情形；也反映出那个时代知识分子的烦恼、苦闷、企求、愿望的状况；更反映出那个时代知识分子对于恋爱问题的处理，立身处世行藏的标准，救国家救世界途径的选择，是采取了怎样不同的方式。"① 《绿天》偏重想象，作者身处不谐婚姻，"不惜编造美丽的谎，来欺骗自己，安慰自己，在苦杯之中掺和若干滴蜜汁"。② 两部作品在海峡两岸三地，多次再版。《绿天》里数篇作品选入民国学生课本，青少年熟知有个笔名"绿漪女士"的女作家。她甚至得到左翼批评家阿英高度评价："苏绿漪是女性作家中最优秀的散文作者，至少，在现代女性作家作品的比较上，我们可以这样说。"③ 擅写淑女，文字清秀，苏雪林也跻身"新闺秀派"代表作家行列。那属于青年苏雪林，以后她精力转向学术，文学生涯的辉煌是在楚辞研究、唐诗研究，多本关于屈原的学术著作赢得学界推崇，巍然一楚辞学大家。

---

① 一九五七年台湾版《棘心》自序。
② 《绿天》台湾版自序。
③ 《绿漪论》，署笔名方英。

"三杰"之中袁昌英最为年长,比凌叔华大了七岁。苏雪林用文字素描袁昌英:

> 短小的身个儿,不苗条也不精悍。说她美,女作家容貌足称者本少,我们又何必诛求;说她不美,一双玲珑的大眼,配着一口洁白如玉的齿牙,笑时嫣然动人,给你一种端庄而流丽的感觉。但她的照片却往往不及本人之可爱,可见风韵之为物,原是活的。①

苏雪林的年龄居三人之中,比袁昌英小四岁。苏雪林描写过凌叔华,只写一双眼睛,俨然一幅特写:

> 叔华眼睛很清澈,但她同人说话时,眼光常带着一点"迷离",一点"恍惚",总在深思着什么,心不在焉似的,我顶爱她这个神气,常戏说她是一个生活于梦幻的诗人。②

苏雪林喜欢用文字为人画像,但很难找见别的作家给她画像。好在不难看到苏雪林年轻时代的相片:饱圆略长的脸,端正大方。和凌叔华、袁昌英的照片放一起"相面",三个人的神情迥然有异,大体能相出各人性格。袁昌英热情宽厚,又矜持不苟,礼节和仪容方面从不容一点疏忽。头发纹丝不乱,衣服平平正正。见苏雪林穿着上随意,她就皱起眉头提醒,雪林,你的领纽没有扣拢呢。苏雪林恰恰相反,仗义大气,豪爽急躁,不修边幅,不拘小节。喜欢运动,打球,游泳,骑自行车,凡袁昌英望而却步的激烈的体育运动,苏雪林总是冲在前头。凌叔华又是另一种性格,温柔中庸,文静不失玲珑,热情自有分寸,颇陶醉在"我好像成了爱神的偶像似的"!③ 袁昌英纵然比凌叔华年长七岁,却不及凌叔华沉稳、练达。陈西滢比较过袁昌英、杨静远母女:"静远是 emotional [情感内敛型的],兰子[袁昌英]是 affectionate [情感外露型的]。"④ 袁昌英尚未脱尽女孩的天真,

---

① 苏雪林:《记袁昌英》
② 苏雪林:《凌叔华其人其事》
③ 郑丽园:《如梦如歌》
④ 杨静远:《让庐日记》

以致耽于憧憬。凌叔华并非没有憧憬，受城府牵制，憧憬面临现实，那"迷离"的眼神就不迷离了。苏雪林口讷不擅言语，袁昌英说话有条有理，凌叔华很会说话但知道不宜多话。假设她们毙人以命，袁昌英是危崖，苏雪林是烈火，凌叔华是深潭。"三杰"都写得一手好字，以墨迹揣度，墨亦如人。凌叔华的秀丽俊逸，袁昌英的中规中矩，苏雪林的刚劲挺拔。武大同人吴其昌女儿吴令华与三人均亲近，她感受她们："袁昌英一肚子学问，满腹诗书，气度自华，令人仰慕；凌叔华生活在自己的精神世界里，云中仙子，高贵优雅，令人艳羡；而苏雪林则像是隔壁邻居的大朋友，快人快语，率真亲切，令人亲近。"①

"三杰"的人生，亦各有很不寻常的经历，朋友们多有热议，或褒或贬，或腹中臧否。袁昌英从英国戴了硕士方帽归来，是当时第二个得此学位的中国女性。②她曾任教著名的女师大，巍然女辈翘楚。结婚生女后，又以三十二岁大龄身份，赴法国攻读博士学位，幼儿托给了外公外婆。对学问这般执着，感动了许多同性、同辈。苏雪林是另一番情景，她早年写文章热烈赞扬鲁迅小说，可是鲁迅刚一病故，便陡然致信蔡元培，全面挞伐自己赞扬过的前辈，用词重得无以复加："似此褊狭阴险、多疑善妒之天性，睚眦必报，不近人情之行为，岂唯士林之所寡闻，亦人类之所罕见，谓其心理非有甚深之病态焉，谅公亦难首肯。"③此举有鞭尸之嫌，颇引起公愤，并受到她尊为师长的胡适批评。苏雪林毫无悔意，自诩反鲁健将。她另一壮举则备受国人称颂。抗战掀起捐款热潮，她将嫁奁、稿费、多年俸薪和养老积蓄，倾其所有，统统归拢值五十一两黄金④慷慨捐给军队，差不多够买一架战斗机，"五十两"传为美谈。于人心一失一得，有些历史人物本难一言蔽之。关于凌叔华在珞珈山红杏出墙的热议，绯闻私底下传得纷纷扬扬，时人从未公开表露。凌叔华钟情的竟是一位外籍人士，还是比她小了六七岁的小伙子，这堵墙似乎出得够远的。

"珞珈三杰"都是来自旧家庭的新女性，婚姻态度自然不会因循旧式。凌叔华最新，起初恋爱，如意成婚，大体是一条自由自主平坦的路。袁昌英半新，相识

---

① 吴令华：《儿时眼中的苏雪林》，载《散落的珍珠》（陈小滢讲述，高艳华记录编选）。
② 有第一个的说法，似欠妥，陈衡哲比她早一年。
③ 苏雪林：《与蔡子民先生论鲁迅书》。
④ 另一说法，变换成两根金条。

◇ 前排三位女性由左至右为苏雪林、凌叔华、袁昌英

杨端六之前先有父亲的介绍，父亲袁家普已相中未来女婿。杨端六是老同盟会员，曾经因宋教仁遇刺案声讨袁世凯而入狱，后留学英国学习经济，深得掌管经济的云南财政厅长袁家普赏识，婚事近似父母之命。不管怎么说，袁昌英和杨端六结合有过恋爱过程。苏雪林婚前则无恋无爱，她十四岁由祖父许给了富家子弟张宝龄，双方成年后互通信函，张宝龄在美国留学。苏雪林见他行文、笔迹都还清秀，于是有所憧憬。然而，她热情去信，张宝龄的回应没有多少爱意，例行公事般鱼雁往返。这期间有旁的男性向苏雪林表达倾慕，她也萌生过解除婚约的念头，终因不忍违拂慈母意愿，最终勉强例行了与张宝龄的婚事。

很巧，"三杰"丈夫们的秉性好像大同小异。杨端六厚道宽容，但他经济学家的头脑，烙上会计师的职业习性，谋事太过细致周密，处事太过教条刻板。张宝龄学机械，是位优秀工程师，他呆板似有过于杨端六。传说，婚后某晚，时近月半，苏雪林仰望皎好月亮，情不自禁叹道："这月亮多么圆！"不意张宝龄答了一句："没有我圆规画的圆。"苏雪林满头兴致泼来一盆冷水，浇得全身透凉。陈西滢的学者气质，其严肃冷峻相比百步的前两位，五十步耳。他见人不大说话，出门做客给人傲慢的错觉，凌叔华常为此发窘。他毕竟研究的是文学，有时会来点一本正经的幽默，认真刻板之中稍有风趣，属外冷内热一类。

相应三位太太是丈夫的秉性，三位太太是情感丰富的女作家，夫妇关系也大同小异。她们与丈夫都未离异，又都各怀心思，家庭生活程度不等地有欠和谐。袁昌英与丈夫性情不合外，年龄差距也大，她比丈夫小了整整十岁。生活中大小事情不时龃龉摩擦，女儿杨静远当时的《让庐日记》略留印痕。二老去世后女儿对此有过分析："以最高境界的情爱观看，他们的婚姻不是完美无缺的。性格的巨大差异，造成心灵难以完全沟通。经济学家杨端六是个理性的务实的缺少艺术气质的人，他不懂浪漫，缺乏诗意。由于年长许多，他对母亲的关怀是兄长式的。他无法深入她的内心世界，不能满足她对两性情爱的至高期冀。他虽也爱文学，但只限于中国古典文学，而对外国文学从不沾边。至于中国现代文学他毫无兴趣，这就使得他和母亲难得有共同的话题和深层的交流和共鸣。"[①]

苏雪林的不幸婚姻最动人怜悯，相识及新婚的日子，她一度敞开芳心，然而

---

① 杨静远：《母亲袁昌英》。

仅是一厢情愿，终究被张宝龄的冷漠驱入死灰之地，且万难复燃。尽管旁人看来，张宝龄"全不像那个闻名已久的凛若冰霜的人。他很友善、健谈，在廊子里一坐下，就讲了一个引人入胜的故事，他在昆明的一段亲历。其实，张先生为人并非一贯冷僻。在东吴、江南造船厂或武大，人缘都不错"。① 可是旁人夸得再好亦是枉然，苏雪林着着实实饮了一辈子苦酒。她和张宝龄三十六年婚姻生活，实际上共同生活的日子不过是短短几年，就是这么短的几年，有时也同桌不同房。一九四九年前离多聚少，以后苏雪林去了台湾，张宝龄留在上海，分隔海峡两岸，徒有彼此淡淡的怀念，永无相聚日子。张宝龄收存一段苏雪林遗下的布料，家里人要用来做件什么，他不忍舍弃，说只剩这一个纪念物了。苏雪林听说张宝龄病故，亦感慨不已，后悔没有毅然离婚，"拖累他孤栖一世"，歉疚不已。② 加上凌叔华与陈西滢的有欠和谐，"珞珈三杰"应了托尔斯泰小说里那句话，不幸的家庭各有各的不幸。

袁昌英先在英国认识了陈西滢、徐志摩，又由他俩认识了凌叔华，大约在一九二四年。袁昌英和凌叔华很快结为知己，袁昌英头生女儿，不足岁便拜了凌叔华做干妈。《现代评论》周刊上活跃的女性作者，凌叔华外要数袁昌英，袁昌英发表了不少剧本、评论、译作。苏雪林称赞她：

> 人是聪明而且敏捷，你同她谈话，才说上半句，她便懂得下半句。读书也如此，艰深的意义，曲折的文句，只匆匆看一遍，便会涣然冰释怡然理顺地给你解释出来。这虽然得力于她平日学问的修养，资质的明敏，似乎占了更多的关系。③

袁昌英任教上海中国公学那时，凌叔华路过上海，特意登门看望，在袁家邂逅苏雪林，于是结识了久仰的《绿天》《棘心》作者。从苏雪林留在大陆的一九三四年日记看，她和袁昌英过从较之凌叔华更为密切。其原因，凌叔华不是学校同人，自然过从少了一些。凌叔华随陈西滢住珞珈山的前一区教授小洋房，苏雪林初到武大仅为讲师，宿舍另在山后的三区，山前山后走一趟要很费些腿力

---

①② 杨静远：《让庐旧事》
③ 苏雪林：《记袁昌英》

和时间;再者,陈西滢当文学院院长,是自己顶头上司,交往难免不存顾忌。凌叔华主编"现代文艺"副刊,苏雪林供稿甚多,往来渐渐地密切起来。校园里师生见"三杰"形影相随,犹如姐妹,少不了投来敬佩羡慕目光。

"三杰"相处亲密,不仅怀抱相同的献身文学的志趣,而且都有满腔爱国情怀,特别在民族危难之际。东北战事刚起,她们一起发动缝制棉背心运动,计划一千件之多,捐送给冰天雪地里奋战的义勇军。战火燃到卢沟桥,她们一起参加武汉大学战时服务团的妇女工作组,深入到汉口江心鹦鹉洲的伤兵医院慰劳官兵,带去新做的五百条棉被。凌叔华感喟:"这些伤兵年纪都在二十上下,体格都十分健全。令人油然怜惜的却是他们差不多每个人的脸貌都是十分温和良善,没有一个像小偷或杀人凶手的,现在我们可都希望他们去做杀人勾当。"① 抗战转入持久阶段,武汉大学迁徙到内地四川乐山,"三杰"犹能精神上相互勉励。凌叔华赋诗明志,苏雪林最为欣赏其中两句:"浩劫余生草木亲,看山终日不忧贫。"凌叔华诗句中不肯气馁的情绪正合了苏雪林豪迈斗志。民族危亡的艰难岁月,"三杰"以笔为枪,并肩坚持在文化战线。袁昌英写出了她后期代表作多幕剧《饮马长城窟》,苏雪林奉献的是长篇纪实作品《南明忠烈传》,凌叔华则突破她往日题材范围,一扫淡雅幽丽的笔墨,以浩气凌云的中篇小说《中国儿女》令世人刮目相看。乐山时期的凌叔华、苏雪林、袁昌英相濡以沫,依旧不失为珞珈山"三杰",烽火炼就了她们巾帼不让须眉气概。

抗战胜利,凌叔华先去了英伦。国民党溃败,苏雪林又去了台湾,袁昌英始终留居大陆,"三杰"天各一方。珞珈山切磋文事,"让庐"小屋促膝谈心,三人聚首的温馨时光永远消逝,封存于渐渐衰老的心底,偶一回首,几多唏嘘,几多怅惘。凌叔华和苏雪林重逢过几回,在英国在台湾,叙谈甚欢,分别又有断断续续的音信。可是凌叔华作古,苏雪林给陈小滢的信里竟颇有微词:"你妈秉性虽既贪且吝,又有种恶癖性,善自讳饰,人家也看不出。""你妈对人从无真情感,晚年对我倒有一点。"甚至否认她才华说:"你妈虽能笔墨,只写那点东西,实不足称为'才女';画得一点也不好,徒能以大言唬人。"② 这些话听来匪夷所思,不由人不想起,鲁迅逝世后苏雪林的恶言恶语,而鲁迅生前她不乏赞扬的文字。

---

① 凌叔华:《慰劳汉阳伤兵》。
② 均转引自陈烈:《双佳楼往事》。

"三杰"的后半生走向三种迥异的归宿。二十世纪五十年代,坚守珞珈山的袁昌英,终被扫出珞珈山校门,因为她当过国民政府的"国大代表",以及她的不穿军装的国民党中将丈夫。她先套了顶"右派"帽子,继而宣判为历史反革命分子。课堂上声情并茂的知名教授,沦落阶下,在路人侧目中清扫落叶飘零的街道。最终遣送到湖南老家醴陵山区,靠一位善良的远房侄儿苟活于世。七十九岁瞑目,仍未获得平反。一儿一女都不得前来送终,凄凉之至。苏雪林随胡适背乡离井,与留居大陆的张宝龄夫妇情分已尽,膝下无儿无女,倒落得个一无牵挂。此后苏雪林与胞姐相依为命,以百岁天年作古,世称人瑞。去世前一年终于踏上安徽黄山脚下的太平村故土,一了回乡看看的夙愿,凭成就,凭高寿,每到一处备受乡亲欢迎、敬仰。百岁寿星从海峡对面荣归安徽故里,此行轰动大陆,北京的中央电视台天天出镜老人形象:乘飞机,登黄山,坐缆车,弟子背进背出;岭下村鞭炮齐鸣,全村沸腾。逐出文学史半个世纪的老作家,一夜间家喻户晓,那风光是袁昌英不敢想象,自海外落叶归根的凌叔华也望尘莫及的。

来了个英国诗人

落魄上海的沈从文曾经抱怨,"都会中的女子,认了一点字,却只愿意生活是诗。"① 那么在很艺术的史家胡同凌府熏陶大的凌叔华,置身于如诗如画的珞珈山,当然愈加向往诗意的生活了。然而上山的头几年,校园的宁静哪比得上北京文化圈的生气,何况她还是教师队列外的全职太太,再加上她原是"对于生活与未来有幻想的人",自然"就苦透了",② 直到闯进一个年轻英国诗人朱利安·贝尔,这才驱散了郁闷。朱利安也是名门之后,同样在浪漫氛围极浓的英国布鲁姆斯伯里文化圈里长大,姨妈乃世界闻名小说家弗吉尼亚·伍尔夫,母亲瓦内萨·贝尔名噪英国画坛,姐妹俩都是布鲁姆斯伯里圈里的中心人物。

朱利安按中英文化协定派来中国,在他到武汉大学任教前不久,布鲁姆斯伯里文化圈已经来过一个年轻人玛杰丽·弗莱,著名画家、艺术评论家罗杰·弗莱的妹妹。这位英国姑娘像她哥哥一样酷爱中国文化,一九三三年她随庚子赔款资助的一个讲师团到访仰慕已久的东方古国。玛杰丽在武汉大学结识了凌叔华,回到英国仍与凌叔华书信往来。她要哥哥罗杰·弗莱画了两幅颇具西方味道的风景画送给中国女画家,凌叔华回赠一座唐三彩马。弗莱又画了这个马的静物写生,至今收藏在伦敦的泰特艺术馆。恰是玛杰丽·弗莱的武汉之行引发了朱利安·贝尔的一段人生艳遇。玛杰丽认识武汉学生廖鸿英,廖鸿英通过她去了牛津大学进

---

① 沈从文致王际真信,载《沈从文全集》"书信卷"。
② 凌叔华致巴金信。

修农艺学。又因玛杰丽介绍,廖鸿英接触到布鲁姆斯伯里那群学者、作家、艺术家。当她得知原来在武汉大学任教的英籍教师将要离职,便推荐朱利安千里迢迢来中国接任。朱利安的到来,扰乱了凌叔华家的平静。

朱利安·贝尔自幼得宠,不只得母亲天性宠爱,整个布鲁姆斯伯里长辈们都宠爱这个漂亮的男孩。宠得他好动,有点粗野,常搞出些小恶作剧。伍尔夫日记里记述过少年朱利安的性格,脾气暴躁、性情不羁,乃至无法无天。他上中学时喜欢远游,很早就到过欧洲大陆。后来喜欢打猎,以致喜欢打人,再后来喜欢战争。纵然他成长在弥漫着和平主义氛围的布鲁姆斯伯里圈,却早早阅读了《著名的陆地战役》(*Famous Land Fights*)。"二战"前夕,谈论政治,关注战争,属那一代年轻人时尚,落伍的似乎是这个文化圈的长辈们。朱利安将目光投向了西班牙和中国,日本人已经在东北挑起了战火,"九一八"事变消息传遍全球。不过,战争烽烟没有妨碍朱利安阅读和写作。他徜徉于剑桥大学校园,迷恋上诗歌,并且在整个英国文坛崭露了头角,出版了一小册诗集《冬之动》(*Winter Movement*)。一九三五年初秋朱利安顶着诗人桂冠,凭着玛杰丽·弗莱的介绍启程了。行前照了一张相片,全身白色热带服装,戴太阳帽,握长杆步枪。

十月上旬的武汉尚未褪尽暑气,珞珈山延续夏末的妖娆艳丽。朱利安到学校当天便来拜望文学院院长陈西滢,走进那栋半山坡上树木掩映的小楼。当晚他写信告诉母亲:"整个下午我都和文学院院长一家待在一块,有他的妻子,还有他六岁的女儿——非常可爱迷人的小女孩。我们谈话的方式很自由——简直是内地的剑桥。"①

武汉大学教员名册这么注明朱利安:"剑桥文学学士;从事写作研究。"可武大学生只注目他的"著名诗人"光环。新同事给他起了个中国名字"贝尔",与"培尔"谐音,寓入培养你们的含意。朱利安和学校签约,任期三年,七百英镑年薪,武汉大学和庚子赔款基金会各付一半。朱利安担任了三门课程:"英语写作""莎士比亚""英国现代主义作家"。每周十六个课时,课务不轻。第三门特别耗费备课时间,实际讲授的不只英国作家,还介绍其他欧洲作家。他充满自信,"竟自以为适合教任何人有关英国文学的课程。"② 很快他意识到自信得盲目。起初他对中

---

① 见拙编《中国儿女——凌叔华佚作·年谱》。
② 帕特里卡·劳伦斯:《丽莉·布瑞斯珂的中国眼睛》。

◇ 朱利安

◇◇ 凌叔华、朱利安合作英译凌叔华小说（刊于《天下》周刊）

国学生印象不错，夸他们聪明、健谈、勤奋，少数够不上聪明的学生，至少是诚实、可爱。他最得意的学生是叶君健，相处亦师亦友。他出游成都拉了叶君健随行。一路交谈，私人情感话题比文学还多。学生无所顾忌地告诉老师，一个已婚的德国女子叫他浮想联翩。叶君健毕业后成为翻译家、作家，他晚年接受美国学者采访，判定朱利安"不是那种典型的英国知识分子。"①

朱利安来访那天，女主人帮助丈夫接待客人，给予主家应有的热情，中国人素有优待外国人传统。接下来她陪朱利安去汉口闹市买生活用品，挑选窗帘，布置他宿舍。她还饶有兴致旁听朱利安讲授"莎士比亚"和"英国现代主义作家"，想增长些学问。听了几次不再继续，她发觉诗人和她相处隐隐变了意味。她并不知道，朱利安给母亲的信里已经这么写道："她，叔华，是非常聪颖敏感的天使……请想像一下那么一个人，毫不造作，非常敏感，极其善良极其美好，生性幽默，生活坚定，她真是令人心爱。"②朱利安写信给他朋友埃迪·普雷菲尔，说得更透：虽然看惯了欧洲脸型，觉得凌叔华有点扁平，但是，"她和弗吉尼亚一样敏感，很聪明，与我认识的任何人一样好，甚至更好。她不算漂亮，但是很吸引我，她称得上是中国的布鲁姆斯伯里成员。"③埃迪是朱利安的知己。朱利安实在抑制不住兴奋，到处传告他相识不久的教授夫人，巴黎他的女性朋友也收到这样的信：

> 真的，我有点爱上中国了——而且，是柏拉图式的，是的，也爱上了一位中国女人（出于特殊的原因，社交等等）。她很迷人——她的丈夫是文学院院长，睿智博学，温文尔雅，是戈迪的学生④，她是一位官员的女儿，是中国最著名的画家、短篇小说家之一。她敏感而细腻，聪慧而有教养，有时还有点使坏，最爱那些家长里短的故事。很有趣——总而言之，她是我所知道的最可爱最优秀的女人之一。⑤

朱利安观赏了凌叔华的中国画，简洁的写意，与他在欧洲看过的中国装饰画

---

① ③ ⑤　帕特里卡·劳伦斯：《丽莉·布瑞斯珂的中国眼睛》
② 　见拙编《中国儿女——凌叔华佚作·年谱》
④ 　戈迪是狄更生（G.L.Dickinson）的昵称

完全不同。他急切要求母亲寄一张水彩画来，作礼品赠送凌叔华。凌叔华家墙上已经挂有布鲁姆斯伯里画家罗杰的作品，再挂一幅瓦内萨的岂不好。

朱利安竭力把住房布置成中国风格，蓄意以此接近凌叔华。用心见了成效，他喜气洋洋报告母亲："最重要的是我有像陈一家这样的邻居来帮助、支持我；她，叔华，是一个聪明体贴的安琪儿，……你简直没法想象还有像她这样真挚、体贴、美好、友善、幽默的人，而她对于生命却又是这样的坚强和笃定：她真是个宝贝！"① 写这信时朱利安到武汉大学才不足二十天。

既然凌叔华有"中国的曼殊菲尔"之称，她自然会由朱利安联想到徐志摩，把朱利安视为英国的徐志摩了。那么她与朱利安的起初愉悦交谈，或者有似曼殊菲尔和徐志摩那著名的二十分钟会见。

朱利安远赴动荡的中国，固然是向往革命，追逐女人成性诗人也很难改习性。此时凌叔华正情绪低落，住惯了胜友如云的故都，耐不住山地一隅的寂寞。院长太太的寂寞，异国诗人的猎奇，加之两人对文学的志趣一致，朱利安追求凌叔华相当顺利。甚至朱利安自己也觉得顺利得意外，凌叔华也要吃惊自己的积极回应。相识不过一个多月，朱利安即向母亲宣称，已经与他心仪的中国女作家恋爱了："亲爱的瓦内萨，总有一天，您要见见她。她是我所见过的最迷人的尤物，也是我知道的唯一可能成为您儿媳的女人。因为她才真正属于我们的世界，而且是最聪明最善良最敏感最有才华中的一个。"②

凌叔华送了件驼毛内衬的中国式长棉袍给诗人，已经进入隆冬，朱利安十分高兴，照了张穿棉袍的照片寄给朋友埃迪，换来一句夸奖，说他穿中国长袍的样子真庄重。朱利安回报埃迪更多的是恋情信息，为他描画了陷入恋情的凌叔华：

> 她很害羞，言谈举止都显得害羞……这是迄今以来我最奇特的一次恋爱。她紧张而热情，就像你的宿敌海伦（苏塔），她也总爱自我折磨，悲观，常需要别人肯定。她们的嫉妒心都强，不愿意失面子。但另一方面，她聪明，可爱，敏感，热情，还是个狡黠的小说家。她是社交的完美导师，帮我挡去

---

① 转引自江森未刊学位论文《在纪实与虚构之间——"朱利安与凌叔华"多重研究》。
② 帕特里卡·劳伦斯:《丽莉·布瑞斯珂的中国眼睛》。

了无数花招。①

朱利安信里形容的凌叔华,赢得埃迪赞扬:

> 从你的描述来看,苏[即凌叔华]和我们所认为的中国人一点都不像;我们认为中国人宁静,极富有经验而且可靠;但是苏,即便把她放在剑桥的爱情生活中也似乎毫不脱节——她身上完全不见数千年宁静文明的影子。然而,我也发现,尽管孔夫子是一位如此伟大的圣人,但人们仍想象得到,天下应该还有比儒家思想规范下的女子更优秀的女人。②

如此赞扬凌叔华,不知这位外国文化人对中国文化了解认识多少。凌叔华平时给人印象,全然典型的东方淑女。不过,埃迪的话未必无中生有,在特定场合特定对象面前,凌叔华显露了深藏的性格侧面。婚恋生活中,不如意的凌叔华和不如意的袁昌英,态度完全相反。袁氏留英留法,专治西方戏剧,言行举止难免含一点西式意味,骨子里主宰她的却仍是中国传统的伦理道德观念。她的不如意婚姻虽时有表露,但从不敢越过雷池,默默隐忍终生。凌叔华自幼泡在旧式大宅门里,没有留过学,浸润西方文化虽不及袁昌英,其实她几乎天生离经叛道,或者说,她传承了中国女性里卓文君一脉,一旦动情,敢爱敢为。外人不易看破凌叔华婚姻的缺憾,她自己是一忍再忍。一旦时机出现,保不准"于无声处听惊雷"。她与朱利安发生情事,应是迟早的事情,家庭生活久不和谐,忍耐总有节点,红杏因朱利安而出墙,还是欲出墙而移情朱利安,不易说得清楚了。

朱利安不断给母亲写信,报告他的情事进展。有人统计,一九三六年元旦前后的一个多月,这样的信写了十封。③ 发生恋情的契机大概是陈西滢的一次出远门,时时传来日寇妄图侵占故都的风声,凌叔华惦记独居北平的母亲,为此她来朱利安住处寻求情绪上安慰。朱利安在一封信里写道:

> 她走过来,坐在我旁边的沙发上——对我倾诉——我们经常这样——

---

①②③ 帕特里卡·劳伦斯:《丽莉·布瑞斯珂的中国眼睛》。

我抓住她的手——我感到她在回应我，几秒钟后，她就被我搂在怀里……她说，她过去没有爱过……整个氛围就像一本俄国小说……她是个极其认真的人，有很多苦恼；她说她什么也不敢相信了，现在却在努力寻找爱情寻找某些可以相信的东西。她娇弱、敏感、情绪非常复杂——她常常自我反省，但感情又非常脆弱敏感，这折磨着她。①

英国诗人沉浸在如愿以偿的兴奋里，不再满足悄悄的幽会，他写信向母亲絮叨恋情，文辞越来越失去检点，以获取精神满足。他倾诉私密的癖好从未如此强烈，丝毫不去顾忌凌叔华的处境和声誉。一次他正在给母亲写信，凌叔华看到其中关于自己的一段，大为光火，威胁要中断他们的关系，第二天又大吵一场。朱利安陷入离不开凌叔华的境地，怕果真从此了断，吵嘴刚停息便向母亲诉说：

> 如果不能让她回心转意我会绝望的。她绝对是我所曾经爱过的最严肃最重要最成熟的女人——而且也是最复杂和最认真的，也是最善良最迷人的人之一。所以可以预言，暴风雨期已经到来。②

不知这次暴风雨怎么过去的，猜想朱利安献了不少殷勤，外加狡辩。雨过天晴，朱利安喜爱划船，山下东湖是最为理想的去处，他和凌叔华双双荡桨，划出去十来里远。沿湖山水交映，农舍、渔户、古寺，一路掠过，满眼乡野风光，两人过了个非常惬意的周末。

两人密谋去北平欢聚，借口是看望那里的朋友。恰好凌叔华的忘年老友，燕京大学外籍教师克恩慈女士病故，是一个十分充分的理由。至于朱利安为何去北平，别人就问不着了，况且正逢他不授课的空闲日子。分头上路，凌叔华先走一步。列车上一夜醒来，她迫不及待地给朱利安写信：

> 我昨晚读了劳伦斯的短篇小说……一个人在孤孤单单的旅行途中，心不在焉的时候一定喜欢读这样的东西……冬天的风景很美，我很高兴再次看见

---

①② 魏淑凌：《家国梦影》。

辽阔的平原，平原上散布着的雪白雪白的积雪和枯黄的干草。远山上的棚屋很美，我喜欢它的形状，显得那么清晰，轮廓分明。山脚下总有些树林，树枝光秃秃的，与嶙峋的山峰也很相配。河流结了冰。我真高兴又看见了冰面泛出的柔光。啊，我多么喜欢华北！多么美的世界！①

凌叔华写给朱利安的信留存极少，这一小段洋溢着她享受爱情的陶醉，连文风都较她惯有的委婉起了些变化。兴奋而迫切地渴望即到眼前的容许自由、放纵的刺激时光。那是一段甜蜜而短暂的日子，朱利安不放过炫耀一番：

我正享受着久违了的生活。北平是世界上最伟大的首都之一——有些地方如同巴黎一样奇特。能想象有比和情人一起去巴黎更美妙的事吗？她对这个城市了如指掌。全身心地爱着你，无比动人。对食物的口味无可挑剔，她是全世界最浪漫男人的梦想。②

凌叔华存心安排朱利安住到一家德国旅馆，旅馆离史家胡同凌家不远。她陪伴朱利安逛遍了古城的名胜，闹市、故宫、北海、颐和园，还有酒楼茶肆，凡凌叔华认为该去的地方都留下双双足迹。老北京长大的凌叔华，哪里会去错地方。那些日子，看戏、溜冰、共浴，朱利安感受尽东方情调、东方女性。他想到在武汉的日子偷偷摸摸，未免丧气，抓住北平的机会尽情奢侈。他记述，"这段疯狂的时间让我脑子一片空白。你能猜到我们是怎样的快乐和愚蠢。K③找不到回去的路了，而我竟丢掉了随身携带的东西。"④唯有中国餐馆的习俗叫他不快："我们一起吃饭，但是狗屁的中国餐馆里竟然不能随心所欲地去炫耀你的情人，因为饭店中的席位隔开而坐。"⑤

这次远离武汉的幽会，实际半公开化了两人恋情。朱利安携凌叔华趋访北大外籍教师哈罗德·阿克顿（Harold Acton），这位教授酷爱中国文化，翻译了《中

---

① 魏淑凌：《家国梦影》。
② 帕特里卡·劳伦斯：《丽莉·布瑞斯珂的中国眼睛》。
③ 即凌叔华。
④⑤ 江森：《在纪实与虚构之间——"朱利安与凌叔华"多重研究》。

国现代诗选》。四十年后阿克顿写信给凌叔华仍不忘却,"啊,北京! 在那里我度过了生命中最快乐的时光。"① 快乐时光即有与凌叔华的交往。他和凌叔华、朱利安一起拜访齐白石,两个外国人各买了齐白石两幅画,每尺六美元的画酬,委实便宜。凌叔华得到的两幅,齐白石不仅分文未收,而且书写了题款。凌叔华带朱利安遍访自己的故交,他们全是文坛名流。赴沈从文家的茶会,一次就会晤到多位中国著名作家,朱自清、闻一多、朱光潜、梁宗岱,哪一位不上中国现代文学史册? 两人的关系不宜过分张扬,不得不遮遮掩掩。凌叔华让朱利安以英国作家、外国友人身份出场,很不称他心意。诗人虚荣,渴望炫耀一下俘获了中国才女,可一次次丢失机会。

北平那段浪漫时光,凌叔华为取悦恋人,竟不惜东施效颦。她摘下眼镜,烫发,美容。本来端庄的闺秀趋附起时髦,沾染了世俗习气。这副打扮,傍着朱利安走在前门大街,形象里还剩多少淑女气质,俨然变了个人。本来可以一眼从人群里认出来的娴静、优雅、别样的亮丽,现在却没入熙熙攘攘的阔太太娇小姐丛中,令人感慨,啼笑皆非。

北平古城太叫他们依恋,她怀旧,他新奇。不料朱利安患上感冒,无可奈何地告别了故都。回到武汉,他们愈加偷空在一起。朱利安学汉语,凌叔华学英语,合作翻译了凌叔华的小说《无聊》《疯了的诗人》,发表到上海的英文《天下》月刊。朱利安告诉朋友:"她把自己的汉语译成英语 —— 她的语言易懂,语法严谨。然后我仔细询问她在字面翻译中想要表达的微妙涵义,……一旦找到确切的(而非含混的)涵义,我就想出一个英语的句子打出来,其中加进了很多特殊的时态,把简明的词句扩展为各种形象的话语,再用上近似的对应英语习惯语和手法等等。"② 这样的合作,两人得以更多机会卿卿我我。

北平之行可谓他们恋情顶点,顶点必定不得持久。朱利安开始"对感情的事感到厌倦",以致说出近乎无赖的话:"友谊比爱情更宝贵。"③ 相恋始末,两人思想、道德、婚恋观一直碰撞,反映了中西文化巨大差异。无论凌叔华怎么离经叛道,她总归是中国女性,秉持中国女性普遍的情愫。只要情感投向了哪个异性,

---

① 帕特里卡·劳伦斯:《丽莉·布瑞斯珂的中国眼睛》。
② 朱利安致埃迪信,转引自帕特里卡·劳伦斯《丽莉·布瑞斯珂的中国眼睛》。
③ 江森:《在纪实与虚构之间 —— "朱利安与凌叔华"多重研究》。

像许多女子一样，专一、执着、痴情，一旦许身就难以自拔。凌叔华不是诗人，犹似诗人，虽然没有发表过新诗，①而她的小说明显充溢诗意，本人也富于诗人气质。诗人气质大大强化了她女性一往情深的激烈。邂逅一个帅气的名副其实的诗人，情无反顾，唯图永以为好，其他一切不顾了。

朱利安完全不是这种态度，他成长的布鲁姆斯伯里文化圈，全然不把恋情看得如东方女性的执着。那群作家、艺术家习以为常地公开谈论朋友情事，默许配偶和情人同时并存。赠送凌叔华版画的罗杰·弗莱，正是朱利安母亲瓦内萨·贝尔的情人，圈子里谁都知道，却无人持一丝非议。连朱利安也没有受此影响，照样与母亲情人罗杰·弗莱友善而密切，并要为弗莱作传；母亲不是也纵容儿子拈花惹草，为他的情人画了幅两人对坐弈棋的油画。他们从不避讳彼此的情事，朱利安随时向母亲倾诉他在中国艳遇过程，甚至不避讳性事细节。中国人难以启齿的情状，他母子交流起来坦白而自然。如果说朱利安热衷政治、渴望战争有悖母亲所在文化圈的共同见解，那么性自由方面，他比长辈们走得更远。他一再声称，"天生不相信一夫一妻制"。热恋凌叔华的同时，他仍无所顾忌地与其他女性暧昧，一个姓廖的中国学生，另一个来自英国的白人姑娘。哪怕那么热恋凌叔华，他依然多次表示，无意和凌叔华结婚。②

女作家和洋诗人的绯闻在武汉大学校园里传得沸沸扬扬，凌叔华处境尴尬，似无退路，向朱利安要求婚姻名分，当然是缘木求鱼。她恼怒朱利安不负责任，经常争吵，越吵越凶。更时时以死抗争，随身携带一小瓶老鼠药，又备了一把割腕的蒙古刀子，再不就扬言吊死在朱利安房里。朱利安母亲担忧真出人命，朱利安依旧无所谓。他安慰母亲，凌叔华自杀威胁的次数降到每周不再超过一次，仿佛有点庆幸。然而，诗人终究意识到绝望女人的可怕，不得不重新考虑处理两人的关系。朱利安别无选择了，只得准备娶凌叔华为妻，纵然这太违背他意愿。他以为不幸之幸的是，无需背负赡养妻子的累赘，凌叔华将继承父亲一笔可观的遗产。再说，她还能卖画、写小说赚稿费，养活自己绝不成问题。他们筹划凌叔华先行离婚，朱利安迁居另外一个城市，譬如北平，继续教书，凌叔华随后跟去。

---

① 早年和晚岁都发表过若干首旧体诗。虹影取材凌叔华经历的小说《K》附录有她的一组新诗，但它是小说，不便确认为凌的作品。
② 帕特里卡·劳伦斯：《丽莉·布瑞斯珂的眼睛》。

陈西滢终于知道了妻子的外遇,他思之再三,权衡种种顾忌,提出三种解决方案:其一,和凌叔华协议离婚;其二,不离婚,分居;其三,凌叔华与朱利安彻底断绝恋情,破镜重圆。任由她抉择。陈西滢真是君子,宽厚得常人很难相比。离婚本是凌叔华所愿,寻死就是为了与情人永久厮守;回归丈夫则正中了朱利安下怀,他承受不了东方女子这份沉重的情爱。结果,凌叔华出人意料地理智,宁愿"其三",回归朱利安出现以前的家庭生活轨道,也许她醒悟了不能终身依托朱利安。何况,离婚各方面将失去很多,眼下享有的令人羡慕的声誉、事业可待发展的前景,并非绝对过不下去的陈氏家庭的破碎。而朱利安的态度也格外出人意料,他一反常态,答应正式娶凌叔华为妻。

凌叔华不得已的决断,平息了风波,顾全了大家脸面。可是,情感事难以立竿见影了结,凌叔华发誓不再与朱利安往来,却依旧暗中写信给他诉苦:"我这过的是什么日子!我这般受尽折磨为的是谁呀?"① 朱利安给埃迪的信里同样叫苦:"愈加麻烦了,我对 f-② 已经十分厌倦,但不能放弃,像英斯甚至是叔华这样的人——你必须认真柔情地对待她们、照顾她们、关心她们——已不再合我的口味了。"③ 英斯·杰克逊即是他热恋凌叔华同时又往来的英国女人,她也是武汉大学教员。

原协议朱利安任教武汉大学三年,现在非得提前离开不可了。他曾经顾虑,若西班牙爆发战争,三年期能不能提前辞职,奔赴战场当志愿者。顾虑终成多余,不意竟以这样的桃色纠葛走了,走得太没有光彩。他只好对武汉师生谎称英国家里有事,对英国朋友又另外编造个体面理由——是出于政治因素。两人一场轰轰烈烈恋情告终了,凌叔华倍感痛苦,又蒙屈辱。朱利安似乎正好脱身,求之不得。

武汉大学左翼学生为朱利安开了不大的欢送会。他们误以为陈西滢政治立场保守,赶走了激进的朱利安。陈西滢忍辱赴会,会上学生并不掩饰对他的义愤。陈西滢哑巴吃黄连,他不能申辩、道出真相,凌叔华还得在学校生活。

相反凌叔华食言了,老远赶到广州送别朱利安,又追到香港再见一面。她送一件裙子给朱利安妹妹,并约定日后通信方式。朱利安也失信于陈西滢,可能协

---

①③ 帕特里卡·劳伦斯:《丽莉·布瑞斯珂的中国眼睛》。
② 《丽莉·布瑞斯珂的中国眼睛》原译注:此处"f-"是粗俗语 fucking 的隐讳写法。

议时就不相信自己的承诺。他不能理解中国人的一诺千金，陈西滢致信指斥："你不是一个君子。"[1] 朱利安、凌叔华都不守信用，或情不自禁。陈西滢亦太过书生。

同时恋着朱利安的英斯也登上了这条船回国，英斯毫不强求朱利安娶自己，所持是西方女性又一种婚恋观念。凌叔华很不愿与她照面，还是在船上狭路相逢。朱利安毫不介意，他本来不相信一夫一妻制，不必说两个情人。凌叔华反应如何，没有留下文字。

几个月后传来朱利安阵亡于西班牙前线的噩耗，他参加了反法西斯"国际纵队"，驾驶的救护车未能躲过追击的敌机。酷似电影场景，朱利安临死之际，喃喃自语，又似对救护人员诉说："我一生想两件事——有个美丽的情妇；上战场。现在我都做到了。"[2] 朱利安牺牲时才二十九岁，那么年轻。武汉大学校友们为反法西斯战士举行追悼会。陈西滢与会，坐第一排，犹如王赓出席陆小曼和徐志摩婚礼，有十足的君子风。不知凌叔华有否参加追悼会，去与不去，都摆脱不了尴尬。

这段往事在中国本已被忘却，几乎无影无踪，我们素有为贤者讳的传统，凌叔华同时代的知情者不约而同地集体缄默。而在英伦，他们妥善保存了关于朱利安的资料，整理出版了《朱利安诗文书信合集》，还出版他和另一位牺牲者的双人合传《往前线之旅——通往西班牙的两条路》，它的第三章"朱利安在中国"，费相当多笔墨记述朱利安和凌叔华的情爱。不知情的陈小滢，看到朱利安传记，以为传主是父亲的故友，买来做生日礼品敬贺陈西滢。[3] 陈西滢认真细读了整本传记，纠正若干错字，写了不少批注。批注了什么不得而知，肯定是些有意味的文字。

在欧洲岛国，朱利安是他们的诗人、他们的英雄。中国当代作家虹影女士依据英国保存的档案材料，创作了长篇小说《K》，作者虽无恶意，试图塑造两个中外知识分子形象，表现两种文化碰撞，然而这本小说家言，以文学想象过分描写了性事细节，引起凌叔华后人不满。后人与小说家对簿公堂，官司一度受媒体和

---

[1] 陈小滢：《回忆我的母亲凌叔华》
[2] 见彼德·斯坦斯基和威廉·亚伯拉罕斯合著的英文本《往前线之旅》(Peter Stasky and William Abrahams Journey to the Frontier: Two Roads to the Spanish Civil War)，转引自江森《在纪实与虚构之间——"朱利安与凌叔华"多重研究》
[3] 《家国梦影》说成陈西滢买此书送给过生日的陈小滢，著者的材料来自陈小滢，想是著者听错了

学界关注,法院判了虹影败诉。

传写凌叔华一生,没有必要也不应回避她这段情事。由于中国知情人缄默,于是这方面材料非常短缺,所见仅几种国外著作及朱利安书信,其中有关于凌叔华的一鳞半爪。然而著作是译本,书信是摘录,中国读者都不免戴着他人眼镜观察这段中外之恋。凌叔华写给朱利安的信,完整的只有几封,保存在美国。朱利安书信诚然为研究提供了难得的材料,可是,他生来的种族、性别以及当事人偏向的局限,他夸张的个性,势必造成事实局部走样或歪曲,这于凌叔华很不公允。今天描述他们情事,应当透过文字雾障,力求靠近恋情真相——谈何容易。

好在已经了解的基本史实没有太远偏差,我们看到,一个西方青年在中国轻率经历一场的不够负责的爱恋。谴责朱利安是个有文化的浪荡子一点不为过,单单用两种文化碰撞不能掩饰他的过错,不管他在情事以外有怎样很可赞许的表现。凌叔华值得同情,不幸遇到一个年轻的情场老手,为浪子付出太多,几乎不能自拔。如果当年她自杀,岂不成了中国的安娜·卡列尼娜。

朱利安伤害了凌叔华,凌叔华伤害了陈西滢。凌叔华可以有情感选择,但不该逾越道德底线。她错在对丈夫不够坦荡、缺少尊重。比之林徽因婚外情上的处理,便见出高下。林徽因难舍金岳霖,坦然相告丈夫,完满化解难题,世人传为佳话。凌叔华未能像她的文学作品超凡脱俗,给喜爱她的读者以难以言喻的遗憾。

朱利安回到伦敦又写信给凌叔华,再次真情而苍白地表白"深深地爱你"。鼓动凌叔华和丈夫分居,希望她回到自己身边。① 深爱凌叔华的还是陈西滢,原谅了她一时出轨,容忍她终生不够体贴,珞珈山教授吴其昌说:"通伯这个人啊,有点英国脾气。脾气是有点的,但你若强过他头上,他也嘎弗转(碛石土话,没办法的意思)了。叔华是完全掌握他了。"② 陈小滢问晚年的父亲,为什么还和母亲相伴一辈子,陈西滢沉吟过后,只说了一句:"她是才女,她有她的才华。"说完,慢慢站起身来,默默走开了。③ 小滢目送父亲背影,不难设想陈西滢心潮起伏。

---

① 江森:《在纪实与虚构之间——"朱利安与凌叔华"多重研究》。此论文述及,"在朱利安离开英国远赴西班牙之前,K(凌叔华)最终跑到伦敦和他作最后的告别。"存疑。
② 吴令华:《回首萧瑟处》。
③ 陈小滢:《回忆我的母亲凌叔华》。

女儿领会了,父亲一直爱恋着母亲。说他爱恋异性,不如说更多是爱她才;当初凌叔华爱上陈西滢,大概也爱的是文学。

中国卢沟桥枪响后第十一天,朱利安血洒西班牙疆场,或许这是上帝给他们情事作彻底安排,不然悲剧还将演绎下去,凌叔华苦酒不知何时才得饮尽。同饮这杯苦酒的将还有陈西滢,他的酒更苦。

烽火岁月

凌淑華

颠沛乐山

朱利安走了,一去不返,往事留给凌叔华暗自咀嚼。一年多后她心境渐渐宁静下来,一页当时日记,足以反映她那时情绪:

> 清早在床上睁眼便见窗外白茫茫的雾弥漫湖山,心想该晴了。起床后,果然太阳出来,家人相见,都面有喜色,因为一连十几二十天下雨,不晴便要成灾了。
>
> 湖山映日更加可爱,一大片亮晶晶的水衬着青青的山,一抹一抹粉绿浅黄的汀洲,湖上还飘着一两只带帆的船。我立在阳台上了望好久。
>
> 日边雀声吱喳,比雨中的蛙声,和悦得多了。栏杆上时时飞来一两只小麻雀,转着灵活的小眼睛,向我探视。我真想像抚爱可爱的小孩那样摸一摸它们圆圆的小脑袋!
>
> 黄昏时与小莹在山路上散步。槐花落了一地,它的这种苦香,令我怀念北平中央公园的丁香、芍药,此时也许盛开。今年花事怎样?想添了不少穿木屐的看花人了吧!想到此不觉怆然。①

所谓"怆然",当是太平岁月里悠闲的怆然。她不会料到,这样的日子为时不多了。

---

① 应约,日记代文文稿,拟题《小莹》发表。见《凌叔华文存》。

卢沟桥事变震动全国，接连是北平城陷落和天津南开大学炸成一片焦土。大批学者、教授、作家、文化人纷纷出走古城南下，许多凌叔华朋友陆续到江城武汉落脚，在这里继续文化事业。杨振声、沈从文、萧乾遵教育部命，编写一套语文教材，他们租居在珞珈山下的五福堂，经常上山与陈西滢、凌叔华夫妇小聚。

头几个月武汉还算后方，并形成全民抗战的一个中心。凌叔华走出客厅，投身民族斗争洪流。伤病医院有她身影，报纸有她宣传抗日文章。她记录下战火中穷苦儿童的惨状：

> 他们是如何的苦挣扎想保全他们孩子的生命，只要去到安全地点不会饿死，他们谁不要把自己孩子送去的呢？可是他们之中，或为了生活，为了职务，为了抗敌的组织，不能轻走他方，如有可靠的地方可以独自让孩子前去，他们只希望不饿死，此外他们一无所求的。我们看见听到有很多这种父母，他们唯一目的，只在乎孩子们如何免掉无谓的牺牲。一年来，我们听到了不少关于轰炸中发生过成人对弱小儿童施行的残酷故事，有见之诸人传说的，有见之笔记报章的，（在多次空袭警报中我亲眼看见成人挤推小孩于地上，无人理会，在防空壕中屡见有成人狠毒的咒诅小孩咳嗽，却永远没有一次见到年壮力强的男妇援助一个不相识的小孩子！）其中有两个传说算是狠毒之尤者，一个是去冬长江航行的难民舱船上，忽然发现敌机飞行江之上空，全船难民自然惊吓万分，此中忽有一婴儿啼哭起来，大家竟公然异口同声要求其父母掷婴儿于江中，其父母哀求无效，但强迫执行之后，其母悲伤亦投江而死。另有一个故事，据云发生在某次广州空袭，我在一篇记载中看到的，在警报放出时大家携男带女避入防空壕内，有一幼童忽然啼哭，众人大怒，强迫驱逐此小孩于壕外，声言任炸弹炸死他才好。我们好意的代他们辩护，也许可以说他们在神经过度紧张时一种变态行为。若不如此曲为解释，我不知道应给他们什么罪名了。总而言之，为首提议处死婴儿或驱逐幼童之人，应当把他当作汉奸治罪，他不但害的是一个，他还害的是中国，因为中国此时能多保留一条有希望的生命，即所以保留国家一分元气。况且这种非人道的行为，竟施之于本国孩童，传播

欧美，也玷污一国的国誉。①

触目惊心的叙述，义愤填膺的斥责，都是凌叔华以前文章从未有过的。

纵然如此，国民战斗精神犹在。她和女同胞们缝制了一批手工艺品，请在美国做大使的胡适代为出售，所得钱款全数捐给战时儿童保育院。她呼吁："最妥善的办法，还是把接近战地以及有被轰炸危险的城市或村镇中的儿童尽量收集，尽力把他们移送较为安全的地带。最好能教养他们，使其在抗战岁月中，身心仍得良善发育，为国家制造一些未来的良善有用的国民，使他们成为我们复兴的一批台柱子。"② 她考虑到，战后将有无数战争孤儿，当如何善待他们："如若中国将来也采取德国那样儿童应归国家公养的办法，那么孩子们也有福了，国家也更有了复兴的前途了。我们穷苦人家的孩子百个中至少有一大半是吃不够的，营养良否更说不到。到了抗战胜利的一天，我希望还有人多注意这个看着似小而确甚重要的一个提议。"③

凌叔华夫妇双双加入数十知名作家共同发起成立的"中华全国文艺界抗敌协会"，陈西滢当选为协会理事。此前势不两立的左翼作家右翼文人团结一致，同仇敌忾，并肩战斗。

形势急剧恶化，很快武汉也成了危城。凌叔华随学校西迁四川乐山，乐山古称嘉州。迁校前夕英国小说家克里斯朵夫·衣修午德和诗人 W.H. 奥登曾来访武汉大学，这两位作家都来自布鲁姆斯伯里文化圈。东道主热忱欢迎，楼里茶会，楼外战争阴云密布，宾主礼貌寒暄掩不住忧心忡忡。凌叔华画了两幅扇面送客人，画面取珞珈山东湖风景，云雾缭绕，迷迷蒙蒙。她题了两句古诗："雾罩江山云未开，且将一饮寄愁怀。"她嫌诗句消极，再续了自拟的两句："正当举国同奋起，惊叹走笔忘吾哀。"又特意取出一颗象牙人头雕像，搁进精美小盒，请衣修午德带给朱利安的姨妈弗吉尼亚·伍尔夫。

客人离开，凌叔华也要辞别武昌。寓所楼前山坡上，两株紫白玉兰树，枝头绽放出一簇簇娇艳花朵，它们是凌叔华初来珞珈山亲手植下的。凌叔华伫立树前，仿佛树也有情，知道主人要远行，怒放送别。她顿时一阵悲凉，心头浮出李后主

---

①②③　凌叔华：《为接近战区及被轰炸区域的儿童说的话》。

词《破阵子》:"记得仓皇辞庙日,教坊犹奏别离歌。挥泪对宫娥。"启程那天,轮船西去,黄鹤楼一点点地隐没江雾里。甲板上挤满因战火失去父母的孩子,领队人带他们纵情歌唱,以驱赶孩子们背井离乡的悲伤。凌叔华明白领队苦心,愈加悲从中来。身边不足十岁的小滢开始流鼻血,流了好几个小时。

陈西滢一批教授已先行抵达乐山,武汉大学新校址坐落岷江、大渡河、青衣江三水汇合处,屹立江边十数丈高的大佛俯视小城。学校机构临时栖身阔大的文庙,教室、图书馆、校长室、教务长和校一级办公室,一应包容在内。大庙撑得满满,各个学院在庙外钟鼓楼办公。教职员分散各处,陈西滢、凌叔华家安在城北半边街五十七号,住一起的有陈西滢的母亲和姐姐。

珞珈山岁月整整十年,如今,教授夫人优裕生活顿时沦为小城难民困顿日子。武汉大学也不再像珞珈山时期生机勃勃,领导层换了人马,人事纠纷迭起。这种纠纷,平时各地都是难免,此时此地,由于环境危难愈加激化,这于陈西滢很是不利。文学院教师骨干的籍贯主要在安徽和湖南,所谓淮军、湘军。朱东润回忆:

> 在武汉的时候湘军、淮军的斗争在暗地进行,进入四川,一切都表面化了。淮军的领袖是校长王抚五,湘军的领袖是教务长周鲠生,他们都是从北京大学来的,但是到了现在,老兵新传,各有各的天下了。在北京的时候,大家都维持着绅士架子。绅士,是英语的汉义译,和中国古代搢笏垂绅的原意没有多大关系。在北京他们大多住在东吉祥胡同,所以有人称他们为"吉祥君子"。君子们把绅士的英语音译为"金德孟",既然是"金德",而且又"孟",当然总有些望之俨然的。可是也有人把它译为"尖头鳗",那就不够高雅了,"尖头"已经不可,何况还是"鳗"呢?
>
> 但是到了乐山,金德的光辉已经黯然失色。绅士们的头,不期然而然地尖起来了,而且大有鳗气! ①

陈西滢籍于江苏,非淮非湘,本应属两派之外,可是牵涉"现代评论"派吉祥君子渊源,他便被归入湘军一边,摆不脱是非漩涡了。他任文学院院长,下属三

---

① 《朱东润自传》。

◇ 凌叔华绘在女儿纪念册上的乐山新居

中秋即事 二首

樂山又過中秋節　獨酌陳眉嶒居州佳釀獨
自憐雲霧也擁人　蒹葭不教圓月照江樓
年光怊悵逐江流　去故里何止了重回
一夜旅愁眠不得　眠看曉色入窗來

晚登峨眉

大渡河邊晚霧昏　日遠天青影見峨眉
問渠何事罩罩鎖　為有秋陰雲不開

◇ 陈西滢作《中秋即事二首》

个系的系主任一色淮军,唯校长王抚五之命是从,这个院长就难当了。陈西滢推荐来的叶圣陶,也成了城门下的遭殃池鱼,备受系主任刁难。凌叔华向胡适哭诉陈西滢处境:

> 这两年他为王星拱(现在武大校长)排挤得十分苦恼。王抚五为人一言难尽,他在我们朋友中的外号叫王伦(水浒上的),嫉才妒德,不一而足,且听信小人,不择手段行事。因此武大几根台柱如端六、鲠生、南陔、通伯都辞了职了。现在都打算走,不过雪艇拦着他们,仍在教书,迟早怕都得走。①

此时的陈西滢,事业受挫,国恨未消,心情相当郁闷。他极少写诗,一个中秋之夜,北望故都,心潮起伏,感慨不已,写下《中秋即事二首》:

> 其一
> 乐山又过中秋节,
> 独酌陈眉独自愁。②
> 云雾也怜人寂寞,
> 不教圆月照江楼。

> 其二
> 年光暗逐江流去,
> 故里何时可重回。
> 一夜旅愁眠不得,
> 眼看晓色入窗来。③

另有一首《晚望峨眉》:

---

① 凌叔华致胡适信,载《凌叔华文存》。王抚五本名王星拱,端六姓杨,南陔姓刘,通伯系陈西滢的字。雪艇本名王世杰,曾经任武汉大学校长。
② 陈西滢自注:"眉州陈酒味似陈绍。"
③ 手稿,引自陈小滢《散落的珍珠》。

> 大渡河边望落日，
> 远天青影见峨眉。
> 问渠何事深深锁，
> 如有秋阴云不开。①

诗无特别过人处，旧体本非陈西滢所长，但愁云深锁的情绪弥漫在字里行间。

凌叔华初到乐山仍壮怀激烈，她这么告诉英国友人："眼下看来，我们过得应该还不错，因为我一直觉得既然是中国人，就得不怕吃苦，准备着受些苦难，这样一来，你才能逐渐学会苦中作乐。"② 又说："那仅有的火花，燃起我生命存续的火种与力量。面对着整个民族的巨大灾难，人们感觉到个人的悲痛简直不值一提，"甚至略带夸张地宣称："在众多妇女中，我认为自己是个战士。"③

第二年日本侵略军更加疯狂，发动了震惊全国的乐山"八一九"大轰炸。三十六架飞机，百余枚炸弹，全城一片火海。袁昌英家化为焦土，几名武大学生捐躯，其中就有上海女作家施济美的恋人俞允明。人们渐渐醒悟，赶走日寇原非三朝两夕的事，该有长期抗战的思想准备了。

凌叔华此时描述的场景稍不同于抗争初期的激愤呐喊。童子军上街激昂慷慨宣传抗战，站上板凳，满脸通红，汗水淋漓，可当地民众，"惊奇的望着板凳上的人，有什么不得了的事值得这学生这个样子，他们都想着互相问着"。一个自以为听懂的看客回答："原来是抱打不平的，他要替人家报仇，叫大家帮他……"④

凌叔华也冷静许多，笔墨落在的另一类景象，其实它也是现实的一种。此类生活情状抗战初期即存在，只是亢奋的文人视而不见。初期抗战文人情绪激昂，以为胜利指日可待。相持阶段激昂情绪变为沮丧乃至悲观失望。现在，凌叔华是否有意批评抗战动员的不够深入呢？ 抑或自己不佳心绪的别样流露？ 凌叔华抱怨："中国的战争似乎比半年前人们所预料的持续了更长的时间，人们不由得觉得

---

① 手稿，载陈小滢《散落的珍珠》。
② 凌叔华致伍尔夫夫信，载绝淑凌《家国梦影》。
③ 凌叔华致伍尔夫夫信，载帕特里卡·劳伦斯《丽莉·布瑞斯珂的中国眼睛》。
④ 《后方小景》，载《凌叔华文存》。

这仿佛是上帝的意志,势要灭绝黄种人种。"① 凌叔华常常失眠。勉强睡着,残酷的战事犹能闯入梦境,住房中了炸弹,家具狼藉,废墟烟火弥漫,无人收殓的尸体横七竖八,腐臭呛得人透不过气来。

持久战事考验中国人意志,凌叔华不是意志十分坚强的人。艰苦漫长的边地日子,教授薪俸抵不上女佣。读书人皆面有菜色,一个春天武大就死了三位教授:董方刚、吴其昌、萧君绛。凌叔华终日烧火、洗衣、劈柴、跑街,与陈西滢的母亲、姐姐相处又多龃龉。加之患了甲状腺病,不耐四川的潮湿气候,多方求治无效。医生危言耸听,说本地不少人以此病而毙命。听闻女学生自杀,她受刺激不小。以自己和这个女生比较,竟认为,"我要不幸得多,但是她有勇气结束这生命。"②给远方朋友的信里她不止一次暗示过自杀念头,或许她只是在危言耸听。

她想出国,便去求助正在美国的任大使的老大哥胡适,希望找一份美国教职。教什么都行,文学、美术,哪怕教国语、粤语。她历数自己业绩,且借他人之口,夸自己是"惟一对国画学尽最大努力的人"。③ 且自我表白:"我自己也觉得别人像我能为擅全研究而又肯努力的,目下还没有。"她也意识到有失自谦,赶紧自嘲一句:"你不觉得我有点老王卖瓜的神气吧?"④ 凌叔华出国的念头情有可原,但此时正病入膏肓的林徽因却谢绝了友人安排好的出国疗养,可见出她们的差别。

---

①② 致伍尔夫信,载帕特里卡·劳伦斯《丽莉·布瑞斯珂的中国眼睛》。
③④ 凌叔华致胡适信,载《凌叔华文存》。

沦陷的故都

谋求出国的事未能如愿，凌叔华倒先去了北平一年多。母亲李若兰病故，她奔丧尽孝女之义。她只带了女儿小滢同行，落脚在父亲留下的北平史家胡同旧宅。胞妹淑浩远在美国，二姐淑平也没有从上海赶来，一起办丧事的只有大姐淑芝，淑芝原先已带着十五岁孩子守着旧宅度日。淑芝和丈夫都没有稳定职业，男的当久了大少爷，从未学得一项谋生技艺；女的亦娇生惯养不耐苦读，哪里胜任得了什么职业。凌叔华将旧宅出租给日本人，这一来淑芝一家不得不搬离赖以栖身的住房，姐妹两人为此吵得不可开交，甚至大打出手。躲到桌底的小滢，看见姨妈挥动菜刀，追得她母亲满院子躲闪。

凌叔华料理完丧事住了下来。应燕京大学文学院院长郭绍虞之聘，担任"新文艺"课程。城里旧宅出租后她得另寻落脚地方，购置了西郊海淀一处私房，燕京大学南门外羊圈胡同三号，小滢进了大学的附属小学读书，母女俩教书读书都很方便。记者慕名登门采访，她"和蔼的面孔上带[戴]着一副黑边眼镜，头发光光的梳成一个横髻，一件短袖蓝毛衣罩在蓝大褂上面。脚上穿着白帆布高跟鞋。"[①]这幅难得的沦陷故都时凌叔华素描，如她一贯的端庄、淡雅。

燕京校园可过从的已没有什么人，整个北平也没有几个可交谈的朋友，能够并且值得往来的人几乎走空，他们不愿在铁蹄下苟延残喘。周作人倒还在城

[①] 《凌叔华访问记》，刊一九四〇年九月二十一日《燕京新闻》。

内,凌叔华对他敬而远之。不说断了往来多年,如今周作人的敌伪官职,她无论如何总得退避三舍。一次南去上海的火车上不期而遇,凌叔华也不肯照面。她实在耐不得寂寞,就进城找常风。战前常风做过朱光潜主编的《文学杂志》助理编辑,凌叔华担任编委,算是老相识。常风不时写些书评,寄过文稿给凌叔华编辑的《现代文艺》副刊。常风比凌叔华年轻十来岁,文坛资格不在一个辈分,交谈无妨,谈不上亲切、尽兴,聊胜于无吧。有时凌叔华带小滢进城办事,多在常风家息脚。常风陪她拜访美学家邓以蛰,他收藏了不少名家书画,凌叔华看中了清代画家恽南田的对联。她偏爱恽南田,也清楚恽南田墨迹存世稀少。琉璃厂字画商给这副对联开出收购价三百大洋,邓以蛰舍不得变卖,尽管手头拮据得很。凌叔华得知消息,请常风代为说项,想以二百五十元转让过来。常风知道邓以蛰不忍割爱,又明白凌叔华志在必得。只好为难答应替她说说看,并对她说:"你若非想要此对联不可的话,你就给邓先生三百元好了。"凌叔华手头也紧,仍央求常风以二百五十元的价格去商量。岂料邓以蛰极其爽快:"都是熟人嘛,无所谓,她想要,她拿走也可以吧,不要说什么钱了!"① 事情虽然意外办成,常风不免一番感慨,同样的文人,同为酷爱艺术的藏家,还是有点差异的。

太平洋战事一起,美国被日本激怒加入敌对阵营,属美国教会的燕京大学失去沦陷区的中立优待,学校办不下去了。校长司徒雷登宣布临时解散,凌叔华不得不再度离开北平,这一回离开她无多依恋。老母不在了,也看尽了故都同胞所受种种蹂躏,自己何尝没体会到被剥夺民族尊严的贱民滋味。

初冬,母女俩经过上海、广州抵达香港,再往前走,选了一条避开日寇封锁的便道,由广州湾行山路,走内河,短短路程二十余日才到了柳州。母亲羸弱,女儿幼小,两人经历了从未有过的艰辛之旅。行程路线,艰辛情状,凌叔华都详尽记述下来了:

> 由赤坎到郁林,须走六天旱路,得有走过的人带领方才放心走。我们因为要等待一个朋友同行,故在铜臭熏人、赌场林立的赤坎住了近一周。此地店房粗俗而索价昂贵,四望均为作买卖店铺,马路虽有两三条,但十分嘈杂

---

① 常风:《回忆凌叔华》。

污秽，连一处可以散步的地方都没有。我同小莹住得闷极了。她才过十岁，对于买卖，比我更觉索然。朋友本约定九日由港到，到后即全走旱路到郁林，不想在八日下午我们就得到号外说日本已实行攻打香港了。赤坎只与香港相隔一日水程，故街上立刻呈现恐慌，居民买米买面买油买酱，饮食店挤得水泄不通。人们似乎都想把钱掷出去，换回随便什么可吃的物事就成。与我们结伴走的一个朋友联君，他也觉得如此情形，此地不可再住下去了。晚上安南兵出来巡街，据云：全市只有六个安南兵，三个法国人。

……

诸事均办妥当，于是我们次日清早九时冒雨走，意欲当日到遂溪，因那里有比较干净可靠的客店下榻。十一时到雷州关（即蔴章关）时，大雨倾盆，轿子衣箱均淋漓滴水，查关的在一架蓆棚下，地下水深没足，泥泞不堪，但铁面的关员并未忘记他的威风，他喊令脚夫放下各物检查，每个衣箱，每件东西，都拿出细看。看到我的旧皮鞋及旧衣服，有一个说："这东西还带到内地，算来不够挑夫力钱。"同行朋友因带了几身新做西装，他们很兴头的拿去估价，结果按赤坎时价估出，得收税八百元，联君忍痛交了，方让我们挑夫走路。①

锦衣玉食的大小姐吃这般苦头，只能感叹时代的赐予，同辈淑女承受过这赐予的何止千万。

翌年元月，母女再经桂林、贵阳、重庆，一路乘船、骑驴，坐手推车、手摇车、容易抛锚的公共汽车，跋山涉水，好不容易回到乐山，也带回了一肚子沦陷故都的小说素材。不久桂林出版的《文学创作》杂志连载她中篇小说《中国儿女》，署名"素华"。"素华"是凌叔华的笔名，大概只用了这一次。小说情节以一对兄妹行踪展开，中学生建国和宛英痛恨校长屈服日寇，抵制学校庆祝皇军大捷的游行。市民暗中袭击了日本兵，引发了日伪大肆镇压，凡可疑者皆被抓，数千人遭殃。建国和同学徐廉秘密出城，往玉泉山寻找抗日力量。路上目睹了京郊民众惩处日本宪兵和汉奸的壮举。城内母亲因建国出走受牵连被抓，但不知关押何处，妹妹

---

① 《由广州湾到柳州记》，刊《妇女新运》杂志一九四二年四卷八期。

為接近戰區及被轟炸區域的兒童說的話

凌叔華

自抗戰以來，我們不忍說，可是不得不說，我們幼小的同胞不知已犧牲了幾多萬寶貴的小生命了。他們是純粹的犧牲者，他們當然不是敗類上具敵愾心而死的，而憂戰救亡的責任我們還輪不到加在他們脆弱的肩膀上，可是他們為什麼做了犧牲者呢？

每次敵機轟炸一次大城市，被一座座村鎮肉彈炸死的人們死傷無數，俱是無人數目，有些還宛然無生命力！在報上題大些發得兇慘死的照片登在報上顯明的地方，特別把小孩子的，以期引起多少的憤怒悲憫，但是沒有什麼用呢？在全部實行最大的效果，不過激動另一班人的同情，同情而不見實行，那也不會使死的人冥目。

道一年來，廣州武漢華北被轟炸次數最多的大城市，我們不忍統計我們無辜的幼小者已經有多少個陣亡的遭殃。有多少次我們不得如者我們對後此對敵人的瘋狂憤怒抑制一下，平心想一想他們的犧牲我們成人們至少也該負一點責任，那是沒他們的誕死，我們不能免令無智吧

，奶粉以及魚肝油精，應有盡有的挾着高飛遠走，市村落中等待悲慘的命運的小兒究竟還厲多少？在城區任磅火轟炸呢？為什麼他們還居留在危險前，自古以來，他們設法給安全地點呢？為了報紙大仇，有十年生養教訓的成功史話，可見我們不忘今日方幾個白兒為了國家復興為如何童女，了。在人道主義上講，他們幼小者更是一批能早被護送的人了吧。

我們同時也常常看到報紙載着敵人在銀佔領區域中將中國兒童大批大批運去，進行奴化教育為期多少年後，作下流無恥的「殭屍」或別樣練成奴才軍以打中國。日前在報上還寧到一則最心消息，據云敵軍官於愛得洗血者，均抽取小兒童的血液，以為註射用因為兒童之血較敵清潔，我們只要是有幾分血性的中國人，誰看着這新聞不會覺得心驚肉痛。咳！一朝如果我們被抽取血液的就是我們自己的威州孩子親友的呢？我相信十個人有九人會氣煩死了。

在育教轟炸誌接近戰爭危險的城市之中，有親人家的孩子，父母親及那早已懷念之熟熱遠逃，孩子身上好羊毛衫褲，吃的是外國可可糖

，點心或補養品，他們又是如何的苦神中悲悸的哪兒。話說回來，他們怎樣在無情大炮火裏保全他們自己的生命，又要走到安全地點不會餓死，不此機餓而死的格外可怕了。雖然他們何嘗不愛有許多不工作或外處有親戚的朋友的，父母不做粗工的便無飯吃，他們一舉門工作的地方是有餓死的危險，老天有意似乎要他們故事說聽，象不餓食的人家，孩子也甚多，平日想起們只機來人死而死亡。本來已多煤慮，此時或然的死神戰爭也到來又死亡，所以他們倒不覺得這種可比擬鬧而死的格外可怕了。雖然他們何嘗不愛自己的兒女儼的骨肉，情計此時有了任他們遭殃喪生的？自己死去兒女長大，在他們自己死與自己兒女二者中間，但也一樣的。已經聽到死的父母旗下中遇的為產活潑幾掙時間內，可想到他們怎樣在無情大炮火保的苦神中悲悸的哪兒。他們自己的父母親眼親的秘密戰戰跟覺父母離的，堤也不是想像之談，我們不知道在報上最驚

孩子的生命，只要走到安全地點不會餓死，

宛英为营救母亲四处求援。母亲终于拖着鞭痕累累的身子回来了，宛英已追随哥哥而去。她临行时留给母亲一封信："我在你失踪后，我已研究了许多人情世故，我已不是小姑娘，已经长了好几岁了……"

小说内容和文风明显起了变化，笔墨不再如往日作品，习惯集中于一两个人物。《中国儿女》塑造了众多形象，王先生出生入死，终于牺牲在日寇刺刀下；张老头大义凛然，机智地处死汉奸；学校校长苟且偷生，屈膝事敌；宛英姑母厚颜无耻，攀附伪政权。情节曲折复杂得多，城内宪兵挨户搜查抗日分子，郊区乡民智取日军翻译官，关押建国母亲的大庙里惨象不忍目睹。多线索、多场景，呈现沦陷故都一幅缩影。学界一直以为凌叔华专写短篇小说，只能写"契诃夫式"的短篇小说，五万字的中篇小说纠正了他们错觉。

此类题材的小说抗战胜利以后，尤其在共和国时期，数不胜数。而不待战争结束，即时创作的小说，可能仅有《中国儿女》这一部。其原因，后方作家缺乏沦陷生活体验，难为无米之炊。单有体验的沦陷区作家，写成作品不得发表。恰好凌叔华先后身跨两种政治环境，得此创作两便，因此，《中国儿女》不但在凌叔华小说创作中显示出其不寻常的价值，即使放在四十年代前期的整个小说界，仍有它独特之处。

除了题材写抗战，体裁是凌叔华未曾写过的中篇小说，《中国儿女》另有一点引人注目处。她描写的日本军官广田较为立体。日后抗日小说里同类人物几乎往往一味渲染他们残暴狰狞，广田这个侵略者，一面迫害我国民众无例外的凶残，一面怀念他在日本的女儿，由此父亲的慈爱兼及宛英，不仅免除搜查宛英家，还送她一块手表。又是广田出手帮助，宛英母亲才得释放回家。凌叔华设置这样的情节，一则是她两度住过日本，对岛国人民怀有感情，再则出自京派作家信奉的人性论，试图表现侵略者并未完全泯灭人的某一天性。

这个中篇小说又证明，凌叔华作品并非尽写高门巨族女人、儿童，爱国主题也是她小说的重要内容。以类似主题写的短篇小说已有表现，譬如《异国》和《千代子》。或许是数量较少，主人公仍是女人和儿童，依旧表现委婉，这一主题未能充分彰显。当研究者读到篇幅较长、内容显豁的《中国儿女》，应该重新审视凌叔华小说，评价全面些，定位准确些。

说到凌叔华创作《中国儿女》动机，美国学者魏淑凌这样推测："她写这篇作

品的原因可能是为了赚钱;也可能是为了掩盖她在北京与日本人不太光彩的私下交往;或者为了作尝试表现革命、民族感情的作品;也可能这些原因都有。"① 几个推测可能都近乎实情,而不太光彩的私下交往未必空穴来风。她在中日战争之际仍未中断与日人往来。② 其中一人是日本政府高官。魏淑凌是凌叔华的姨外孙女,不是多远的亲属,她与凌叔华女儿陈小滢时常联系,不会无稽道此惊人之语。据闻,凌叔华确实曾和一日本政要过从非同一般,自二十年代延续到中日战事爆发,最后这个日本人成为战犯。那么可以想象,小说里广田形象是否包含他影子,他送过小滢一架儿童三轮车,广田送了宛英一块手表。

至于《中国儿女》的艺术性,在十分重视艺术的凌叔华的创作里排不到她小说上品。她轻车熟路的是精致的短篇,初试篇幅较长的中篇小说,显然尚不能得心应手。人物形象刻画欠深入,结构拖沓板滞。随内容和体裁变换的写法,犹如唱惯了林黛玉、崔莺莺,再来演花木兰、梁红玉,失去成熟的风格,却不能建设起新特色。

---

①② 魏淑凌:《家国梦影》。

英伦飞鸿

战争的爆发,朱利安的战场牺牲,开始了凌叔华与他母亲瓦内萨·贝尔通信。凌叔华或许借此延续过往恋情余绪,瓦内萨又何尝不是把悲痛情绪转而倾注于儿子的恋人。两个女性系于同一个男人,恰如瓦内萨对凌叔华写的:

> 你的来信很悲伤,但我很高兴你写信告诉我你的感受——请一直这样做吧。这样我才有可能也把我的感受倾诉给你,也才能够增进我们彼此间的亲密感。我想,朱利安用他的死为你我之间构建了某种联系,而那在他活着的时候或许是不可能的——亲爱的苏,让我们不要辜负这一切吧。①

通信之前两人已经互不陌生了,朱利安经常向凌叔华说起他妈妈,每封给瓦内萨的信里差不多又都写到凌叔华,称凌叔华是"唯一可能成为您儿媳的女人"。凌叔华和瓦内萨的通信多聚集于情感层面,彼此寻求慰藉而已。

稍前凌叔华与朱利安另一位长辈已书信往还,她就是瓦内萨妹妹、著名作家弗吉尼亚·伍尔夫。伍尔夫来信数量远不及瓦内萨,她们的通信只在伍尔夫生命的最后三年。一九四一年伍尔夫投河自尽,通信便戛然而止。凌叔华结识伍尔夫,对于伍尔夫人生几无什么影响,朱利安弟弟昆汀·贝尔写得很厚的《伍尔夫传》,只字

---

① 帕特里卡·劳伦斯:《丽莉·布瑞斯珂的中国眼睛》,苏是朱利安家人对凌叔华的简称。

未提凌叔华。但伍尔夫来信给予凌叔华影响非同小可,伍尔夫热忱鼓励,直接促成凌叔华英文小说《古韵》问世。凌叔华回忆:"有一天,我碰巧拜读了弗吉尼亚·伍尔夫的《作家的房间》一书,她的书作令我如此兴奋,我突然决定给她写信,看看如果她处在我这种境况会如何处理。"①凌叔华信写在很有中国味道的宣纸彩笺上,彩笺印着昆虫、花卉。通信初衷凌叔华纯是出于感情需求,寄去的第一封信就诉说:"除了大的灾难,我还有内心深处的伤痛,永远挥之不去。"②但是,很快她们的话语罩上战时阴云,战争也降到了英伦。两国有了相似的时代背景,伍尔夫更能理解中国女作家的苦恼。伍尔夫较凌叔华年长十八岁,而且已经成就斐然,闻名全球。凌叔华循中国人常礼,尊她为老师。伍尔夫不喜欢这个称呼,要这个晚辈朋友直呼她弗吉尼亚。喜欢她俩作为同行平等地交流,笃诚叙谈,建立了忘年交。

伍尔夫陆续寄来大批她的著作《自己的房间》《灯塔》《海浪》《三个金币》,还有其他作家作品,如兰姆的随笔、司各特的小说、奥斯汀的《傲慢与偏见》、盖斯凯尔夫人的《夏洛蒂·勃朗特传》,不过有的书没有收到。既然她们不能扛枪奔赴前线,排遣苦恼的有效办法便剩下写作,伍尔夫忠告凌叔华:"想想你如何才能集中精神去做那些值得做的事情。"凌叔华接受了忠告,着手撰写长篇英文书稿《古韵》,《古韵》为凌叔华带来国际文学声誉。起始凌叔华顾虑自己英语写作能力不够,恳请伍尔夫指点:

> 我知道对于我来说用英语写一本好书的几率十分渺茫,因为我都不能很好地掌握我的工作语言。③

伍尔夫回答她,不要屈就英语的表达方式:

> 请继续,自由地写作。不要在意你是多么直接地把汉语翻译成英语。事实上,我宁愿建议你在风格和意思上都尽可能地靠近汉语。淋漓尽致地写出那生活、房屋和家具,越自然越好。永远这样,仿佛你在写汉语一样。④

---

①② 帕特里卡·劳伦斯:《丽莉·布瑞斯珂的中国眼睛》。
③④ 凌叔华致伍尔夫信,载帕特里卡·劳伦斯《丽莉·布瑞斯珂的中国眼睛》。

◇ 伍尔夫

凌叔华投入忘我的写作热情,在战火纷飞的时刻,她写的是远离战火的陈年旧事:

> 那仅有的火花,燃起我生命存续的火种与力量。面对着整个民族的巨大灾难,人们感觉到个人的悲痛简直不值一提,然而,那正是我们不得不日夜咀嚼的东西。①

战前凌叔华就想写这么一部作品,而且和朱利安谈过这个想法。朱利安参谋过,建议她"如实描写和某个人上床的过程"。② 凌叔华不能采纳这个建议,哪怕她很想这么写。朱利安太不了解中国,或者他觉得,反正书在外国出版。

凌叔华每写完一章随即寄去一章,不断得到伍尔夫的鼓励。有的称赞叫凌叔华兴奋:"与众不同,美丽非凡。我发现一种陌生而诗意的微笑。"③ 凌叔华的自我感觉越来越好,以致不满意获得诺贝尔奖的赛珍珠写的《大地》,《大地》正在英美读者中流行,朱利安母亲瓦内萨便是欣赏《大地》的读者。凌叔华决心以自己的作品取而代之:

> 我希望我能写一本书,很好地表现中国和中国人。西方有许多关于中国的书,大部分都是来满足西方人的好奇心的。那些作者有时全凭想象挖空心思地去编造有关中国人的故事。他们对读者的态度是不真诚的。于是在西方人眼中,中国人看上去总有点不人不鬼的。④

没有等《古韵》完成,即传来伍尔夫突然死去噩耗。伍尔夫先前投河过一回,未遂。这回她在衣袋里放了石块,可见求死态度坚决。凌叔华没有心绪往下写《古韵》,再写,寄给谁呢? 它半途而废,心痛还是不痛,凌叔华说不清楚。两位作家开始不久的交往匆匆而止,给两国读者留下不小遗憾。

---

① 凌叔华致伍尔夫信,载帕特里卡·劳伦斯《丽莉·布瑞斯珂的中国眼睛》。
②③ 帕特里卡·劳伦斯:《丽莉·布瑞斯珂的中国眼睛》。
④ 凌叔华致伍尔夫丈夫信,载帕特里卡·劳伦斯《丽莉·布瑞斯珂的中国眼睛》。

让庐时光

"让庐"在乐山县城陕西街四十九号,一处中式二层小楼房,大门悬挂的匾额刻着这两字,是大户人家的旧宅。楼上楼下都有廊道,而且宽大得能摆几张藤椅。楼前大院,被旁边大黄桷树的浓荫盖去一大半。苏雪林单身,住东底楼厢房。袁昌英一家,多几口人,西厢房加了堂屋才够他们住。二楼归一位武大姓韦的教授全部住下。

一九四三年初春陈西滢终于出国,去英国主持中英文化协会——政府派了一批知识分子去海外宣传抗日。乐山城里"八一九"大轰炸后,武汉大学在城郊新建教师住房,陈西滢在国外,家属不再有分房资格,凌叔华便搬出学校,到陕西街尽头紧挨万寿寺遗址自建了一座独户小楼。说是楼,楼上仅小小一个单间。凌叔华很会选地方,小楼的位置,凌空屹立不高的岗上,山坡下层层梯田展开,秀色一片。隔江迎面七十多米高巍峨大佛。小楼毗连着让庐,下了小岗,几步就跨进让庐大门。三户朝夕相见,相互往来和关怀比珞珈山的时候愈加方便,密切、体贴多了。

"让庐"时常传出凌叔华、袁昌英、苏雪林的侃侃而谈或朗朗笑声,"三杰"的亲密关系由珞珈山持续到让庐,不妨谓之"让庐三杰"。偏处乐山的武汉大学,规模大大缩小。教职员生活困难,大家相濡以沫,感情深厚醇醇。乐山的日子里,袁昌英帮助凌叔华搬家;凌叔华给袁昌英著作设计装帧、题签封面,给袁的女儿指导小说写作;袁昌英提供珍藏的希腊神话原著,支持苏雪林关于《天问》与《旧

约·创世记》关系的研究;苏雪林为袁昌英校对书稿。袁昌英女儿杨静远的《让庐日记》实时录下她们亲密过从的大量细节。袁昌英动情地描述三人的相处:

> 记得一个晚秋的午后,一轮偌大的金球斜挂在碧天如玉的迤西。我和一个女友坐在一片疏林下谈天,眼见着金球的一侧,屹然蜿蜒着一条金辉灿烂的万里长城,另一边则是峨山金顶美幻化的侧影,峥然嵘然而巍巍然;同时一股股又温渥又清新的金晖,如万里探照灯般,射过头上的枝叶,直透入我们愉快的心情。我们闲谈着,口边来的什么就谈什么,一毫没有拘束,一些没有顾忌;有时一抹微笑代替了语言,有时一眼横波省却了说明。我们整个的生命,宛然浸透在这灼灼的光涛里,精神上每一丝灵弦都接受着金波的击荡,合奏着晴空万里的长歌。这种友谊,这种"意气相投,一见寸心透"的友谊,是澄静的、愉快的、充满着慰藉与信赖的,是两条清流汇合的长江,是永远流动着而永远是新鲜的情绪的合唱。在当时,我只觉得整个的宇宙都是快慰,二人相对忘机,不知是宇宙创造了这友谊,抑是友谊创造了这宇宙!①

袁昌英没有点明女友是苏雪林还是凌叔华,这无关紧要,反正是她或她,那种相知、默契、信赖、欣慰,是"三杰"所共同享有的。

让庐的倾心交谈有时移至凌叔华的小楼,苏雪林记述过小楼风光:"楼之小堪容膝盖,但布置精洁,我们几个朋友,常在那楼中茗话,开窗凭眺,远处山光水色,葱茏扑人而来,别有一番味。那时陈纳德飞虎队屡挫敌锋,日本的军力也势成弩末,我们客中岁月倒过得安闲宁谧。"②

可用凌叔华的自述与苏雪林的文字印证:

> ……小楼,与对岸山上的凌云寺遥遥相对。那时日寇正由粤北上,敌机时时飞来,我每日坐在小楼上对着入画的山川,悠然的看书作画,有时竟还写诗自娱。有一次写了一首七绝,苏雪林看到,她极为赞赏这两句"浩劫余生草木亲,看山终日不忧贫"。那时川中物价节节高涨,敌人近境,人心惶惶,

---

① 袁昌英:《漫谈友谊》。
② 苏雪林:《悼念凌叔华》。

大有不可终日之势。幸我终日看山，心境不为所扰。①

凌叔华为小楼生活专门写过一篇《山居》，读了这两小段，便知道她如何陶然自得，不闻山外战火气味：

> 早晨坐在灶下烧粥，偶然望到外面朝雾笼着远近山头，篱笆外的竹丛下不知何时长出高高低低的新枝，已高出我们的屋檐了。篱外一片湿翠，蒙着乳色的雾衣，另有一番可喜景色。这时我不禁悠然吟哦石涛的诗："新长龙荪过屋檐，晓云涂处露尖峰。山中四月如十月，乌帽凭栏冷翠沾。"这诗好像为我此时作的。
>
> ……
>
> 我觉得最享福的是午后沏一壶茶，坐在万绿丛中自由自在的读我心爱的书，写我所要写的画，这是神仙皇帝该嫉妒的意境，我在这时常不禁油然漫诵石涛的"年来踪迹罕人世，半在山乡半水乡……"②

不住武大的房子，远离了学校纠葛，似乎也远离了离不开的烽烟，凌叔华在她小楼里潜心丹青。武汉大学九十周年校庆，她送上一幅长卷水仙表示祝贺。当年的学生数十载后还记得这幅作品："凌老师的画力求从淡雅上把捉气韵，不设色，不渲染，满幅清丽的叶与花，脱尽尘俗，似乎是供人焚香清赏的那一类。"③

那一阵凌叔华热衷办个人画展，乐山的画展自不在话下，还办到了成都、重庆。她一个人去重庆张罗展览的事，顾不得独自在家的小滢，她托干女儿杨静远照看妹妹，干姐只比小滢大几岁。静远睡楼下替小滢把门，小滢窝在楼上，没有像样的床，木头架起的床板，翻身稍不注意便掉下来。她想到屋后处决过犯人，迷迷糊糊的睡梦中会猛然惊醒。

凌叔华给小滢买了本纪念册，请人题字题画，聊为补偿母爱给孩子。朱光潜替纪念册小主人用毛笔写了封页：

---

① 凌叔华：《爱山庐梦影》
② 凌叔华：《山居》
③ 孙法理：《乐山时代的文化生活》，转引自杨静远《让庐旧事》

乙酉元旦
　　纪念册
　　　小滢

同时题了四个字："皆大欢喜"，意味深长。这年清明丰子恺来乐山，也为纪念册画了幅《努力惜春华》。很像小滢的女孩，提水壶浇灌盆里的花苗。朱光潜又就此画再题一页：

小滢：
　　今晚你看见萧先生开药方，丰先生画画，丰先生似乎比萧先生更健旺快乐。假如你一定要学医，也不要丢开你所擅长的文艺，文艺也是可医人医自己的。
　　　　　　　　　　你爸爸妈妈的朋友
　　　　　　　　　　光潜　卅二年清明

萧先生指武汉大学数学教授萧君绛，他课余研究中医，来人求医从不取酬。他到凌叔华家为陈西滢姐姐诊治，正遇丰子恺来访。他自己却体质甚差，第二年就过世了。小滢颇具文艺天分，和她的淘气一样名扬校园，所以朱光潜才有这话。题词表明他爱才，也证明朱光潜并不是有人批评的，只把文艺当作逃避人生的象牙塔。

吴稚晖不是画家，却画了个大佛，大佛头上顶个小佛，左右肩膀各站一个。像漫画，配佛画的题词是打油诗：

　　我从千佛来，
　　来见嘉定佛。
　　千佛是小莹〔滢〕前生，
　　大佛我与父亲所见。

丁西林是位喜剧作家，他的题词仍旧亲切、幽默：

　　你的爸爸是我认识的最老的朋友，你是我认识的最小的朋友，我们多年不见，你不认识我，我可一看见就认识了你。

清末探花商衍鎏的题词绝对是幅书法作品，落款下钤了名印，而文词浅近毫无遗老气息：

> 幼小时如欲开的鲜花，临风的玉树，人无不爱鲜花而宝玉树者。
> 小滢天资既高，受良好家庭父母之教训，有源之水，有根之木，前程光荣，当更无限。
>
> 　　　　　　　　　　　　　　　七十一叟　商衍鎏（印）

论资格商衍鎏长凌叔华一辈，肯给小滢题词，出于番禺同乡的缘故，也可能他和凌叔华父亲是故交。

武汉大学俄文教授缪朗山思想左倾，不为学校所容，不得不离别乐山，临别时专门为小滢赋诗一首：

> 丧乱频年我入蜀，
> 　　落魄嘉州识小滢，
> 小滢爱读五更书
> 　　隔院时闻"诗朗诵"；
> 闻道小滢志在医，
> 　　慈悲悯世似我佛，
> 我心亦有不平气，
> 　　午夜煎熬如鼎沸。
> 文章憎命口抬尤，
> 　　螳臂难支铁轮压，
> 世运如斯复何言？
> 　　大冶不容金踊跃！
> 我将亡命走山泽，
> 　　彩虹再向他乡逐。

浮沉且莫问明朝，
　寂寞不甘看成局！
小滢未识天下事，
　一片冰心无点虑，
且待小滢长大时，
　当忆颠沛有灵珠。

下山11，1945在乐山
——灵珠①

自然少不了苏雪林题词，她到底是作家，所题形象，且有典故：

前人看见杜工部儿子的诗，叫人送把斧头，要他斫断手臂，免得天下诗名又归杜家独得。我看见小滢的作品，并不想送斧，只希望她能打破名父母之下，难乎为子的成例。

袁昌英教英国文学，以雪莱的一段英文诗代为题词，译文是：

好像是一个诗人隐身
在思想的明辉之中，
他昂首而歌，使人世
由冷漠而至感动，
感于他所唱的希望、忧惧和赞颂。

摘自雪莱《致云雀》
送给我亲爱的教女
爱你的教母②

---

① 缪朗山又名"灵珠"。抗战胜利，他因"赤化"遭当局逮捕，后保释。此时不得已辞别武大。《散落的珍珠》录此诗，释文有小误。
② 李跃编译，载《散落的珍珠》。

萧乾特别，粘上照片，题词是照片的注释，说明照片拍在何处及拍照时的情景，照片为主，题词草草，或为别格。

赵元任更其别致，是汉字夹老式的拼音符号。

留字的还有杨端六、端木梦锡、方令孺、沉樱、杨步伟、方心安、赵清阁，均一代文化名人。这些手书无不是难得的墨宝，文词亦是有价值的历史痕迹。后来小滢自己又做了本纪念册，专备即将分别的小伙伴们题字。当日少年，如今满头银丝。他们重睹小滢手上的纪念册，个个惊喜。缺少母亲关爱的小滢，将纪念册珍藏到老，这算是感受到了不一样的母爱吧。有心的凌叔华，借纪念册也交际了许多文化人。

那个时期少年学生盛行题写纪念册风气，请师长、前辈、同窗留言，接受勉励，或以志友情。凌叔华为武汉大学工学院院长余炽昌长子余枢纽的纪念册画过一棵白菜、两株稻穗，并题词：

  稻穗黄，
  充饥肠。
  菜叶绿，
  做羹汤。
  万人性命，
  二物担当。
  几滴□墨水，
  一幅大大文章。①

在让庐，"三杰"为一件事不胜遗憾。重庆青年团机关仰慕女作家大名，准备出资请她们办《女青年》杂志。三人正跃跃欲试，遭袁昌英女儿杨静远浇了盆冷水。她说，现在大家只要看见个"团"字或者"青年"什么的，就头痛，就不要翻那本杂志。此事不了了之，"三杰"错过合作办刊的机会。

---

① 李跃编译，载《散落的珍珠》。

书香门第的"野孩子"

凌叔华膝下只一个孩子,生在武汉的女儿小滢。大人逗乐,问小滢,想不想要个小弟弟。孩子看母亲,凌叔华总是坚决摇头。独生子在民国时代很罕见,她是否由于某种不得已呢? 陈小滢说:"在她看来,生孩子太痛苦,做女人太倒霉。也许她想生个男孩子,所以对我很失望,也不怎么管我。"[1] 母亲给洗洗脏手、整整衣袜,此类十分寻常的关照,小滢几乎没有享受过,不必说投在温暖的怀里撒娇。难得一次,母亲叫她小猫猫,过来洗手。小滢十分意外,受宠若惊,怀疑是不是妈妈叫她。难得的一次甜蜜记忆,直到小滢做了母亲、做了祖母还珍藏心底。

凌叔华按"科学育儿"之类读物,理性地养育初生的小滢。书上说,婴儿啼哭是呼唤母亲顾盼,不应该"哭之即来"。每隔四个小时看望一次才是相宜,凌叔华便不轻易关顾小滢的啼哭。一次尿布别针戳破小滢细嫩的腰部皮肤,足足哭了四个小时,母亲仍无觉察,任她哭哑了嗓子,哭得没有气力再哭,始终不来理会,照样"科学"地按时等到钟点才来看孩子,尿布早已血淋淋一片,就此落下终生不褪的大伤疤。

得不到母亲悉心照料,加之父亲忙于学校事务,小滢自幼无拘无束、我行我素。她成天和校园里孩子玩在一起,而且常常扎在男孩堆里。她的性格与娴静优雅而颇有城府的母亲迥然不同,一身野气。上树、爬绳,什么危险玩什么,哪像

---

[1] 陈小滢:《回忆我的母亲凌叔华》。

◇ 童年陈小滢
◇◇ 陈小滢在史家胡同自家院内骑驴

书香门第出来的闺秀。她在小伙伴里找到了宠爱,他们欢迎这个野气孩子,喜爱她坦率、豪爽、热情,佩服她调皮、聪明、有主见。小滢给自己起了个既刚且柔的名字"铁云",她愿意像铁刚强,像云柔和,小伙伴们叫她"铁姐""铁哥""铁弟"。有一阵大家崇拜梁山好汉,都从《水浒传》人物里给自己找个外号,小滢认的是"霹雳火秦明"。她学梁山弟兄序座次,和男孩们拜了"把兄弟",一个"把兄"在她纪念册上留言:

铁云弟:
　　"我不流血,
　　谁来流血。"

愚兄　永直　敬题

小滢也结伴过两个要好的女同学,仿照桃园三结义,她自认张飞,三人中她最年幼,性格亦相近。那两个都腼腆内向,遇事不是张飞听命刘备、关羽,倒是"大哥""二哥"都得服从"三弟"。

抗战最为艰难时刻,日寇飞机屡屡进犯到四川,它周边一些城市接连陷落,亡国危险日益逼近。报纸号召青年参加抗日志愿军,街上贴出大幅标语:"一寸山河一寸血,十万青年十万兵。"小滢热血沸腾,和"结义"的两位义兄郭玉瑛、杨衍枝,破指写下血书,坚决弃学从戎。那几天母亲正在重庆,小滢自己做了这么大的决定,给远在英国的父亲写了封长信:

亲爱的爹爹:
　　这几天你和姆妈都没有来信,你可以想得到我的不安和焦虑的。本月一日,我和玉瑛、衍枝都报名参军了,我想你一定很惊骇的。但是,我们为了多种理由终于决定从军,一方面敌人已攻至六寨,昨天听说已到独山,我们的军队步步退却没有一点力量抵抗,国家的危亡就在旦夕之间。我觉得时至今日,只要有血有肉的人都不能忍受下去,都要与敌人去拼。国家给予我生命培育了我,我要把生命还给国家,将血肉之躯供置在祭坛上,以生命的代价争取国家的生存。虽然,多我一个人不会有多大的效果,但是,多一个人就多一份力量。我相信国家亡了，战争失败了，我的学习及事业都会完全废了。何况上前线不一定死，即使是死了也是光荣的。另一方面我们受不了看不惯这些后方官吏们的淫靡生活，这无耻及黑暗的社会，若是这样下去，我会疯狂、毁灭，他们那些没有国家观念的人是些什么东西呀！

但是，我痛苦的是想到你们，若是我死了你们会是多么的悲痛，我不敢设想。虽然我用"忠孝不能两全"来安慰自己，但是它不能安慰我的心，我想到陈家除了我只有堂兄贻春一人，我去了，陈家又少了一个后代。

前夜我一夜未睡着，干妈等劝我说："犯不着从军，长大后致力于更大的事业，对国家的贡献更大……"①

陈西滢深受感动，信在英国华人朋友里传阅，又在伦敦出版的《中华周报》登了出来，用以激励海外中国同胞。编辑加了一段按语："陈源教授十四岁女公子从乐山来信给她爹爹，要求从军。编者捧读再三，实在爱不忍释。我们中国将来必然有灿烂的前途，因为有这样爱国的女孩子。我们中国的教育不曾失败。编者征得陈源教授的同意，发表原信，一字不改，以飨读者。想我们每一个留学同胞读后，都将感到惭愧和奋勉。"②

也有同学年幼不解国事，误解小滢她仨想出风头。小滢委屈得心碎，愤愤地说："中国人的心死了，哀莫大于心死。"干姐杨静远把这话记录在当天日记里，干姐写道："对于一个有着美丽幻想的孩子，这该是多大的幻灭啊！我也不能安慰她，我的心像铅一般沉重。"③因都是些孩子，小滢、郭玉瑛、杨衍枝，个个才十四岁。军队不能接收未成年的学生，小滢失望，难过，却也无可奈何。她在战火中早早地长大了，整夜没有睡好，不等天亮即起身读文天祥的《正气歌》。后来她在纪念册上以但丁的名言自勉："走你自己的路吧，让别人说他所爱说的话。"④三个女孩中郭玉瑛，几年后大学毕业，终于加入中国人民志愿军，开到朝鲜去保家卫国。小滢始终未得如愿穿上军装，随父母远赴欧洲，差不多终生做了海外侨民。小滢在八十高龄后，英籍丈夫去世，她才回大陆享度晚年。

① 引自陈小滢：《散落的珍珠》，以下周报纸原件残缺，未得录全。
②④ 陈小滢：《散落的珍珠》。
③ 杨静远：《让庐日记》。

◇ 报名投军抗日的三个初中生

所幸，小滢不眠的日子已经处在黎明前夕。八个月后日寇投降了，她再次不能入眠，极度兴奋，写信给父亲：

亲爱的爹爹：

　　现在我在极度兴奋中写这封信给你，虽已在深夜，但我神智清醒极了，我想痛哭，高叫及狂笑……晓得吗，今日晚上广播称日本投降了！我跟你讲讲今日我们的情形：在吃过晚饭后（已八时许）我正在看《谈修养》，忽听山下缪家（缪恩钊）大嚷，我听出是日本投降了！随即高叫姆妈。一会，缪家的一个女孩子喊我，我听了狂极跳了出去，和她拥抱起来。这时全山已被我惊动跑出，我已流了眼泪，一面狂笑，一面揩眼。这时克强、永直及家生（浙江同学，男孩子，跟我们合得很好）已跑上山报信。永直连喊"铁云"我都没有听见，结果克强拉我大喊，我才瞥见，遂一起跑下山。虽然天已黑得异常，不知那股精神，都跳下去了。永直在陕西街口大哭，我们疯狂的跳着，喊着，一只皮鞋底掉了一半，男孩子遂把它拔下丢掉。我衣服都没有穿好，也不管了。到县街口，看到华珍、性慈时，我们见到互相紧抱，他们都哭起来了。看到汤伯伯等，手中拿着大酒瓶，一路狂笑。后我们买了炮竹手中拿着，一路点着一路奔跑耍舞，人火混在一起都不清楚了。我们一直跑到公园门口，又碰到一些男孩子，遂点着火把高叫口号。我们都疯狂了，在公园口摔了两大跟头还狂笑着爬起来冲，不知跑了多少街，像风似的从火中黑暗中乱冲！后又一直回到五堂街。可我们又一起跟着一批大学生一起跑，克强拉着我膀子，大声在我耳边也喊些什么，都犹如梦中听不见，一直到半边街，我们完全忘了一切，大喊"中华民国万岁"、"盟国万岁"、"国共统一"等等。别人指着我们说"小娃儿"、"女娃儿也动员了"，我们相视高笑，后永直的头发全起了火，头发烧光，衬衫烧烂，克强一只鞋也缺了底，一路回到土桥街，克强与几个男孩又复加入一个团体，向前走去。我们走散了，我遂和永直及方家的一个孩子站在路边高跳喊着"抗战军人万岁"。我们完全疯狂得不知多高，后军士持枪走过，也高举枪地回答我们。我们一直回到家中，干了几杯白酒，一点不醉。后跑到后面，冷静下来，想到一切死亡了的、受伤了的军民，遂很严肃的起誓，将身体献给国

家。我们说着话,或别人看来定是疯子了。我真高兴又难过,真的我要疯了,写不下去了。深夜

近安!

又:我脸被烧,脚跌掉皮,但一点不痛!

女小滢上　四年八月十日

又:现在深夜三时,我独自徘徊在这布满乱坟的山上,我大哭了。这哭是一年来仅有的第二次哭。第一次从军,我想到死亡的将士,我想到我对不起他们,我到后山对着萧伯伯(君绛)讲话,仿佛看到一球火光在我近傍滚动,仿佛看到无数我们的同胞在空中向我呼怨,向我求救,我哭了!爹爹,我当时又立誓,一定报仇!今夜我不睡了!我要等到黎明,看那九年来第一次光明的日出。不行,我疯了!神经受了太大的刺激,我头痛的要裂了!①

重大历史时刻,实时记下胜利者狂喜情景,真实、朴素、感人。类似的文字留存今日的不多,何况又出自纯真少年。读小滢书信让人禁不住脱口而出杜甫的名句:"漫卷诗书喜欲狂"。它也告诉今日年轻人,那一代青年曾经怎样胸怀天下,意气风发。一份多宝贵的精神遗产!

"野孩子"长成了亭亭玉立的大姑娘,她原是想做名医生的,许是体内父母基因,她喜好上文学,并显露出写作禀赋。想当作家,给父母朋友沈从文写了封信,随即收到沈伯伯的回复,而且洋洋数页。回信没有编入《沈从文全集》中八大册"书信卷",不妨录示:

小滢:

真了不起,你的信写得那么好!我和我的黑脸太太看过后,都笑了,(是佩服的笑!)

这个信使我们有机会谈起许多旧事。我本想不回你信,只写个"想象中的小滢",在你们看得到的刊物上发表。写的一面是黑而俏,一面是健康活泼的在一株花树下做捉间谍的梦,就在这个情形中,你妈妈上街回来了,间

---

① 引自陈小滢发给本书著者的电子件,文字与郭玉瑛《小滢同学抗战时期的两封家书》(见《散落的珍珠》)略有差异,郭的引文有所删改。

谍也乘此逃脱了。怎么妈妈回来间谍反而逃脱,而且很可能是从瓦上逃去的。你想想看,这间谍是什么,——一只花猫儿好不好?除了一只猫,简直想不出更像间谍的东西!

你说你不是"摩登女郎",这个名词,云南四川用法似不大相同。我们这里说的是健康、活泼、聪明而乖,不是指会穿衣服敷粉;这个叫"时髦女郎"!你这时尽管不黑而俏,到我下次看见你时,保定是被阳光晒得黑而俏了。

我还记得第一回见你,是在武昌一个什么人家洋楼中(很美观的洋房),文华学校附近,你在摇篮中用橘子水和奶粉当中饭,脸瘦得像个橘子,桃子,李子?——唉,真不好形容,可是眼睛大而黑,实在很动人!

第二回是在北平东城你家中,大热天,徐志摩伯伯还在世界上和金伯伯用手掌相推比本领,你那件小花衫子,我将来写小说时,还得借用到故事中!

第三回在珞珈山,你每天总到小学校车站旁边去找那位警察朋友,天晴落雨,通不在意!吃饭时,和你妈妈相吵,就傍近爸爸,和你爸爸鼓小气,又倚靠近妈妈;嗨!这个作风,假若保留到廿五岁时,可就真厉害!

第四回……你想想看,在什么情形下看见你最好?照我希望最好是带点礼物来参加你和什么人××,因为如果那时要来宾演说,我不必预备,也可以说说这个故事,让大家开开心。可是到那时,我也许像电影上的老头子一样,笑话想说说不下去,只感动快乐得流眼泪。因为那时节国家也转好了,你们长大了,一晃廿年,很可能你妈妈看到那个礼物也要流点快乐眼泪!这个礼物原来是你一张一岁多点的相片,上面还有我妹妹写的几个字,"眼睛大,名小莹"。这相片有个动人历史,随我到过青岛,住过北平蒙古王府——卅一年昆明轰炸学校时,同我家中几个人的相片放在一处,搁在九妹宿舍小箱子中,约四十磅大小一枚炸弹,正中房子,一切东西都埋在土中了,第二天九妹去找寻行李时,所有东西全已被人捡去,只剩废桩上放了一个小信封,几个相片好好搁在里边。原来别的人已将东西拿尽,看看相片无用处,且知道我们还有用处,就留下来,岂不是比小说还巧!你想想,事情巧不巧?若当真到你××,把相片装个小小银架送来,这份礼物真不轻!不过假若真有这么一回事,我估想得到,相片过一会儿还是会搁到什么不打眼地方,因为那时节你一定被同学们围住作别的玩意儿,我也将带起大近视眼镜看你妈妈

收藏的古董去了。

你欢喜吃糖，四川出白糖，空吃一定不什么好，寄来的一包小玩意儿，一次用饭粒大小一点儿，放在糖水中，或放在红茶中，柠檬味儿就香喷喷的到鼻子边了。

还有别的好吃的，如像澳洲来的乳酪，本地出产的乳饼，乳扇，（饼是羊乳作的，扇是藏边雪山牦牛奶油作的）不容易捎来，只好说说，引起你想来联大升学的幻想了。

四川可吃的一定也很多，可是我们这里吃过的你们必尝不到。如大雪山下的鹿脯，小说上还只有史湘云吃过一次，我就不止吃一次！暹罗缅甸的象鼻子，虽无福气领略，多少总看过了。熊掌同妖精手掌一样，干干的满是黑毛，如挂在墙上，晚上睡觉真担心它会从墙上蹦下来捆我一下。黄桃子如芒果，有饭碗大，是中国最特别的种子。菌子据说有百多种，佛掌，牛肝，鸡㙡，北风——数学家恐怕也数不清楚！有些生长粉红色细枝，真像珊瑚。所有菌子味道都很好；净白菜有廿斤一棵的，青菜有十多斤一棵的。桃子可吃四个月，梨子吃半年（有廿来种，木瓜梨极奇怪）。五月能吃石榴，大的一枚有一斤重。

金伯伯（即金岳霖），在北平时玩蟋蟀和蝈蝈，到长沙买了百十方石头章，到了昆明，无可玩的，就各处买大水果，一斤重的梨子和石榴，买来放在桌上。张若奚杨今甫伯伯的孩子来时，金伯伯照例就和他们打赌，凡找得到更大的拿来比赛，就请客上馆子。你想想看，你如在这里，用捉间谍耐心去找石榴梨子，还愁无人做东？金伯伯还养过一些大母鸡公鸡，养到我住的北门街，走路慢慢的，如天津警察，十来斤重，同伟人一样，见了它小狗也得让路，好威风！可惜！到后我们要搬下乡时，他送人也无处送，害得他亲自抱下乡去，交给陶伯母，总算有人承受。你若在这里，纵口馋量大，宰一只时，恐怕也得吃个一星期！现在我们作杏子酱，还是七八斤一坛，实在吃不完，不免委屈了它，想捎三五斤来，可不知哪一年才有这个方便。我们先约好，总还有些少分量的玩意儿来，并且一定是你不大容易见到的，你等着吧。

你可会不会烧饭做菜？我做的"罗宋汤"是够得上请罗斯福的，因为这里西红柿极好（大的有一斤重一个）！做出的汤似乎比文章还得人赏识，真奇怪！总有一天会请你们尝尝的。很可惜是，廿七年你和妈妈不曾向湘西走。如到我沅陵家中住半个月，才真是口福！我的哥哥作的菜，沅水流域军官全都翘大拇指，——不说了好，再说下去，我倒想回家了。

你可猜想得出我一星期在昆明每天吃些什么？原来只能吃点米线（米粉条）当早晚饭！

这里花生也得两百元一斤。你这时节来，若在乡下，可以请你吃许多东西，若在城中——，保留保留，且俟当真来时看罢。

你看些什么书？看巴金的小说一定有意思，巴金五月八号已结婚，太太也是个相当能吃的很可爱的小姐。

我有个七岁小孩胖胖的，专欢喜吃肥肉，会画画，间或也爬上树去摘摘生桃子吃。

我们住的地方，是出果子的地方，上市时每天有三百石果子进城，满火车是各样水果。大致那么热闹，两个多月方逐渐减少。你试闭眼睛想想是个什么情景。

袁先生的小姐已能写那么好的文章了，你一定也快了，我倒羡慕嗓子好会唱歌，以为比写文章有意思。你可会唱歌？钓不钓过鱼？四川的鱼，一定狡猾得多。

沅水钓鱼只需用线捆个小肉骨，放下去一拉，即可得一斤重一尾的鱼。

听朋友说现在降落伞的设备，有手掌大的蔻蔻糖，可救七天命，有几包香烟，一把刀，一条绳子，另外还有个钓鱼钩，为的是恐怕掉下来在无人处寂寞，钓钓鱼消遣！可是我有个熟人，却掉到印度森林中，坐在树顶上，整整四天，方得救！在那个地方钓鱼钩好像不曾用。

现在去美国，只加尔各答到锡兰一段路，坐船要护航，此外太平洋军船行驶，安全之至，这是一礼拜前小朋友回国经验，如你和妈妈有机会出去，尽管放心坐船去，不会有问题。

你可是个运动员，将来作什么？嘉定的间谍恐怕不多，你真是英雄无用武之地，想捉一个吧，也不容易。我们在这里呢，只想捉蛊，都说极厉害，事实上不过是一种大的怪蝴蝶罢了。本地人叫做"蛊"，且传说能吃人心肝完全荒唐的事！这种蝴蝶有身上起太极图的，有作虎斑的，有全黑却加上红殷

殷花纹的，有一色碧绿绒，头是乌黑的。大的约六寸长，贴在壁上，不动时，完全如一幅新派画，实在又美丽又奇怪，碰机会若得到，会寄个来让你看看。这种蝴蝶蛾在大理清碧溪，贴苍山上面，多悬挂在溪边树上，如小风筝，间或有一尺大的，完全如假造的。我亲眼看过六寸大的很多，就总还以为是□草作的！

我最不敢回信，一写就是八张，有一半说的是吃东西。因此我才想起今天还不曾吃晚饭，得下楼到对门小馆子去了。

我城里住的地方，附近约有廿个小馆子，全是联大教师学生照顾。教师中最出色的应数吴宓，这个人生平最崇拜贾宝玉，到处讲演红楼梦，照例听众满座。隔壁有个饭馆，名"潇湘馆"。他看到就生气，以为侮辱了林黛玉，提出抗议，（当真抗议！）馆子中人皆尊重这教授，便改名"潇湘"。你想想看这人多有趣！你问问妈妈，她会告给你这人故事的。

小菜馆全是学生，当做图书馆，和咖啡馆，也读书，也玩扑克牌。间或有一辆小汽车驰过，羡慕洋人吃得饱饱的，笑迷迷的，和街上小顽童翘大拇指叫"顶好"，表示中美友善。开小铺子的，卖点心的，提茶壶的，凡是女的，手上必有二三金戒指，或一个金手镯，因为他们都发了财。教授和学生，可大多数破破烂烂。鞋子最破的或应数曾昭抡，脚踵落地，一眼看来真够凄怆。可是大家精神都很好，因为总想着到你们长大时，一定可以不必如此困难，活得不但幸福，也可望来尊贵得多了，我们这一代是应分吃点苦的。

刘秉麟先生那个梳大发辫的团脸小姐，一定也大了。周先生家我记得还有大眼睛如黑人神气的小周先生，在上海施高塔路住时，我每回去看他姐姐，他就要我说故事，想不到这位姐姐从英国戴了副大近视眼镜回来，已做了博士，真如小说上说起的"女博士"。那位小周先生大致也从大学毕业了，周伯母可还敢不敢在嘉陵江游泳？苏伯母可还如在珞珈山时那么骑自行车，头发不长不短如女兵？避空袭可还有人藏在方桌下，方桌上放个木盆装上一盆水？

从文　六月十五夜 ①

---

① 原载《文艺先锋》第四卷第一期，题为《给小莹的信》。

凌叔华把沈从文信交给《文艺先锋》公开发表了，信前她加了数百字的"陈小滢附志"。陈小滢晚年回忆，她不可能写这篇"附志"，便是凌叔华捉刀了。附志写道："从文伯伯一定不会因我没有征求他同意便发表而生气吧？！"沈从文偏偏生了气，大概披露了他不愿披露的一些朋友私事。他猜度到，公开发表私信，还缀以"附志"，不会是小滢所为，他好一阵不搭理钦佩过的女作家女画家。读者却要感谢凌叔华，不然将会丢失一个多有意思的文本，它描绘了战时一群文化名人的生活情状，读来意趣盎然，也给学界提供了难得的史料。

非常之旅

抗战胜利,不擅为宦、无心从政的陈西滢决计回国重返教坛。苏雪林希望他再度执掌武大文学院,而他认为去胡适任校长的北大最为理想。朋友们传闻陈西滢即将到职北大,事情却陡然起了变化。凌叔华思之再三,定居国内风险太大。甲级战犯松冈洋右正在受审,她与战犯的关系一旦暴露,政治后果不堪设想,日夜系怀的史家胡同房产充公。她坚决打消原先定居北平的计划,唯移居海外才得避过灾难。凌叔华没有到过西方,多年向往欧美,那里还有个她极想进入的布鲁姆斯伯里文化圈。非常时期,出国手续倍加繁难,她走了宋美龄的捷径。①

避居乐山六七年后,人生又一次转折,终于登上她后半辈子旅程。战时迁徙大后方的机关、团体、学校纷纷筹划返回南京、上海、北平。交通紧张空前,凌叔华百折不挠,终于顺利出川。先到重庆,逗留在陈西滢二弟陈洪家,料理出国前不少事务。一九四六年初春,凌叔华携小滢乘飞机去上海转北平,要处置祖居遗产,再折回上海,由这里启程出国。重庆北返的人很多,航班限制行李重量,小滢把她珍贵的东西尽量揣在大衣夹层里,包括三本纪念册。体重七八十斤的瘦女孩儿,全身鼓鼓囊囊,足有一百多斤。纵然如此,还是不得不丢弃了许多照片、书信,里面是否有徐志摩的手书呢,反正凌叔华痛惜不已。

---

① 陈烈:《双佳楼往事》。

等候出国船期，母女俩在上海小住了一段日子。抽空去了趟武汉，不放心存入"汉口洋行"的贵重物品和地契、房产证是否毁于战火；又顺道上珞珈山，物是人非，一阵怆然。在上海借住在老朋友萧乾、章靳以家，靳以同样刚从内地回到上海两个来月，任教复旦大学，住处是学校教师宿舍江湾庐山村十号。靳以和郑振铎、巴金共同创办大型杂志《文学季刊》，凌叔华是特约撰稿人之一，杂志发表过凌叔华小说《千代子》。她与靳以个人没有多深交情，但靳以的热情好客素有口碑。

暌违多年的旧友陆续集聚上海，她借候船间歇的机会一一拜望，既为重逢，又为道别。会到了老朋友沈从文、萧乾，一位更加沉稳，一位愈发干练。战火没能剥蚀张充和美丽容貌，她的书法也日趋娴熟。小滢纪念册上落下她的娟秀行书："你还记得我在落伽（珞珈）山变的戏法吗？ 小滢妹妹。充和。"她的戏法水平大概只能在孩子面前耍耍。凌叔华结识她是借了沈从文关系，充和的三姐兆和嫁了沈从文。

见到的朋友里许广平属较为特殊的一位。"语丝"与"现代评论"一场恶战，两位老校友分隔在敌对的文化阵营，鲁迅在世时，凌叔华完全断绝了与许广平往来。八年战火烽烟过后，沪上晤面，一笑泯去往日恩怨。

侠义的女作家赵清阁请凌叔华来家里便饭，算作饯行，邀来陆小曼、方令孺、沉樱、罗洪，皆文坛巾帼，不失为一次著名女作家的盛会。陪座的许瑾，年龄小些，知名度远不及其他诸位。陆小曼见着凌叔华，必定想起了徐志摩，她在凌叔华带去的小滢纪念册上，不著新词，默写了一首诗人的《沙扬娜拉》。

一九四六年九月二日，凌叔华母女乘"麦琪将军号"邮轮驶离了上海码头。正夏秋交替，阳光没褪尽灼热，人们期盼秋凉，犹如期盼战后安宁。凌叔华除此还多一层期盼，她向往国外全新生活。这一天总算到来，汽笛鸣响，傍晚余晖洒在凌叔华脸上。也许她舒了口气，但哪会想到，就此永羁旅异国，成了天涯断肠的骚客。

这趟航运与平常有点特别，"麦琪将军号"本来用于军事运输，近来刚改作民运。格外令人瞩目在于，旅客里有大批名人。开船前导演史东山领了一队人马拍电影，兼为叶浅予、戴爱莲伉俪送行。远行的旅人中还有小说家吴组缃、哲学家冯友兰、数学教授华罗庚、电影导演司徒慧敏，连大名鼎鼎的冯玉祥、李德全夫

◇ 叶浅予在船上画的漫画
◇◇ 小滢纪念册上的冯玉祥题词

妇也在船上。改用的"麦琪将军号"只有房舱和统舱两种，原先房舱睡长官，统舱挤士兵。房舱很少，冯友兰、华罗庚都没能睡进去。叶浅予也在统舱，像洗土耳其浴难熬，搬了帆布躺椅到甲板透气，被赶了回来。房舱里的冯玉祥将军看不过去，郑重写了封信给船长，希望惠待文化人。美国船长没有理会中国将军，"文化人"重去桑拿。叶浅予以他漫画家特长，记录了统舱旅客排长队买饭、自己处理餐后炊具等等情景。他日记里记到，司徒慧敏买啤酒，好不容易排到跟前，售货员关门不卖了。

许多名人同船，凌叔华没有放过请他们题词的机会。冯玉祥、李德全夫妇各题了一页，将军写道：

> 小莹（滢）女史
> 君子有三要，要科学，要民主，要和平。
>
> 冯玉祥　三五、九、六

称一名中学生为"女史"，客气过头了。简明的三点要求，均最为至要的立国根本，冯玉祥果然不是寻常的武将。他夫人写的是：

> 为正义不怕一切的往前去努力，只有如此才有中华民族的光荣！小莹（滢）小朋友，我最爱的，永忘不了的！
>
> 德全姨

凌叔华和李德全往日有过往来，题词十分亲昵。叶浅予、戴爱莲夫妇合题一页，各自签名。大概是戴爱莲的手笔，写的英文，简短得不能再简短：

> To yinette
> W Love

吴组缃写了：

乘长风破万里浪
敬祝小滢小姐一路健康
初次见面的朋友

吴襄①
卅五年九月四日于船上

冯友兰的更是简短：

同舟共济
　　小滢属书

冯友兰

仅四个字，然而一语双关。有点哲人意味，既表明了同行于"麦琪将军号"，也隐喻着共同争取祖国的明天。

"麦琪将军号"抵达美国，凌叔华在旧金山上岸。行程的终点是遥远的英国，那时没有上海直飞伦敦的航班，需从这里转往欧洲。她再搭乘火车到纽约，再转车到印第安纳下车。去看望定居那里的胞妹凌淑浩，北平一别过去多少个春秋。父母去世，与两位同胞姐姐淑芝、淑平往来不多，如今淑浩是她最亲的亲人。凌叔华困居乐山日子，淑浩曾经万里迢迢寄来一包包维生素品。凌叔华也给美国未见过面的姨侄女美芳常寄些小礼物，美芳特别喜爱其中一对木雕小狗。

妹夫陈克恢从事中药药理研究，发明了多种特效药物，是享有国际盛名的药理学家。他们夫妇要做新一代移民，正申请美国国籍，不久取得了异国的公民身份。淑浩过着西方人家的中产阶级生活，住进白人社区，拥有私人洋房，门前阔大的草坪绿茵茵一片。室内安装了四十年代住家罕见的空调——门窗封得紧紧的，这叫野惯了的小滢觉得闷气。做了美国人的淑浩夫妇，骨子里依然固守中国人一套。她女儿美芳丢失了心爱的木狗，不吃晚饭，角角落落寻找，遭母亲训回餐桌。她伤心流泪，又被父亲训斥，他不许餐桌上听见哭声。孩子哪里忍得住，

---

① 吴组缃原名"吴祖襄"。

反而哭声更大，父亲把她反锁进地下室储藏间。美国对日开战后，民众非常厌恶日本人，他们分不清日本人、中国人，淑浩家常常受当地市民羞辱。此种不堪原该唤起淑浩夫妇种族平等意识，恰相反，两人将外面受歧视的屈辱转嫁给家里黑人保姆，一个十分善良的妇人。黑人保姆打开储藏间的锁，在厨房备好了美芳没能到嘴的那顿晚餐。保姆抗议主人："我真不忍心看见那孩子被锁到下面去。让我走吧。"① 陈克恢从不肯叫保姆的名字黑兹尔，提到她总是"hei gui"。当美芳明白这是"黑鬼"的意思，像被人打了一耳光，充满愤怒和羞愧。黑兹尔看着美芳生了女儿，女儿长大了说到黑兹尔："她是我母亲的第二个母亲。在我出生后，她教我妈妈如何给我洗澡，并用她所逃离的故乡的风味食品——烤火腿、炸鸡、小甜面包喂养我。我外婆当过产科医生，但却是黑兹尔教我母亲怎么当妈妈的。"②

　　劫后重逢，凌叔华见到淑浩一家，欣喜是一定的，亲人间的关切也有的。然而，叔华来自落后苦难的东方，住久了美国的淑浩，和姐姐能进行多少共鸣话题的交流，不大好说了。往日的隔阂又添了一层新的因素，凌叔华把妹妹看作暴发户。除开血缘关系，也不论来客身份，凌叔华在这中产阶级大宅里，恐怕与黑人黑兹尔感受相差无几。淑浩拿出一箱自己不再穿的衣服给小滢，尽管面料蛮好，款式也不算旧，但是小滢十分沮丧。终究不是正式馈赠的礼品，仿佛接受救济，她原指望姨妈送她一套适合女孩穿的新衣服。淑浩带小滢和母亲去教堂做礼拜，牧师把她母女介绍成中国来的难民，小滢满脸羞愧。她默默收下姨妈的旧衣服，又一次羞愧。

　　相聚貌合神离，好在逗留天数不多。凌叔华在美国没有旁的亲戚了，四处看望的全是文化人，作家邵洵美给小滢的印象很不好。天气转冷，母女再次登上远洋轮船，温暖的期盼代替在妹妹家的失落，凌叔华的丈夫、孩子的父亲等在彼岸那头。

---

①② 陈淑凌：《家国梦影》。

羁旅赤子

凌淑華

侨居伦敦

这一年隆冬凌叔华母女到了伦敦，她俩从未经历这么寒冷的气候，而团聚喜悦抵挡了严寒。陈西滢先在伦敦的中英友协任职，后来民国政府委任他为驻联合国科教文组织首席代表，办公地移至巴黎中国使馆。政府财政困难，拨给的经费非常有限，他没能置备一套晚礼服就走马上任了。常去的一家宾馆有规矩，不穿晚礼服不得进餐厅。法国生活水平比英国高许多，为节省花费，凌叔华和女儿无奈留居伦敦，住处在距驻英大使馆和摄政公园不远的圣约翰伍德，陈西滢不得不巴黎、伦敦间来回奔波。

凌叔华到伦敦第三年，她夫妇做了一件默默无闻却令共产党和国民党都震动不小的事情，冒险暗中帮助旅英的李四光回归新中国。四十年代后期，国内形势出乎意料地逆转，国民政府军节节败退，解放军越过长江。大局已定，民心归顺了共产党。北平加紧筹备成立中华人民共和国，大力召回羁旅海外的各类人才。北京拟定的政协委员名单里有李四光，他正在欧洲参加一个科学讨论会。

今人熟悉李四光，是由于他在地质学领域的杰出贡献，奉为我国地质学界先驱、泰斗。然而"五四"时期，这么一位研究自然科学的学者，与同时代科学家、学者如丁西林、裴文中、丁文江，都曾活跃在文化阵线，李四光常在有影响的报刊发表文章。不到三十岁，李四光已经担任北京大学地质学教授、系主任，并兼任国家图书馆副馆长。就是这个副馆长职务，传闻月薪五百大洋，受了鲁迅奚落。李四光加入了鲁迅与"现代评论"派的那场恶战，为陈西滢助阵。李四光两次发表

◇ 凌叔华、陈西滢在巴黎
◇◇ 与李四光一家合影

致徐志摩公开信，说明副馆长不过是兼职，所以只取了半薪。他对鲁迅反唇相讥：

> 我听说鲁迅先生是当代比较有希望的文士。中国的文人，向来有作"捕风捉影之谈"的习惯，并不奇怪。所以他一再笑骂，我都能忍受，不答一个字。暗中希望有一天他自己查清事实，知道天下人不尽像鲁迅先生的镜子里照出来的模样。到那个时候，也许这个小小的动机，可以促鲁迅先生作十年读书、十年养气的功夫。也许中国因此可以产生一个真正的文士。那是何等的贡献！①
>
> 周先生兄弟，我是久仰的，一向没有相识。启明先生我曾在街上遇见几次，我认识他，恐怕他不认识我。我看他很像一个温和的君子，从日本的朋友方面，我也曾听见几多恭维周先生的话。他虽然曾经无故的骂我一次，我对他还有相当的谅解。我想文人都不免有那种毛病，不能因为他骂了我一次，我就菲薄他的文学，我还希望将来有一天我们能见面谈心。
> 鲁迅先生我绝对的没有遇见，但是我想他一定有他的天才，也许有他特别的兴趣。任我不懂文学的人妄评一句，东方文学家的风味，他似乎格外的充足，所以他要拿起笔来，总要写到露骨到底，才尽他的兴会，弄到人家无故受累，他也管不着。②

打笔墨官司，李四光岂能是鲁迅的对手。鲁迅看到接连发表的公开信立马反击，下面这段有名的话，矛头所向正主要针对李四光的：

> 我自己也知道，在中国，我的笔要算较为尖刻的，说话有时也不留情面。但我又知道人们怎样地用了公理正义的美名，正人君子的徽号，温良敦厚的假脸，流言公论的武器，吞吐曲折的文字，使无刀无笔的弱者不得喘息。倘使我没有这笔，也就是被欺侮到赴诉无门的一个；我觉悟了，所以要常用，尤其是用于使麒麟皮下露出马脚。万一那些虚伪者居然觉得一点痛苦，有些

---

① 刊于一九二六年二月一日《晨报副刊》。
② 刊于一九二六年二月三日《晨报副刊》。

省悟，知道技俩也有穷时，少装些假面目，则用了陈源教授的话来说，就是一个"教训"。①

不难推断，李四光和陈西滢的关系非同一般。李夫人许淑彬同是无锡人，友情加乡情，两家往来不断，后来又一起去创办了武汉大学。李四光女儿李熙芝比小滢大几岁，乐山期间给小妹妹唱童谣，题写过纪念册："隔了几年不见，你忽然变成了一个美丽的大姑娘，我想，等下一次我们见面的时候，你一（又）要变成一位高贵的大小姐。希望那个时候，你不要望（忘）记了'李姐姐'。"

四五十年代之交李熙芝结婚，婚礼选在英国一个海滨小城。喜宴差不多没有邀请宾客，只有陈西滢全家赶去贺喜，拍下两家成员的合影。照片上个个神情怡然，无庄重有亲切。李熙芝告诉陈小滢，两家父母不相识的时候，有热心人要给现在的李夫人许淑彬和陈西滢牵红线。两个孩子嬉笑：如果他俩结婚，就没有你，也没有我了。"李姐姐"承父亲志向，成为科学家，以李林的名字著称大陆科技界，与丈夫邹承鲁双双入选院士。加上李四光，一门三院士。

大陆政权更迭，李四光倾向了共产党，陈西滢任职于国民政府驻外机构，政治道路南辕北辙。公归公，私归私，陈西滢尊重老朋友个人的选择。得知李四光意欲回大陆服务，全力支持。台湾驻英国大使郑天锡得到密令，设法要正在伦敦的李四光发表声明，公开反对大陆政权，拒绝北京给他的全国政协委员位置。倘若李四光不从，则千方百计扣留，强送他往台湾，万不得已时可用无声手枪击毙。陈西滢凭驻欧洲外交官身份获悉紧急讯息，立即发电报给凌叔华，嘱咐她赶紧告知李四光，他眼下处境非常凶险。于是，李四光让妻子与大使馆周旋，自己只身由英国偏僻的普利茅斯货港秘密潜往巴黎，与妻子约定分头往瑞士与德国交界的巴塞尔会合，最终夫妇成功回到了北京。李四光出现在怀仁堂，全球瞩目，外界何曾知道，是一个国民党官员，置政见乃至自己生命于不顾，促成李四光的壮举。

李四光回北京担任了中央政府地质部长、中国科学院副院长等多个高级要职，八年后加入共产党，直至当上中央委员。他为新中国寻找到一个又一个大油田，功劳盖世。陈西滢则始终在欧洲做他不景气的国民党"外交使节"，政治鸿沟隔

---

① 鲁迅：《我还不能"带住"》

断了生死相托的两人联系，只能各自在心里默默祝福对方。那张两家大合影是陈西滢病故后披露于世，生前万万不可的。于大陆这边无碍，台湾则必定见疑。时任总理周恩来外交顾问周鲠生是陈西滢《现代评论》和武汉大学时期的故交，他一九五六年访问英国，私下会见陈西滢，促膝长谈几个小时。周鲠生带去周恩来口信，欢迎陈西滢和胡适回归大陆，即使仅回来看看也好，保证来去自由。陈西滢并无动心的意思，但周鲠生口信他还是如实、及时转告了胡适。胡适和他态度一样，两人都终老异乡。

李四光成功归来有赖凌叔华和陈西滢的同心协力相助，凌、陈夫妇的家庭生活依旧不协调不和谐。外人看来，凌叔华的婚姻似乎十分美满：

> 先后凡历数十年，他们俩一直如鹣鲽相依，形影不离，以甘苦共尝的心情，行夫妇唱随的乐事，无论履夷处困，无不如此。
>
> ……
>
> 由于他们夫妇俩对于文学艺事，具有共同爱好，且乐此不疲，老而弥笃。故在陈源退休之暇，他们总是双双俪影，娓娓清谈，而要以评文论艺与写作绘画为其伉俪间的抒情遣兴与消时度日的重要寄托。真是秦徐恩爱，赵管风流，不但兼而有之，而且还不让专美于前。①

沈从文私下十分羡慕："据他们说笑话，是要太太，只有叔华是完全太太的，不消说那丈夫是太享福了。"② 读者也这么想的，都不过局外人远眺的表象，实情大大不然。无论从新旧观哪一方面说，凌叔华都很难说是沈从文心目中理想的太太。既够不上举案齐眉，也未能比翼齐飞。陈西滢于凌叔华文学事业不无裨益，凌叔华于陈西滢在文学、教育、政治各方，都没能鼎力相助。陈西滢身为洋博士，内心不乏中国的传统伦理，孝顺父母，朋友、同事们有口皆碑；凌叔华出身封建门庭，毕竟养尊处优，难免娇小姐脾气，何况新女性角色，离经叛道处不少，不屑礼遇夫家，与婆母与信佛的大姑相处不时龃龉。

小说家、批评家的结合原以文学为媒，婚后凌叔华头上的文学光环越来越灿

---

① 陈敬之：《现代文学早期的女作家》。
② 沈从文致王际真信。

烂，原先颇负盛名的西滢教授日后似有江郎之叹，完全离开了文坛。凌叔华的失望是必然的，她所嫁的"文学"落空不少。几位美国汉学家登门拜访，凌叔华认定只是慕她名而来，竟然阻止陈西滢出面。陈西滢气得一脸通红，向女儿告状："你母亲不让我见这几个美国来的汉学家！"① 他受伤害，格外沉默寡言。

　　大家闺秀，相当看重物质生活，她曾抱怨："我在那几年，苦头是吃够了。女儿又不能帮助一点，结果她仍嫁了个穷教授。"② 年轻的凌叔华不计贫富，执意嫁给寒门弟子，中年时因穷教授不满女儿婚姻，可见人的价值观并非一成不变。现在这么看女婿，自然也会嫌自己丈夫收入不丰。她公开抱怨国民党给的薪水太少，经济拮据尤加深了夫妇矛盾，家庭冷战乃常事。乐山时期饭桌上很少交谈，小滢实在不忍这沉闷气氛，找借口到邻居家蹭饭。到英国小滢结婚分居出去，凌叔华和陈西滢愈加相对无言。幸好他们同桌进餐的日子不多，算起来夫妇俩后半生分多聚少，陈西滢忙公务常离开英伦，凌叔华多次远赴南亚、北美、日本，教书或旅游，单南亚的南洋大学一教就是四五年。

　　凌叔华包裹自己越来越紧。她那个独自占用的小书房，丈夫和女儿都不得进去了。夫妇偕老的女作家，她不及林徽因如意，尤不及谢冰心幸福，有甚于袁昌英的不谐（袁家没有出轨纠纷），比苏雪林的终生孤单多一份庆幸而已。

　　家里生活缺少生气，家外不能融入英国文化界，时时感到寂寞。老朋友自远方来会晤，便是凌叔华开心的日子。英伦庆祝建国一千年的时候，她迎来分别五载的苏雪林，陪伴苏雪林在伦敦玩了几天。她们游遍了建国千年博览会、英皇加冕的西敏寺大教堂、大英博物馆、剑桥各个大学。去剑桥，站在河畔金柳下，凝视柔波中水草，两人不约而同怀念起写诗的故人，轻轻吟诵他脍炙人口的诗句。苏雪林下榻在凌叔华家，滔滔不绝地叙旧，每晚至深夜仍意兴未尽。自然惦记起"三杰"的第三位，大陆上袁昌英过的完全另一种生活，她能否适应呢？ 榻上交谈温馨如故，却终究不是"珞珈山"和"让庐"时期的情韵，至多是短短一曲余韵。苏雪林暂居香港，正犹豫何去何从。凌叔华能给以什么忠告呢？ 最后苏雪林还是去了台岛，年岁大了，再也没来伦敦。

　　朋友会面能有多少回呢，便去剧院排解寂寞，有时一次买了好几场戏票。观

---

① 陈小滢：《回忆我的母亲凌叔华》
② 凌叔华致萧乾信，载《中国儿女——凌叔华佚作·年谱》

◇ 一家人在伦敦植物园

剧有感想，就写剧评，《谈看戏及伦敦最近上演的名剧》洋洋洒洒万言。由写剧评进而论编剧技巧，论性格描写，论剧本写法，论分幕、分场，论场与场中间的如何落幕布，论布景与人物关系，论台词与角色关系。她毕竟并非戏剧家，卑之无甚高论。《谈戏剧有各种写法》本是篇大题目，篇幅却只有两千字，最后一句，"把情节与角色同时配合好的安排，也会帮助建立某一个性。"情节体现人物是编写剧本至关重要的话题，应该怎样"配合好"，没有说下去，文章戛然而止。

写了这些谈论戏剧文章，陈西滢去世那年，她创作了独幕剧《下一代》。取材海外华侨生活，老一辈与下一辈隔阂。较之她青年时代的剧作，《下一代》堪为她剧本中成熟作品。①

侨居伦敦，凌叔华还在英国广播电台兼过职，为中国文化节目撰稿，介绍过鲁迅。

---

① 求学燕京大学，为学校演出需要写过两个英文神话剧《天河配》《月宫嫦娥》，都很幼稚。步入文坛，创作过中文剧本《她们的他》《女人》，分别刊《现代评论》《小说月报》，亦乏善可陈。

布鲁姆斯伯里之友

英国的布鲁姆斯伯里（bloomsbury）是闻名世界的文化圈，某些方面类似凌叔华曾经置身其中的新月派，朱利安初见凌叔华即感受到她身上似曾相识的气质。写信告诉母亲，说凌叔华是布鲁姆斯伯里的中国成员。① 美国学者帕特里卡·劳伦斯写了一大厚册《丽莉·布瑞斯珂的中国眼睛》（*Lily Briscoe's Chinese Eyes*），正是将两者相提并论作了深入研究。如果像有人说的，布鲁姆斯伯里文化圈是朱利安留给凌叔华的一份遗产，那么凌叔华施展她的交际才能，用足了这份遗产。初来乍到，凌叔华在一个陌生国家，要立足，要发展，自然希望当地文化人的帮助，这种帮助必不可少。她如愿以偿，与布鲁姆斯伯里文化圈的老人们往来频繁，一直持续到他们一个个离开人世，有的还接上了下一代。维塔·塞克维尔·维斯特的儿子便是一个，凌叔华曾请他帮助发表敦煌之行的游记作品。

凌叔华与朱利安母亲瓦内萨通信长达十六七年，由于战乱一度中断，来伦敦途中她自旧金山寄信英国知名画家，终又接上联系。瓦内萨失去长子的伤痛是巨大的，苍老了许多。朱利安告诉过凌叔华，他从不曾像爱瓦内萨那样爱过任何一个女人。用伍尔夫的话说，"朱利安对她有着某种奇特的力量——既是情人又是儿子。"② 凌叔华不期而至，瓦内萨有点意外，更感到欣慰。她思子之情不再隐伏心底仅为头脑里的精神活动，而是转化为欣慰的现实生活。她对凌叔华说："经

---

①② 帕特里卡·劳伦斯：《丽莉·布瑞斯珂的中国眼睛》。

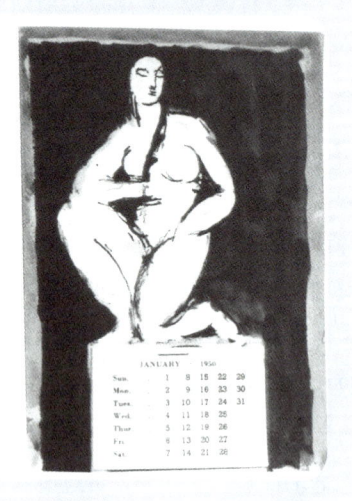

◇ 瓦内萨像
◇◇ 瓦内萨绘制送凌叔华的挂历

过这么长时间，如今我已经接受了没有朱利安的生活，并且仍然试图从中获得某些东西——我认为你的出现让我再次感受到，我是多么需要他。"① 瓦内萨给孙子，小儿子朱利安·昆汀的儿子命名为同名朱利安·贝尔，正是出于这样的情感需求，现在她又从凌叔华身上获取思念长子的慰藉。

瓦内萨给予已故爱子的恋人尽其所能的帮助，凌叔华最想得到的帮助如愿以偿，她被介绍给布鲁姆斯伯里其他成员。尽管有人冷淡，佯装忙碌以回避，但艺术评论家克莱夫·贝尔、画家邓肯·格兰特都喜欢中国来的女画家，他们不大在意她作家身份。这两位也是英国文化界大名人，在布鲁姆斯伯里圈里举足轻重。凌叔华的英文需要继续练习，瓦内萨立即请了女作家玛乔里·斯特雷奇给她辅导，玛乔里的哥哥利顿·斯特雷奇是布鲁姆斯伯里的散文家、传记作家。瓦内萨的关心有时细致到怎么替凌叔华联系画廊，去哪里买画布、支架。

春暖花开，瓦内萨邀请凌叔华去了布鲁姆斯伯里同人时常聚会的乡间，在伦敦郊外一百多里的查尔斯顿，著名的"僧侣屋"也在那里。凌叔华不失时机地带去了纪念卷轴，就是徐志摩替她在欧洲请人留墨的那个长卷。上面罗杰·弗莱的风景画帮了凌叔华大忙，罗杰属这个文化圈里的前辈，已经去世十多年。看到有罗杰遗作的卷轴，在场的英国艺术家们惊讶、感动不已。凌叔华摊开带去的一本新纪念册，众人理所当然亦情不自禁地挥起画笔。凌叔华也在小朱利安·贝尔的父亲、朱利安胞弟昆汀·贝尔的陶罐上作了几幅中国画，昆汀是位陶艺家。

凌叔华很快立足于英国艺术领地，接连举办画展。起步总是困难的，第一次画展不太理想，瓦内萨安慰她："画作很难打开局面，除非买家是赶时髦的年轻人。""不要让一时的失败摧折你的信心。"② 此后凌叔华顺利了，一九四九年底在亚当斯画廊展出的那次，获得不少赞誉。雪白的大墙面，疏朗气派地悬挂着她丝绸或宣纸上的静物写生，以及她游历英国、瑞士的景色水墨，让看惯油画写生的参观者顿时耳目一新。参观者里有一些名家，多萝西·伍德曼第二次走进这吹来浓郁东方艺术气息的展厅。瓦内萨由衷地欣喜："这真是很有意思……透过中国人的眼睛来看欧洲风景。"还说，"人们看过很多的中国风景画，但是却很少在画

---

① 瓦内萨致凌叔华信，见佛朗西斯·斯剖丁所著传记《瓦内萨·贝尔》（提克诺·菲尔兹出版社），载魏淑凌《家国梦影》。
② 瓦内萨致凌叔华信，载帕特里卡·劳伦斯《丽莉·布瑞斯珂的中国眼睛》。

布上看到自己所熟悉的环境。"① 昆汀·贝尔把这意思写成文章发表："这个独特的画展之所以能引发观众特殊的兴趣，因为它提供了难得的机会，让我们能够通过一位采用迥异艺术传统手法的成熟艺术家的眼睛，看到了我们的西方世界。"② 凌叔华的三十七幅展品卖去了十一幅，很不错的成绩。

巴黎塞努奇美术馆邀请凌叔华去办个人展览，并且许诺，为她到欧洲其他的美术馆做宣传。塞努奇美术馆本馆的展览更加成功，展期长达三个月，纽约、波士顿的展览邀请函接踵而至。这家美术馆难得办日期这么久的美术展览，更不用说为东方画家办的。布鲁姆斯伯里促成凌叔华成为当时半个职业画家了，售画所得对没有固定职业的凌叔华而言绝非可有可无的收入。凌叔华的画家生涯在二十世纪五十年代前半期步入辉煌。

最为辉煌的该数一九六二年的巴黎展览，展览安上引人注目的标题"一个中国画家的精选"。凌叔华请到法国大作家安德烈·莫洛亚撰写了展览前言：

> 陈凌叔华这位中国女性，"有着一颗冰清玉洁、睿智细腻的心"。其父为一文士大儒，曾任旧直隶省布政使、北平市长。在中国，一位文人应当培养对多种艺术的兴趣。他若是诗人，那么他也能将自己的诗以娴熟的技巧援毫成书。中国文字的美非常接近于自然线条的美。画帛上不可能有任何改动、任何悔笔；画家在勾勒画面时，其线条不容修饰，一如书法家在写出自己的字时那般。
>
> 叔华《古韵》一书令人入迷。她在书中叙述了自己六岁时，她父亲的一位朋友是怎么在花园中注意到她的。其时，她正用一截木炭在一堵白墙上画着玩儿，有风景，有花，还有人。"你的画有些自己的东西，"这个人说，"你有才气，将来一定会成为大画家的。我要去和你父亲谈谈，你得有个先生……"于是，这个孩子成了著名女画师缪素筠的弟子；缪素筠画师很受当时那位孀居老太后的宠爱。
>
> 这样，叔华便承袭了一个"书香门第"的传统。她既迷恋于书法，也醉心于绘画和文学。身为小说家和诗人，她主持过一份重要刊物，并在当代中国

---

① 瓦内萨致凌叔华信，载帕特里卡·劳伦斯《丽莉·布瑞斯珂的中国眼睛》。
② 题名《亚当斯画廊里的凌叔华画展》，刊英国《新政治家与国家》杂志，载魏淑凌《家国梦影》。

文学中占有了一席之地。她和英国的两位女作家成为朋友：弗吉尼亚·伍尔夫和维多利亚·萨克维尔－韦斯特。在她们的指导下，她试着用英语写作。她用这种外国语言，令人惊叹地将其中文创作中那种奇特而有诗意的情味体现出来，取得了成功。

在绘画方面，她的风格即是中国人所称的那种"文人画"。这是那些力求既要表现出画家的心灵，又要表现出所画事物的文人们的那种绘画。在这种充满激情的绘画中，山、河、竹、花，既是物也是思想。画中那无声与空濛的境界与线条一样，都富于表现力。郭雨舒（译音）博士说："要分清是画表现了诗，还是诗表现了画，这往往难以做到。正是诗句、书法和绘画这三位一体，营造出了一种诗意。要能达到一种'文人画'的境界，就必须掌握这三个要素……"

中国的画家并不抄袭古人。他们深得一种传统的熏陶，但又会努力去展现自己的一个世界。他们通常不作写生。对他们来讲，重要的是要创造一种诗意的氛围。这一点，凌叔华很轻松地便做到了。她笔下的山峦雾霭笼罩，表现河流的河岸的线条似有若无，波光粼粼的水面与画帛织物的闪光融为一体，白云中杂以淡淡的一抹灰色。这些，都构成了一个她所特有、似乎是从梦幻之雾中升腾而起的天地。

她的艺术的另一个方面，是气势。她以这种气势，用上几笔就能使一株兰花、一茎玉兰和那些苹果树的嫩芽，看来无不生机盎然。艺术处理手法凝练，用水墨作成的画，在素色的衬底上显得非常简洁，这使得我们几乎要说它技法抽象。然而，大自然的生动又跃然纸上，让我们想到这些茎、花的本质，就包含在非常真实的存在之中。

凌叔华与她的丈夫陈（西滢）教授住在英国。现在，每当她想写生，总是去找荒原野地作素材，那是她在伦敦以北的地方发现的；还有便是泰晤士河的雾、苏格兰的湖。她并不追求人为地给这些西方景色赋予一种过分的、东方式的异趣。所画是她所见，这便足以使她是东方式的了，因为她是通过一种有着上千年历史的体验来展现于笔下的。

花儿晶莹无瑕，孩子已品受其香。

她融进一颗心灵，

里面淡淡的哀愁意在言外。

为了透彻地领悟大自然,她所用的手法精湛出众,那是世界上最古老的文化给她留下的馈赠。①

借得莫洛亚盛名,展览轰动了巴黎。凌叔华答谢莫洛亚,画了一幅水墨西湖送他。凌叔华画家声誉走向了国际,虽说现今国内鲜有画家知晓她的成就。令人意外,凌叔华竟不愿女儿步她丹青后尘,尽管小滢对绘画兴趣很大。当时旅居欧洲的潘玉良乐意辅导小滢,凌叔华执意谢绝,不像她父亲当年那样热心为女儿创造学画条件。

布鲁姆斯伯里的老人们陆续谢世,凌叔华仍然感念他们给过自己的种种帮助。伍尔夫逝世四十周年,伦敦文艺界皇家剧院上演话剧《伍尔夫》,一票难求,凌叔华求到一张。台上角色和台词道及而没有出场的瓦内萨等等,无一不是她熟悉的友人。话剧勾起她亲切回忆,写成文章 "*I Remember Virginia Woolf*"(《怀念弗吉尼亚·伍尔夫》),告诉今日读者,剧中名望很大地位很高的文化人,绝非想象的那样,高傲、冷漠,相反,个个谦和可亲、热心助人。她庆幸曾是他们中的一员,得到过他们很多帮助,至今珍藏着这份友情。

---

① 此译文是本书著者约请程干泽先生从法文译出

古韵悠长

无论凌叔华与画家瓦内萨有如何密切的交往，她却始终不能忘怀瓦内萨的妹妹作家伍尔夫。到伦敦不久，一个春风拂煦的日子，凌叔华专程去了伍尔夫故居，著名的洛德梅尔的"僧侣屋"，凭吊缘悭一面的异邦故知。两层小屋简朴到了简陋，差不多就是一栋农舍，融合在周围乡野里。伍尔夫的文稿和打字机仍在工作间原处，凌叔华走近它们，默默无语，万里之外她收到的一封封来信便是从这里发往中国的。不远的那条小河正是伍尔夫的归宿，河面不起一缕波纹，仿佛这里什么也没有发生过。凌叔华想，托付给伍尔夫的《古韵》书稿，不至于一起消失吧，那么丢弃在何处呢？

国外走红的画家，她不断举办画展的同时，没有忘记自己也是作家，寻求机会在英国报刊发表文学作品。最先登出《红衣人》，接连又是《在中国的童年》《我们家的老花匠》《造访皇家花匠》，都是《古韵》里的章节，凌叔华还收存着它的部分初稿。凌叔华对伍尔夫丈夫伦纳德·伍尔夫说，只有弗吉尼亚支持她写《古韵》，[1] 此话在凌叔华说来，躲不脱讨好嫌疑。支持过《古韵》写作的人至少还有朱利安和瓦内萨，瓦内萨给朋友的信里明确说过："朱利安曾建议她写自传，我也希望她写。"[2] 珞珈山上朱利安和凌叔华合作，把她的小说《无聊》《疯了的诗人》译成英文，发表于上海英文杂志《天下》，这或是写作《古韵》的前期准备。

---

[1] 凌叔华致伦纳德信，载帕特里卡·劳伦斯《丽莉·布瑞斯珂的中国眼睛》。
[2] 魏淑凌：《家国梦影》。

一般说来，英国桂冠诗人维塔·塞克维尔·维斯特（Vita Sackville-West）不能算布鲁姆斯伯里成员，可是她与伍尔夫、瓦内萨关系十分密切，对以后凌叔华出版《古韵》起过关键性作用。凌叔华不惮给不相识的名人写信，多亏了这一点，《古韵》书稿才得以失而复得。她读了《观察家报》中维塔的一篇"在你的花园里"专栏系列文章，文章写到中国的植物，勾起凌叔华想念史家胡同后花园。有如写信给周作人、伍尔夫一样，她又写信给维塔，不详邮址，请报社转交。凌叔华想拜望这位女作家，看看她家花园，那个有名的"西辛赫斯特城堡"。维塔收到信，热情邀请她来做客。凌叔华此行不虚，拜访过后画了一幅"西辛赫斯特花园"。维塔给凌叔华的印象十分美好，凌叔华回忆文章说她，"聪明、美丽、随和、善良而且平易近人。"① 访问花园那天，主客登上古堡顶楼喝茶、交谈，维塔这才知道，眼前这个女子也是一位作家，而且在中国很有点名气。凌叔华说了自己写过自传体小说，可惜书稿随伍尔夫自尽而不知所终。伍尔夫在世和维塔是很亲密，以维塔作原型创作了小说《奥兰多》。维塔随即联系上伍尔夫的丈夫，伦纳德·伍尔夫翻箱倒柜，从伍尔夫积满尘灰遗物里终于翻寻到《古韵》书稿。伦纳德经营着贺加斯出版社，《古韵》付梓不成问题。书稿经玛乔里校订、润色，维塔取书名"*Ancient Melodies*"，写了序言。一九五三年冬面世，维塔的序言预告：

> 她成功了，她以艺术家的灵魂和诗人的敏感，呈现出一个被人遗忘的世界，在这个世界里，对美好生活的冥思细想是不言自明的……她的文笔自然天成，毫无矫饰，却有一点惆怅。

凌叔华未曾料到，《古韵》果然在西方成功了，译成法文、德文、俄文、瑞典文，获得欢迎，走向了世界。她以前的小说，没有一本走得这么远。《泰晤士文学副刊》很快登出评论文章《北京的童年》：

> 每章都有其自身独特的尖锐之处，从一开头就是这样——与同时代欧洲的托儿所、幼儿园构成了鲜明的对比——年幼的作者被好心的仆人带着去观

---

① 手稿《回忆录》，载帕特里卡·劳伦斯《丽莉·布瑞斯珂的眼睛》。

◇《古韵》
◇◇ 凌叔华绘《古韵》插图

看斩首的场面……西方作家或许会极力描写场面的恐怖之处,或者会把终生的焦虑归于这种早年受到的震撼。叔华女士没有这样。……她仿佛在用一支中国毛笔勾勒整个事件:情感表现恰到好处,没有伤感,没有滔滔不绝的假慈悲。①

英国的《时代与潮流》《旁观者》都有赞扬《古韵》的文章,英国人提名它入选当年畅销书榜。瓦内萨的外孙女说,小时候外婆就给她念过《古韵》。尽管这部作品译成了好几国文字,仍有遗憾,凌叔华生前没有看到它的中文译本。她去世第二年台湾才有中文版,大陆版又晚一些年。

为写《古韵》凌叔华学会了打字,认真读了一些西方作家的自传作品,有马克·吐温的,林肯·斯提芬的,H.G.威尔斯的。着手写作时她缺乏信心:"我心里清楚,用英语写出一本好书的机会很渺茫,用这种语言我写起来很难得心应手。"② 驾驭异邦文字这话意料之中,至于内容她同样不敢奢望:

> 如果我的书能向英国读者展现中国真实生活的某些画面,和英国普通民众一样的中国平民的某些经历,你们的人民从未有机会看到的某种真实生活和性,即使这一切都是通过一个孩子的眼睛看到的,我就已经心满意足了。③

按魏淑凌说,书名是取自白居易《废琴》诗句:"丝桐合为琴,中有太古声。"参考了阿瑟·威利译文。台湾版译作《古歌集》,魏淑凌认为应该译成《古声》。现在流行的译名《古韵》出于大陆学者傅光明手笔,那一段段小故事确是从朱门深院飘忽出来的悠长古韵。丁府的太太们,④ 可谓中国最后一代深闺里的太太。

面世的《古韵》已删去原稿若干内容。原稿有个故事,二太太不甘心老爷睡在四太太房里,代庖敲更,借此来房外骚扰。老爷恼羞成怒,训斥二太太,二太太竟在院子里大嚷:"我一个人睡不着!"老爷无奈,出来跟着二太太进了她房里。

---

① 转引自魏淑凌《家国梦影》。
② 凌叔华致伍尔夫信,载魏淑凌《家国梦影》。
③ 凌叔华致伍尔夫信,载帕特里卡·劳伦斯《丽莉·布瑞斯珂的中国眼睛》。
④ 《古韵》里的老爷并不姓丁。

作者删它原因,可能记述欠雅。① 原稿这么写二太太,说不定受了朱利安鼓动,需要坦然写出性事。凌叔华却顾虑它太过直露,还是删了。假如朱利安能读到它,一定嫌她用笔不酣。另外有一段,二太太担心日后失宠,四太太用自己唱过的歌谣劝慰她:"花儿鲜艳应时开,何必自扰问将来。动听的歌儿不长,澄明的月儿不久。"也删了。二太太这个人物在书里消失了,二太太的行径概括到了三太太身上。

  几乎所有人,包括中外学者,包括鼓励写《古韵》的伍尔夫和作序的维塔,还包括凌淑浩外孙女魏淑凌,都几乎无一例外地把这部作品看作凌叔华的自传,不少书刊以它为依据阐释凌叔华。究竟写的是自传还是小说,凌叔华自己有过认真的考虑。她征询过伍尔夫意见,答复十分明确:"我觉得自传比写小说还要好。"② 凌叔华似乎接受了,甚至说了这样的话:"我不想写小说模样的自传。"③ 然而凌叔华写惯了小说,另一层动因,她总想遮掩隐瞒些什么,因此《古韵》在取材上模棱两可,似自传、似小说,无论基本事实,抑或人物关系、人物面貌,都在事实的基础上作了不小程度的改动或虚构。

  凌叔华父亲任直隶布政使,当警校的名誉校长、改革监狱的主席、北洋大学的委员;凌叔华跟宫廷画师王竹林学画,姐姐哥哥在日本遇难,全家搬住天津洋楼,《古韵》所写均有事实依据,它应该是自传了。可是,凌老爷改了姓氏,成了丁老爷。他的四房妻妾变成了六房,两个是无中生有的。那些太太们争风吃醋、斗嘴撒泼的场面,戏剧化得很,俨然小说笔墨。对话中那些粗俗而含羞的秽语,一个孩子哪里听得明白记得清晰。《古韵》成书之前,其中"搬家""一件喜事"等章节,原先正是以单篇的小说体裁分别发表在国内报刊上的。难怪,认定《古韵》是自传的魏淑凌说:"我有一种被欺骗的感觉。"④ 就不要诧异,明了底细的陈小滢,赠送《古韵》给魏淑凌时郑重叮嘱她,送书的事千万不要告诉凌淑浩。魏淑凌外婆不喜欢书里写的,这本书出版后,凌淑浩多年不理睬姐姐。

  既然大家把《古韵》当自传来读,它改动的事实、虚构的内容,就完全看作凌府家史,讹传甚广,那么此处费点篇幅,挑几处来订正。

  《古韵》写凌叔华自己,"我性情柔弱,也许因为是妈的第四个孩子,家中的

---

①③ 帕特里卡·劳伦斯:《丽莉·布瑞斯珂的中国眼睛》。
② 伍尔夫致凌叔华信。
④ 魏淑凌:《家国梦影》。

第十个女儿，自然没人留心。""妈那时虽只有二十三四岁，却发誓不再生孩子了。""我一岁时，妈又意外有了五个月的身孕。"凌叔华生母李若兰一共生育了四个孩子，全是女儿。照此所写，她若第四，再加一个，则变成五个了。凌叔华的排行其实是同母姐妹里第三。《古韵》里的老三是梅姐，"梅成了著名医生，同一位知名科学家结婚。"无疑梅是淑浩，淑浩其实是她妹妹，排行应该是第四。包括其他太太子女在内大排行，淑浩第十四，叔华女儿叫她十四姨。如果说，淑浩是凌叔华一岁时母亲怀孕的那个妹妹，则年龄便有出入，淑浩比叔华小四岁。左右不符合事实。

凌叔华幼年和姐姐哥哥去日本住过两年，《古韵》写一起去京都的有"十姐妹"，凌叔华最小，当时九岁，因为姐姐溺水而亡匆匆回国了。实际去日本的仅六人，① 而且不全是女孩，溺水孩子里就有她哥哥凌淑桂。溺水也不只《古韵》写的两人七姐八姐，还有她哥哥和九姐。他们去日本住在神户，不是书里写的京都。溺死地点即神户的风景地布引瀑布（Nunobiki Falls）。他们溺水时凌叔华十三岁，她生于一九〇〇年，由此推断去日本在一九一二年。有两种关于凌叔华生平的书籍，按凌叔华九岁的说法，将他们去日本的年份误为一九〇九年。②

与史实出入悬殊的是凌叔华笔下的义父义母形象。义父原型是清末显宦赵秉钧，他是否收认作者这个干女儿，除《古韵》具体生动的描述，未见其他史料记载。可是，幼年的凌叔华聘予赵秉钧儿子，凌、赵两户有过姻亲之约，倒是确凿的事实。"义父义母是两个可爱的人。义父多才多艺，义母是我孩提时代见过的最漂亮的女人。"《古韵》这样描写义父义母的一节，开头便这样定了调子。义父见多识广，走遍大半个中国，蒙古、西藏、广东，处处有他足迹。身为武夫，却琴、棋、书、画样样精通。丁老爷赞叹："你赵叔叔真是个天才，他若生在宋朝徽宗年间，就用不着在这繁冗的公事上浪费时间了。徽宗自然让他施展才华，他或许就成了宋代杰出的山水画家和书法家。"凌叔华笔下义父岂止有才华，品德也叫人敬仰。他对似懂非懂的干女儿说："有四个字你必须首先记住，名、利、俗、懒，这是工作的大忌，一定要尽力避免。"这个义父近乎完人。翻翻史籍，关于赵秉钧的记载不为少见，与《古韵》对照，褒贬委实云泥之别。赵秉钧阴险、狡诈、狠毒，参与

---

① 他们是凌淑英、凌瑞清、凌大容、凌淑平、凌淑桂、凌叔华。
② 见林杉：《秀韵天成凌叔华》、宋生贵：《凌叔华的古韵梦影》

刺杀志士的行径将他牢牢钉上了历史耻辱柱。凌叔华为何如此美化他,是个可探讨的有意味的题目。与史实不符处还有许多,不知嘱咐她秉笔直书的伍尔夫,九泉下会作何感想。

原本展示高门巨族家史的《古韵》失实太多,无怪乎家族成员凌淑浩反对在美国印行此书。全书结尾更令淑浩不能容忍,两人书信往还,争争吵吵。叔华和淑浩有很多理由亲密无间,确也亲密过,后来竟几乎不相往来,似太不近情理。淑浩不明小说创作与自传记述并非一回事,明了《古韵》的写作的读者,则啼笑皆非了。只有不明内里的维塔才这么夸它:"它比《天方夜谭》更引人,因为它是取自一个同时代人真实的回忆。"①

《古韵》是以自身经历为题材的小说作品,既是小说,则应该另当别论,学者们当纪实自传误读,不能怪罪著者凌叔华。外国读者出于猎奇,读得津津有味,它原是投其所好,展示东方情调的小说。抛开西方学者的过头溢美,《古韵》在凌叔华小说创作上是另有建树一帜的作品,丰富了她小说的内容和艺术。由于它被误读成自传,以为是一本史料,从而淡出凌叔华小说研究的视野,至今未得深入阐释、应有评价。

《古韵》的成功激励凌叔华萌生创作雄心,她对荷加斯出版社负责人伦纳德·伍尔夫说,想"写一本书——一本像托尔斯泰的《战争与和平》那样的小说——这个想法在我的脑海里已经盘桓了多年"。② 她想写的是,中日战争中幸福的家庭失去了幸福,做梦的年轻人美梦变成噩梦。凌叔华已经写出第一章,寄给了伦纳德。伦纳德不置可否,可能是"闺秀"风格的凌叔华不擅驾驭宏大战争题材,《中国儿女》就是先例。几年后伦纳德去世,凌叔华的创作雄心化为烟雾,开了头的中国的《战争与和平》始终只是个开头,残稿不知是否尚存于世。

---

① 《古韵》英文版序。
② 凌叔华致伦纳德信,载魏淑凌《家国梦影》。

爱山庐下

一九五五年新加坡创办南洋大学,主事人到台湾招聘名师,希望苏雪林到校任教。苏雪林怕自己适应不了那里气候,推荐了凌叔华替代。学校为凌叔华安排的寓所在山坡上,她说:"我对着山的心情,很像对着一个知己的朋友一样,用不着说话,也用不着察言观色,我已感到很满足了;况且一片青翠,如梦一般浮现在眼前,更会使人神怡意远了。"[①] 这岂不正中她下怀,给寓室命名"爱山庐"。

凌叔华初到学校,四个五六岁到八九岁的男孩女孩寻上门来,他们光着脚,衣裤破旧,但个个神情天真,憨态可掬。最大的女孩告诉凌叔华,妈妈要他们跟新来的女先生识字。说完,女孩捧出一把小葱、四条黄瓜。凌叔华欣然收下了她这几个分外的小学生,分给他们每人一支铅笔、一沓练字本,约定每天黄昏来认字练字。孩子们跟热带植物似的,长得很快。凌叔华在伦敦休假回学校,几个月不见,他们已穿上鞋子,衣服也齐齐整整。两年后最大那个女孩进了城,凌叔华再见到她,竟然亭亭玉立,烫了头发,涂了胭脂,还蹬了一双高跟皮鞋。凌叔华打量她,她不好意思地笑了。几天后女孩回城,拍电影去了。父母不许,女孩是逃走的。她将有什么遭遇呢,凌叔华一直放心不下。这个家庭,这个女孩,凌叔华惦记了许久。

听闻著名女作家凌叔华来任教,大学生们十分兴奋,一边翘首以盼,一边抓紧时间读她的作品,最钦佩《酒后》,以言语、细节表现了人物微妙心理。凌叔华

[①] 凌叔华:《爱山庐梦影》

◇ 凌叔华任教的南洋大学
◇◇ 南洋大学师生合影（前排右二凌叔华）

姗姗来迟，三月开学，五月才到学校。严格说来，她教学经验不足，大学毕业只回母校教过一年美术课程，且是义务性的编外教员。凌叔华与人聊天，绵绵絮语，极有魅力。却不宜于上讲坛，嗓音小，语调又欠抑扬，大教室里效果不甚理想，人数多的大班，更差一等。然而她名气大，有此一点足矣。学生没有失望，印象是，"为人诚恳、朴实、坦白，一副光风霁月，名家风范，实在令人敬服。"[①] 凌叔华担任过"新文学导读""中国语法研究""修辞学"这几门课程，最见精神的是第一门。她亲身经历过文坛风云，讲到那一代作家，讲到五四的文学社团，没有她不熟悉的人、不熟悉的事。讲到"新月社"尤是如数家珍，有股无从替代的魅力。但她的文学观念出学生意料地"左"倾，经常引述大陆、苏俄作家的观点。

凌叔华课外不端名人架子，与学生亲切叙谈，时常约学生来爱山庐寓所，谈功课，也聊家常。逢端午、中秋，便一起吃粽子吃月饼。平时偶尔聚餐，师生不分宾主，个个动铲掌勺，凌叔华露了一手看家的药材炖鸡。兴致来了，她捧出古琴，为大家轻抚一曲，满室雅韵。天气好的日子，相约外出，观赏哥打丁宜（Kota Tinggi）瀑布，攀登马六甲古城。这时她会取出画板写生，学生围上来，惊异的、佩服的、说笑的，其乐融融。

学生期盼成立一个文学社团，准备定名"创作社"，要求凌叔华辅导。她倾力支持，不仅热心辅导，而且为他们筹集活动经费。凌叔华举办个人画展，收入全部用于"创作社"，到欧洲买了几百册相关图书。"创作社"不大，成员又全是学生，竟出版了好几本书，《夏天的街》《现阶段的马华文学》《马华文学的独特性》《十五年来的马华诗歌》。"创作社"第一批成员赵鸣，五十年后不无自豪地回顾：他们"一开始就有很好的出发点，就有作品面世，因此，也受到当时社会的关注与重视。就是到今天，还是有人会提起这个组织，也有人在寻找这些书刊。"[②] 一批批成员毕业后成为南洋的华文文学骨干。女学生余秀斌与凌叔华尤为亲近，受老师熏染，余秀斌亦能诗善画，并且喜好古筝。

凌叔华虽和学生相处十分融洽，与教师相处则不尽然，遭一些人疏离。她授课内容偏"左"色彩，即使关系正常的同人也不易认同，个别人视为大逆。南洋大学中文系教师主要出身于原来的南京中央大学和北京的燕京大学，多属章太炎

---

① 转引自衣若芬：《南洋大学时期的凌叔华与新旧体诗之争》，刊《新文学史料》二〇〇九年第一期
② 赵鸣：《南大创作社这个组织》，刊《新加坡文艺报》二〇〇八年十月第三十七期

和黄侃的门生。凌叔华虽然入册燕京学籍,却非中文系科班,并不为燕京校友接纳。她已经相当谨慎,不介入人际派系纷争,结果却是两头嫌忌。和教师不够融洽另一重要原因,那些人都是做传统学问的经院派,以创作建树的教师不免受些歧视,这是大学普遍风气,民国乃至今日,积习尚未根除。凌叔华本来持退守态度,敬而远之,求个相安无事,可是她身上白话新文学的烙痕终究太深,崇尚古代典籍的章、黄弟子们总看不顺眼。中文系主任刘太希①写了非常尖刻的文章:"只知将现代洋化的名词,硬搬到诗句之中去,实只是负鼓盲翁的弹词莲花落一类的作品——硬捧为代表现代的诗,即只有引致人类心灵走向低趣味的情趣,将本来优美的语文,驱入日以粗犷鄙俚的方向去。"② 刘太希身体力行,平时带领学生唱和旧体诗词,这和凌叔华指导的"创作社"分明行的两条道,未必不是摆开对垒阵势。毕业典礼,刘主任率众联吟诵咏,并编成一册《云南园吟唱集》。

他们如此鄙薄新诗,引领青年倒退,凌叔华实难坐视无睹,再怎么温婉,也禁不住义愤了。她随即写长文《新诗的未来》,连载于当地的《南洋商报》,又以单本小册子发行。凌叔华不大写此类辩驳文章,更难得在文章里大动肝火,这回破例,一上来便先声夺人:

> 我们并不否认好的旧诗实有它的伟大之处,但是把新诗过分的贬值,我们似乎也应该抗议。我们敢说,人们攻击新诗的话,只是老调重弹,简直没有多少道理;尤其是说新诗没有音节的人,他们自己也许根本不会懂什么是音节吧!

又说:

> 新诗的语言既是比旧诗丰富多姿,它也可以有同样与旧诗一般适合东方人胃口的节奏,如果有人再要说新诗没有前途,那只是"别有居心"之论,我们用不着管它。

---

① 有说刘"始终不是系主任",见朱炎辉《苏雪林厚诬凌叔华》,刊《南大第一届中文系纪念文集》。
② 刘太希:《诗与时代》,编入刘太希《千梦堂集》,转引自《南洋大学时期的凌叔华与新旧体诗之争》。

"他们"和"有人"是谁,凌叔华不便指名道姓,刘太希不难对号入座。即便他再迟钝,凌叔华亮出他们祖师岂不明明白白了:"章太炎约在三十四五年前讲演国学时,说新诗(白话自由诗)不能算是诗,因为它没有韵律。这似是而非的道理倒也继续传布了许多年。"凌叔华以古对古,回溯古代诗歌演化进程,举出大量例证反驳。自四言诗起,五言诗、七言诗,凡每一新体出现,无不似今天的新诗,被泥古守旧的迂者斥之以粗俗,不能登大雅之堂。凌叔华打了个生动譬喻:"在科学日新月异的今日,无论哪一门学问,它的进展有如鸟飞空中,不继续飞就得落下来了,万无停歇半空之理。"她这般大谈古诗的演化,或暗含一层用意,显示并非你们知道的我们就不知道,非不能也,乃不为也。为了更加雄辩,她以新月派的新格律理论,用音尺概念,证明新诗与古诗同样有其节奏韵律,徐志摩、冰心、郭沫若、闻一多、卞之琳,许多新诗人作品,无不有韵有律,他们的韵律更加灵活,富于变化。她援引《凤凰涅槃》的一个章节,其各小段依次:四拍两行、三拍两行、三拍连三拍两行、三拍四行、四拍两行,其韵律不失齐整,并且避免了呆板。凌叔华没有写过新诗,但并非对它没有研究。

凌叔华在南洋大学的教学,至今留存着一份"典型论"提纲手稿。她不擅长理论阐释,提纲内容也别无新意。然而值得注意,手稿印证了她文学观念转向,放弃了她信奉多年的人性论,接受了大陆盛行的观点。提纲很显眼地引证了高尔基和茅盾的相关论述,也引证了鲁迅一段话,虽又删掉,删后仍以阿Q形象作重点分析。用以支持观点的其他例证,孔乙己、林黛玉、王熙凤、李逵、武松、宋江、曹操、关羽、张飞、诸葛亮、马二先生、严贡生、哈姆雷特,都是那时大陆论典型文章里反反复复分析的人物形象,甚至文字表述习惯,也和大陆文章如出一辙,实是大陆"典型论"翻版。这并非偶然现象,凌叔华替当地诗人作品写的序言,看她引述的三位作家言论,他们是高尔基、马雅可夫斯基和共和国时期的何其芳,再无别人。① 看来,她努力读过一些马克思主义文艺理论书刊,接受了其基本观点。凌叔华文学观念变化,怕不只是个文学的问题,政治态度悄然转变当在其中。

任教南洋大学后期,凌叔华终究与系主任刘太希翻了脸,她迟早得离开这所学校。告别那天,师生先品尝了南洋风味小吃,登船之前凌叔华提议再喝一杯咖

---

① 凌叔华:《〈时间的河流〉序》。

啡。她送给每人一个鳄鱼皮小钱包。黄昏里送行的学生依依不舍,身影拖得越来越长,迟迟不忍分手。接任凌叔华课务的是另一位小说家徐訏。

凌叔华离开了,留下其人如玉的美好印象,留下了师生情分,赢得学生久久怀念。一九七九年,毕业二十周年的学生,到眉山川菜馆聚会,会后出版纪念文集《那晚在眉山》,封面选印的正是凌叔华的国画,一丛兰花。一九九九年已见银丝学生们,出版了毕业四十周年纪念文集。"我们的师长"一辑,刊五位老师书画,再次选印凌叔华两幅画兰的国画和一页她致信学生的手迹。二〇〇九年出版的毕业五十周年纪念文集,凌叔华作古已经十九个年头,人去情愈浓,学生依旧记得:"我们那时也读过她的书,而在知道她要来之前,就遍找图书馆,有她的作品、著作都找来读一读。……她教的新文学,常常让我们这些在海外的独处一方的小子们有很大的感受。我们听她讲'文学研究会''语丝社''太阳社''新月社''创造社'等,我们很感兴趣,也很向往。"① 时任新加坡大学图书馆主任的余秀斌闻凌叔华仙逝噩耗,专程飞到北京送别。爱山庐下数年教育生涯,是凌叔华人生旅程十分温馨的一段。

南洋大学的执教生涯,不管与同事们有过怎样的不愉快,毕竟让凌叔华再次亲近了她一生钟情的青山秀色。她的住房十二扇窗,窗窗面对山景。她不喜欢一览无余,特醉心于山的迷蒙。朝雾掩映,月色笼罩,感到一种"无言之美","爱山庐"雅号即由此而来。

凌叔华如此爱山,就像冰心出名地爱海。冰心的名篇《山中杂记》,写作时正置身绿山环抱的美境,竟熟视无睹,文章里不涉只言片语,而专注内心、心思浩渺,油然想到远方的海:

> 人常常说"海阔天空"。只有在海上的时候,才觉得天空阔远到了尽量处。在山上的时候,走到岩壁中间,有时只见一线天光。即或是到了山顶,而因着天末是山,天与地的界线便起伏不平,不如水平线的齐整。
>
> 海是蓝色灰色的。山是黄色绿色的。拿颜色来比,山也比海不过。蓝色灰色含着庄严淡远的意味,黄色绿色却未免浅显小方一些。固然我们常以黄

---

① 刘步(叶昆灿):《南大"创作社"这个组织》。

色为至尊，皇帝的龙袍是黄色的，但皇帝称为"天子"，天比皇帝还尊贵，而天却是蓝色的。

海是动的，山是静的。海是活泼的，山是呆板的，昼长人静的时候，天气又热，凝神望着青山，一片黑郁郁的连绵不动，如同病牛一般。而海呢，你看它没有一刻静止！从天边微波粼粼的直卷到岸边，触着崖石，更欣然的溅跃了起来，开了灿然万朵的银花！

四围是大海，与四围是乱山，两者相较，是如何滋味，看古诗便可知道。比如说海上山上看月出，"南山塞天地，日月石上生"。细细咀嚼，这两句形容乱山，形容得极好，而光景何等臃肿，崎岖，僵冷？读了不使人生快感。而"海上生明月，天涯共此时"。也是月出，光景却何等妩媚，遥远，璀璨！

厚山薄海或厚海薄山，喜好不同，乐彼乐此，各人的性情。冰心文章，关于天与子、蓝与黄的巧辩，真是孩子气的可爱。凌叔华也有盛赞青山的文字，堪与冰心的媲美：

"不识年来梦，如何只近山。"一次无意中读到石涛这两句诗，久久未能去怀。大约也因为这正是我心中常想到的诗句，又似乎是大自然给我的一个启示。近来我常在雨后、日出或黄昏前后，默默的对着山坐，什么"晦明风雨"的变化，已经不是我要看的了。我对着山的心情，很像对着一个知己的朋友一样，用不着说话，也用不着察言观色，我已感到很满足了；况且一片青翠，如梦一般浮现在眼前，更会使人神怡意远了。不知这种意境算得参"画禅"不！在这对山的倾倒间，我只觉得用不着想，亦用不着看，一切都超乎形态语言之外，在静默中人与自然不分，像一方莹洁白玉，像一首诗。

不知为什么，我从小就爱山；也不知是何因缘，在我生命历程中，凡我住过的地方，几乎都有山。有一次旅行下客栈，忽然发现看不见山，心中便忽忽如有所失，出来进去，没有劲儿，似乎不该来一样。

……

山峰本来只是靠形象来显示它的姿致，音乐也是一种纯粹形式的艺术，它靠一种抑扬顿挫开合承转的关系，使听者传出情感来的。中国诗人竟能借

◇ 游泰山

山峰型色来传示音乐的感情。千百年来，不知有多少人曾经心折以下两句诗："曲终人不见，江上数峰青。"由数峰青给予我们内心的意象使我们意味到那曲子的乐声，因而联想到弄乐的人。而江上数峰青青的，却陪伴着一个寂静的心。借用山峰，能说明一种微妙的意境，我们真是想不到吧？①

凌叔华一生踏遍青山，自幼年眺望北京西郊的香山，痴迷广东故里的无名矮丘，到成年先后迁居湖北珞珈山、四川万佛寺山、新加坡裕廊山、英国伦敦的汉士德山丘。她游历过匡庐、峨眉，自诩中国五岳登临过四处。还有国外的，瑞士的少女峰，日本的岚山、富士山、日光山，英格兰和苏格兰的湖畔青峰，意大利、西班牙、加拿大，这些国家凡有山的去处，无不印下她履痕。即使在乐山城内，她选的住处也要傍着实为土丘的小山。因而自负地说："我常自问我一生最值得夸耀的事，恐怕算是我比我的许多朋友逛的山多，住近山的年数也比他们多吧？"②风雨长夜，她每每与青山相对，慰问心中寂寥。焚上几支香，沏一壶茶，尽情享受风雨故人来的幽趣。有一回登庐山，观赏神奇的五老峰，仰视、俯瞰，横一个面貌，侧一个风采，便想起童年无知地问老师，看过的山水都画完了怎么办？画师郝漱玉似答非答："哪里会画得完……"音犹在耳，她顿时感动得像朝圣的清教徒流下泪来。

凌叔华的散文数量不多，记叙游览名山的倒有好几篇，而且正是她散文中的精品。凌叔华游记，不属于借景抒情的那类，虽游历过程不时冒出即景生情感悟，仅仅感慨两句罢了，无关文章宏旨，不寄寓情思，不以此统领全篇。她专注于山水本身的记述描写，意在大自然生态，尽显其美。她的画家慧眼，尤其敏感自然界的色泽，如记述衡山途中景致：

> 这里真是田畴整洁、阡陇分明呵。时已交冬令，水田还是长着青青的稻子，可见地土腴美得天独厚了。金澄澄的朝阳，洒在近处的松林上，美极了。清碧的溪流，常绕着绿阴阴的竹林。竹林左右，又常见竹篱茅舍。门前有红衣小儿嬉戏，雪白鸭子浮水，黑狗看家，牧童引着黄牛在青绿的山坡吃草。

①② 凌叔华：《爱山庐梦影》

这样好的早晨，点缀着这鲜明的颜色，我真想摇头朗诵"无怀氏之民欤？万天氏之民欤？"了！①

金的、绿的、红的、白的、黑的、黄的，许多颜色，写来毫不纷繁杂乱。仍是她一贯的文风，清新淡远。中国游记素有"醉翁之意不在酒"的传统，景色往往是作者抒发情怀的由头、说事的材料。读惯此类寄寓甚浓的游记，会觉得凌叔华的记述似乎絮叨。一路行来，她的记叙近乎点滴不漏，仿佛画幅上的工笔。（这倒不像她的文人画，亦不像她小说的写意风格。）然而，正是在看似絮叨的记述里，未能到此一游的读者，满足了一回文字游，好像身临其境；已经游览过的读者，则勾起回忆，景色再现，触发会心微笑。絮叨中偶尔出现一段凝练笔墨，又叫你欣喜：

在祝融宫下望群山，至为大观。山外有山，岭外有岭，层层错综的叠着，四五层，五六层不等。山色是一层淡比一层，近的笨重如大象，如伏狮，如大水牛；远的薄如纱绢，淡如烟雾，透如琉璃。②

凌叔华离开南洋大学前夕在新加坡出版了散文集《爱山庐梦影》，她生前为自己选编的散文作品集仅此一册。

---

①② 凌叔华：《衡湘四日游记》。

"来去自由"

国民党政权撤退台岛,重返大陆的希望渺茫。旅居海外的凌叔华、陈西滢夫妇政治上的进退颇费踌躇。夫妇促成李四光回归大陆,陈西滢纯粹出于个人友谊。他把自己政治立场和友人政治选择看作两码事,恰如几年后,周恩来托人带口信,欢迎他和胡适返回大陆,纵然他自己坚守台湾当局立场,仍及时如实转告口信,尊重胡适自己作选择。他多年的好友徐悲鸿,也曾从北京带信,希望他走李四光一样的路,他也未作积极回应。陈西滢留在大陆的朋友,得新政府重用者很有一些。李四光外,张奚若任高教部长,丁西林当上文化部副部长,陶孟和是中国科学院副院长,周鲠生是全国人大法案委副主任,钱端升是大学校长,他们最终都加入了共产党。陈西滢的妹夫竺可桢也任了中国科学院副院长,竺夫人陈汲推想,兄长因与鲁迅笔战的缘故,还耿耿于怀或顾虑重重,来信为他释疑。陈西滢笑笑:"我早就知道章士钊正在管北京的文史馆,毛主席都敬重他。"[1] 身为民国外交使节,陈西滢依旧不愿有负职守,在巴黎驻地坚持到最后一刻。法国与中国建交,不再容许设在巴黎的台湾驻联合国机构栖身。近乎迂腐的陈西滢死蹲办公室不弃,法国警察不得不强行驱逐,掰开这位常驻代表拉住办公桌的手。他血压猛升,立即中风送进医院急救。女儿讥笑他:"你是伯夷叔齐。"陈西滢很生气这话。[2] 生命是救了过来,健康却一蹶不振,他早早去世显然与此次刺激大有关系。

---

[1] 凌叔华:《回国杂写》
[2] 陈小滢:《回忆我的母亲凌叔华》

陈西滢的恪守政治准则，凌叔华更多在乎物质利益。她在北京拥有一片值钱的房产，不舍得拱手相让，于是一直怀着身在曹营心在汉的意思。比之陈西滢的刻板，凌叔华灵活得多，她力求脚踏两头船。由于丈夫政治身份，以及她自己以往的思想倾向，同台湾关系密切一些，何况那里还有胡适、叶公超、梁实秋、王世杰、傅斯年不少旧知。但大陆也不能弄僵，就地域感情而言，台湾风土毕竟生疏，北京岂止是熟悉，故都有她温馨的童年，也是她功成名就的摇篮地。她漫长人生中，离开北京的每一段岁月，时时表达对故都思念。住在距故都很近的天津卫，也是无限向往古城，叹息："能回到北京，是多么幸运啊！"① 执教南洋时尤其倍加渴望："忽然想起我是一个离开故国已经十多年的游子了。浮云总在蔽白日，我几时可以归去呢？"② 一九七七年致信巴金："我将来如能在国内找到事可做，有生活意义，就不打算回西方了。西方资本主义国家正在走下坡路，就是经济，也没办法支持下去。大家，尤其是外国人，只好忍气的偷生下去！"③ 一九八四年她在伦敦又对看望她的萧乾说："我生在北京，尽管到西方已三十几年，我的心还留在中国。"④ 晚年说得愈发明确，直截了当："我也许将来会回中国，我希望能回祖国常住！"痛作决绝之词："我死一定死在中国！"⑤ 一九六〇年春天第一次归来，她说，"我的回祖国，等于回老家，也有点像女人回娘家。在我说来，我只记得那里有亲热的面孔和熟习的声音等着我，同时还有数不过来的朴实的人民大众跟在祖国伟大的领袖后面做着种种劳苦工作。"⑥ 步入天安门广场，她心底再次呼喊："北京是我的故乡。"⑦

来到伦敦其实不过是五六年，凌叔华已经觉得"我在英国待得太久了。"⑧ 令人惊诧费解的是，她竟然冒出个想入非非念头。朝鲜战争爆发，要去战场为中国志愿军的伤员做翻译，说得那么天真：

> 我会说中国几乎所有的方言，这对他们可能会很有用，因为士兵们大多

---

① 凌叔华：《古韵》。
② 凌叔华：《我所知道的槟城》。
③ 凌叔华致巴金信，载《凌叔华文存》。
④ 阎纯德：《二十世纪中国著名女作家·凌叔华》。
⑤ 王世襄：《和凌叔华先生一家的交往》。
⑥⑦ 凌叔华：《回国杂写》。
⑧ 凌叔华致伦纳德信，载魏淑凌《家国梦影》。

来自农村，不会讲普通话。当我在电影（新闻）中看见中国战俘被遣送回国时，我十分感动。他们的样子很可怜，他们似乎对这个世界上的每个人和每样东西充满了憎恨。①

还说："我充分了解了远东当前的局势之后，要么就心甘情愿地待在海外写作、画画，要么回到中国，加入那场伟大的运动。"② 凌叔华存心结识女记者诺拉·沃恩，打算和女记者结伴同行。

凌叔华给好几个大陆机构发去自荐信，都石沉大海。她不明白自己怎样地幼稚、书生气十足，丝毫不了解志愿军的伤员和俘虏，更不了解大陆发生的巨变。

凌叔华想去大陆的动机还另有刚萌生的创作计划，她酝酿写一部中国的《战争与和平》。缺乏战事生活体验，需要收集素材，寻找感觉，素材和感觉在大陆。此举若说她另有维护自家祖产的预谋，缺乏证据。但是，不久前陈西滢为抗美援朝战争，应命去台湾统一国民党对外政策，凌叔华曾试图阻止丈夫成行，确实说过这样的话，"根据经验我知道，如果共产党政府发现他去台湾的话，我们的财产（其中大部分是我家的）将会被共产党没收充公。以后我们回去时将一文不名。我可能会失去所有的祖传宝物，包括从父亲那里继承的书籍、绘画等等。"③ 这证实了陈小滢的结论："在我看来，父亲是讲是非的人，有时显得'迂'，而'识时务'的母亲显然是讲利害的人。"④

大陆对侨居海外的华人实施"来去自由"政策，台湾政权驻外使节亲属能否一视同仁呢？经多年揣摩犹疑，凌叔华终于在一九五九年她即将辞去南洋大学教职时，只身前往内地。此行相当秘密，家里总共三人，丈夫和女儿均不知情。凌叔华先到了香港，为英国BBC电视台当译员的女儿就在香港，瞒了女儿。小滢偶然从熟人那里得知母亲要去大陆，极为震惊，担心母亲如此妄为必连累父亲。如果台湾当局知道了凌叔华大陆之行，可能借故召陈西滢回台湾扣押起来。小滢即立刻打电报给欧洲的父亲，此时他千万不能往台湾办事，随后去信说明了原委。陈西滢的震惊不在女儿之下，可妻子此举木已成舟，他无可奈何了。即使事先他得知妻子行程又能如何，任你竭力阻挡，怕也难以奏效，凌叔华一意孤行不是一次了。

---

① ② ③ 凌叔华致伦纳德信，载魏淑凌《家国梦影》。
④ 陈小滢：《回忆我的母亲凌叔华》。

一九五九这一年冬天凌叔华踏上了深圳罗湖桥,她那时心态如何,没有留下文字痕迹,只在给伦纳德信里透露了一句:"中国的朋友忠告我说,最好别向其他人提起我的中国之行。"①

逗留一个多月,凌叔华足迹遍及大陆南北,兴致勃勃,尽兴而归。憾事也有,且非一件。她参观了武汉大学,重游珞珈山故地,最渴望重逢故人袁昌英,叙叙十多年离愁别绪。武汉大学"理所当然"谢绝了她要求,袁昌英已沦为"右派分子",大陆没有"外宾"会见"右派"先例。上海的陆小曼,不清楚什么缘故,同样没有能够晤面。徐志摩表弟告诉她,小曼已改邪归正,整天画画,开过一次画展,是上海艺专的教授了。②故人有此归宿,凌叔华遗憾之余感到欣慰。到北京,老朋友们约在一起聚宴款待凌叔华,她享受了温馨,也体验了酸楚,十五年后仍记忆犹新:"我最记得的是张奚若用他流利的语言,描写杨今甫手拿酒杯,扮演《空城计》里的孔明,惹得一桌人的大笑(其实笑声很惨,邓叔存③一言不发,却满眼含泪,我差点儿也流出泪来)。"④年轻时她与杨振声多有交往,杨创作过名噪一时的中篇小说《玉君》,是新潮社骨干,京派先驱,在京津文人圈里颇孚众望。他还筹办了国立青岛大学,广罗人才,单中文系便聚集了梁实秋、闻一多、赵太侔、老舍、沈从文、游国恩、方令孺,这许多名家来执教,该校成全国大学里后起之秀,跻身名校行列。凌叔华的小说《酒后》正经他手翻译、介绍到日本,又在他主编的《大公报》"文艺"副刊发表不少作品,而《晨报副刊》上那篇《说有这么一回事》原是缘自杨的未成功的作品,刊出时杨振声特为她撰写了三百言的"附字"冠于篇首:

> 我在一月十一日的晨报副刊上写了篇小说《她为什么发疯了》,那篇写的真太草率了。这都只怨志摩。
>
> 他在早晨十点钟给我信,要我当天下午五点钟交卷。这种不近人情的事,只有他作得出来。我的原定计划,故事还长得多,本来一天就写不完,可巧

---

① 魏淑凌:《家国梦影》。
② 见郑丽园:《如梦如歌》。说陆小曼任教艺专,不确,实上海画院画师、上海市政府参事。
③ 即当年让画的邓以蛰。
④ 凌叔华致萧乾信。

又来了两次的客，第一次客去，我决计缩短三分之一，第二次客去，我又被桌子上的钟迫我缩短了三分之二，结果写成那篇可怜的东西。发表后大家都说疯的太匆促了。叔华也是这样的意思。

我想叔华一定能写的比我好，所以就请叔华重写了。果然，写出的又细丽，又亲切。人家都说"太太是人家的好，文章是自己的好"；上一句话，我愿意它错了，它偏不错；下一句话，我愿意它对了，它偏不对。这还有什么话说？

那天聚宴众人所以感伤，因为杨振声戴了顶"学阀"帽子，已由北京大学"调整"到长春的东北人民大学。出走京城，栖身关外，不多久病倒回京，三年前去世，年仅六十刚出头。

一九七二年、一九七五年，凌叔华两度重访大陆。都在"文革"期间，享受了"外宾"礼遇。一九七五年那回，凌叔华要求游览敦煌，一睹敦煌是她多年心愿。敦煌窟素有"世界最长的画廊"美誉，洋洋大观，保存着千百年来的壁画、壁雕。抗战后期吴稚晖途经乐山，对凌叔华大谈敦煌壁画的灿烂。作为画家，她哪里经得起鼓动。去敦煌必经酒泉，酒泉是军事重地，严禁一般人员靠近。凌叔华非但获得批准，而且一路得到殷勤关照，时任兰州博物馆馆长的敦煌学权威常书鸿亲自远赴兰州机场迎接。常书鸿初来敦煌工作时，汽车在破旧公路上颠簸了一个月。到了安西，还剩二百来里路程，又骑骆驼跋涉了三天。而凌叔华现在来敦煌，一路专车接送，专人导游。凌叔华到了千佛洞，凿于峭壁的佛像，迤逦一千六百一十八米，壮观之至。她仰视唐代凿成的巨佛，头在山顶，脚在山下，叹为"千古杰作"。217窟的"化城喻品"和220窟的"伎乐图"，构图精心，技法高超，堪为后世范本，一幅幅壁画叫她真正领悟了"曹衣出水"和"吴带当风"的神韵。①

敦煌一游给了凌叔华极大满足，她离开敦煌写成一篇《敦煌礼赞》。文章不厌其烦，描述敦煌的雕刻、壁画，记述从头至尾的热情接待。一棵老榆树落下许多榆钱，她随口说了句，在北京此时可以烙榆钱饼吃了。用饭时，烙得喷香的榆钱

---

① 美术史家称道晋唐画家曹不兴和吴道子的画技出神入化，所画人物衣带，能感觉刚从水里站起或正迎风飘扬。

◇ 与常书鸿夫妇合影

饼就端了上来。这篇游记，与其说赞颂敦煌艺术，不如说旨在赞颂发扬敦煌艺术的政府。它近似大陆盛行的颂歌，连文章遣词也很"大陆化"，称陪游人员"女同志"。

> 我们现在的敦煌已不是千百年前"春风不度玉门关"的敦煌了。我到敦煌后，天天在艳丽的桃花、李花、苹果花、海棠花下过，青青的柳色，亦溶化我的离愁，翠绿的水田，使我幻想的江南居然移到沙漠来。同行的研究员告诉我，"三十年前的敦煌，有句俗话：'喝水贵如油，风沙撵人走。'现在经过毛主席的领导，把党河修好了，居然水田、花木瓜果都有了。"这里夏天的瓜和水果都格外甜，你下回来，可在夏天来一下。

《敦煌礼赞》失去凌叔华过去游记作品的秀丽雅致，或许是凌叔华游记作品中很不如意的一篇。

"文革"后凌叔华又访大陆，与老同学邓颖超晤面最令她倍感荣耀。凌叔华回国前早早写信要求见上一面，能否如愿她心中无底，阔别数十年从未通过音问。已荣任全国人大副委员长，位列国家领导人的邓颖超事先交代秘书："我要见见她。凌叔华是我在天津女师时的同学，她比我高一班，在校时在学习上是个出类拔萃的人物。人长得也很清秀，温文尔雅。"在会客厅门口她们久久握手，打量对方。邓颖超感慨："啊，变化不大，年轻时的风采还有，但人是老了一些。这也是自然规律，我们相识时都是青年，现在见面已是老人了。"[①]见面地点安排在人民大会堂的办公室，邓颖超解释，为了凌叔华找起来方便。凌叔华一九八一年回大陆又与邓颖超见了一次，并且提出帮助归还史家胡同旧宅，邓颖超尽了过问、促成的情分。

凌叔华多次回大陆，一来数十天。一九八一年来[②]登门拜访了冰心，冰心留她在家里用餐，冰心很少这么接待海外朋友。她俩同龄，都是同时代著名女作家，大体属于同一个文化圈，用梁实秋话说，"我们都是强烈的个人自由主义者"。[③]

---

① 赵炜：《历经半个多世纪的同窗之谊——我所经历的邓颖超与凌叔华的几次交往》。
② 此据凌叔华年谱，一九八五年她致冰心信，有言"三年前回去"，这回来大陆似在一九八二年，存疑。
③ 梁实秋：《答丘彦明女士问》。

冰心担心她"老死异国",劝她叶落归根。凌叔华却瞻前顾后,迟迟下不了决心。一个后辈比较了她们两人:"我觉察到冰心干妈和凌叔华伯母两人性格上的不同。冰心干妈是当机立断会做决定而勇于面对未知的人,叔华伯母是优柔寡断顾虑较多的人。"① 不过,后来邓颖超看望冰心,谈到解决了凌叔华住房,冰心劝过凌叔华回国,此时反而生起顾虑,她能否适应国内生活:"我觉得她不宜回来,我们也不宜劝她回来。"② 邓颖超有了同感。

凌叔华和冰心是燕京大学校友,往来过从好像不很亲密。凌叔华说,自冰心去美国留学就少有联系,③ 虽然比起一般朋友还是多些往来。彼此都没有写过关于对方的文章,很多作家写过凌叔华,凌叔华似从不写别的女作家。冰心写过很多作家,她没有写凌叔华。这一次促膝畅谈,两位垂暮之年的文化老人说了些什么呢?定然娓娓的,款款的,一生况味,句句经得起掂量。

---

① 旅美华人作家、浦薛凤女儿心笛:《冰心干妈》,原载台湾《中央日报》副刊。
② 见赵炜:《历经半个多世纪的同窗之谊——我所经历的邓颖超与凌叔华的几次交往》。
③ 郑丽园:《如梦如歌》。

另一条船

凌叔华走访大陆,每次都有些繁琐手续;往返台湾则便捷顺畅,是因为她丈夫的"外交官"身份。女儿小滢幼时生活在台湾,两地相比,凌叔华去台湾次数远比大陆多,特别是五六十年代。走访大陆,她试探争取人生归宿。常去台湾,是她防老的另一条船,脚跨着两条。

台湾朋友见到的凌叔华:

> 步入中年以后,当然免不了发胖,然而她还是那么好看。女人到了老年,都免不了鸡皮鹤发,肩背伛偻,她只不过比前丰满而已,站着还是那么挺直的,若穿华美的衣服,看上去只像个中年的丽人,谁也不信她的年龄在花甲以上。叔华的眼睛很清澈,但她同人说话时,眼光常带着一点儿"迷离",一点儿"恍惚",总在深思着什么问题,心不在焉似的。我顶爱她这个神气,常戏说她是一个生活于梦幻的诗人。①

凌叔华在台湾,较之去大陆观光更自如一些。没有种种顾忌,不是五味杂陈。台湾的老朋友们,对她的情意的表达,单纯、爽直。苏雪林热忱介绍她的绘画成就,说她:"笔墨痕迹淡远欲无,而秀韵入骨,实为文人画之正宗。"② 并大段引述

---

① 苏雪林:《其人其文凌叔华》
② 苏雪林:《凌叔华女士的画》

法国权威人士莫洛亚为凌叔华画展写的序文。

台湾张晓峰请凌叔华去中国文化学院任教,她没有应允:"我的身体不允许我教书。我一向做事认真,我不肯敷衍学生。如果认真教,则我需要准备,而我的医生告诉我,目前决不能操心,只好婉辞了。"① 医嘱云云,托词成分居多。那几年凌叔华的健康未见得差到不能授课,前不久她还远涉重洋,跑到加拿大的多伦多大学讲课,回英国又应了伦敦大学、牛津大学、爱丁堡大学邀请,四处作关于中国近代文学和中国书画艺术的专题讲座。婉拒张晓峰之后,她又不辞辛劳,辗转兰州、酒泉,穿越广阔沙漠,作常人不易出行的敦煌畅游。凌叔华不就台湾教职当另有隐情,这牵涉陈西滢魂归何处。台湾友人规劝他们定居海岛,陈西滢的态度是:

> 我们还是在伦敦没有动,并不是我们决定不去台北,而是我们没有决定是否去台湾还是留伦敦,走或不走,须有决心。老是决不下心来。②

陈西滢的犹豫在于去台抑或留英,至于夫人,犹豫的是留英抑或投奔大陆。要往大陆,便不能和台湾关系太深,免得北京嫌忌。

一九七〇年陈西滢病故,大陆理所当然地缄默,台湾作出应有的殡葬礼仪。蒋介石拍电文吊唁,《中央日报》发表了苏雪林文章《悼陈源教授》,台湾的北京大学、武汉大学、中央大学、台湾大学学生联合举行了追悼会。会场悬挂钱穆挽联:"每于平和见耿介,特从笃厚发光辉。"确是知人之论。顾毓琇自美国做来悼词《更漏子》:"春风寒,春雨冷,无奈清明光景;浓雾散,薄云天,骑鹤人化仙。明月下,说风雅,长忆西滢闲话;梁溪水,尽请谅,魂魄归故乡。"③ 乡谊情深,他和陈西滢同饮过无锡的梁溪水。

对台湾当局,凌叔华很为陈西滢抱屈。丈夫任"外交官"二十多年,官薪从未涨过一分,新任刚刚到职,立即翻倍。陈西滢骨灰还是留在了伦敦,凌叔华考虑过与胡适、傅斯年、罗家伦他们葬在一处,九泉下故知重聚,最终魂归陈西滢原

---

① 容天圻:《记凌叔华》。
② 陈西滢致吴鲁芹信。
③ 均转引自陈烈:《双佳楼往事》。

籍无锡。

这一年初夏,凌叔华又到了台北,那里有个台北故宫博物院主办的中国古画研讨会。会议邀请了欧美日韩专家,另有少数海外华人代表,凌叔华是不多的几位华侨来宾。蒋介石、宋美龄联名茶会招待与会宾客。北京的故宫博物院建院六十周年没有请凌叔华参加庆典,她致信萧乾流露了遗憾。凭她与故宫渊源,曾经是它的博物院四名委员之一;再凭她如今声望,凌叔华想,应该请的。萧乾得信即向故宫反映,故宫赶紧补邮邀请函。恰巧凌叔华身体不适,未能成行。不然于她是极有意义的一次归国活动。

闻说凌叔华又到了台湾,叶公超热情款待。两人原属番禺同籍,又早年订交于"新月",另加一层叶公超和陈西滢的上下属关系,叶公超见证了陈西滢为台湾"外交"鞠躬尽瘁。叶公超是才子从政,从政前写得一手漂亮的文学评论,如今既能丹青,又擅书法,倜傥不减当年。宴请凌叔华假座在"红宝石"酒家,特意请来过了花甲的陈诚遗孀谭祥帮厨,鲜美的春卷在凌叔华口里余香日久。能说会道的叶公超侃侃而谈,谈人、谈画、谈字、谈文学。其间难免夹些伤感,陈西滢刚刚作古。这次凌叔华来台过后,台湾出版了《新月小说选》,叶公超撰写序言这么评价凌叔华创作:"新月"小说家里最著名的数沈从文,"其次要谈到凌叔华。凌叔华可说是一个出身于传统社会旧家庭中的新女性写实作家。她写的人物多半是生活于传统旧式家庭中,也是她自己认识最深刻的人。她的文字有点像英国十九世纪的女小说家珍妮·奥斯汀,书中的人物也和《傲慢与偏见》中的相仿佛。"[①]

凌叔华此行结识了一些年纪稍轻的新朋友,林海音是一个。林海音告诉她,这里有两个"凌迷",一个正是林海音自己。她念初中,对新文艺的开窍就是得益于凌叔华作品。前不久林主编的《纯文学》月刊重登凌叔华名篇《绣枕》,同时特约苏雪林撰写了《凌叔华其人其事》,一并刊出。

林海音说的另一个"凌迷"是张秀亚,而张秀亚早已是凌叔华的忘年交了。她中学时代就仰慕《花之寺》作者:

> 多少年前读凌叔华女士的《花之寺》,书中叙写委婉含蓄,如同隔了春潮

---

① 叶公超:《叶公超批评文集》

薄雾,看绰约花枝;又像是一株幽兰,淡香氤氲,使人在若醉若醒之间……读者心灵完全沉酣于那种新丽的造句里,读罢掩卷,不禁心仪其人。①

张秀亚文学创作最初投稿处正是凌叔华主编的"现代文艺"副刊,凌叔华看着她起步文坛,接连编发她的作品。②凌叔华曾借去北平之便,写信约了家住天津的张秀亚来史家胡同寓所面晤。

前辈待她殷勤如此,张秀亚终生视凌叔华为恩师。暌违多年,张秀亚的怀念从未止过一日,她写了多篇关于凌叔华的文章,其中《其人如玉》在台湾颇有影响,如玉的凌叔华深深烙在台湾读者心上。张秀亚另外一篇文章形容凌叔华作品:

一种茵陈木的香味,一种檀香的气味,一种橄榄枝的青涩气味。她的作品,能代表东方,而又结合了西方的情调。③

见到张秀亚、林海音,当年两个初中学生转眼都成了耀眼的文坛明星。台湾学界认为,她俩是岛上最得凌叔华文字魅力的传承人。④

林海音得知凌叔华由遥远的伦敦飞到台湾非常兴奋,她立即联系了张秀亚,张秀亚又约了谢冰莹、琦君、王怡之,五人一起找到凌叔华开会的中山楼,再尾随去她下榻的中泰宾馆。凌叔华与这群台湾女作家,有的旧友重逢,有的缘悭一面。唯有谢冰莹一个属凌叔华同代人,其余皆属晚辈。一见面谢冰莹便考问当年同道,认识我么?凌叔华愣了一阵,摇头。五十年前的飒爽"女兵",现今瘦削了,文弱了,形貌神态变化不小。凌叔华的感叹伴着大家哄笑,林海音及时拍下凌叔华和谢冰莹的合影。六位女作家又拍了一张全体照,她们像中学生似的,排坐得端端正正,认真得引人发笑。一次难得的才女雅聚,给各人以精神满足,欣喜的欣喜、欣慰的欣慰、兴叹的兴叹。

随后,凌叔华创作了剧本新作《下一代》,发表在林海音主编的《纯文学》月

---

① 张秀亚:《忆闺秀派作家凌叔华女士》。
② 张秀亚署笔名陈蓝。
③ 张秀亚:《闺秀派作家凌叔华》。
④ 张瑞芬:《张秀亚的散文美学及其文学史意义》。

◇ 与台湾女作家合影

刊。这是个独幕剧，反映海外侨民中老人与青年的代沟。凌叔华自小喜欢看戏谈戏，虽兴趣甚浓但不擅写戏。读燕京大学时尝试的两个英文短剧，草草之作，脚本而已。一九二八年的《她们的他》，两易其稿，仍不成功。此后息手剧作四五十年，回归到小说旧业。到英国看了许多西洋名剧，下了一番功夫研究，写过一批剧评，又在南洋大学研究班讲授"近代戏剧杂讲"，并发表讲稿。《下一代》较旧日剧本大有长进。凌叔华严格意义上的剧本只有《下一代》。但戏剧关目、戏剧冲突仍旧不很理想，难以搬上舞台，近乎"案头剧"。

毕竟短篇小说创作才是凌叔华长处，然而她不问此津已多年。一九八四年台湾《联合文学》创刊号发表了她的小说新作《一个惊心动魄的早晨》。沦陷的北平，郊区一户民房里，儿子出走抗日，老父在家病入膏肓，弥留时刻，儿媳妇头胎儿正赶来出世。老人气息奄奄，听见新生婴孩第一声啼哭，陡然精神一振。他想到后继有人了，大呼"我们都是义勇军！"他慷慨陈词一番，"说完话，他灰白贫血的脸，顿时光润起来。"对比《中国儿女》，这个短篇小说，既充分表现了中国人民族精神，又不失二十年代创作的艺术特色。它是凌叔华最后一篇小说，七十高龄宝刀未老。

自从去了英国，凌叔华没有在大陆报刊发表过作品，仅八十年代应上海学者约请，为他主编的文集《回忆郁达夫》专门撰写了《回忆郁达夫一些小事情》，此外北京《团结报》转载过一首绝句《春日偶成》。①

八十七岁那年凌叔华表示，想再回台湾看看，一个落空的心愿。

---

① 《春日偶成》系原作《湖区杂记》三首之二。

寂寞旅人的黄昏

凌叔华认为,女人有两种:一种有野心而浮躁;一种没有野心而沉着,所以女人总做不出大事来。① 她自己也是女人,这么归类,属哪一种呢? 好像两种都不是。她不算浮躁而沉着,无疑有志而做出了大事。那么,当归为既有野心又能沉着的第三种人了。

凌叔华温婉娴静的外表蕴藏一个心高气傲的内核。父亲膝下十多个儿女,能够钟爱到她,全靠她自己进取。梦想成为作家的女性无数,她征服了读者;自幼要当画家,画展大受欢迎。她不甘心沦为庸常女人,甚至不愿做个女人。无奈老天派定她女人性别,要做也是孟丽君式的。她不厌其烦地告诫女儿:"一个女人绝对不要结婚。"② 她坚信天道酬勤,因而勤奋不舍,于是有了成就,享受了人世风光。现代社会不可能让她再做儿时梦想的孟丽君了,而"中国的曼殊菲尔"比之孟丽君又是异样风采。她还未满足,觉得壮志未酬,没有荣获诺贝尔奖。以为只要努力,"说不定真有希望。"③ 希望却渐趋渺茫,连发表作品都不容易。侨居英伦四十多年,她始终未能真正融入西方社会。单身住一幢三层楼的维多利亚式的房子,女儿有了在苏格兰的小家庭,不得早晚侍奉身边。隔些日子来看她,看亦枉然,母女隔膜尚未消尽。

---

① 杨静远:《让庐日记》
② 陈小滢:《回忆我的母亲凌叔华》
③ 郑丽园:《如梦如歌》

◇ 侨居伦敦晚年的凌叔华

精神失落了，物质生活也不如意。人生这两大方面凌叔华不愿缺一，晚年常常在寂寞中抱怨物质匮乏。她的经济状况应该不会太拮据，父亲留下的遗产足够她过上令平民羡慕的生活。她有父亲给她的那些字画。她不肯轻易动用祖产，舍不得变卖价值不菲的文物，单凭靠工资，据说陈西滢月薪不及大使馆的一等秘书，这点儿收入可能入不敷出，加之有几年台湾未能及时寄到薪水，需凌叔华拿出私房钱贴补家用。不堪忍受低下的物质生活水准，她便拼命教书、写稿，以至出租房屋。使唤过轿夫、厨师、丫头老妈子的大小姐做了职业妇女，还得自己买菜掌勺，当然感到苦不堪言了。

凌叔华不大乐意与陌生人接触，一九八六年和一九八七年两次例外接受素不相识的华人作家、记者采访。来自台湾的记者郑丽园，一个月内采访了她八次，凌叔华谈兴甚浓。与美国华裔作家木令耆（刘年玲）也长谈了两次。木令耆的印象："她如夏初的菊花，有些傲岸，有些孤僻，但又极热情，极易伤心。"① 第二年郑丽园见到的凌叔华，已经"头发全白，佝着背、拄着拐杖。"眼前事转身即忘。②

丈夫去世，独女小滢远在爱丁堡，凌叔华更感到天涯旅人的孤单，心情无比寂寞，更加渴望回北京。直隶女师以后，她几乎数十年不再写旧体诗，此时抒写了一组《湖区杂记》，头两首流露的正是浓烈的思乡情绪：

    故乡有此好河山，
    年年苦忆何时还。
    尽是相思不相见，
    且描图画作消闲。

    重重新绿漾湖光，
    幽径行行草木香。
    便从江南山水看，

---

① 木令耆：《菊访》。
② 郑丽园：《如梦如歌》。

梦回依旧是他乡。①

翻译家叶君健于八九十年代多次出访英国，每次都来看望孤独的凌叔华。他曾就读武汉大学，是陈西滢的学生。抗战后期派驻伦敦为祖国做宣传，常常接触陈西滢、凌叔华夫妇。与寡言的陈西滢说不了多少话，却和凌叔华谈得亲切。叶君健也是朱利安的学生，师生关系比与陈西滢密切。他去朱利安住处，多半能见到凌叔华，听他们交谈。热恋中的诗人和小说家并不避讳诗人的得意门生。如今叶君健和凌叔华的话题少不了谈及回不回大陆定居，叶君健的热心鼓动恰好合了凌叔华心意，不久她明确对外人说："我希望能回祖国常住！"② 叶君健争取到母校武汉大学支持，学校领导慷慨承诺，可空出当年凌叔华住过的小洋房留待旧日主人。

凌叔华则另有主意，希望重返史家胡同大宅院。哪怕住不了那么多间房子，她设想建个养老院，计划再设立英中学术交流中心，供英国一流学者来华讲学吃住。她托人提出归还北京祖传房产的申请，许久不闻回音。她的旧居已经归属某单位，现今改成幼儿园。最终政府以两居室的套房抵偿，凌叔华先不忍舍弃办养老院善举，待明白养老院无望，无奈答应下来，却找不到相宜的地段。确定过海淀一处，因为没有电话和浴室，没有选中。又看中复兴门外燕京饭店旁边一处高楼第七层的两个单元，距萧乾家很近。她兴奋地周告萧乾、冰心一班老朋友。萧乾也很高兴，再告知他的朋友，热忱为凌叔华营造文化圈子。不知哪里出了岔子，复兴门寓所依然没有了下文。

北京回不了，伦敦也住不安稳。栖身三十年的寓所亚当森街十四号，已经变卖给人家，凌叔华迁居到109, Wellesley Court, Maide Vall公寓。搬家时丢失了一些古董，她很心痛，很气愤。到新居摔了一跤，骨折行动不便，迁怒小滢，说女儿受了买主的哄骗。

这段时间给朋友的信里不厌其烦地抱怨："近年因陈西滢已作古，生活日加困厄万状。海外居住，生活日涨，奸人横行，迁移也无气力了。""你一定想不到我

---

① 易题《春日偶成》单独发表于北京《团结报》的第二首，文字略有异："重重新绿映湖光，幽径行行草木香。便从江南山水看，梦回依旧是他乡。"
② 木令耆：《菊访》。

这半年遭遇是怎样苦难重重,差点未被一个资本家(也可说走私男女)折磨死。"①

给杨静远信又说:"这几月,我正在生病,腹泻不止。因为行路不便,又无工人代劳,人是格外觉得悲观。"

收到冰心老伴吴文藻病故讣告,她写信给冰心,悼念逝者后念到自己的处境:"我在此一肚子苦恼,谁也不要听,只好憋着气,过着惨淡的时日!"

两个南洋大学的老学生来伦敦拜望八十二岁的凌叔华,敲门敲了好一会儿,才迟迟见到一位白发妇人,佝偻的腰弓成九十度。学生心目中优雅娴静的女教授老态龙钟了,"当时,嘴里不说,心里很是难过。一个老人,一只小猫,一座大而空的屋子。离开时,望着那扇门,心里有一阵凄恻。"②

凌叔华的最后几年,晚境之凄凉令人唏嘘。已不大能自理生活,所赖英国社会福利不差。福利机构天天来人上门,带了她想要的食物、日用品,替她做些家务,陪她聊聊天。若是护士来,就为她做简单的体检。这样的福利那时大陆很为难的,她只得放弃归国定居念头。

---

① 凌叔华致杨又信
② 骆明:《三十年的怀想》

叶落故都

八十年代最后一个冬天,凌叔华意识到,漫长一生所余的路程不长了,无论如何,她总不肯在异邦升往天国。腰部脊椎伤势严重得不能行走,她仍旧决心不远万里飞回北京,回到她出生地,了却最后心愿。从这里来到世上,也从这里离开。

英籍女婿秦乃瑞一路护送凌叔华,到了北京,老人由担架抬下飞机,随即住进石景山医院的"晓园国际保健部"。这家医院是专为外国友人和归国华侨医疗、护理的机构,凌叔华住进最高的第八层一间"特护"隔离病房。医院要求病人少见来人,来探视的朋友、记者、文化团体,仍是络绎不绝。凌叔华手上插着输血管、鼻下插着输氧管,脸色潮红。袁昌英女儿杨静远来得比别人勤,凭她干女儿身份得到护士特许。杨静远靠近干妈耳朵尽力提高嗓门跟她说话,凌叔华有时像听明白了,搭几句,有时不明白,眼怔怔看着。她清醒时爱听人说说往事,越久远的事记得越清楚。念念不忘北京的风味小吃,现在不能享用硬的食品,便吃软绵绵的烤白薯、山楂糕、豌豆黄、茯苓饼、酱豆腐、羊肉馅饺子,咀嚼着逝去的岁月。岁月里有京城各处的景致,白塔、天坛、佛香阁、太和殿、隆福寺。严寒季节,她失神的眼睛期盼窗外积雪消融,孩子般嘀咕:"等天暖了,咱们一块去逛公园。"①

终于春天来了,三月二十五日这天,凌叔华在医院度过了九十寿辰。小滢订

---

① 杨静远:《女作家凌叔华的最后岁月》。

制的三层奶油蛋糕，大红寿字和点燃的一圈五彩小蜡烛，映红雪白病房，满屋喜庆起来。贺寿的亲友们笑语连连，相机不住地咔嚓咔嚓，录像也忙个不停。老人感觉回家了，比之凄苦谢世的袁昌英，她应该庆幸出国；比之孤单的苏雪林，她应该后怕，险些儿家庭破碎。遗憾唯有："可惜我不能再拿起笔了。"[1]吹熄寿烛的力气也没有了，眼神漠然，心底欣慰已到不了脸上。

人生高潮过后，便是渐渐落幕。凌叔华病情日益加重，时常神志不清。杨静远再来探视，她嘴里念叨着干女儿，却认不出面前站着的杨静远。杨静远带来自己译著《夏洛蒂·勃朗特书信集》，默默放在干妈枕边。

《古韵》全书结束在这一段：

> 我在脑子里编织了一幅美丽的地毯，上面有辉煌的宫殿，富丽的园林，到处是鲜花、孔雀、白鹤、金鹰，金鱼在荷塘戏水，牡丹花色彩鲜艳，雍容华贵，芳香怡人。在戏院、茶馆、寺庙和各种市集，都能见到一张张亲切和蔼的笑脸。环绕京城北部的西山、长城，给人一种安全感。这是春天的画卷。我多么想拥有四季。能回到北京，是多么幸运啊！

凌叔华昏迷了几天，醒来提出一个几乎无法满足的要求：去看一眼北海和史家胡同。实在不忍拒绝她，医院领导立即研究、部署，派辆救护车，配置急救仪器，十名医护人员陪行。晚春天气见暖，是宜于出行的时令。风和日丽，车到北海移上担架，她神志也清醒许多。翠绿湖水，依依垂柳，柳条后面耸立她熟悉的白塔，她轻轻说了声："北塔真美！"老人凝视良久，一处又一处，仿佛置身童年。北海景色依旧，史家胡同可面目全非了，再也不见那层层套着的大院落，那望得见西山的小土丘，那土丘上她玩到天黑的亭阁。史家胡同已改建成幼儿园，小朋友列队欢迎远道归来的不能下地也不能抚摸他们脸蛋的满头银丝的老奶奶。凌叔华跟孩子们一般大的时候住进这座大宅，现在要远去了。临别时老奶奶絮絮呓语："妈妈正等着我吃饭呢！"冰心有首小诗："童年呵！是梦中的真，是真中的梦，是回忆时含泪的微笑。"凌叔华心底最后微笑了一回，终于如《古韵》的最后一句，"能

---

[1] 应红：《那低吟的往昔旋律》

回到北京，是多么幸运啊！"凌叔华住北京石景山医院半年，人生最后一段路程在这里走完。自一九四七年去了英国，她从未有这么长日子又和家人住在她梦牵魂绕的故都。

六天后，一九九〇年五月二十二日，凌叔华与先行的"新月""现代评论""京派"的同人们相会了。亲友们收到讣告：

> 凌叔华教授（女1900—1990年）原名凌瑞棠，笔名叔华（SHUHUA）、素心等。原籍广东番禺，生于北京。1922年入燕京大学外文系读书，1926年发表小说《酒后》成名。在《现代评论》《新月》《晨报副刊》上发表大量作品，后结集为《花之寺》《女人》《小哥儿俩》等。《绣枕》等小说表现旧家庭中婉顺女性的苦闷，心理笔法细腻秀逸，揭露了旧礼教对人的残害。她还擅长写儿童情态。1989年底，抱着落叶归根的愿望，终于由英国回到北京。病重后仍在担架上重游了思念多年的北海公园和干面胡同旧居。1990年5月22日上午6点45分于故乡北京辞世，享年90岁。①

亲属和中国作家协会、中国现代文学馆、武汉大学校友会代表组成了治丧小组，许多官方媒体发布了噩耗。

"我死一定死在中国！"② 凌叔华实现了誓愿，面部安详。中国作家协会借医院顶楼大空房举行遗体告别仪式，唁电、唁函不多，也不能说少。邓颖超派秘书送来的自己栽种的红玫瑰扎成花篮置放最醒目处。年迈不能亲赴吊唁的冰心，也托女儿代行。沈从文、老舍已经先走了一步，他们的夫人、儿子来了。巴金的唁电："我是她的一个读者。"唁厅陈列了凌叔华多种版本著作，中央大幅绸帐缀四个黑字："驾返瑶池"。鲜花丛中，逝者穿中装墨绿色锦缎棉袄，她生前自己珍藏的料子。戴一顶老式的黑丝绒祖母帽，帽子别一枚金质装针，帽檐压着银丝。上

---

① 此讣告录自《家国梦影》，该书注明"摘自葬礼上发送的正式通告"。但凌叔华原名、入燕京大学年份、《酒后》发表时间等处均有误。另据王炳根《凌叔华的晚年心境》一文所引讣告，文本差异较大，录以备考："英籍华人作家、画家凌叔华（Shu—Hua Ling Chen）教授，落叶归根，1990年5月22日18时54分病故于故乡北京，享年90岁。兹订于六月六日（星期三）上午九时在石景山医院举行仪式，亲戚和生前友好向安睡在鲜花丛中和作品中的凌先生作最后的告别。"

② 王世襄：《和凌叔华先生一家的交往》。

方悬挂她年轻时的照片,端庄,婉约,隐隐露出凌叔华式的矜持微笑。从照片到遗容,一位女性的一生。她的荣耀,她的委屈,她的幸与不幸,她都问不着了。

王世襄说,挽联只有他写的一副[1]:

谷空兰谢有余馨
叶落枫丹归故里

陈小滢认为联语是妈妈一生的写照,将它刻在茔地碑石上。

中国人讲究"入土为安",陈小滢把母亲和存放英国十多年的父亲骨灰一并送回陈氏原籍无锡胡埭姚湾,葬在惠山下太湖之畔,祖上购置的陈氏墓园。墓碑正面镌刻的是:

先父作家学者陈源西滢先母作家画家陈凌叔华瑞棠之墓

墓地旁边是军队营地,后来营地扩建,陈氏墓园被圈了进去。此后前去凭吊陈、凌的读者往往遇解放军岗哨劝阻,特殊者须出具单位介绍函方得入内。陈西滢大概要一声苦笑,或许加两句自嘲的俏皮话。凌叔华对此可能无所谓,她会不会说,我终究是陈家儿媳妇了呢? 芳草萋萋,仰慕者绕过岗哨,踏着荒草寻访先贤遗冢。岁月悠悠,无锡媒体时有文章缅怀这一对文化先贤。当地文化界呼吁政府,陈、凌夫妇坟冢应列入文化保护名录。

回首五四以来第一代著名女作家,与这个世纪同龄,出生于一九〇〇年的,只有凌叔华和冰心、冯沅君三人。凌叔华走过人生九十个春秋,这漫长一生。"我自己读了不少新书,我也写了不少中西文字的文章,且印出了几本书,在几个大城开过画展。这些努力,不是一个享受现成安逸的女人所能做到的。"[2]

凌叔华的读者熟悉她的作品,感知她的才华,未必了解她丰富人生,复杂内心。一位优秀的女性,她裹着自己,没有给世人以清晰面貌就成了远去的古

---

[1] 王世襄:《和凌叔华先生一家的交往》。但杨静远说法略微不同,"另儿面墙上,悬满了挽联、唁信、唁电",见她的《女作家凌叔华的最后岁月》。
[2] 凌叔华:《回国杂写》。

◇ 陈小滢、秦乃瑞夫妇将陈西滢、凌叔华夫妇遗骨送回无锡陈氏墓园安葬

人。凌叔华只是温婉吗？功成名就的凌叔华对大学生的干女儿作经验之谈，"她说女人有两种：一种有野心而浮躁；一种没有野心而沉着，所以女人总做不出大事来。"① 凌叔华自己既不属于前一种，她并不浮躁；当然也不属于后一种，她自小便有"野心"，而且实现了。随时间推移，她将引起越来越多读者的关注，要客观、深入认知这位作家、画家以及她所思所为，尚需假以时日。

---

① 杨静远：《让庐日记》

凌叔华年表

一九〇〇年

原名凌瑞唐，又名凌瑞棠，凌淑华，以笔名凌叔华行世。笔名还有瑞唐女士、瑞棠、叔华、素心、素华、文川、凤、SUHUA。西名 Su-Hua Ling Chen。①

3月25日，出生于北京东城与干面胡同相连的史家胡同。数月后，因北方八国联军之祸，父亲携全家避祸南方的番禺。凌氏祖籍广东番禺。祖父凌朝赓为当地巨富。

父亲凌福彭，字润台。光绪进士，曾点翰林，授过清户部主事、天津知府、顺天府尹等职，至直隶布政使。民国初年任过北洋政府约法会议议员、参政员。与康有为等政坛名流多有往来。又工于词章书画，结交辜鸿铭、齐白石、姚茫父、陈衡恪等文化界俊彦。

外祖父乃著名学者、诗人、画家。

生母李若兰，幼年因父亲嗜赌输钱，被其父亲交给债主抵债，又被转卖给广州某富户收养，成年后嫁凌福彭为妾。亦粗通文墨。

凌福彭共有子女十五人，凌叔华排行第十；李若兰生过一个男孩，自幼夭折。生女四个，叔华排行第三。

一九〇一年 一岁

冬，母亲生子，五个月后夭折。

一九〇三年 三岁

父亲赴日本考察。

一九〇四年 四岁

9月10日，凌叔华同母妹凌淑浩生于原籍番禺。家族姐妹中她和凌叔华关系最为密切。

冬，凌叔华随母亲携胞妹自番禺回北方。

一九〇五年 五岁

父亲凌福彭再度赴日本考察。

一九〇六年 六岁

约是年随生母回原籍广东数月。

---

① 凌叔华的书面自我介绍是"凌瑞唐"，她学生时代写给本校教师周作人的信和题赠外国朋友的国画，皆落款"凌瑞唐"。台湾教育部档案存燕京大学毕业生名录是"凌瑞棠"；《私立燕京大学教员一览表》(1926，8—1927，7)是"陈凌瑞棠"。凌叔华姨外孙女魏淑凌著《家国梦影》说"瑞唐"是乳名，但中国画作一般不用乳名题款。录以备考。

一九〇七年　七岁

约是年始，先从宫廷画师缪素筠习画，后又拜画家王竹林、郝漱玉为师。同时跟辜鸿铭学习英文和中国古代诗词。

一九〇九年　九岁

父亲凌福彭第三次赴日本考察。

约是年，凌福彭与赵秉钧有口头婚约，凌叔华与赵之子结秦晋之好。赵曾任袁世凯政权的内务总长、代理总理、直隶都督等显要官职。

一九一二年　十二岁

年初，因爆发武昌起义一时局势动乱，凌叔华母亲携女儿淑浩避居保定附近农村亲戚家。

4月，凌叔华同哥哥、姐妹共六人东渡日本，在梁启超为中国留学生创办的神户同文学校念书。

一九一三年　十三岁

3月20日，宋教仁遇刺，赵秉钧卷入此案，成众矢之的。

8月10日，姐姐淑英、瑞清、大容和哥哥淑桂在游览神户郊区瀑布，同时溺水而亡。这次事故后凌叔华即由日本友人送回国内，和母亲居住父亲在天津的别墅。

凌叔华为悼念八姐，写了数百字的素描《哭姊文》。凌说这是她"第一次的创作"。

一九一四年　十四岁

2月，赵秉钧遇害身亡，凌叔华与赵家婚约因而未果。

一九一五年　十五岁

秋，凌叔华入读天津直隶第一女子师范学校，经考核，直接插班三年级。

是年，父亲凌福彭由袁世凯派驻青岛任职。

一九一六年　十六岁

1月30日，随父亲赴北京，参观故宫文物展览。

11月11日，女师举办学艺会，展览学生才艺，邀请家长观摩。会后凌叔华作《记学艺会事》。

12月，《直隶第一女子师范学校校友会会报》第二期刊凌叔华《感怀二首》、《暮秋竹枝词四首》（国文教员白眉初点评："本报前期，树帜吟坛者，推佩文、佩琴、荷生三女士。本期又益之以佩珠、淑华、澄如三女士，皆幽思逸致、落落不群,于以知闺阁多英才也。")、《雨后天晴邀女友看菊小启》(国文老师张皞如点评:"一路雨添花。此文家纤秾之品,亦文家自然之品也。二者兼得,真乃难事。"白眉初点评:"雨字菊字,胶黏一片,方是雨后看菊,文从此著手,可谓探骊得珠。")、《与同学书劝其熟读尤西堂"反恨赋"》(张皞如点评:"无一语不神韵,无一笔不风华,凌生才人也,亦学有根柢人也,勉之进之。"国文教授白没出点评:"风骨出于六朝,情愫托于三百,清词丽句,飘飘欲仙。")、《论女子学文之功用》(张皞如点评:"入门下马气如虹,斯文得之,虽后幅于文字稍略,而议论坚卓,根柢宏深,大气盘旋,实有他人所不可及也。瑞棠勉之。吾为吾校得才贺。")、《张允瑛女士追悼会记》(张皞如点评:"匹马单枪,如入无人之境。词语惟凌生当之。")及《记学艺会事》。

是年,捐赠《西湖风景画》《中国风景画》各一册给直隶第一女子师范学校。

一九一七年 十七岁

1月30日,由天津寓处随父亲到北京游览故宫,写日记所述甚详。

3月,书法习作录古诗"花阴日瘦叶阴肥",刊《会报》第三期。

4月,《会报》第三期刊凌叔华《游普陀山记》(白眉初点评:"普陀山为中国名胜,生获破浪一游,幸福匪浅,而思想之超凡,文笔之洒落,有天女散花之观,有此文方不负此游。")、《题咏絮楼集三首》、《对于化学实验水之心得》。

6月,在女师本科毕业。国文毕业考试命题作文获第一名,选登于《会报》第四期。

8月,入天津第一女子师范学校新设的"家事专修科"学习。

夏秋,天津发生洪水,凌家楼房遭淹。

12月,《会报》第四期刊凌叔华《拟中秋夜与嫦娥书:对月抒怀》(张皞如点评:"神情遥远,气象万千,壮夫之怀,才人之笔。金圣叹所谓'灵眼觑着,灵手捉着',古史家所谓'天为雨粟,鬼为夜哭'者,此也。有此文乃不负此题。")、《与挚友书历述生平得意事与失意事》(张皞如点评:"谈得意处,如龙跳天门;谈失意处,如蝉吟秋树。光明俊伟如子由,抑郁慨恻如子长。读之令人神往。")、《民国五年年假日记》(按,应是民国六年)、《参观中记料器厂》(此文与韩恂华共同署名)、《国文毕业考试题目》(试卷文)。

是年前后,齐白石作旧体诗《凌淑华女士画夜景赠余,余题一绝句》:"开图月似故园明,南舍伤离已五春。画里镫如红豆子,风吹不灭总愁人。"

一九一八年 十八岁

12月,《会报》第五期刊凌叔华《人必如何而后为得志说》(张皞如点评:"色色空空,唤醒世人,理既超妙,笔复纵横,读之如遇南华老仙,放言谈道,句句令人点头称是。")、《对于中日秘约之感言》(张皞如点评:"笔有锋芒,辞挟风霜,使当道者见之,不知心有戚戚者焉否。")、《拟募捐赈济水灾启》、《邀女友组织游春旅行团启》。

秋冬,女师教员张皞如作旧体诗《奇遇歌:赠荷生、淑华二女士》。

是年,当选为校友会(即学生会)总委员长,兼任文艺部委员长。此时同校的邓颖超为运动部委员、许广平为文艺部委员。

一九一九年 十九岁

暑期,随父亲在北戴河度假。

初秋,入燕京大学女子学院,当时校址位于灯市口。凌先在动物学专业学习,后改入外文系,对文学发生了浓厚兴趣。曾编写两出英文短剧《月里嫦娥》《天河配》,两剧在协和医院小戏园上演,所得门票费两千余元全数用于赈灾。

是年,曾往南方游览杭州西湖等处。

一九二〇年 二十岁

暑期,再去北戴河度假。

一九二一年 二十一岁

是年,陈师曾与齐白石宴请日本画家渡边晨亩,凌叔华、江采、郁达夫等作陪,由此凌结识郁达夫,凌晚年作文回忆称:"郁达夫是我敬爱的一个作家。"渡边来华为募捐中国画义卖周济华北灾民,凌叔华捐出屏风山水画,卖得一百大洋助赈。

一九二二年 二十二岁

11月10日,陈西滢留英十年后,与吴稚晖同船自法国回到上海。

12月30日,《北京大学日刊》报道,聘任陈西滢为北京大学教授。

一九二三年 二十三岁

2月,凌叔华与画友江南苹夫人共同做东请饭,齐白石、陈师曾、陈半丁、姚茫父、王梦白、周养庵、金拱北、萧屋泉等著名国画家及侨居北京的美国女画家穆玛丽(Mary Augusta Mullikin)等应邀于凌宅聚会。

春，应美国女画家穆玛丽约游北京东郊，由此结识燕京大学外籍教师克恩慈女士，成忘年知己。

6月25日，赴画界聚餐会，交谈画艺。有日本外交官松冈洋右在座。

6月26日，应松冈洋右索讨，为他作画两幅送至其下榻的酒店，松冈不在，留条。

6月27日，松冈洋右致凌叔华长信，称凌："容姿清楚，举止优雅而聪明，本帮（日本）现代夫人中所稀见也。"邀约凌叔华赴他大连住家做客。

8月15日，《读了纯阳性的讨论的感想》发表于《晨报副刊》，署名瑞唐女士。

9月1日，致信周作人，表示"我立定主意作一个将来的女作家"，请求周作人指导。

9月6日，再致信周作人，并附寄白话文游记稿本一册。

9月18日，周作人阅读凌习作后寄还稿本。稿今已散失。

一九二四年　二十四岁

1月13日，经周作人推荐，凌叔华小说处女作《女儿身世太凄凉》发表于《晨报副刊》，署名瑞唐。

1月中旬，周作人收到一件投《晨报副刊》来稿，此稿批评《女儿身世太凄凉》，诽谤尚未出嫁的凌叔华出嫁后离婚云云。周将稿件转给凌叔华。

1月20日，致信周作人，声辩批评稿诽谤之词。

2月15日，周作人在《晨报副刊》发表署名"荆生"的文章《卑劣的男子》，为凌叔华辩护。

2月21日，作散文《朝雾中的哈大门大街》，发表于四月十八日《晨报副刊》，署名瑞唐。

3月23日，小说《资本家之圣诞》发表于《晨报副刊》，署名凌瑞唐。

4月23日，日本作家小畑薰良在北京宴请现代评论社同人王世杰、丁西林、杨振声、陶孟和、任鸿隽、周鲠生、高一涵、唐有壬、徐志摩、陈西滢及马寅初、冯友兰等。凌叔华、陆小曼在座。

4月下旬，代燕京大学女子学院拟邀请泰戈尔讲演信稿，并译成英文信发出，即得泰戈尔回复，两信均佚。参加欢迎、接待泰戈尔访华活动，由此结识陈西滢、徐志摩、胡适等人。

5月初，陈师曾、齐白石等发起成立"北京画会"。会址距凌府不远，"画会"常假座凌叔华家活动。

5月3日，译文《约书亚瑞那尔支》发表于《燕大周刊》第四十一期，署名凌瑞唐。

5月6日，凌叔华在家设茶会招待来华访问的泰戈尔、兰达·坡一行，陈西滢、徐志摩、胡适、丁西林等在座。

同日，当天日记冠以散文题目《我的理想及实现的泰戈尔先生》发表于十二日《晨报副刊》，署名瑞棠。

5月8日，北京文化界演出泰戈尔剧作《齐特拉》，陈西滢、鲁迅均往观看，并相见握手。

5月10日，译文《约书亚瑞那尔支》（续）发表于《燕大周刊》第四十二期，署名凌瑞唐。

5月17日，译文《汝沙堡诺》发表于《燕大周刊》第四十三期，署名凌瑞唐。

5月24日，译文《汝沙堡诺》（续）发表于《燕大周刊》第四十四期，署名凌瑞唐。

5月31日，译文《加米尔克罗》发表于《燕大周刊》第四十五期，署名凌瑞唐。

6月，《月里嫦娥》发表于上海英文刊物 the China Journal of Science and Arts。邱燕楠译成中文，题目《月宫女神》，刊《现代中文学刊》。

7月5日，散文《解闷随记》发表于《晨报副刊》，署名华，当月目录索引为叔华女士。

是月，毕业于燕京大学外文系。① 毕业时周作人送她一摞日文书，希望她日后潜心研究日本文学。

9月中旬至11月中旬，陈西滢在欧洲旅行。

秋，徐志摩致信凌叔华，请求凌常做他的"通信员"。（按，即通信对象。）凌答应了徐请求。徐志摩去世后，其中一部分由凌叔华发表在她主编的武汉《现代文艺》周刊。

秋，徐志摩致信凌叔华，并抄示刚完成的诗作《问谁》。

秋，凌叔华致信胡适，信中述及，徐志摩赴欧之前曾经建议凌往林长民

---

① 许多文章据凌叔华晚年回忆，认定她毕业于一九二六年，误。

（林徽因父亲）家做家庭教师。

后两日，林长民携孩子来访，正式聘请凌叔华做家庭教师。

林访后，再致信胡适，请他帮助向林长民辞谢。凌叔华听说家庭女教师与外国管家妇差不多（此时林徽因在美国留学），因此犹豫。并写道："一个人作事差不多离不开三者：名、利或自己的兴趣。"

11月23日，徐志摩致信凌叔华，抄示徐当晚创作的诗篇《为要寻一颗明星》。

11月24日，致信胡适，欲借胡适的诗签作抄本，言："有些迷信倒是调和人生一种艺术。"

同日，陈西滢来凌叔华家告昨天送去的鱼，胡适有饭局不能吃到了。此时凌、陈往来已密切。

约是月底，胡适访凌叔华家。

冬，陆小曼有四五千字的长信致凌叔华（此信已佚），于是凌叔华又有两千多字长信致胡适。信中针对外界关于徐志摩和凌叔华关系的谣传，凌向胡适说明："我与志摩永久是文学上的朋友。"

12月13日，《现代评论》周刊创刊于北京，凌叔华曾一度担任它的实际编务，它又是凌近期发表创作的主要园地。

是月，小说《我那件事对不起他？》发表于《晨报六周年增刊》，署名瑞棠。

是月，陈西滢、徐志摩、张歆海、张彭春来访，品雪水浸透梅萼的香茶。于是凌叔华发起"快雪同志会"，约定逢雪天一起出城踏雪。

是年，创作小说《阿昭》。

是年，凌叔华的中国画作品参加了日本东京的东洋名画展览。

是年，在英文刊物 Chinese Journal of Art and Science 上发表 "The Goddess of the Han"（中国女皇）。

约是年12月，某晚凌叔华陪凌福彭与席新月聚餐会，有意征得父亲同意正式参加新月社。

一九二五年 二十五岁

1月10日，小说《酒后》发表于《现代评论》周刊第一卷第五期。

1月19日，周作人在《京报副刊》发表署名"平明"的文章《嚼字》，说到读《酒后》，"觉得非常地好"。

1月29日，"快雪同志会"践约雪中游西山，除凌叔华、陈西滢、徐志摩、张彭春、张歆海，有丁西林、陆小曼加入。徐志摩作《快雪同志会记》，是日正月初六，误记为1月28日。徐文未刊。

  约是月，凌叔华极力鼓动徐志摩赴欧洲以回避京城一时关于徐志摩和陆小曼的绯闻。

  约2月底，徐志摩赴欧前夕将一个小提箱托付凌叔华保管。箱内有徐的日记、信函多件，徐戏言，此行若出意外，要凌为他谱写传记。同时凌叔华托徐带去一长幅白绢，请代为征集题墨。

  3月2日，朱自清致俞平伯信中说："《现代评论》中《酒后》及冯文炳之某篇，弟颇爱之。"

  3月7日，丁西林改编《酒后》为同名独幕剧，发表于《现代评论》周刊第一卷第十三期。

  3月10日，徐志摩为避绯闻赴欧洲，临行致陆小曼信中说："只有S是唯一有益的真朋友。"①

  3月11日，凌叔华写信安慰陆小曼，信佚。

  3月14日，下午凌叔华往陆小曼家拜访，作长谈，晚十一时才离去。翌日陆小曼日记："淑（叔）华说，凡为夫妻的没有一个有真情的，要是爱，不如干干洁的作了精神的爱，一但（旦）成为夫妻，往往爱的多要反为怨的。"

  3月16日，作小说《吃茶》，发表于4月25日出版的《现代评论》周刊第一卷第二十期。

  3月18日，徐志摩致陆小曼信中说："女友里叔华是我一个同志。"

  3月19日，凌叔华请陈西滢、张歆海、陆小曼等在凌家吃饭。（按出版本为22日，此据墨迹本。）

  3月21日，小说《绣枕》发表于《现代评论》周刊第一卷第十五期。

  3月30日，致信胡适，约胡来凌家看她家藏图书。

  3月，徐志摩赴欧洲，凌叔华托徐带去一长幅白绢，请代为征集题墨。徐收集到罗杰·弗莱的风景素描和多拉·罗素英文题词"精神与物质的二元论在本质上是一种男性哲学"，以及徐悲鸿的国画奔马、张大千的人物松下君子，以后在卷绢幅上题画题词的有：闻一多的托尔斯泰像、江小鹣的静物写生、丰子恺的漫画，冰心的题词："遮去行人西去道，轻躯愿化车前草"、林风眠的外国人物等。

---

① S即凌叔华。

4月5日，胡适来凌叔华家借去《宋元学案抄本补遗》一书，胡适当夜为此书写跋。

4月7日，致信胡适，告凌父亲读胡适"宋元补遗的跋"予以赞许。约胡来再看家藏古籍。又托胡代查古医华佗生卒年月。

是月上中旬，三次致信陆小曼，约见面，陆均未来见。

约是月中旬，致信胡适，凌叔华和Willams James约张彭春、胡适来午饭。

4月30日，徐志摩致信泰戈尔说道："还有一个偷偷爱慕而使你不能不怀念的人，就是女作家凌叔华小姐；你曾经给她很恰当的奖誉，认为她比徽音有过之而无不及。凌小姐给你做了一项白玉镶额的精致便帽，还有其他的物品，备给你作六十五岁寿辰的贺礼。"

5月7日，作小说《再见》，发表于8月1日出版的《现代评论》周刊第二卷第三十四期。

5月24日，陆小曼往燕京大学教跳舞，在凌叔华住处作画。

5月26日，徐志摩致陆小曼信中说："叔华两月来没有信，不知何故，她来看你否？"

5月下旬，凌叔华请陆小曼连日辅导燕京大学学生排练凌叔华编撰的英语剧《天河配》。

5月下旬，英文剧本《月里嫦娥》和《天河配》，在北京六国饭店作实验演出。

是月，致信胡适，谈及她的小说《再见》写作："原来我很想装契诃夫的俏，但是没装上一分，你与契老相好，一定知道他怎样打扮才显得这样的俊俏。你肯告诉我吗？通伯说此篇深刻，好好的写，可以成为我的master-piece，所以我存了奢望要仔细打扮一下。"

6月1日，作小说《茶会以后》，署名"凤"，发表于十月十九日《晨报副刊》。

6月6日，陈西滢在《现代评论》周刊发表的三则《闲话》，其第二则赞扬凌叔华剧本的上演。

7月3日，陆小曼来访，说及近日徐志摩寄文稿给凌叔华。

约7月上、中旬，凌叔华作扇面画题赠胡适。

约7月上、中旬，致信胡适，托妹妹凌淑浩报考清华事。

7月20日，胡适作诗《题凌叔华女士画的雨后西湖》。

7月，日本《改造》杂志刊发日译凌叔华小说《酒后》并陈西滢文章《中国新文学琐谈》，同时刊登小畑薰良宴请《现代评论》杂志同人的合影，并称凌叔华为"北京内外社交界的明星"。

8月23日，致信徐志摩，信佚。当天的《爱眉小扎》有记。

8月，徐志摩出版第一本诗集《志摩的诗》（仿宋版线装），付梓时请凌叔华在扉页上代书"献给爸爸"四字。

约8月，送凌淑浩赴美留学，陪行到上海。

9月15日，徐志摩在杭州西湖畔楼外楼酒家独酌，致信凌叔华，信佚。

9月25日至翌年9月5日，这期间的《晨报》"星期画报"先后登过凌叔华的国画作品《匡庐烟雨》《北戴河东山落潮》及画在彩笺上的观音像。

9月底，晨报社请客聚餐，凌叔华在座。席上凌说及她与徐志摩选中琵亚兹侣的一幅半裸妇的画，由凌叔华描样制版，将用作徐接编的《晨报副刊》刊头画。

10月1日，徐志摩接编《晨报副刊》。徐志摩在"《中秋晚》附言"里说："为应节（日）起见，我央着凌女士在半天内写成这篇小说，我得要特别感谢她。还有副刊篇首广告的图案也是凌女士的，一并道谢。"此话词不达意，未说清刊头画的原作者，由此引起误解。

是日，小说《中秋晚》发表于《晨报副刊》，署名淑华。

10月8日，《京报副刊》登出署名"重余"的文章《似曾相识的〈晨报副刊〉篇首图案》，批评凌叔华剽窃琵亚兹侣。（按，重余即女作家陈学昭。）

是日，徐志摩立刻致信《京报副刊》编辑孙伏园说明制作《晨报副刊》刊头画详尽原委，此信刊于翌日《京报副刊》。

10月10日，《现代评论》第二卷第四十四期发表胡适诗作《题凌叔华女士画》。

10月17日，琵亚兹侣原作、凌叔华描绘的《晨报副刊》刊头画，被替换成闻一多绘制的新刊头。

10月19日，小说《茶会以后》发表于《晨报副刊》，署名凤。

11月7日，小说《花之寺》发表于《现代评论》周刊第二卷第四十八期。

11月14日，《京报副刊》登出署名"晨牧"的文章《零零碎碎》，批评《花之寺》抄袭契诃夫小说《在消夏别墅》。

11月21日，陈西滢在《现代评论》周刊发表《闲话》，专谈抄袭问题，以曼殊菲尔私淑契诃夫为例，不指名地为《花之寺》辩护。

是日，凌叔华致信胡适，谈她读契诃夫小说体会，言："有人劝我抛了契诃夫读一些有气魄的书，我总不能抛下，契的小说入脑已深，不可救拔。"

12月17日，作小说《有福气的人》，发表于翌年1月1日出版的《现代评论一周年增刊》。

12月25日，北平当地相关部门颁发《不动产登记证明书》，确认凌叔华婚嫁时父亲陪嫁的房产："基地实勘两亩六分七厘，坐落内左二区史家胡同甲五十四号，住房一所共计房十九间。"

12月31日，作小说《太太》，发表于12月出版的《晨报七周年纪念增刊》（实际出版时间延期）。

是年，凌叔华与陈西滢、胡适、周作人等在北京中山公园聚会并留合影。

是年，经袁昌英介绍结识苏雪林。

年底，为徐志摩绘制贺年片画《海滩上种花》。

一九二六年　二十六岁

1月26日，《语丝》第三十六期发表刘复（刘半农）文《骂瞎了眼的文学史家》及署名"爱管闲事"（川岛）戏拟的《刘博士订正中国现代文学史冤狱图表》，"图表"讥讽了凌叔华为《晨报副刊》描摹刊头事。

是日，徐志摩看到当天出版的，致信《语丝》周刊编者周作人请求解围。

2月8日，《语丝》第六十五期刊登鲁迅与陈西滢论争的长文《不是信》，信中声言，陈西滢怀疑鲁迅揭发凌叔华剽窃小说和图画的文章并不是鲁迅写的。

2月11日，陆小曼来访。

2月21日，徐志摩致陆小曼信中提及凌叔华与陈西滢已订婚。

2月中旬，徐志摩自西湖寄梅花往北京陆小曼，其中一枝分送凌叔华。

3月31日，凌叔华往北大参加"三一八"惨案烈士追悼会。

4月1日，致信胡适，信中谈及"三一八"惨案，对烈士表示同情。

4月10日，小说《等》发表于《现代评论》周刊第三卷第七十期。

4月18日，《晨报》"星期画报"刊登印度画家兰达·波士在檀香木片画的一些佛像、莲花图。有注文："印度鲍司（即波士）先生，前年同诗哲泰戈尔来过北京，这图是为凌叔华女士画的。"①

4月20日，翻译曼殊菲尔短篇小说《小姑娘》发表于《现代评论》周刊第

---

①　凌叔华本人及各种有关传记、文章均误记为泰戈尔所画。

三卷第七十二期。

4月23日，来华访问的日本诗人小畑薰良①宴请《现代评论》周刊同人十余人，有陈西滢、徐志摩等，凌叔华、陆小曼亦与宴。5月8日《晨报》"星期画报"刊登与宴人员合影。

5月3日，小说《说有这么一回事》发表于《晨报副刊》，署名"素心"。作品前有"杨振声附字"，说明此作与杨振声小说《她为什么发疯了》系同一素材。

是日，作长信致徐志摩，除指出《说有这么一回事》排印有错乱，还就《晨报副刊》刊头画"剽窃"事说道："那晓得因此却惹动了好几位大文豪小文人顺笔附笔的写上凌□□女士抄袭琵亚兹侣大家。"大文豪指鲁迅等人。

5月5日，凌叔华致徐志摩的长信以《关于〈说有这么一回事〉的信并一点小事》为题发表于《晨报副刊》，署名素心，并缀有"志摩附识"，由他承担责任。

5月21日，徐志摩致信《新月》杂志女作者李祁："凌叔华女士相慕颇殷，愿相结友，何时有暇，当为介绍。"

5月24日，胡适在《晨报副刊》致鲁迅、周作人、陈西滢等公开信，呼吁停止他们之间的论战。

6月12日，小说《春天》发表于《现代评论》周刊第四卷第七十九期。

6月26日，凌叔华与陈西滢举行订婚礼。

约上半年，致信周作人，要求《语丝》和《现代评论》的论战，不要因为她和陈西滢的关系把她拉在里边，周作人委婉谢绝。

7月14日，凌叔华与陈西滢结婚。胡适为证婚人，婚宴在欧美同学会。

7月18日，北京《晨报》"星期画报"登出凌叔华、陈西滢婚礼上合影。

是月，凌叔华、陈西滢往陈老家无锡省亲。

初秋，凌叔华、陈西滢新婚后借住于北京胡宅，胡适时在国外。

9月21日，是日中秋节，梁启超为凌叔华的"手卷"题书辛弃疾《鹧鸪天"翠木千寻上"》等六首。

9月，凌叔华就任燕京大学不领薪水的"义务助教"。

10月2日，小说《小英》发表于《现代评论》周刊第四卷第九十五期，署

---

① 小畑薰良译凌叔华小说《酒后》介绍到日本。

笔名"文川"。

10月26日，致信胡适，说到凌在南方生病一个多月。

是年，凌叔华小说《酒后》译成日文，选入日本《改造》杂志推出的《现代支那专号》。

一九二七年　二十七岁

1月1日，小说《弟弟》发表于《现代评论第二周年增刊》。

2月15日，林徽因自美国致信胡适，信中有言，转请凌叔华拍摄几张林徽因家雪池旧居的照片寄她以慰思念。时凌叔华、陈西滢夫妇租居在林家雪池旧宅。

4月12日，小说《病》发表于《现代评论》周刊第五卷第一百二十一期。

4月19日，徐志摩自杭州寄三朵杜鹃花给凌叔华、陈西滢夫妇。

7月14日，作小说《他俩的一日》，连续发表于1927年9月17日和24日出版的《现代评论》周刊第六卷第一百四十五、一百四十六期。

7月23日，小说《绮霞》发表于《现代评论》周刊第六卷第一百三十八期，下一期续完。

10月10日，陈西滢为凌叔华小说集《花之寺》写《编者小言》。陈说明，《春天》之后凌叔华小说有所变化。

10月15日，鲁迅在一百五十三集《语丝》周刊发表杂文《革"首领"》，说及："只有某女士窃取琵亚词侣的画的时候，《语丝》上（也许是《京报副刊》上）有人说过几句话，后来看'现代派'的口风，仿佛这话是我写的。我现在郑重声明：那不是我。"

是月，凌叔华、陈西滢夫妇赴日本旅居，住西京东山脚下。旅日经费由北京大学校长蔡元培派为海外撰述员名义在北大支取。行前在上海，田汉、欧阳予倩给几封介绍信以结识日本文化界人士。（陈西滢记"我于一九二七年十二月去日本"，系误。）

11月13日，约晤日本作家谷崎润一郎，谷在凌叔华手绢写一首和歌，并请陈、凌夫妇晚饭。

11月，陈西滢翻译法国传记作家莫洛瓦（Andre Maurois）作品《少年歌德之创造》，由上海新月书店出版。

是年，凌叔华曾在燕京大学任教"中国艺术史"和"中国绘画"课程，又兼任《现代评论》周刊文艺编辑。

是年，凌叔华父亲凌福彭因战事移居上海，不久再避居广州。

是年，凌叔华在上海袁昌英家结识了苏雪林，从此结下终生友谊。

一九二八年　二十八岁

1月12日，小说《阿昭》发表于《燕大月刊》第一卷第四期。

1月，凌叔华第一本小说集《花之寺》，由上海新月书店出版，收入同名短篇小说《花之寺》等十二篇，由陈西滢撰"编者小言"。徐志摩曾为此小说集撰写序言，但出版时未用，后移作《新月》杂志上小说集的广告词。

3月10日，《新月》月刊创刊。这是凌叔华此后发表小说的主要园地。

4月9日，吴宓主编的《大公报》"文学副刊"刊登佚名的书评《〈花之寺〉》，指出作者已自成风格。

4月10日，小说《疯了的诗人》发表于《新月》杂志第一卷第二号。

5月上旬，北伐军直逼北京，政局不稳，人心惶惶。时凌叔华、陈西滢夫妇在日本，北京家中仅凌叔华老母及幼弟。

6月15日，凌叔华、陈西滢夫妇去东京小住。在东京面晤盐谷温等日本文化人士。

6月19日，徐志摩赴美、欧，途经东京，凌叔华、陈西滢夫妇往车站接送。

是月，陈西滢的杂感集《西滢闲话》由上海新月书店出版。

是月，剧作《她们的他》发表于《现代评论三周年增刊》。

7月20日，凌叔华、陈西滢夫妇迁出东京移居海边。

7月30日，陈西滢致信胡适，告教育部正筹办国立武汉大学，已邀陈参加。

仲夏，日本诗人与谢野宽、与谢野晶子夫妇来访陈西滢、凌叔华夫妇，分别为凌叔华的"手卷"题书新作七言诗。

是夏，作小说《小蛤蟆》，发表于翌年3月10日出版的《新月》杂志第二卷第一号。

是夏，与陈西滢同游富士山。

8月5日，译成契诃夫短篇小说《一件事》，连续发表于9月出版的《现代评论》周刊第八卷第一百九十五期、第一百九十六期。

8月18日，游记《登富士山》发表于《现代评论》周刊第八卷第一百九十三期，下一期续登完。

8月21日，徐志摩致信胡适，言及徐欧游经日本，曾当面希望凌叔华、陈西滢夫妇给《新月》月刊"加倍帮忙"。

约9月上旬，凌叔华、陈西滢夫妇自日本回国。

10月，陈西滢在武汉大学任教。

10月，《真美善》杂志有师鸠对于凌叔华小说的评论："凌女士的作品，虽运用着西洋艺术所造成，却一丝儿没有改过中国衣裙的装束，仍旧是一个最纯粹的东方佳丽。我们看她字句的流利，听她书中人物口齿的逼真，宛如脸对着我们自己个姑嫂姊妹，这才是真正的中国写实小说。"

11月，凌叔华到武汉，作为教员家属留在武汉大学，初住武昌西北部昙华林。

12月9日，署名"弋灵"的书评《花之寺》刊于《文学周报》第七卷，此文批评作者描写有时流于平庸。

12月18日，《海风周报》第二期刊登钱杏邨评论文章《关于凌叔华创作的考察·批评她的〈花之寺〉》。文章肯定作者进步的资产阶级知识分子的立场。

12月29日，《现代评论》周刊出最后一期，停刊。

一九二九年 二十九岁

2月10日，小说《小刘》发表于《新月》杂志第一卷第十二号。

4月10日，小说《小哥儿俩》发表于《新月》杂志第二卷第二号。

同日，对话体小说《女人》发表于《小说月报》第二十卷第四号。作品结尾处有注："写在《她们的他》之前"。(按，《她们的他》与《女人》系同一题材的异体作品，前者已于去年发表。)

4月14日，致信胡适，寄自武汉。附小说稿《小哥儿俩》。此小说人物原型是胡适的两个儿子。

4月19日，作小说《送车》，发表于5月10日出版的《新月》杂志第二卷第三号。

4月21日，胡适致信凌叔华，信佚。

约4月下旬，朱东润来武汉大学任教，抵武昌第一天即拜望陈西滢、凌叔华夫妇，当日留宿陈家。

5月11日，复信胡适，附小说稿《杨妈》。

6月3日，胡适为凌叔华短篇小说《杨妈》写前言。

6月，凌叔华、陈西滢和徐志摩夫妇在上海，曾与徐志摩面晤。对《新月》发表的李祁小说《照 X 光室》交口赞美。

夏，凌叔华在北京度暑假。

9月10日，小说《搬家》发表于《新月》杂志第二卷第六、七号合刊。

是月，小说《等》选入上海亚细亚书局出版的《中国现代小说选》。

9月，女作家袁昌英到武汉大学任教，袁与凌叔华、陈西滢夫妇借居同一院子，主人系教会人士。

10月16日，致信胡适，倾诉赋闲在家的苦闷情绪。

12月16日，陈西滢致信胡适，谈及凌叔华当时情绪："叔华在这里，却实在是活埋。她时时闷得要哭，我也没法子劝慰，也许有一天她连哭都不想哭了，那我们在别人看来是完了，在自己也许倒好了。"

是年，凌叔华开始在北京古物陈列所任专门委员，直至1934年。

一九三〇年　三十岁

1月3日，沈从文致王际真信说道："叔华才真是会画的人，她画得不坏。这女人也顶好，据他们说笑话，是要太太，只有叔华是完全太太的，不消说那丈夫是太享福了。"

3月1日，鲁迅在《萌芽》月刊第一卷第三期发表与梁实秋的论战文章《"硬译"与"文学的阶级性"》，其中批评到凌叔华小说《搬家》缺少文学提炼，"和不创作是很少区别的。"

3月10日，小说《凤凰》发表于《新月》杂志第三卷第一号。

4月21日，凌叔华女儿陈小滢诞生。①

4月，小说集《女人》由上海商务印书馆出版，收入《女人》等短篇小说八篇，系"现代文艺丛书"之一种。

4月，徐志摩小说集《轮盘》出版，徐在自序的末尾写道："这册小书我敬献给我的好友通伯和叔华。"

春，毅真作《几位当代中国女小说家》长文，选评了"能代表时代，而其作品又能为侪辈中之佼佼者，共得五人。此五人即冰心女士，绿漪（苏雪林）女士，凌叔华女士，沅君女士和丁玲女士"。称凌叔华为"新闺秀派的作家"。

6月，闻一多辞去武汉大学文学院院长一职，由陈西滢继任。

9月16日，沈从文就任武汉大学文学院助教，多与凌叔华过从。（按，后沈从文因营救胡也频及陪同丁玲回湖南而舍弃此教职。）

11月5日，沈从文致王际真信中说到自己经济拮据："一个月一百三十块

---

① 陈小滢曾函告，她的英国护照上出生年份是一九三五年，护照系误。

钱还不够，到时伙食也不送，并且拿了陈通伯（按，陈西滢）七十。"

11月21日，沈从文致胡适信说道："在此承通伯先生待得极好，在校无事，常到叔华家看画。"

是年，小说集《小孩》收儿童题材作品九篇，拟由上海商务印书馆出版。

一九三一年　三十一岁

1月，《当代文艺》第一期刊狄克（张春桥）《一九三〇年中国文艺杂志之回顾》，评论："凌叔华的创作，虽然不能与丁玲的作品比拟，但是并不十分使人不堪卒读，有几篇也是有相当的意义。"

3月，胡也频牺牲后沈从文送丁玲回湖南，返回上海时途经武汉，陪丁玲拜访凌叔华，并和凌叔华、陈西滢及其幼女小滢全家在武昌城头合影留念。

3月30日，小说《倪云林》发表于《文艺月刊》第二卷第三号。

4月8日，费鉴照在其著作《现代英国诗人》的自序中说："在付印的时候，又存凌叔华先生替我写封面。"此著于1933年2月新月书店出版。

5月22日，小说《写信》发表于《大公报》"万期纪念号"。当天徐志摩来恭贺，称她为"中国的曼殊菲尔"。

6月11日，午前徐志摩自上海抵达北平，午后即去看望凌叔华。

6月12日，凌叔华和徐志摩、罗隆基、沈从文等一起去看望在京郊香山疗养的林徽因。

6月13日，凌叔华请徐志摩等午饭，吃鲥鱼蜜酒。

6月14日，陈衡哲请凌叔华、冰心、沈性仁、徐志摩、杨振声等午饭。席上闲谈，凌叔华说，陆小曼临摹的国画，所摹原作太差，该选好的作品。

是日，徐志摩当日给陆小曼信里说："叔华长胖了好些，说是个有孩子的母亲，可以相信了。孩子更胖，也好玩，不怕我，我抱她半天。"

6月16日，凌叔华与沈性仁、杨振声、邓以蛰、徐志摩等晚上在北海聚会。

6月23日，丁玲筹办《北斗》杂志时致信沈从文，托沈代约凌叔华等为杂志的特约长期撰稿员。

6月25日，徐志摩致陆小曼信，说及杨振声、凌叔华、陈西滢、沈从文、梁思成等人忙了他不少时间。此段时间徐与凌叔华、陈西滢夫妇在北平往来频繁。

6月30日，沈从文的长篇评论《论中国现代创作小说（续）》刊登于《文艺月刊》第二卷第五、六期合刊,沈论及凌叔华小说创作特色:"以明慧的笔,去在自己所见及的一个世界里,发现一切,温柔地也是诚恳地写到那各样人物姿态,淑华的作品,在女作家中另走出了一条新路。"

是月,小说《旅途》发表于《文季月刊》复刊号。

7月,清末官员、诗人、书画鉴别家廉南湖的旧体诗集《梦还集》出版,内有八首题凌叔华画作。

8月5日,胡适来访,交谈沈步洲翻译哈代著作《返朴归真》一事。

10月20日,小说《晶子》发表于丁玲主编的左翼刊物《北斗》杂志第二期。后收入小说集《小哥儿俩》时易名《生日》。

是月,小说《凤凰》误作为散文选入上海江南文艺社出版的《现代中国散文选》。

暮秋,父亲凌福彭病逝。

11月上旬,徐志摩离北平往上海前告诉凌叔华:"明天要御风南去。"这是他俩最后一面。

11月9日,徐志摩致信告陆小曼说,"北京今天谣言蜂起,吓得死人,我也许过去叔华家住几天:因她家无男子,仅她与老母幼子;她胆又小。"①

11月19日,徐志摩乘飞机由南京往北平,途经济南附近触山遇难。

11月21日,闻徐志摩噩耗,下午陶孟和夫人沈性仁、张奚若夫人等聚在凌叔华家哀思。

是月下旬,沈从文致信凌叔华,告诉凌,徐志摩说过,叔华是最适宜料理"八宝箱"的人。

11月28日前,此时因徐志摩遇难凌叔华留在北平。胡适等准备编集徐志摩遗著,凌将"八宝箱"材料交胡适。

11月28日,胡适将徐志摩英文日记、陆小曼中文日记交林徽因。

11月29日,致信胡适。说道:"此刻重读徐志摩的信真是说不出的情绪,泪是可以把纸洗了。可是同时感到一种没有白来一世的自慰,因为在过去几年,竟真找到一个人间友谊比喻不上的一个人。"

12月3日,作散文《志摩真的不回来了吗?》,发表于本月6日北平《晨报》

---

① 写此信年月,在《爱眉小扎》《徐志摩散文全编》等书中均系于一九二八年五月九日,误。信中"幼子"亦徐志摩笔误,凌叔华无子,仅有一幼女小滢。

"学园"副刊。此文披露徐志摩曾致信凌叔华,有言:"我不能不信人生的底质是善不是恶,是美不是丑,是爱不是恨;这也许是我理想的自骗,但即明知是自骗,这骗也得骗,除是到了真不容自骗的时候,要不然我喘着气为什么?"

12月6日,北平文化界在北京大学举行徐志摩追悼会,凌叔华、林徽因、陈衡哲等参加。

12月7日,凌叔华准备编集"志摩信扎",去林徽因家征集徐志摩致林徽因信,林以"旧信全在天津(林家旧居)"未出示。林徽因则提出,希望看看仍存在凌叔华处的徐志摩其他日记,约定后天(九日)去凌家取日记。

12月9日,林徽因应约往凌叔华家取徐志摩日记,凌外出,留便函说明一时未能找到日记,再推迟几日。林徽因也留一便条,请务必找出以借阅。

12月10日,凌叔华致信胡适,表明为"八宝箱"落在林徽因处很着急,因箱内的陆小曼日记"牵涉是非不少(骂徽音尤多)"。

12月12日,沈从文再致信胡适告诉他,徐志摩说过最适宜于保管他案件的人,是不甚说话的叔华。

12月14日,凌叔华到林徽因家送去徐志摩日记半本计一百二十八页。

12月28日,胡适致信凌叔华,追讨半本之余的徐志摩日记。

约12月下旬,《北斗》刊出读者来信,批评前几期上发表的自由主义作家的作品,也批评到凌叔华的《晶子》。"读者"即左联党团成员耶林。

是年,苏雪林应聘任教武汉大学。时人誉凌叔华、苏雪林、袁昌英为"珞珈三杰"。

是年,小说《酒后》选入文心社编、江南文艺社出版的《现代中国小说乙选》。

一九三二年 三十二岁

1月1日,下午林徽因写长信给胡适,详述她向凌叔华借阅徐志摩日记过程。林意犹未尽,晚再给胡适写长信,表达对凌叔华强烈不满。两信一并付邮。

1月22日,凌叔华将最后存留的半册徐志摩日记交给胡适,附信说:"此事以后希望能如一朵乌云飞过清溪,彼此不留影子才好。"

当天胡适日记记道:"为了志摩的半册日记,北京闹的满城风雨,闹的我在南方也不能安宁。今天日记到了我的手中,我匆匆读了,才知道此中果有文章。我查此半册的后幅仍有截去的四页。我真有点生气了。勉强忍下去,写信去讨这些脱页,不知有效否。后面是今早还日记的原书。这位小姐到今天还不认错！"

2月，为武汉大学教师所著《现代英国诗人》题写封面。此书由新月书店出版。

3月，武汉大学由东厂口临时校址迁入新落成的珞珈山新址。

春，蔡元培访问武汉大学，值陈西滢患病在家，蔡登门看望陈西滢、凌叔华夫妇。

5月，小说《搬家》选入上海中学生书局出版的《中学生文学读本·创作小说集》。

6月，小说《花之寺》选入上海乐华图书公司出版的《当代小说读本》，附有凌叔华传略。

约6月，致信胡适，寄自北平。信说到陆小曼："你到上海时，我希望你能托一个像王文伯那样聪明而有决断的人，好好的看看眉。如遇不像样事，打开一切直告她知道。"

约6月，致信叶公超。听说叶公超要翻译《傲慢与偏见》，要求叶放弃翻译。

上半年，翻译J.Austin（奥斯汀）著 Pride and Prejudice（《傲慢与偏见》）。已译半部，但终未完稿。

8月，小说《晶子》选入上海南强书局出版的王抗夫编《短篇小说年选》。

秋，袁昌英、杨端六夫妇为袁的父亲祝寿，袁家十余人同游衡山、湘潭，共四日。凌叔华随同游玩，并作《衡湘四日游记》。

9月，上海现代书局出版贺玉波著《中国现代女作家》，此书列专章《〈酒后〉作者淑华女士》批评论凌叔华小说，措辞尖锐激烈。

12月2日，下午胡适在武汉大学讲演，陈西滢、凌叔华请午饭。胡适观赏凌叔华衡山画稿。

12月5日，小说《有福气的人》《春天》选入上海文艺书局出版、雪菲女士编辑的《现代中国女作家创作选》。

是年，武汉大学新校址在武昌珞珈山落成。陈西滢、凌叔华夫妇迁居山上。

是年，徐志摩父亲徐申如致信凌叔华，请书写徐志摩墓碑。凌叔华和朋友觉得碑文中"往高处走"一句不很合适，久拖未写。后墓碑系浙籍书法家张宗祥所写。

是年，朱自清在清华大学讲授"中国新文学研究"课程，印发铅印讲义《中国新文学研究纲要》，其第五章"小说"列"女作家"一节，依次论及谢冰心、黄庐隐、冯沅君、凌叔华、苏梅（雪林）、丁玲。

是年，廉南湖病故。廉生前评论凌叔华国画："叔华醉心南田，能得其幽澹之趣。吴岱老对于古松亭子一帧爱不释失手，有出蓝之誉，以此知鉴赏之自有真也。"

一九三三年 三十三岁

1月31日，致信胡适，寄自武汉，说到自己生活感受："这两三年我脚没有停过，我的耳目不在城里在乡里，我比我们的朋友多认识一些真的中国人，他们是平凡穷困的人。"

1月，上海光华书局出版黄人影（钱杏邨）编的《当代中国女作家论》。此书收入钱杏邨文章《关于凌叔华创作的考察》和重点论及凌叔华的毅真文章《几位当代中国女小说家》。

4月1日，武汉大学青年教师费鉴照评论文章《凌叔华女士的小说》刊登于南京出版的《旁观》杂志第十五期。

4月，参加撰写的《小学国语读本》出版，署名"凌瑞棠"。此系按"新课程标准"由国民政府教育部审定的教科书，编者朱文叔、吕伯攸。

夏，徐志摩父亲徐申如托回乡探亲的武汉大学吴其昌教授，代请凌叔华尽快书写徐志摩墓碑。凌不久寄来手书，词曰"冷月照诗魂"。

9月，北平杰成印书局出版王哲甫著《中国新文学运动史》，该著列专节评论凌叔华小说："总之她在描写资产阶级的太太小姐们的生活和心理上面，是有了相当的成就，文笔也很细腻干净，虽然还不能说精练。"

10月，朱湘致信凌叔华，不久朱即到武汉大学访晤凌。朱形容憔悴，年底投江而死。

11月29日，散文《衡湘四日游记》开始发表于天津《大公报》"文艺"副刊第二十期，下月上旬的"文艺"副刊第二十一、二十二期连载完毕。

11月，散文《解闷随记》选入上海南强书局出版、阮旡名（钱杏邨）编《现代名家随笔丛选》。

是年，英国著名艺术家罗杰·弗莱的妹妹玛格丽·弗莱来华访问，在武汉与陈西滢、凌叔华见面，送陈、林夫妇一幅罗杰的石版画。玛格丽回国与凌叔华有通信。玛格丽又促成英国年轻诗人朱利安·贝尔来武汉大学任教。

是年，齐白石出版线装本诗集《白石诗草》，其七绝《夜景》系受赠凌叔华画作所题。

是年，《花之寺》选入《当代小说读本》（乐华图书公司出版）。

是年底，沈从文写成的《记丁玲（续集）》记有1931年沈从文陪丁玲访凌叔华夫妇情景。

约是年，沈从文陪同萧乾往北平史家胡同凌叔华住处，介绍萧结识凌叔华、陈西滢夫妇。

一九三四年　三十四岁

1月1日，郑振铎、章靳以共同主编的大型文学杂志《文学季刊》创刊。凌叔华列为该刊特约撰稿人。

1月3日，致信罗杰·弗莱的妹妹玛格丽·弗莱，感谢她去年赠送罗杰的石版画。信存剑桥大学档案馆。

1月13日，《北平晨报副刊》"妇女青年"刊冰心在贝满中学演讲记录稿《今日中国女作家的地位》，介绍凌叔华说："她的作品是善于写太太，而她的每一个太太差不多都是顶可爱的。"

2月25日，凌叔华、陈源夫妇往苏雪林住处访谈。不久，凌叔华约作家刘英士吃茶，邀苏雪林作陪。

3月，应上海《女青年月刊》向女作家"我的创作经验"专辑征文，写创作谈（无题目）发表于该刊第十三卷第三期。同期应征的有王莹、赛珍珠等人文章。

4月，小说《千代子》发表于巴金主编的《文学季刊》第一卷第二期。（按，手稿一直由巴金保存，巴金晚年捐给国家图书馆，藏于"名家手稿"文库。）

是月，散文《登富士山》选入上海北新书局出版、姜亮夫编《现代游记选》。

6月22日，中国的英文杂志《中国评论周报》第七卷第二十六期刊登费鉴照文章《女小说家：凌叔华》。

6月23日，小说《无聊》发表于天津《大公报》"文艺"副刊。

是月，小说《酒后》编入上海天马书店出版、韩振业编辑的"当代名作选"（中国文学）第一辑第三种《烦闷》，该书为女作家集，共选冰心、庐隐、冯沅君、凌叔华四人小说作品。

8月22日，与陈西滢同游泰山、曲阜。

8月28日，作《泰山曲阜纪游》。发表于10月15日的天津《国闻周报》第十一卷第四十一期。

10月21日，美术论文《我们怎样看中国画》发表于天津《大公报》"艺术周刊"。

12月，研究《诗经》的学术文章《读诗杂记》发表于武汉大学《珞珈月刊》第二卷第四期"文艺专号"。

是年，作小说《奶妈》，发表于1936年4月出版的南京《文艺月刊》第八卷第四期。

是年，《安徽大学月刊》第二卷第三期刊登凌叔华画作。

一九三五年　三十五岁

2月15日，应《武汉日报》邀约，凌叔华主编其新设的"现代文艺"副刊。

2月29日，凌叔华以编者名义的《谨答向培良先生》一文刊《武汉日报》"现代文艺"副刊第三期。

3月2日，鲁迅写成《〈中国新文学大系·小说二集〉导言》。"导言"论及凌叔华小说："她恰和冯沅君的大胆、敢言不同，大抵很谨慎的，适可而止的描写了旧家庭中的婉顺的女性。即使间有出轨之作，那是为了偶受着文酒之风的吹拂，终于也回复了她的故道了。这是好的——使我们看见和冯沅君、黎锦明、川岛、汪静之所描写的绝不相同的人物，也就是世态的一角，高门巨族的精魂。"

3月8日，小说《异国》发表于《武汉日报》"现代文艺"副刊第四期。

3月15日，作散文《花狗》，发表于4月21日天津《大公报》"文艺"副刊。

是月，小说《春天》选入上海中华书局出版、王梅痕编的《中华现代文学选》(第一册)。

4月，散文《登富士山》选入上海中央书局出版、王定九编《当代女作家随笔》。

5月24日，凌叔华在《武汉日报》"现代文艺"第十五期披载《志摩遗扎之一》。"志摩遗扎"是徐志摩致凌叔华信选载，披载时隐去收信人名字。凌说徐致凌信多达七八十封。

5月31日，《志摩遗扎之一》(应为之二)披载于《武汉日报》"现代文艺"副刊第十六期。

6月14日，童话《红红的冬青》发表于《武汉日报》"现代文艺"副刊第十八期。

6月21日，散文《西京日记几页》发表于《武汉日报》"现代文艺"副刊第十九期。

7月19日，小说《开瑟琳》发表于《武汉日报》"现代文艺"副刊第二十三期。

是月，鲁迅编《中国新文学大系·小说二集》由上海良友图书公司出版，选入凌叔华的《绣枕》。

8月9日，凌叔华再次在《武汉日报》"现代文艺"副刊披载《志摩遗扎》。

8月30日，凌叔华撰写的图书评介《〈十七岁〉》(美国Booth Tarkingtor著)发表于《武汉日报》"现代文艺"副刊第二十九期。

是月，在北平请沈从文等作家朋友吃茶，为"现代文艺"副刊约稿。

9月13日，小说《转变》发表于《武汉日报》"现代文艺"副刊第三十一期，下一期续完。

9月16日，郁达夫致信赵家璧说："大约志摩的信，以给适之、陈通伯、凌叔华、冰心、林徽音等的为多，小曼更可以不必说。"

是月，作《〈小哥儿俩〉自序》，发表于11月8日《武汉日报》"现代文艺"副刊第三十八期。序说："书里的小人儿都是常在我心窝上的安琪儿，有两三个可以说是我追忆儿时的写意画。""怀恋着童年的美梦，对于一切儿童的喜乐与悲哀，都感到兴味与同情。"

是月初，英国青年诗人朱利安·贝尔(Julian Bell)到武汉大学任教，讲授"莎士比亚""英语写作""英国现代主义作家"三门课程。与陈西滢、凌叔华相识，凌旁听他讲的"莎士比亚"与"英国现代主义作家"。

是月，与袁昌英、苏雪林等办理国立戏剧学院在武汉招生事宜。

10月4日，凌叔华在《武汉日报》"现代文艺"副刊披载徐志摩致凌信的《志摩遗扎(一)(二)(三)》。

10月13日，朱利安·贝尔寄母亲信说："我的邻居是我的系主任陈源和他妻子。他们简直是天使，我从没见过这么好的人。"

10月18日，小说《心事》发表于《武汉日报》"现代文艺"副刊第三十五期。

10月23日，朱利安·贝尔寄母亲信说："她，叔华，是非常聪颖敏感的天使……请想像一下那么一个人，毫不造作，非常敏感，极其善良极其美好，生性幽默，生活坚定，她真是令人心爱。"

10月24日，《内政公报》刊政府令，免去北平古物陈列所"接受即点验保管委员"职务。

10月，小说集《小孩》易名《小哥儿俩》，补入《倪云林》等成人题材四篇，由上海良友图书公司出版。

11月1日，摄影作品《泰山云步桥》《石径峪流泉》发表于武汉《文艺》月刊第二卷第二期。（按，唐沅等编《中国现代文学期刊目录汇编》误为南京《文艺月刊》一九三五年十一月第七卷第二期。）

11月1日，朱利安·贝尔寄信母亲，说道："她（凌叔华）和弗吉尼亚一样敏感，很聪明，与我所认识的任何人一样好甚至更好，她不算漂亮但是很吸引我，她称得上是中国的布鲁姆斯伯里成员。"

11月6日，朱利安·贝尔寄母亲信说道："至于叔华，我们相处得不错，成为越来越亲密的朋友了。"当天凌叔华给他观赏她临摹古画的作品。

约11月上旬，凌叔华《我们怎样看中国画》英文本由朱利安寄给他母亲瓦内萨，请她帮助在英国发表。似未果。

11月22日，朱利安·贝尔寄信母亲说："她是我所见过的最迷人的尤物……因为她才真正属于我们的世界，而且是最聪明最善良最敏感最有才华中的一个。"

是月，美国女画家穆玛丽写的《在中国的一次艺术家聚会》一文刊于美国杂志《国际画室》110卷512期。文章回忆凌叔华在一九二三年主办的那个画会，那时凌叔华送了她两幅画作，落款均为凌瑞唐，其中一幅是配了竹柄的扇面，并且有凌福彭的题词。凌叔华给她的印象是："她贤淑文静，不指手画脚，也不自以为是，客人有需要时，她就恰到好处地出现，说起话来让人如沐春风。"

是月，陈西滢、凌叔华夫妇宴请在武汉大学任教的朱东润和夫人。朱是陈西滢老同学、江苏同乡，此时朱夫人从家乡来武汉探望朱东润。

是月，《天下月刊》发表朱利安·贝尔《诗二首》。

12月，《天下月刊》发表朱利安·贝尔《诗五首》。

是年，上海复兴书局出版贺玉波著《中国现代女作家》，列凌叔华专章，其他九章论述的是：陈衡哲、冰心、沉樱、庐隐、丁玲、绿漪、白薇、冯沅君、陈学昭。

是年，散文《登富士山》选入上海中央书店出版、姚乃麟编的《现代创作游记选》。

约是年，吴其昌出版《散文甲稿》，凌叔华设计封面。

约是年，《武汉日报》主编奉蒋介石意，宴请当地作家、文化人士，介绍上海的抗战形势，受邀者有凌叔华、袁昌英、苏雪林、吴其昌、朱东润等。

是年，武昌《文艺》杂志第二卷第二期刊登凌叔华画作。

一九三六年　三十六岁

1月1日，茅盾署名"惕"的文章《再谈儿童文学》在《文学》杂志第六卷第一号刊出。文章专题评论了凌叔华小说集《小哥儿俩》，称赞："凌女士这几篇并没有正面的说教的姿态，然而竭力描写着儿童的天真等等，这在小读者方面自会发生好的道德的作用。"

1月3日，凌叔华的外籍友人克恩慈女士病故。

是日，凌叔华、陈西滢夫妇与袁昌英、苏雪林同去给顾如、陆维亚贺年。

1月4日，赴北平途中致信朱利安，提及昨晚读了劳伦斯的短篇小说。信存剑桥大学。

1月6日，凌叔华赶抵北平吊唁克恩慈女士。

1月8日，作散文《悼克恩慈女士》，发表于13日的天津《大公报》"文艺"副刊。

1月15日，与朱利安·贝尔一起赴沈从文家茶会，有酒。与茶会者还有朱自清、朱光潜、闻一多、梁宗岱、常宗岱（常风）等。

1月18日，朱利安·贝尔自北京寄他母亲信，说到他与凌叔华的婚外情："我无法告诉你K有多么动人，她是多么好的陪伴，有多么逗人。"他们在北京看戏、溜冰、洗温泉。

1月中旬，凌叔华、朱利安和英国诗人哈罗德·阿克顿一起拜访齐白石，齐白石题赠凌叔华两幅画作。

1月，《峨眉丛刊》第一期预告第二期将刊登凌叔华文章，但未见该期出刊。

2月，凌叔华在朱利安帮助下翻译陆游的七绝《剑门道中遇雨》，由朱利安润色译文，并寄往英国以期发表。

2月，上海杂志公司版《名媛诗选翠楼集》（"中国文学珍本丛书"第一辑第二十四种），清·刘云份撰著，施蛰存校点。扉页有字："本书封面题签：凌叔华先生"。

3月20日，散文《春的剪影（一）》发表于《武汉日报》"现代文艺"副刊第五十六期。

是月，小说《酒后》《花之寺》《有福气的人》三篇选入上海仿古书店出版、俊生编《现代女作家小说选》。

3月24日，致信巴金，诉说想事业有为的女性的苦衷。并告，有一个中篇小说未完稿，已写五分之一。还准备编本小说集，拟书名《家》，交巴金付梓。此前收巴金信，巴金信佚。

春，致信天津的初中三年级学生张秀亚，约张来北平凌寓所面谈，并留居一宿。后来张秀亚成为颇有建树的作家。

4月1日，与袁昌英、顾如、陆维亚同访苏雪林，并接受袁昌英在学校消费合作社宴请。

4月10日，散文《春的剪影（二）》发表于《武汉日报》"现代文艺"副刊第五十九期。

是月，小说《小床与水塔》发表于储安平编辑的《文学时代》杂志第六期。

5月10日，小说《花之寺》选入上海中国文化服务社出版、薛时进选注的《现代名家情书选》。此书所选实多为书信体小说作品。

是月，上海启明书店出版、施瑛等编《中国新文学丛刊·小说（四）》（"女性作家模范小说选"）选有凌叔华作品，篇目待查。

是月，苏雪林作《凌叔华的〈花之寺〉与〈女人〉》，刊于《新北辰》杂志第二卷第五期。文章评论："凌叔华是立于谢冰心、丁玲作风以外的一个女作家……我们不妨称凌叔华为'中国的曼殊菲尔'。"

是月，上海中国文化服务社出版薛时进选注《现代名家情书选》，收入凌叔华《花之寺》一篇。（按，此书所选多为书信体小说作品。）

初夏，凌叔华在上海，由萧乾陪同拜访巴金。凌离沪曾两次致信巴金，约他为《武汉日报》"现代文艺"副刊写稿。巴金晚年回忆："我过去是《花之寺》的读者，谈起来，我觉得她很爽快，很容易就同她相熟了。"

5月，上海启明书店《中国新文学丛刊·小说（四）》，编者"小引"说："她写的小说谈情说爱，可是爱情在她的作品中，已是另一种讲法。她是站在爱情之外讲爱情的。"

6月，写成小说《一件喜事》。

6月13日,凌叔华与朱利安荡舟武汉东湖。

约7月上旬,离上海去无锡、南京等地游玩。

7月27日,致信巴金,谈办"现代文艺"副刊体会。

7月,凌叔华在北京,与旅美回国探亲的凌淑浩会面。

7月,小说《死》发表于上海开明书店十周年纪念作品集《十年》(夏丏尊编)。

7月,在四川旅行的朱利安致信凌叔华。

8月9日,《一件喜事》发表于天津《大公报》"文艺"副刊。(按,此作曾由日本帝国大学学生译成日文、俄文,俄文本在莫斯科刊出。晚年凌叔华答来访者说:"《一件喜事》最先是登载于中国《学衡》。"见《如梦如歌——英伦八访文坛耆宿凌叔华》。实误记,《学衡》并无此作。)

8月28日,朱利安·贝尔寄他母亲信,一面赞叹"我猜K的不寻常之处在于她是一个永远有趣的人",一面又表示"我希望离开之前能找一个西藏人。她们非常迷人,比漂亮的汉人要俊秀高贵得多。"

8月31日,致信巴金,写道:"我同从文说起,如果我们有雄心,将来南至粤,西至川,都有文艺联号才好。这话目下也许只是一个梦,可是梦不一定不会变真的。"

是月,凌叔华的小说《无聊》由她与朱利安·贝尔合作译成英文What's the point of it？发表于温源宁主编、上海出版的英文刊物《天下》月刊(T'ien hsia)第三卷第一期。

是月,小说《无聊》入选林徽因选辑的《大公报文艺丛刊小说选》。此书当年十月再版。

9月11日,凌叔华在她主编的《武汉日报》"现代文艺"副刊刊登时少瀛的文章《培尔·朱理安》。

9月24日,致信巴金、靳以。

9月,《花之寺》选入俊生编《现代情书选》。

9月,住医院手术治病。

10月1日,《女子月刊》第四卷第十期刊署名"铁轨"的《小哥儿俩》书评。

10月8日,月初凌叔华回到武汉大学,袁昌英、苏雪林同来探视。

10月12日,天津《国闻周报》第十三卷第四十期刊登余士铭文章《评〈十年〉》,批评凌叔华小说《死》。

10月17日，苏雪林宴请凌叔华、陈西滢夫妇并袁昌英、周鲠生夫人。

是月，上海英文杂志《天下月刊》发表朱利安·贝尔文章《威·休·奥登与当今英诗之运动》。

11月24日，朱利安致信凌叔华，建议她写回忆她那大宅生活时："除了考虑得体和出版方面的问题外之外，完全可以清晰、准确、如实地描写和某个人上床的过程；而不是兴奋的、神秘的或者隐喻的，是什么就是什么，对所有的体验都直言不讳。我不知道你是否会这样做。当然你肯定会写到人们上床的小说……完全写实，全然不带伤感、色情、神秘等主导因素的经验。"

12月5日，朱利安·贝尔寄他母亲信，告武汉大学已接受他辞去教职，志愿赴西班牙参加反法西斯战斗。

12月29日，《武汉日报》"现代文艺"副刊出至第九十五期停刊。此最后一期发表凌叔华执笔的《停刊之词》，特别声明"是遇难而不是病故"。停刊词列数众多供稿者名单，除女性作家，还有西滢、吴其昌、陈铨、赵景深、东润、孙大雨、沈从文、朱光潜、徐志摩、朱湘、吴世昌、卞之琳、常风、陈瘦竹、芦焚、李辉英、林庚、胡适、杨振声、戴望舒、萧乾、俞平伯、严文井、靳以、巴金、李健吾等。

冬，凌叔华在北平，要见朋友，为此杨振声约晚饭，在座的有沈从文、清华大学教授及常风等。

是年，《大公报》创设、一年一度评选的"文艺奖金"，凌叔华应邀担任裁判委员。裁判委员还有杨振声、朱自清、叶圣陶、朱光潜、巴金、靳以、李健吾、沈从文、林徽因。

是年，萧乾为即将出版的上海《大公报》"文艺"副刊赴武汉组稿，往武汉大学拜访凌叔华、陈西滢夫妇，留住一宿。

是年，《安大季刊》第一卷第一期刊登凌叔华画作。

是年，凌叔华绘画作品参加南京的全国美术展览会展出，参加武汉的中国画展览会展出。

是年，为武汉大学吴世昌教授的著作《散文甲稿》绘制封面。

是年，凌淑浩与丈夫携出生不久的儿子自美国回北平探望母亲。

是年底，上海良友图书公司出版《二十人所选短篇佳作集》，由赵家璧约请二十位著名作家推荐小说作品。凌叔华推荐了三篇，是陈荻的《传令嘉奖》、威深的《渡头》、维特(沈蔚德)的《家》。

一九三七年 三十七岁

1月，朱利安·贝尔离开武汉。后经北平、广州、香港回国。

约2月下旬，凌叔华赶往广州与朱利安见面。

3月1日，小说《一个故事》发表于上海《中学生》杂志第七十三号，为不久出版的《月报》杂志转载。

3月2日，凌叔华致信朱利安。

3月17日，朱利安回国途中致信凌叔华。

是月，施蛰存的文章《一人一书》评论到凌叔华创作，说："凌叔华是一个懂得短篇小说作法的人"，"她是一个稀有的短篇小说家"。

是月，朱利安·贝尔志愿参加欧洲反法西斯战争。

4月，凌叔华小说《疯了的诗人》由凌叔华与朱利安·贝尔合作译成英文 A poet goes mad，发表于温源宁主编、上海出版的《天下》月刊第四卷第四期。

5月1日，朱光潜主编的京派刊物《文学杂志》创刊，凌叔华为编委。（按，据常风的《回忆朱光潜先生》一文，《文学杂志》原拟定十名编委中有陈西滢，陈因二十年代他与语丝派影响很大的论争而辞谢，于是改定为凌叔华。）

6月，日记体散文《小莹》发表于上海《青年界》杂志第十二卷第一号的"日记特辑"。

是月，小说《搬家》《绣枕》选入经纬书局出版、朱益才编选的《当代创作小说选》（再版）。

7月18日，朱利安·贝尔在马德里保卫战中，遭德国飞机轰炸牺牲。闻讯，武汉大学两百多名师生，包括陈西滢，举行追悼会。

7月下旬，凌叔华、陈西滢夫妇在庐山。当时因抗战爆发，蒋介石邀请众多知识分子聚集庐山举行对策座谈会，陈西滢在邀之列。

7月23日，胡适与朱经农在庐山同访陈西滢、凌叔华夫妇。

7月24日，陈西滢、凌叔华回访胡适。

7月25日，陈西滢、凌叔华在庐山住所邀胡适、枚荪午饭，饭后胡适为凌叔华写字两幅，其一录胡适新诗。

8月1日，小说《八月节》发表于北平《文学杂志》（朱光潜主编）第一卷第四期。主编朱光潜在《编辑后记》中说："凌叔华女士写儿童心理的作品已自成一典型，用不着我们介绍。在《八月节》里她藉凤儿一个主角写出旧家庭的暗中猜忌与表面敷衍，处处都很体贴入微。"

8月，陈西滢父亲在南京病故，陈西滢往江苏料理丧事。

9月3日，沈从文避难由北平抵达武汉，最初临时借住陈西滢家。

9月12日，胡适到武汉大学，与周鲠生、王抚五等聚餐，陈西滢与席，餐后胡适往陈西滢家拜访凌叔华。

10月2日，因北平沦陷，朱自清南下途经武汉，当天下午往武汉大学拜访陈西滢、凌叔华夫妇，翌日即离武汉。

10月3日，参加武汉大学战时服务团妇女工作组赴汉阳、鹦鹉洲等处伤兵医院慰劳抗战伤员。

10月6日，作散文《汉阳医院伤兵访问记》。先发表于10月10日天津《大公报》，后易题《慰劳汉阳伤兵》，又载于11月14日的《国闻周报》第十四卷第四十二期。

秋，杨振声、沈从文、萧乾编写教育部教科书，租居于武汉大学珞珈山脚下的"五福堂"，与住山上教师宿舍一区的凌叔华、陈西滢夫妇往来甚多。

秋，陈西滢接来母亲、姐姐到武汉大学同住，凌叔华与婆婆、姑子相处不甚和谐。

约11月，凌叔华致信朱利安母亲瓦内萨·贝尔，并寄花种。

12月9日，瓦内萨·贝尔回信致谢，说道："你所说的一切对我而言都是一种帮助。"

是月，凌叔华小说《写信》由她自己译成英文 Writing a letter，发表于温源宁主编、上海出版的《天下》月刊第五卷第五期。

是年，凌叔华生母李若兰病逝，葬京郊西山。

一九三八年 三十八岁

1月，散文《慰劳汉阳伤兵》选入战时出版社出版的《战时散文选》。

3月3日，致信英国女作家弗吉尼亚·伍尔夫，表达了凌在战时环境中的苦闷心情。凌与伍尔夫通信约三年。

3月24日，致信伍尔夫，告已动笔写自己有趣的生活经历。

3月27日，凌叔华、陈西滢双双加入"中华全国文艺界抗敌协会"，陈当选为协会理事。

4月1日，凌叔华与胡风等九十六人联名发表《"中华全国文艺界抗敌协会"发起旨趣》，刊于《文艺月刊》第九期。

4月5日，伍尔夫复信凌叔华，建议凌用写作来对付苦闷。凌接受建议，用英文写自传体小说,即后来在英国出版的《古歌集》(Ancient Melody,傅光明中文译本名《古韵》)。

4月9日,伍尔夫复凌叔华3月24日来信,答应为凌动笔的自传小说作"必要的修改"。

4月22日,英国小说家克里斯多夫·衣修午德和诗人W.H.奥登访问武汉大学,凌叔华与席茶话会,赠送客人画东湖风景的扇面。题诗:"雾罩江山云未开,且将一饮寄愁怀。正当举国同奋起,惊叹走笔忘吾哀。"并托衣修午德转交伍尔夫一枚象牙头像。

4月,武汉大学师生开始迁至四川省乐山县。

5月25日,凌叔华致信伍尔夫,说写自传能让自己"想起和朱利安在这里一起度过的那些快乐时光"。信存纽约公共图书馆。

是月,上海开明书店出版"中学生杂志丛刊"之一的小说选集《有志者》,选入茅盾、叶圣陶、施蛰存等名家作品,其中选有凌叔华的《一个故事》。

6月,凌叔华随武汉大学迁往四川乐山。初到乐山两月租居某教会"老小姐"楼房,后借住皮宗石家,再后安家城北嘉乐门外半边街五十七号。

7月23日,作《江城书简》,刊9月17日新加坡《星岛日报》。

7月24日,凌叔华致信伍尔夫,诉苦:"我一直很忙,有时候很不舒服,找房子、照顾亲戚这些事情让我烦透了,因为我没法做我想做的事。"信中说及《古韵》创作:"如果我的书能为英国读者提供一些中国人生活的真实画面,让他们发现这些人也和所有英国人一样都是芸芸众生中的一员,通过一个东方孩子的视角向他们呈现中国人日常生活和性方面的真实情况,我也就满足了。"信存纽约公共图书馆。

7月底,伍尔夫致信凌叔华,感谢凌送象牙头像。见《弗吉尼亚·伍尔夫书信集》。

7月,武汉大学最后一批师生撤离武汉。

8月4日,致信伍尔夫。信存英国苏塞克斯大学。

8月,伍尔夫复信凌叔华,并寄赠英文版《夏洛蒂·勃朗特传》及兰姆散文集等书籍。

夏,凌叔华将自传故事已写成的一章,寄伍尔夫。

10月15日,伍尔夫复信赞扬,并指导凌叔华:"至于你是否从中文直译成英文,且不要去管它。说实在的,我劝你还是尽可能接近于中国情调,不论是在文风上，还是在意思上。你尽可以随心所欲地、详尽地描写生活、房舍、家具陈设的细节，就像你在为中国读者写一样。然后，如果有个英国人在文法上加以润色，使它在一定程度上变得容易理解，那么我想，就有可能保存它的中国风味，英国人读时，既能够理解，又感到新奇。"

10月16日，瓦内萨致信凌叔华。

秋，《大地图文月刊》发表凌叔华的通讯文章《汉口的战时儿童保育院》。

11月16日，致信伍尔夫，说常做战争噩梦。信存纽约公共图书馆。

11月22日，重庆《新民族》周刊第二卷第十八期发表凌叔华文章《为接近战区即被轰炸区域的儿童说的话》。

12月12日，凌叔华致信伍尔夫，说及中日战争："老实说，我常常觉得我对日本普通老百姓的爱并不亚于对中国人的爱。可是，我们为什么要打仗？"信存纽约公共图书馆。

12月31日，致信伍尔夫，谈《古韵》写作缺乏信心，希望得到伍尔夫鼓励。信存纽约公共图书馆。

冬，萧乾在香港晤凌叔华。

一九三九年　三十九岁

1月11日，致信伍尔夫。信存纽约公共图书馆。

1月20日，致伍尔夫信中说及写作《古韵》的困惑：难以区分自传和短篇小说这两种文体，"我不想写小说模样的自传"。

2月28日，致信伍尔夫。信存纽约公共图书馆。

4月，作散文《后方山景》，发表于6月1日《大公报》"文艺"副刊。

春，伍尔夫致信凌叔华，告收到陆续寄去的自传故事各章，鼓励凌坚持写下去，先不必考虑出版问题，因为战时出版书籍难而又难。

7月16日，伍尔夫致信凌叔华，告收到凌寄赠的红黑两色的招贴画。这是她写给凌叔华的最后一封信。

8月，凌叔华生母在北平病故，凌携女儿北上奔丧。料理完丧事即留居北平，执教于燕京大学。女儿在燕京大学附小读书，陈西滢仍在四川乐山。

8月19日，松冈洋右致信凌叔华，并派人送来凌叔华借用的母亲丧葬费。

8月19日，日本侵略军大肆轰炸乐山县城。

8月20日前后，凌叔华迁居北平西郊海淀"冰窖11号"。

8月21日，凌叔华复信松冈洋右致谢。

8月22日，闻乐山"八一九"大轰炸，凌叔华再致信松冈洋右，担忧远在乐山的家人生死未卜。

8月25日，松冈洋右复信凌叔华，告知送凌一笔钱，"是我送你的礼物，自然不用还我。无论何时，你若手头拮据，请一定让我知道……"

暮秋，托协和医院女医生K.T.Lin带一信面致在美国的胡适，略述她和陈西滢近两年情况，并计划捐一批手工制品，请胡适在美圣诞前代为售出，以济内地战时儿童保育院。

10月，陈西滢辞去武汉大学文学院长一职。

12月5日，瓦内萨·贝尔致信凌叔华，说及："不过，我也很高兴，你的日本朋友对你很友善。"

一九四〇年　四十岁

1月下旬，因事去上海、武汉数日。

2月1日，在上海致信胡适，请求他帮助在美国代售凌叔华等制作的床罩等手工艺品，所得款项捐助国内战时儿童保育院。又说到武汉大学校长排斥陈西滢等人的矛盾。凌有请胡适引荐陈西滢出国任职的意思。

2月2日，由上海返回北平。

2月4日，瓦内萨·贝尔致信凌叔华，并寄来她家花园里的花种，还要寄刚出版的伍尔夫著罗杰·弗莱传记。

3月15日，松冈洋右致信凌叔华，赞美她："你永远是那个纯洁少女，那个我在北京和星浦（Hoshigawa）见到并喜爱着的聪慧善良的姑娘。"

4月19日松冈洋右复信凌叔华，谢她送女儿结婚礼物。

4月21日，陈西滢致信正任驻美大使的胡适，言及："抗战时期后方生活稍苦，一般人们的脾气也较大，许多学校都有摩擦或风潮，武大也不例外。"

是月，《在文学里的儿童》发表《文学集林》第四辑。

夏，因胡适推荐，北京大学邀聘陈西滢去昆明西南联大任教，未就任。

6月3日，凌叔华致信松冈洋右，诉说在北平困境。

6月9日，松冈洋右复信凌叔华，对凌要求从日本寄钱到美国或上海给她，松冈表示不能"违反禁令"而无能为力。

6月10日前后，凌叔华迁居至购置的燕京大学南门外"羊圈胡同三号"。

6月12日，松冈洋右复信凌叔华，劝她不要去日本，"以免你们被怀疑成汉奸"。

7月，松冈洋右升任日本国外务大臣。

约是夏，凌叔华造访常风，又曾由常风陪同访老友邓叔存。经常风中介，买下邓叔存家藏的一副清代画家恽南田的对联。

8月29日，陈西滢致信胡适，言及对武汉大学完全绝望，很想应聘最负盛名的西南联大。因老母高龄且有病等家累，不得已辞谢北京大学的聘请。

9月13日，在燕京大学南门外羊圈胡同三号寓所接受记者采访。

9月21日，署名"珂"采访稿刊《燕京新闻》。

10月，上海三通书局出版的"三通小丛书"，选凌叔华《送车》和罗黑芷《无聊》、叶绍钧《春光不是她的了》合为一册，以叶绍钧一篇作书名。

12月初在香港，为返回乐山。

12月2日，离香港往广州湾，启程赴四川。

12月24日，经三周的车、舟行程抵达柳州。

是月，陈西滢由其表舅、国民党元老吴敬恒推荐，任国民党政府第二届国民参政会参政员。以后又在第三、第四届中连任。

是年，日本出版《现代支那文学全集》，其第九卷《女作家集》选入凌叔华小说。

一九四一年　四十一岁

1月，女作家张秀亚出版小说《皈依》，她在书中"作者自传"里说："凌叔华女士给了我极大的启迪。"

3月28日，弗吉尼亚·伍尔夫自溺去世。

3月，小说《小刘》选入上海三通书局出版的《灵魂受伤者》集。

3月，为秦佩珩的散文集《椰子集》作序。

4月4日，致信瓦内萨·贝尔，询问伍尔夫死讯的真实性。

4月，松冈洋右访问苏联，以日本外务大臣身份签订《日苏中立条约》。

春，徐悲鸿为凌叔华的"友谊画卷"画黑白二马并驰，并题诗句："天涯读奔马，东望神空驰。故人喜无恙，莫问我何之。"

5月27日，瓦内萨复信凌叔华。

7月，小说《旅途》选入地球出版社出版的《第一流》（三编）。

7月17日，袁昌英携女儿进乐山城内访陈西滢。

秋，凌叔华有信致胡适，告以近况。信佚。

11月16日，日苏即将开战，日侵略军占领美教会办的燕京大学。凌叔华匆匆离开北平。

约11月下旬，凌叔华返四川前途经上海，郑振铎、孙大雨来旅社看望。

12月2日，离开香港到广州湾。

12月3日，到广东赤坎，滞留近一周。住大宝石饭店。

12月24日，到达柳州。

是年，凌叔华等买了近千元床罩等手工艺品，托在美国的胡适出售，货款捐给战时儿童保育院。

一九四二年　四十二岁

1月，凌叔华携陈小滢抵达乐山。

1月，凌叔华在重庆沙坪坝会见老舍。

2月8日，凌叔华、陈西滢夫妇和苏雪林往袁昌英家祝贺袁女儿杨静远生日，送礼、吃饭。

3月，袁昌英在乐山写成散文《漫谈友谊》，描述到当时当地"珞珈三杰"相知情景。

春，李德全希望凌叔华参加宋美龄领导的妇女抗战组织"妇女指导委员会"，陪凌叔华往蒋介石官邸见宋美龄，宋留午餐。凌叔华婉谢就职"妇指会"。

8月23日，杨静远看望凌叔华、陈小滢，时凌叔华携女儿一时寄居乐山白塔街林春猷家屋子。

是月，小说《搬家》《绣枕》《杨妈》和石评梅、苏绿漪、沉樱等女作家作品合为一集，由沈阳盛京书局以《柳惠英》书名出版，署名"凌叔华等"。由此一些相关书籍误将《柳惠英》列为凌叔华的创作。

是月，《妇女新运》杂志第四卷第八期发表凌叔华散文《由广州湾到柳州记》。

9月15日，熊佛西主编的《文学创作》杂志在桂林创刊，凌叔华的中篇小说《中国儿女》连载于该刊第一卷第一、二、三期及第二卷第一期，署名素华。

是日，吴稚晖途经乐山看望陈西滢、凌叔华夫妇，并为小滢画大佛小佛，题词："我从千佛来，来见嘉定佛。千佛是小滢前生，大佛我与父亲所见。"

9月28日，凌叔华访袁昌英，告及熊佛西前妻朱君允到武汉大学任女生指导。

一九四三年　四十三岁

2月8日，袁昌英为女儿杨静远二十岁生日请客，也为陈西滢、桂质廷出国饯行，请陈、桂全家。

2月12日，陈西滢离开乐山，赴英国主持中英文化协会工作。

2月13日，袁昌英遣杨静远看望寂寞留在乐山的凌叔华母女。

3月10日，政府外交部签发陈西滢赴美、英护照。

3月20日，杨端六、袁昌英夫妇请外籍教授Dodds来家吃饭，凌叔华、林春猷陪座。

3月26日，陈西滢启程飞离重庆出国。

4月6日，丰子恺访晤凌叔华，并为凌叔华的"友谊画卷"画上《走开的孩子》；又作《努力惜春华》送陈小滢。朱光潜也在座，朱又为陈小滢纪念册题词。

4月25日，凌叔华致信陈西滢，设想送小滢往英国由陈西滢看管，她回北平郊区海甸独自过田园生活。

4月，陈小滢得沈从文信，此信曾由陈小滢刊于当时某报刊，报刊名未详。

5月26日，丁西林为小滢题词："你的爸爸是我认识的最老的朋友，你是我认识的最小的朋友。我们多年不见，你不认识我，我可一看见就认识了你。"

6月18日，陈西滢离开武汉大学出国，凌叔华不是武大教职员需搬出武大寓所，凌叔华在乐山万佛寺自建新居，致信陈西滢，告建房的艰辛、曲折。

7月11日，迁居万佛寺新居。

7月15日，散文《回忆一个画会及几个老画家》发表于《时与潮》文艺半月刊第一卷第三期。

7月18日，苏雪林、袁昌英闲聚在凌叔华家，凌讲述她幼时大家庭里的纠葛。

7月23日，致信陈西滢，告患恶性疟疾。

8月3日，凌叔华访袁昌英，谈起许多太太们性格。凌言女人有两种，一种有野心而浮躁；一种没有野心而沉着。所以女人总做不出大事。杨静远请求凌叔华看她的小说稿。

8月4日，陈小滢告诉杨静远：凌叔华说，干姐姐（杨静远）写这些男女事情的小说一定写不好。意思是她还没有这方面生活体验。

8月19日，致信陈西滢。

9月3日，凌叔华致信陈西滢，道及送乐山警备司令订婚贺礼，画大幅《嘉州风景图》,并题诗。此礼品为武汉大学同事杨端六、苏雪林、方欣安、吴学义共同份子。又告正写作小说《中国儿女》。

陈西滢受命于国民政府主持中外文化协会。

10月2日,致信陈西滢,告以近况,表思夫之情。

10月11日,致信陈西滢,写到生活困苦,"以前我怕到拍卖所,此时已成惯去之地"。

11月8日,陈西滢在美国与王文伯、周鲠生一起访胡适。

11月29日,武汉大学校庆,凌叔华创作中国画长卷《水仙》以庆贺。

是月,作短文,原无题,刊于翌年5月桂林出版的单行本《作家生活自述》(熊佛西主编)。

是年,凌叔华接连在成都、乐山等地举办了几次个人画展。

一九四四年　四十四岁

1月6日,凌叔华致信陈西滢。

2月26日,当天日记记述,为开画展,构思了峨眉山《金顶图》、乐山《嘉州之春》《岷江之晨》《岷江上的鱼鹰子》等画作,又拟摄取当地男耕女织、家庭作坊之类题材作画,自信:"如能一幅一幅画出,未始不能比他人出色,看看吧。"

3月14日,陈西滢离纽约,24日抵达英国,翌日到伦敦。受命创建"中英文化协会"。

4月,《风雨谈》杂志第十一期"现代女作家书简专辑"中发表凌叔华致编者信。

是月,散文《山居》发表于桂林《当代文艺》杂志第一卷第四期。

5月,《山居》选入熊佛西主编的《作家生活自述》(桂林出版的"当代文选"第二种)。

6月15日,沈从文回复陈小滢来信,回信长达三千余字,忆及三次见到小滢情景,并多述及昆明作家、教授近况。

6、7月间,王世襄因马衡约由四川来乐山看故宫文物,顺道拜望凌叔华。

7月,重庆国民党的"青年团"计划请凌叔华、苏雪林、袁昌英创办一杂志,每年补助四万元经费。她们已酝酿筹办,并拟名《女青年》,但未果。

约是年7月,凌叔华为武汉大学工学院院长余炽昌长子余枢纽的纪念册画了一棵白菜两株稻穗,并题词:"稻穗黄,充饥肠。菜叶绿,做羹汤。万人性命,二物担当。几滴涴涴墨水，一幅大大文章。"

8月11日，凌叔华在《文化先锋》第四卷第一期刊出沈从文的长信《给小滢的信》，并代小滢拟写了长信的"附志"。①

8月30日，致信陈西滢，决意自费出国留学。嘱陈请求胡适帮助找一美国大学的研究或教学岗位以资助进修。

8月，商务印书馆出版袁昌英著《法国文学》，著者自序说："凌叔华先生替我写美丽的封面。"

9月16日，沈从文致信胡适，提及"叔华也写了个长篇，似未完工"，又言自己的小说选集将译成英文本，"这本书内中各个篇章能产生和读者见面，得力于志摩、通伯、西林、金甫、徽因、叔华、宰平诸先生鼓励甚多，关系更大的还是先生。"

9月27日，与袁昌英欢迎刚从美国访问归来的武汉大学政治系教授刘廼诚。

10月1日，作旧体诗《中秋·三十三年在乐山》等三首，抄示陈西滢。

10月28日，陈西滢得知袁昌英和凌叔华商定，托请将上任国民党政府外交部长的王世杰推荐陈西滢出任公使，当天日记记："真所谓'热昏'了。我这人如何可做外交官？雪艇也如何能荐人做公使？"

10月，凌叔华曾往重庆，目睹美国运输兵援华抗日，听说有个司机由江西往四川运油，从清早六点到晚上九点，没有停车吃东西，很受感动。

11月14日，致胡适信。凌叔华此时患甲状腺疾病，当地环境于病情不利，治疗条件又差，故函请在美国的胡适介绍在那里谋职以便治病养身。信后附有她自撰的求职简历。

12月1日，小滢和郭玉瑛、杨衍枝三个中学生破指写下血书，要求参军抗日。小滢时年十四岁。杨端六、袁昌英夫妇劝说她取消参军想法。

12月4日，凌叔华自重庆回到乐山。

是年，皮公亮来武汉大学任教，拜望凌叔华。凌亦招待便饭。

一九四五年　四十五岁

1月6日，晚袁昌英与女儿谈及凌叔华与袁怄气。事因是，袁昌英丈夫杨端六与校长一同决定救济金名额，按规定出国的五名教授不予救济，陈西滢在内。

---

① 按，《文化先锋》非《文艺先锋》误植，两者系姊妹刊物

1月18日，英国出版的《中华周报》刊登陈小滢写给父亲的信，信中报告她报名从军的事。

2月8日，凌叔华送杨静远生日礼物：一件乔其纱夏衫，一个夹论文的夹子。杨静远说："我有生以来没穿过这么好料子的衣服。"

3月，朱光潜撰写文章《论自然画与人物画》，副题是"凌叔华作《小哥儿俩》序"。时朱光潜任教于乐山的武汉大学，为小说集《小哥儿俩》重版所写。后小说集未能重版。

4月16日，凌叔华信告陈西滢，答应时任四川省教育厅长郭有守索要她的画作。

5月9日，凌叔华致信陈西滢，因陈西滢借三百英镑给英籍友人买房，凌抱怨丈夫轻率借出这笔不小的款数。

6月23日，凌叔华致信陈西滢，告印度画家波斯近来信，波斯忆及随泰戈尔在凌府做客情景，凌叔华送他的山水画作，至今悬挂家中。

9月12日，《文汇报》刊出蛰居沦陷区上海的李健吾文章《咀华记余·无题》。文章说："在现代中国妇女里面，有四个人曾经以她们的作品令我心折……一位是温文尔雅的凌叔华，像传教士一样宝爱她的女儿，像传教士一样说故事给女儿听。"

9月13日，凌叔华致信陈西滢，抱怨随丈夫在武汉大学不能作为。

秋冬，抗战胜利后凌叔华携小滢在重庆陈西滢胞弟家暂住数月，等待飞离四川。

11月1日，致信陈西滢，打算出国，为此想求助宋美龄疏通出国手续。

11月中旬，有重庆之行。

12月28日，致信陈西滢，告以变卖衣物详情，其中金条五两，得廿万元。

约是年冬，得教育部转来比利时大学邀请电报，请凌叔华前往讲授中国绘画课，由此凌叔华申请赴欧洲，获批准。

一九四六年　四十六岁

1月6日，凌叔华在重庆路遇周恩来、邓颖超夫妇，亲切交谈。

2月中旬，携小滢乘飞机离开重庆去上海转回北平。

2月26日，凌叔华致信陈西滢，犯愁存武汉银行一批价值"五六百万"衣物、首饰、字画不能赴英国随同带出。

春，凌叔华离北平欲赴欧洲时，未及与常风告辞，留赠一袋大米托人转交常。

5月19日，《汉阳伤兵医院访问记》重刊于天津出版的《天下周刊》第一卷第三期，署名凌叔华，凌撰有重刊此文的"前记"。该刊编辑的"后记"称道："是与冰心齐名的女作家之一，她的短篇小说在现代中国文学中最为杰出。"

6月27日，松冈洋右以战犯受审病死于监狱。

8月初，凌叔华携小滢抵达上海候船出国，暂住"女青年会"；又借住复旦大学教授章靳以家。滞留上海月余。

8月13日，独自由上海去武汉，探询战前存那里银行贵重物品，知所剩无几。此行曾回珞珈山辞别。

8月24日，赵清阁为凌叔华饯行，有许广平、沉樱、陆小曼等女作家作陪。她们都在小滢的纪念册上留言勉励。

是月，出国前夕在上海与沈从文见一面。

是月，参加上海举行的闻一多追悼会。

约是月，方令孺应凌叔华请，为小滢的纪念册题词："见你的时候，你还很小很小，听说你现在长大了，希望你将来成为伟大的人。"

9月2日，登"麦琪号"（凌叔华自言"戈登总统号"，见《回国杂写》）邮轮赴美国。同船有冯玉祥、吴组缃、冯友兰、叶浅予、戴爱莲、司徒慧敏等，他们都在小滢纪念册上题词。

9月，抵达旧金山时，致信瓦内萨，告知将赴英国。信佚。

约9月下旬，会晤在美国的老舍。

10月初，凌叔华抵美看望住在印第安纳的胞妹淑浩。

10月16日，在美国访赵元任、杨步伟夫妇。赵、杨夫妇为小滢纪念册题词。

11月，凌叔华到达英国。

11月29日，日本《每日新闻》刊《中日女作家座谈会》记录，林芙美子问："您希望日本人阅读的中国文学是……"冰心回答："要列书名的话很难，举作家姓名的话，有鲁迅、老舍、巴金，女的有雪林以及来过日本的凌叔华、新进作家沉樱等。"（虞萍译）

是月，小说《等》选入上海百新书店出版、赵景深和孙席珍所编《现代中国小说选》。

是年，陈西滢受派为国民党政府驻联合国教科文组织常驻代表。

约是年，张充和为小滢纪念册题词："你记得我在落伽（珞珈）山变的戏法吗？"

一九四七年　四十七岁

1月，瓦内萨到伦敦与凌叔华初次面晤。四天后致信凌说这次见面："我仿佛处于一个虚幻世界中，对自己所感受到的难以言表。"

3月，小说《酒后》选入上海正气书店出版、储菊人编辑的《现代女作家小说选》。

10月，散文《登富士山》选入女作家葛琴选注、香港文化供应社出版的《游记选》。

11月，日本报纸刊登须田祯一文章《思想成熟的表现——前进中的中国女作家》，介绍了冰心、凌叔华、丁玲等。

是年，定居英国，住伦敦亚当森街十四号。

是年，与在英国的萧乾重逢，往来颇多。

是年，曾访弗吉尼亚·伍尔夫故居。

是年，因比利时大学邀请，前去演讲绘画艺术。

是年，致信维塔·萨克维尔·维斯塔，后来维斯塔为《古韵》作序。

是年，与两名女画家在伦敦举办联合画展。

一九四八年　四十八岁

2月15日，陈西滢、凌叔华夫妇在北平过春节，朱自清登门贺年，未遇。

3月，上海出版女作者林淑华自印的中篇小说《生死恋》，有胡山源等人的序言及读后感。此作后来经出版商翻印，误为凌叔华作品。

5月12日，苏雪林致信凌叔华，说及解放军已驻扎距珞珈山二三十里处，校内"左"倾学生批判吴宓、燕树棠等，教员家属恐慌。

10月16日，沈从文致长信凌叔华，问及凌叔华在欧洲学习法语和研究印象派绘画等事。

12月3日，凌叔华致信沈从文，她要出租史家胡同房舍，托居住北京的沈代寻房客。沈接洽了北大外籍教授燕卜荪，陪同他看房。

12月中下旬，沈从文复信凌叔华，告以陪同燕卜荪看房经过。

是年，在美国留学的杨静远赴英国，曾看望凌叔华。

约是年底，瓦内萨赠送她绘制的一九四九年挂历给凌叔华。

一九四九年　四十九岁

5月30日，沈从文日记追述1931年与丁玲访凌叔华在武昌城头留影。

8月26日，陈西滢、凌叔华携小滢参加李四光女儿李林在英国举行的婚礼，两家合影留念。

9月21日，陈西滢、凌叔华夫妇电话告知在欧洲参加学术会议的李四光，催促李立即设法启程，台湾当局已得悉李决定奔归北京新政府，并密令特务在欧竭力阻杀。

9月，旅居伦敦研究英国文学的叶君健回国前夕向陈西滢、凌叔华夫妇告别。

约12月上中旬，凌叔华在伦敦亚当画廊举办个人画展，展出多幅关于伦敦风景画作引起关注。展出三十七幅作品，售出十一幅。

12月13日，瓦内萨致信凌叔华，谈参观凌画展感想："最有意思的，当然是通过中国人的眼睛去看欧洲的风景。"

12月31日，朱利安胞弟昆汀·贝尔发表评论文章《亚当斯画廊里的凌叔华画展》，刊于《新政治家与国家》杂志第38卷第928期。

是年，值伦敦举行纪念建国千年博览会，凌叔华邀请旅居法国巴黎的苏雪林前往参观，游览西敏寺教堂、康桥等处。苏下榻凌家。

年底，经陈西滢、凌叔华夫妇帮助，李四光破除国民党阻力，秘密取道意大利于翌年四月回到大陆。

约是年底，瓦内萨赠送她绘制的1950年挂历给凌叔华。

四、五十年代之交，凌叔华致信在日本的冰心："我不愿意像白俄在路边卖地毯，我想回国，你怎么办？"

一九五〇年　五十岁

5月3日，李德全复信凌叔华，告共和国新气象。约同时，李德全秘书、凌的同窗孙文雪致长信，劝陈西滢、凌叔华夫妇"早作归计"。

7月26日，苏雪林致信凌叔华，有回武汉大学想法，希望陈西滢仍做她的文学院院长。

11月24日，《古韵》的第一节《穿红衣服的人》发表于英国《观察家》杂志第9387期。

11月，徐悲鸿以老友名义致信陈西滢，言"留外终非久法"。

12月7日，瓦内萨致信凌叔华，称赞刚发表的《穿红衣服的人》。

12月22日，《古韵》的一节以《童年在中国》发表于英国《观察家》杂志第6391期。

一九五一年　五十一岁

1月20日，袁昌英致信凌叔华、陈西滢夫妇，建议他们回国前先去苏联学习，"国内一切均须学习苏联经验，英美的东西简直不作兴。"此信或引起陈、凌回国想法波动。

2月16日，《古韵》中一节《我们家的老花匠》发表于英国杂志《乡村生活》第59卷第2882期。

4月25日，《古韵》中一节《造访皇家花匠》发表于英国杂志《乡村生活》第59期第2884期。

6月29日，在波兰参加科学会议的竺可桢致信陈西滢，告早作政治背景与陈相似的周贻春、翁咏霓等已选归北京，希望陈西滢"早日东归"。

夏，小滢在巴黎学习两个月，和苏雪林住一个宿舍。

10月19日，散文《在嘉定的快乐岁月》（英文）发表于英国杂志《乡村生活》第110卷第2857期，文章写道："嘉定是个可爱的小城……这儿的人都很友善、有礼貌，不过跟他们交朋友不是件容易的事情。"

一九五二年　五十二岁

5月16日，陈西滢致信凌叔华，转述周如瑛对方君璧说及大陆一些负面事情。陈、凌原打算春天返回北京，定居地，凌叔华首选北京，最后依陈西滢想法回武汉大学。

5月29日，致信弗吉尼亚·伍尔夫丈夫伦纳德·伍尔夫，谈《古韵》的写作。

7月6日，再致信伦纳德。

7月11日，致伦纳德信中说及《古韵》里人物，"他们的思想是由代代相传的古老格言和谚语控制着，他们说不清什么才是道德的，但他们知道什么是做人所必需的。"

8月20日，致信伦纳德，为陈西滢去台湾接受召见而担心："根据经验我知道，如果共产党政府发现他去台湾的话，我们的财产（其中大部分是我家的）将会被共产党充公。以后我们回去时将一文不名。我可能会失去所有的祖传宝物，包括从父亲那里继承的书籍、绘画等等。"

10月上旬，陈西滢应国民党当局电召赴台湾述职，见到时任"总统府"秘书长王世杰、"总统府"国策顾问杭立武、国民党中央评议委员罗家伦，相聚数日，亦公亦私。此行消除回大陆念头。

是年，凌叔华完成《古韵》全稿。

是年，苏雪林赴英国，凌叔华陪同游览剑桥大学。

约是年底，瓦内萨赠送自己绘制的1953年挂历给凌叔华。

一九五三年　五十三岁

4月5日，凌叔华为胡适夫妇画《幽兰图》，并题诗："山中丰草绿，忽有清风起。幽兰人未知，品位足高已。"

6月3日，致信伦纳德，说她想"写一本书——一本像托尔斯泰的《战争与和平》那样的小说——这个想法在我的脑海里已经盘桓了多年"。

8月23日，英文《汉代石刻》发表于英国杂志《乡村生活》第113卷第2936期。

9月29日，致信伦纳德，信中说及为写小说想去朝鲜："当我在电影（新闻）中看见中国战俘被遣送回国时，我十分感动。他们的样子很可怜，他们似乎对这个世界上的每个人和每样东西充满了憎恨。这一景象常常浮现在我面前。"

秋，作中国画《秋水秋花入画图》。此画后来由周恩来、邓颖超夫妇收藏。

11月，英文自传体小说《古韵》由伍尔夫和她丈夫创办的英国荷盖斯出版社（The Hogarth Press）出版。伍尔夫之友、女作家维特·萨克维尔·韦斯特为书作序，并附有凌叔华专为此书绘制的多幅插画。

一九五四年　五十四岁

1月16日，英国《时代与潮流》杂志第35卷第3期发表关于《古韵》的评论文章《中国的童年》。

1月22日，英国《泰晤士文学副刊》第2717期发表关于《古韵》的评论文章《北京的童年》，作者即当年和朱利安、凌叔华一起趋访齐白石的艺术评论家哈罗德·阿克顿。

2月19日，英国《观察家》杂志第6556期发表文章《近期的其他书籍》，文章评论《古韵》和凌叔华自绘的插图。

春，巴黎马塞·森纳斯奇博物馆举办凌叔华画展，展出三个月。法国作家安德烈·莫里斯为画展写了介绍文章《凌叔华的十幅水墨画复制品》。

6月4日，致信伦纳德，考虑删去《古韵》里一些内容。

7月16日，苏雪林评论文章《凌叔华女士的画》刊英国《今日世界》杂志，评论凌叔华，"其画风近郭忠恕，笔墨痕迹淡远欲无，而秀韵入骨，实为文人画之正宗"。9月24日,致信伦纳德,信说:"我充分了解了远东当前的局势之后,要么就心甘情愿地待在海外写作、画画,要么回到中国,加入那场伟大的运动。"

10月16日,凌淑浩帮助凌叔华在美国印第安纳州哈仑美术学院举办画展,展出六十九幅作品,售出画作八幅,售价总计两千六百美元。胡适参加画展揭幕仪式,并为画展作英文的《凌叔华绘画导言》,赞凌叔华为"中国传统古画的真正代表"。

是月,游览英国著名诗人渥兹华斯故里,并留下以此题材的画作。

是月下旬,凌叔华专程到美国印第安纳波里斯,作"怎样欣赏中国画"讲座。

10月27日,《印第安纳波里斯新闻》刊登文章《来访的艺术家履行双重使命》。

10月31日,《印第安纳波里斯时代报》刊载通讯《陈太太宴请姐姐》。

11月,顺道赴纽约又展出画作。接着在波士顿一家画廊展出十天。

12月2日,台湾《中央日报》发表新闻消息:《女画家凌叔华在美举行个展》。

一九五五年 五十五岁

11月28日,致伦纳德信中哀叹自己创作力衰竭。

是年,在美国波士顿举办凌叔华个人画展。

是年,台湾出版苏雪林文集《归鸿集》,编入《凌叔华女士的画》一文。

一九五六年 五十六岁

2月9日,致信伦纳德,批评英国收藏界:"这个国家大多数人都不愿意接受新观念和新艺术种类,除非这些作品与他们现有的东西有相似之处。"

3月上旬,由苏雪林推荐到新加坡南洋大学任教,住裕廊山,十七号教授宿舍。在校期间,讲授"新文学研究""中国语法研究""修辞学"等必修课和选修课"新文学导读"。另外有讲稿《近代戏剧杂讲》,后收入文集《爱山庐梦影》。又应邀担任"南大创作社"顾问。

3月15日前,有悄悄大陆之行。

6月3日,致信伦纳德,还谈及要写《古韵》后的第二部小说。

9月中旬,当年《现代评论》同人周鲠生(时任周恩来外交顾问)赴英国参加科学会议,周寻机单独会晤陈西滢长谈。周规劝陈落叶归根定居大陆。并说，胡适回大陆也会受到欢迎。如果是看看，来去自由。

9月20日，陈西滢致信胡适，转达周鲠生规劝他和胡适回大陆的话，事未果。

11月28日，致信伦纳德，转述朱利安生前说她，"我的文字有一种俄罗斯风格，有时还有点儿法兰西的味道。他说如果我能正确地运用它，就可能写出杰出的作品。"

是年，凌淑浩的女儿陈美芳大学毕业往伦敦向凌叔华学习中国画，又往巴黎看望陈西滢。

是年，凌淑浩致信凌叔华责备姐姐不该与美芳谈及她们的母亲、太祖母。接凌淑浩信后凌叔华随即致长信陈美芳予以回辩。

一九五七年　五十七岁

1月底，赴台湾观光。

2月4—5日，由苏雪林陪同参观台中的白沟古物保存所、台北的故宫博物院，游赏日月潭。

2月7日，凌叔华单独往林口军营参观，与官兵合影。

约6月，在伦敦休假。

11月20日，《南洋商报》副刊刊登连士升文章《看凌叔华教授的画》赞美凌画寓意深远，笔力超脱。

11月21—25日，在新加坡维多利亚纪念堂举办个人画展，展出八十幅国画作品。

11月27日，《南洋商报》副刊刊登潘受的评论文章《略论凌叔华教授之画》，形容凌画为"清水出芙蓉，天然去雕饰"。

约11月底前后，《星洲日报》"文化版"刊登刘贞（刘森发）文章《观凌叔华教授画展后》，赞美凌画在题材上摆脱前人窠臼，自成一格。

12月，巴黎 Musee Cernuschi 举办凌叔华美术收藏及创作展览。

是年，凌叔华自新加坡往返英国伦敦度假数月。

是年，作中国画《王者之香》。

一九五八年　五十八岁

1月9日，寄"拙藏目录"给罗家伦、叶公超。并致信罗家伦，告她的展览显然比巴黎同时举办的日本人"文人画展"受关注、赞赏。（罗久芳编著《五四飞鸿》录此信，释文误为信作于一九六三年。）

1月10日，苏雪林致信凌叔华："暮年人不宜久在国外，还是想法回台湾吧。"

1月16日，再致信罗家伦，告以她在巴黎举办美展盛况。

2月，时在英国伦敦。作戏剧评论文章《谈看戏及伦敦最近上演的名剧》，此文后收入她的文集《爱山庐梦影》。

4月下旬，凌叔华、陈西滢分别约来英国访问的冰心、金岳霖一起在家中吃便饭。

6月，南洋大学创刊的《中国艺文》杂志"纪念屈原特辑"刊出凌叔华撰写的《发刊词》。

6月，又回伦敦。

11月，作散文《爱山庐梦影》，文中追记抗战时期避居乐山有旧体诗，今留断句："浩劫余生草木亲，看山终日不忧贫。"此篇散文后收入她的文集，并用它作文集书名。

是年，曾在香港度假。

是年，南洋大学戏剧会出版《戏剧研究：南大戏剧会为庆祝本校落成并为本校筹款演出"钗头凤"纪念特辑》，时在英国度假特写了《谈看剧及伦敦最近上演的名剧》加入纪念特辑。

一九五九年　五十九岁

年初，凌叔华往日本游览二十余天。时张大千亦在日，陪同凌叔华游镰仓等地，并在她的"友谊"卷轴上题词："春树秋云"。

春，作散文《重游日本记》。

5月10日，作《重游日本记》的"后记"。

约是年7月23日，致信"南大创作社"学生尹镜培，并传阅叶昆灿、谢添顺、黄建邦等。

8月15日，在马来亚槟城举办个人画展。

9月，南洋大学中国文学研究会创刊《大学青年》，第一期刊出凌叔华的中国画"墨竹图"。

10月，新加坡出版文集《现阶段马华文学运动》，收入凌叔华所写《记我所知道的槟城》。

11月15日，王世杰致信陈西滢："兄在英又已数年，如有良好机会，似不妨回台小住一二月。"

11月，为南洋青年诗人黄应良的诗集《时间的河流》作序。序言引用了高尔基、马雅可夫斯基关于诗歌的言论。

冬，凌叔华返回大陆，在北京、广州、武汉等地观光、探访亲友。与张奚若、邓以蛰等故旧晤面。在武汉提出看望袁昌英的要求，未得如愿。时袁昌英正戴着右派分子帽子。

是年，凌叔华赴美参观波士顿博物馆，因馆长热情支持及在美友人赵元任、杨联陞、洪煨莲等人怂恿，凌叔华临时起意在该馆举办个人画展，经两三个月筹备后展出。在美期间晤胡适，商量在台湾重印《西滢闲话》，获赞同，胡适允代觅此书原版。

是年，迁居台湾的大陆作家陈纪滢赴欧洲参加国际笔会时，在伦敦往陈西滢、凌叔华夫妇寓所拜访。

一九六〇年 六十岁

2月，作文集《爱山庐梦影》自序。

2月，文集《爱山庐梦影》由新加坡星洲世界书局出版。扉页自题"献给星马鼓励我的朋友"。李冰人作序。

3月，辞去南洋大学教职，离开新加坡时，学生聚餐送她，凌叔华送每人一个鳄鱼皮质小钱包，有学生珍藏到老。

春，凌叔华结束在大陆观光访问。给病中的瓦内萨寄去武汉大学明信片，翌年瓦内萨去世。

春，撰写《凌叔华选集》"后记"。"记"中声明，书市正畅销的署名"凌淑华"的小说《生死恋》并非她的作品。

4月7日，凌叔华写信给陈小滢，赞美大陆："只有北京是尊重青年的地方，而那地方可是不必愁生活等等问题。"

4月23日，致信伦纳德，告诉他，她有秘密的中国之行。

5月，《凌叔华选集》由新加坡星洲世界书局出版，编入凌叔华自选的小说二十余篇。连士升作序。

9月，熊式一为其长篇小说《天桥》写新序说："近来还有一位老牌的女作家，用了她同行冤家的笔名，为一部英文的自传，除以杀头为开场之外，还说她父亲有六个太太，她自己便是姨太太生的。"熊认为类似的展示鸦片烟枪、三寸金莲之类不足取。

10月7日，致信瓦内萨，此信系凌叔华致瓦内萨的最后一封，信中抄示了凌英译苏东坡词《江城子》(小轩窗)。

下半年,钱穆访问英国,曾登门拜访陈西滢、凌叔华夫妇。陈、凌夫妇又多次回访。

是年,往马来西亚任教。

是年,曾在《南洋商报》连载的《新诗的未来》由新加坡世界书局出版单行本。

是年,凌叔华另一本自选的作品集《凌叔华短篇小说选》由马来西亚青年书店出版。

一九六一年　六十一岁

10月23日,致信伦纳德,此前寄去第二部长篇小说的开头一章。信说:"这个故事是关于那场战争的,战争打破了几个有前途的年轻人的梦想,也打碎了一些幸福家庭的未来。"

是年,美国耶鲁大学出版社出版美籍华人学者夏志清英文专著《中国现代小说史》。此著列"冰心与凌叔华"一节专题论述,其结论:"整个说起来,她的成就高于冰心。"

一九六二年　六十二岁

5月28日,凌叔华致信陈西滢,要陈不再挽留陈小滢夫妇住在一起:"我们应愿她有出息而住远亦不妨！溺爱是害儿女的。"

6月4日,王世杰致信陈西滢,请陈推荐学者来台湾作讲座,又问:"兄自己有意回国任教二三年否?"

12月,巴黎市立东方博物馆馆长厄利瑟夫,为纪念前馆长、著名汉学家格洛肖特逝世十周年,特在法国高规格的塞纳斯奇博物馆举办凌叔华美术作品及她收藏的中国元、明、清三代名家画品及中国文物古玩的展览,其中凌个人画作三十余幅。此次展览得到潘玉良等旅法画家的鼓励、支持。

是年,寄赠凌叔华"小说选"给夏志清。

一九六三年　六十三岁

约9月初或8月下旬,致信梁实秋,请他为台湾重版的《西滢闲话》写序言。

11月14日,收到信夏志清题赠所著《中国现代小说史》,当日即复信感谢,并告以"外子《西滢闲话》或者明春在台出版"。

11月中旬,凌叔华、陈西滢夫妇游维也纳。

12月中旬，凌叔华、陈西滢夫妇由欧洲大陆后回到英伦。

12月28日，致信夏志清，感慨："有时我认为出去作女佣，也比写文艺创作说出来比较有出息一些。可惜被一切限制，还只好关门写文章。"

12月，香港《文艺世纪》杂志刊出启明（周作人）《几封信的回忆》一文。忆及凌叔华在燕京大学读书时致信周作人的情形，并披露凌叔华给周作人的三封信。

一九六四年 六十四岁

1月下旬，凌叔华从报上得知梁实秋家遭抢劫，致信询问。

2月4日，梁实秋复凌叔华信告以劫情，又感叹陈西滢"那样的学养才华，而竟不肯动笔实在太可惜了。"

8月21日，凌叔华受邀拟出席当天在德国法兰克福举办的张大千画展开幕式，行程没赶上，即留巴黎两日。陈西滢、潘玉良送至机场返伦敦，陈西滢初次中风晕倒，潘玉良送陈回寓所。

是年，中国与法国建立正式外交关系。陈西滢代表台湾政权的派驻机构已不合法。

一九六五年 六十五岁

是年，法国政府指令国民党政府在巴黎乔治大街十一号的驻联合国教科文机构关闭。陈西滢被迫离开驻地，离开时颇受刺激，当场晕倒送医院急救。

是年，在巴黎和陈西滢晤见画家潘玉良。

一九六六年 六十六岁

秋，凌叔华去加拿大多伦多大学东亚研究所任教。

是年，陈西滢辞去国民党政府驻外结构职务赋闲在家，健康不佳，经济困顿。

是年，英国出版朱利安与另外一位年轻欧战牺牲者合传《到前线去》。

一九六七年 六十七岁

2月23日至3月25日，在英国举办十四至二十世纪中国画展。

3月，苏雪林作《其人其文凌叔华》一文。文章评论："叔华既具有东方典型美人的美，她的作品也幽深、娴静、温婉、细致，富有女性温柔的气质。"

春，林海音主编的《纯文学》月刊重新刊出凌叔华小说《绣枕》，并约请苏雪林撰写《其人其文凌叔华》配套刊登。其后《绣枕》又选入她们编的选集《中国近代作家与作品》。

10月，台湾商务印书馆出版容天圻著《庸斋谈艺录》，其中有《凌叔华文人画轰动巴黎》一节。

是年，加拿大多伦多大学原拟邀请陈西滢往该校任教，陈西滢健康不宜，改聘凌叔华就任，讲授"中国近代文学"。

一九六八年　六十八岁

2月13日，梁实秋致信凌叔华，告寄赠梁翻译的莎士比亚全集，并希望，"二位如一时不能来此定居，得暇不妨作短期游历"。

秋，前南洋大学学生余秀斌自美洲来伦敦看望凌叔华，晚饭后凌、陈夫妇请当年学生观看正上演的名剧。

是年，在多伦多大学聘任期满，回英国。又应伦敦大学、牛津大学、爱丁堡大学邀请，多次作关于中国现代文学和中国书画艺术的专题讲座。

是年，英国大英艺术协会展出凌叔华的中国画和她收藏的中国文人画。

一九六九年　六十九岁

12月18日，陈西滢致信台湾吴鲁芹，说是否回台尚未下定决心。

是年，英国荷盖斯出版社重版《古韵》，并译成法、德、俄、瑞典等语种出版。

是年，许诺出版凌叔华第二部小说的伦纳德·伍尔夫去世，凌再写一本小说的愿望熄灭。

是年，陈西滢患脚软症，行走不便，而且记忆力越来越衰弱，语言表达也难以完整。

一九七〇年　七十岁

约年初，陈西滢和陈小滢有一次谈话，小滢问父亲，为什么和母亲结婚，后来为什么没有离婚，陈西滢只说了句："你妈妈是个才女。"

3月12日，陈西滢患中风住进医院，病情急剧恶化，多处半昏迷状态，醒时也不能说话。

3月25日，在台湾作家陈纪滢致信凌叔华，问询陈西滢病情。

3月29日，陈西滢病逝。享年七十四岁。台湾举行追悼会，钱穆临场撰挽联："每于和平见耿介，特从笃厚发光辉。"侨居美国的顾毓琇填词《更漏子》以表哀悼。

4月3日，陈西滢遗体在伦敦北城教堂火化。蒋介石致电吊唁。

4月6日，凌叔华复信陈纪滢，告拟将陈西滢骨灰迁葬台湾，选胡适、傅斯年、罗家伦等人墓地附近。未果，凌叔华病故后由陈小滢一并合葬于大陆无锡。

4月7日，台湾《中央日报》刊登苏雪林文章《悼陈源教授》。

4月14日，英国《泰晤士报》刊登悼念陈西滢的文章，称："他的逝世，使我们在英国，丧失了一种与现代中国历史最重要的一段时期仅存的联系。"

5月26日，梁实秋致信凌叔华，追念陈西滢，"不轻发言，言必有中。"

6月，台湾的北京大学、武汉大学、中央大学、台湾大学学生联合举行陈西滢追悼会。

6月，叶公超设宴台湾北红宝石饭店招待凌叔华，又为凌绘《墨竹图》手卷。

约6月上、中旬，凌叔华致信台湾《中央日报》，更正该报副刊登出的《陈源教授身后三事》，已辞谢文化学院之聘教，也无应聘往香港大学、台湾大学任教意愿。

6月14日，凌叔华往台湾参加国民党政府故宫博物院主办的中国古画国际讨论会。在台湾期间，与苏雪林等故旧重逢。自此又与苏雪林时有书信往来。

6月20日，下午蒋介石、宋美龄夫妇设茶会招待凌叔华等中国古画讨论会的与会人员。

约是月，女作家谢冰莹、张秀亚、琦君、林海音、王怡之相约到凌叔华下榻宾馆看望，并合影留念。

7月，以旅英华人为题材的独幕剧《下一代》发表于台湾《纯文学》月刊第八卷第一期。

是年，作旧体诗《春日偶成》，后发表于北京《团结报》。

是年，数次致信邓颖超，报道海外消息，寄阅海外剪报。

是年，致信台湾《传记文学》主编刘绍唐。另有信致钱穆，托刘转达。

一九七一年　七十一岁

3月，撰写怀念陈西滢文《写在周年祭的前夕》，未完。未刊。

4月，台北《传记文学》第十八卷第四期发表陈西滢的《关于"新月社"》，回忆道："她（凌叔华）也到过新月社吃饭看过戏，可以说是社员。"

12月14日，陈小滢写信给母亲，直言母女之间芥蒂。

一九七二年　七十二岁

春，致梁实秋信，其中告以冰心尚健在。此前梁误以为冰心去世发表了悼念文章。

10月，凌叔华回大陆达三个月之久，游览各地。经湖南特意去韶山瞻仰毛泽东故居。到北京当晚即致信冰心。在上海观看京剧样板戏《龙江颂》。曾提出面晤陆小曼要求，但陆已去世。

12月，致信浦薛凤、陆佩玉夫妇。言及正在筹划出版《西滢全集》。

是年，在伦敦住所晤见陈西滢旧日学生、台湾学者吴鲁芹，作长谈。

一九七三年　七十三岁

5月8日，得郭有守信，知法国正举办中国出土文物展览，国家文物局王冶秋局长邀请她参加开幕式。凌叔华因签证不及而错过展览。

7月2日，沈从文致信凌叔华，谢凌捎寄生活用品，婉谢不必再寄。

10月26日，沈从文致凌叔华两千字长信。告自己和熟人近况外，请留意宋元故事的画片以备撰写"服饰史"。

11月20日，凌叔华收到邓颖超秘书代邓复信：谢凌来信，"你很关心世界大事，而且积极剪报提供新闻消息，我们看到后很高兴"。

一九七五年　七十五岁

2月，作长文《回国杂写》。

3月6至10日，《回国杂写》连载于香港《大公报》。

4月，到北京。在大陆观光约两个月。

4月下旬，自北京到兰州。画家常书鸿迎接并陪同参观兰州博物馆、人民公社、著名毛织厂，后由接待人员陪往敦煌参观游览。

春，在北京晤面沈从文。

5月，梁实秋再婚娶韩菁清，凌叔华致熟人信，委托他代为祝福："梁先生可以减少悼亡寂寞的侵袭，对他的健康及未来工作上，实有补益。"

7月，台湾商务印书馆出版容天圻《谈艺续录》，收入《记凌叔华女士》一篇。

是年，罗家伦遗孀张维桢游览伦敦，特携女儿罗久芳拜望凌叔华。凌请母女午饭、参观画室，并题赠《古韵》（英文原著）给罗久芳。

一九七六年　七十六岁

是年，巴黎文艺团体准备推荐茅盾、巴金评选诺贝尔文学奖，为此英国广播电台约请凌叔华搜集有关茅盾、巴金的材料，并由她在电台播音宣传。

一九七七年　七十七岁

2月17日，农历除夕，凌叔华应邀在英国广播电台播讲关于鲁迅的节目，介绍其为人和作品。

7月16日，凌叔华从香港《大公报》上获知巴金仍健在，即托该报转信致巴金。

8月29日，巴金复凌叔华信，欢迎在上海一晤。

9月15日，再致信巴金。她原准备9月来上海面晤，但终因香港签证手续费时而未能成行。

是年，凌叔华闻粉碎"四人帮"，撰《一九七七偶成打油诗》。

是年，英国诗人哈罗德·阿克顿致信凌叔华。

一九七八年　七十八岁

2月，为前作散文《敦煌礼赞》加"著者附记"，后此作刊载于9月香港出版的《大公报在港复刊三十周年纪念文集》下册。

4月，叶公超为台湾即将出版的《新月小说选》作序。序言说，新月小说家中最著名的是沈从文，"其次要谈到凌叔华。"

约春夏间，凌叔华致邓颖超信，告知来北京，希望一晤。

6月18日，凌叔华抵达北京。

6月19日，邓颖超在人民大会堂会见凌叔华。

7月14日，凌叔华为史家胡同房产事致信北京市革命委员会。

8月6日，凌叔华致信华国锋、邓小平，申请领回史家胡同旧居，表达捐献意愿，用它建设一座中西美术图书馆。此信由国务院批转国家侨务委员会落实。

约8、9月间，邓颖超请冰心在中南海西花厅商谈凌叔华归国问题。

一九七九年　七十九岁

3月，凌叔华左乳生恶性肿瘤，做切除手术。

6月30日，苏雪林致信凌叔华，抄示陈西滢旧作七绝《自成都水道返嘉定》，苏赞赏此诗而朱东润大泼冷水，苏言，此后陈西滢不再作旧体诗。

9月21日，沈从文致信赵家璧，回忆到徐志摩罹难前与胡适夫妇的一次交谈："据胡先生那夜里和我说的意思，把林徽因、凌叔华及某名作家并提时，却以为论才情，小曼先生或不及三人有才气，论为人气度开阔，小曼却高一着。"

秋，开始与大陆学者阎纯德通信，回答阎提出关于创作的诸多问题。

是年，香港文学研究社出版梅子编《凌叔华选集》。

是年，维塔·塞克维尔·韦斯特（《古韵》序言作者）的儿子为编"伍尔夫书信集"向凌叔华征集信稿。凌就便寄《敦煌礼赞》英文本给他，请帮助在英国发表。

一九八〇年　八十岁

1月，致信阎纯德，谈及《花之寺》说："它有幼稚病。"（阎曾著文解释："她指的不是技巧和语言，而是内容。"）

5月3日，接受台湾学者秦贤次访谈并作笔录，托秦转交《古韵》给在台的叶公超和张秀亚。

6月13日，致信浦薛凤。

6月15日，台湾成文出版社有限公司出版陈敬之著《现代文学早期的女作家》，此著分别列有"凌叔华文如其人"一节和"凌叔华"专章。

6月15日，台湾成文出版社有限公司出版尹雪曼著《鼎盛时期的新小说》，此著列有"凌叔华的纯文学"专章。

7月3日，致信浦薛凤。言及陈西滢在国民党政府受不公正待遇。

8月，美籍华人女作家木令耆旅英时，两度往凌叔华伦敦寓所访问。她留给木令耆的印象："如夏初的菊花，有些傲岸，有些孤僻，但又极热情，极易伤心。"

10月22日，夏志清致信凌叔华，要求寄他《古韵》、提供凌父亲材料，拟深入研究凌叔华。

11月17日，复夏志清信，告以欧洲"文坛上赏识我的书，有J.B.Priestley（J.B.普里斯特利）、Auden（W.H.奥登）、Maurois（安德烈·莫洛亚）等"。

12月25日，致信夏志清，告美国国会图书馆藏有凌叔华民国版《小哥儿俩》数种。

是年，台湾雕龙出版社出版《新月小说选》，选入凌叔华作品。

是年底，凌叔华曾再三向当年南洋大学弟子余秀斌表示，有意往新加坡住一个时期，拟赠送一套共九件汉拓艺术品给南洋大学李光前文物馆，并在此写作第二本自传。但因多种因素牵绊未得成行。

约是年，凌叔华托来华访问的英国代表团成员向故旧萧乾转交她题赠的英文本《古歌集》（即《古韵》）。

一九八一年　八十一岁

1月23日，致信夏志清，言"极想作 A.M."即 *Ancient Melodies*，中文版傅光明译为《古韵》。

2月25日，再复夏志清又一次来信，申明香港书市的署名凌叔华作品《梦里新[心]声》《？嫂》系冒名著作。说明英文小说《古韵》里"一件喜事""搬家"两节，系据此前发布于国内报刊同名小说的意译。

3月25日，致信夏志清答复关于家族史的提问，称"我算是1904年出生"，并说明"生日大约算是三月廿日左右，彼时是阴历。"

约2、3月，观看伦敦上演的话剧《弗吉尼亚》。剧中主人公伍尔夫和另外两个人物，伍尔夫丈夫、伍尔夫知交维斯特，均与凌叔华有过密切交往。

4月中旬，致信夏志清，信佚。

4月25日，致信夏志清。转述英国友人鼓励她继续写《古韵》："再写下去，说不定可享受国际名誉。"信中附寄观看《弗吉尼亚》感想的短文 I Remember Virginia Woolf，请求夏推荐发表，未果。

5月上旬，往大陆观光，重点游览昆明。在北京，中国作家协会宴请凌叔华、丁玲等作陪。拜望冰心，中午冰心留用便饭。（凌叔华1985年致冰心信，言"三年前回去"，此回来大陆又似在1982年。）

凌叔华赴昆明前下榻北京华侨大厦，致信萧乾。萧乾、文洁若夫妇接凌叔华来家中畅谈。

5月16日，致信阎纯德。再次说明《柳惠英》并非她作品。（大陆一些"作家词典"和现代文学工具书也将它们列于凌叔华名下。）

5月17日，夏志清致信凌叔华。

是月，约见杨静远，希望在大陆重印在法国印过的凌叔华画作明信画片，未果。

6月4日，访问中国大陆回到伦敦。

6月5日，致信夏志清。宋淇得 I Remember Virginia Woolf 稿，拟在他创办的香港《译丛》杂志出"凌叔华专号"。凌叔华信中谢绝此举，唯恐"沽名钓誉"之嫌。并致信宋淇表明态度，致宋信佚。

6月12日，再次致信夏志清，声言谢绝"凌叔华专号"。

6月30日，收到夏志清挂号信及寄回的观《弗吉尼亚》短稿，即回复致歉。

11月19日，台湾《联合报》刊载叶公超的回忆文章《新月旧拾》，文章追述他好几次听徐志摩说过这样的话："陆小曼有句话我不敢说，这个女人是很奇怪的女人，实际上是和凌叔华同样的人，不过彼此不承认是同样的女人。"

11月,《新文学史料》季刊第四期刊登陈从周文章《记徐志摩》,其中写道:"小曼死后交我的那一批凌叔华写给徐志摩的信,系用仿古诗笺来写,笺上画着帘外双燕,书法是那么秀逸,但仅文字之美而已。"

12月26日,复夏志清信,告收到夏译著及夏寄回的凌叔华旧照。

一九八二年　八十二岁

1月,致信夏志清恭贺新年,述及当年凌叔华结婚时陆小曼殷勤张罗,"我结婚的打扮及衣饰,都是她天天跑到我家帮忙的。"

4月15日,致信浦丽琳(作家心笛)。

10月4日,瓦内萨传记作者弗兰西斯·斯波尔丁(Francis Spalding)致信凌叔华,答应凌修改传记里涉及凌叔华与朱利安关系的几个段落。翌年出版的传记兑现了承诺。

10月上旬,收到陈从周编撰重印于1981年(1949初印)的《徐志摩年谱》。

10月15日,致信陈从周道谢赠书。忆及上海沦陷时孙大雨和郑振铎到旅馆来看她,教给她一些行路难方策,逃出敌人陷阱。此信由陈从周以《谈徐志摩遗文》为题披载于1983年第一期《新文学史料》季刊。

秋,叶君健在英国讲学,常常看望凌叔华,多次长谈。

一九八三年　八十三岁

1月8日,致信浦丽琳。

4月15日,陈从周致信凌叔华,希望她写徐志摩传记。

春,赵家璧致信凌叔华,并附赵家璧追悼徐志摩长文《纪念诗人逝世五十周年》。

5月4日,复信赵家璧。得知已查到当年凌叔华经手编辑发表的《志摩遗札》,惊喜万分。

5月7日,致长信陈从周,言收到陈题赠的著作《书带集》,又详谈"八宝箱"事,此信又以《再谈徐志摩遗文》为题披载于1985年第三期《新文学史料》季刊。

是月,致信拟在大陆出版《凌叔华散文选集》的编者诸孝正,此段时间凌叔华多次复信诸孝正,回答诸提出的问题。

9月21日,复信武汉大学教师唐达晖,说明她所藏的徐志摩致她数十封信函的去向。

10月,台北洪范书店出版吴鲁芹著《文人相重》,该著有《维吉尼亚·吴尔芙与凌叔华》一章。

一九八四年　八十四岁

1月，致信萧乾，说及大陆有关部门为她在北京海淀某处安排了回国定居的住房，但没有电话、浴室等设备，需她回国后自己解决。

2月1日，致信杨静远。听说杨不久将由北京赴英国进修，建议杨住在凌家里。

2月14日，台北《中国时报》"人间"副刊登出署名詹火生的文章《凌叔华的牛津画展》。

3月9日，致信浦薛凤。言及"怀乡情绪日增"。

春，杨静远在伦敦进修，未住凌叔华家，但多次拜望凌长谈。

5月，《小哥儿俩》选入上海文艺出版社出版的《中国新文学达系》(1927—1936)小说一集。

夏，得知旅美女作家心笛往中国大陆，致信邀请心笛途中去英国她寓所住几天。因不顺路，心笛未应约。

9月，萧乾、文洁若夫妇赴英国访问，在中国驻英大使馆的晚宴上与凌叔华又见面。凌叔华对萧乾说："我生在北京，尽管到西方已三十多年，我的心却还留在中国。"

11月1日，凌叔华创作的最后一篇小说《一个惊心动魄的早晨》发表于台湾《联合文学》创刊号。

12月28日，致信浦丽琳。(翌年寄出，注明一月二十日。)

是年，台湾洪范书店出版《凌叔华小说集》(一)(二)两本。凌为此书作序，序言说："我自己承认是一个不努力'前进'的作家，我向来不曾努力追随当代名士摇旗呐喊，表示前进思想，也不曾腆颜写些媚世文章。"

一九八五年　八十五岁

4月14日，致信萧乾，告知她已决定回大陆定居，并选定北京复兴路燕京饭店近旁的一套两个单元的住房。此信由姜德明著文《凌叔华佚简》披载于1994年4月5日《新民晚报》"夜光杯"副刊。

4、5月间，凌叔华售出伦敦居住三十年的寓所。移住公寓：109, Wellesley Cout, Maide Vall。为寻新住处时跌伤腰骨，行动不便，非常苦恼。

5月18日，旧体诗《春日偶成》由陈从周发表于北京《团结报》。

9月7日，冰心给浦丽琳信中提及："凌叔华回国事她还没有回我信。"此时前后，冰心、浦丽琳关心凌叔华回大陆定居。

9月24日，学者杨义致信凌叔华，咨询关于凌的生平、创作诸多问题。

同日，吴文藻去世，治丧委员会给远在英伦的凌叔华寄去了"讣告"。

10月前，收冰心题赠的著作。

10月16日，致信冰心，对冰心丈夫吴文藻病故表示哀悼。

是年，还致一信萧乾，对北京故宫博物院举办六十周年院庆活动没有邀请她参加表示遗憾。萧乾就此事随即报告一位中央领导人，并附凌的原信。这位领导人第二天给凌叔华发出邀请电，凌却因病未能成行。

是年，日本中央大学学生饭容□致信凌叔华，他以凌叔华与曼殊菲尔作品比较为选题撰写论文，并翻译了凌的小说《搬家》刊于日本妇女报纸。

一九八六年　八十六岁

2月28日，复信杨义，此信由杨义披载于一九九一年第一期《新文学史料》季刊。

3月14日，致信杨静远，谈及自己的近况和心情："'远居异域，昔人所悲'。况在晚年，不免常思往日，尤为可悲。"

是月，北京人民文学出版社出版《花之寺》《女人》《小哥儿俩》合集。

4月28日，致信杨静远。

是月，天津百花文艺出版社出版诸孝正编选的《凌叔华散文选集》。

5月，《登富士山》选入上海文艺出版社出版的《中国新文学大系》(1927—1937)散文一集。

9月，北京人民文学出版社出版杨义著《中国现代小说史》第一卷，此卷列专节论述凌叔华小说。

是月，广州花城出版社出版凌叔华小说选集《花之寺》，选入短篇小说三十二篇。

12月，散文《回忆郁达夫一些小事情》发表于湖南文艺出版社出版的多人文集《回忆郁达夫》。

是年，左乳癌症扩散至右乳，因年事过高不宜再动手术，仅作化疗。

是年，凌叔华染上重症伤寒，并跌坏腰骨，体质十分虚弱。

一九八七年　八十七岁

初春，搬家，受损物品不少。

春，台湾记者郑丽园一个月内八次登门采访凌叔华。凌题赠散文集委托郑丽园转交林海音。

5月6—7日，台湾《联合报》刊登郑丽园访谈记录《如梦如歌——英伦八访文坛耆宿凌叔华》。

10月3日，北京《团结报》(周报)摘登郑丽园的访谈。

10月5日，南京《文教资料》双月刊刊登陈子善辑录的"凌叔华海外作品小辑"，在大陆首次发表《一个惊心动魄的早晨》等五篇小说、评论、创作谈。

是月，致信萧乾。信述及晚年在伦敦困境。

一九八八年　八十八岁

2月15日，凌叔华致萧乾信以《关于陈西滢的晚景》为题披载于《人民日报》副刊。

7月，广西教育出版社出版《庐隐、冯沅君、绿漪（按，即苏雪林）、凌叔华作品欣赏》。翌年出版了台湾版。

夏秋，前南洋大学学生余秀斌再来伦敦三度看望凌叔华，聚谈两三个小时。

秋，叶君健访问英国时看望凌叔华，劝她回大陆定居。

是年，凌叔华致信台湾苏雪林，说摔跤伤及脊椎，想到北京治疗，伦敦医院收费昂贵，住不起。信佚。

是年，《古韵》在美国出版。

一九八九年　八十九岁

7月，河南人民出版社出版孟悦、戴锦华合著《浮出历史地表——现代妇女文学研究》，此书第五章为《凌叔华：角隅中的女性世界》。

8月，北京人民文学出版社出版严家炎著《中国现代小说流派史》，此著"京派小说"一章，以凌叔华为其代表作家。

12月1日，凌叔华回大陆，住进北京石景山医院"晓园国际保健部"治疗。

约12月底或翌年初，北京《文艺报》记者应红几次采访、看望凌叔华，她谈到对许多作家的印象。

是年，撰文《回忆李四光》，未完，未刊。

是年，《古韵》在美国再版。

一九九〇年　九十岁

约年初，凌淑浩得知姐姐病危，要外孙女写信给陈小滢，表示来北京探视。但接回信，凌叔华已在弥留之际，未再成行。

3月25日,在医院度过九十华诞。亲属分别从英国、美国专程赶来庆贺。北京文艺界人士、新闻记者及医院医护人员纷纷献花献礼。

是月,乳腺癌复发,转移到淋巴。

5月2日,杨静远往医院探视凌叔华,带去杨翻译的《夏洛蒂·勃朗特书信》置于枕边,凌叔华已神志不很清楚。

5月15日,昏迷数日后醒来,想去看北海公园和童年旧居。

5月16日,由救护车护送,在担架上游览了北海公园,并回史家胡同甲五十四号看了最后一眼。

5月22日,下午凌叔华逝世。大陆众多报纸、电视台载播凌逝世消息。

5月27日,苏雪林作《悼念凌叔华》一文,刊于7月1日出版的台湾武汉大学校友会刊物《珞珈》。

6月6日,举行凌叔华遗体告别仪式,约一二百人参加。中国外交部、中国人民对外友好协会、中国驻英大使馆、英国驻华大使馆、英国驻华大使、香港总督卫奕信爵士、中国文联、中国作家协会等单位、部门和许多个人送了花圈。邓颖超、冰心、巴金也送了花篮。巴金还写来唁函:"我是她的一个读者,不能出席告别仪式,我感到遗憾……"南洋大学中文系第一届全体毕业生也送了花圈,本届学生余秀斌专程从国外赶赴告别仪式。

6月7日,凌叔华遗体送入八宝山火化。

6月8日,骨灰送往江苏无锡,归葬于丈夫陈西滢故里江苏无锡的陈氏墓园。

附记: 美国学者帕特里卡·劳伦斯著《丽莉·布瑞斯珂的中国眼睛》提供不少信息,多有值得系入年表的内容,如凌叔华与朱利安鸿雁往返等,因为原著自身错误,或译本手民误植,其记事日期极为混乱,本年表除已确证外多未敢采信。同一件事,年份月、日若和魏淑凌著《家国梦影》有异,则多依魏淑凌著。

附：凌叔华集外生平纪行散文（三篇）

由广州湾到柳州记

笔者去年十二月二日离香港搭船到广州湾,三日到广州湾西营,即乘公共汽车到赤坎。这地方因是法国租借,且由香港到内地,不必经过敌人防线之路。有此优点,故此两年地方突然繁荣起来。尤其是在海防也归敌人管辖之后。

由赤坎到郁林,须走六天旱路,得有走过的人带领方才放心走。我们因为要等待一个朋友同行,故在铜臭熏人、赌场林立的赤坎住了近一周。此地店房粗俗而索价昂贵,四望均为作买卖店铺,马路虽有两三条,但十分嘈杂污秽,连一处可以散步的地方都没有。我同小莹住得闷极了。她才过十岁,对于买卖,比我更觉索然。朋友本约定九日由港到,到后即全走旱路到郁林,不想在八日下午我们就得到号外说日本已实行攻打香港了。赤坎只与香港相隔一日水程,故街上立刻呈现恐慌,居民买米买面买油买酱,饮食店挤得水泄不通。人们似乎都想把钱掷出去,换回随便什么可吃的物事就成。与我们结伴走的一个朋友联君,他也觉得如此情形,此地不可再住下去了。晚上安南兵出来巡街,据云:全市只有六个安南兵,三个法国人。

我们回到大宝石饭店,即去找账房先生代为找轿夫脚行,定于次日动身到郁林去。雇了两乘竹轿,我一、小莹一,另雇了挑夫七人,联君随挑夫走路。价钱时常改,此次言明由此到郁林,每轿二百四十元,挑夫每市斤重合一元二角(且须以广西秤计,边秤比较低些),伙食自备,赏钱随意并由账房开具保单,担保工人可靠,另外工头二人签字,担保其他工人,工头之身份说明书交与我们拿着,以免意外。

诸事均办妥当,于是我们次日清早九时冒雨走,意欲当日到遂溪,因那里有比较干净可靠的客店下榻。十一时到雷州关(即麻章关)时,大雨倾盆,轿子衣箱均淋漓滴水,查关的在一架席棚下,地下水深没足,泥泞不堪,但铁面的关员并未忘记他的威风,他喊令脚夫放下各物检查,每个衣箱,每件东西,都拿出细看。看到我的旧皮鞋及旧衣服,有一个说:"这东西还带到内地,算来不够挑夫力钱。"

同行朋友因带了几身新做西装，他们很兴头的拿去估价，结果按赤坎时价估出，得收税八百元，联君忍痛交了，方让我们挑夫走路。与我们同被查关的人，有一人带了两小箱六〇六药针，一个查关的低声要求他照原价卖两盒与他，一切免了上税，但那人不肯，结果抽了他一大笔税。这人后来在路上把这事告诉我们，他觉得纳税还是上算。

由赤坎到遂溪，约五十里，一路有大树林有流泉，风景清绝。半路亦未正式打尖，在草棚底下吃了一碗煮红薯，又甜又暖，价廉物美（价仅两角），近二时，天已晴，路亦渐平，走田垄中，我同小莹下轿走了近十里路，近暮约五时到遂溪，下榻长江饭店。

遂溪之小县，居然有公园，有体育场，惜天黑，未能各处细看。长江饭店，房间均为木板作壁，一室二床，有铺盖的要十二元一宿。被褥不甚洁，我们均换了自己的。有饭食，每人每餐五元大洋，我们已饥肠辘辘，夜餐于此。

次日天未明即离遂溪，沿路无甚高峻山岭。我们在山坡一饭铺吃中饭（十时左右），有白（米）饭，有腊肉，腊肠，炒蛋等，每人大约亦用五元一餐。饭后步行二十里，下午三点到廉江，下榻长江饭店，因天尚早，所以我们到街上散步，想到有名的杏花楼吃晚饭。

廉江为较大之县分（份），街道铺面均宽阔。我们在路上买了一只菠萝及几个香蕉，到杏花楼，三人花了十五元，吃了餐很丰盛的饭，有鸡，有鱼，有肉了。此地去年被轰炸过，到处断壁颓垣。但现在人心似已恢复常态，生意人们熙来攘往，十分热闹。进廉江境时检查站上知道我们由香港到内地的，都纷纷围了讯问香港情形，适有萧氏父女正经此欲到广州湾转香港回沪，听我们说香港已开战，他们也停在廉江，预备走回路了。萧氏已过六十，人却健实。女约二十，亦能随父走路。他们来时雇了两辆自行车，行李及人都搭在骑自行车人后，说是比轿子快些但是回去时，他们决定走路了。夜同住长江饭店，店内一切简单如他店，唯厕所建筑甚考究，至今思之，综计沿途所见厕所，不下百十处，大都臭气熏人，尿屎满地，甚至屎坑旁即是猪窝，令人憎恶。此处厕所确迥然不同，外面看似是一座楼房，以整砖筑成，大小便处在楼上，楼下有一小木门，以便取粪。楼上有通天空之通气大筒，墙壁均用砖筑成透气花纹，既美观又无臭气，放纸木匣及坑座均考究。店房倒平常，厕所却值得我们注意。可见"十尺之内必有芳草"是不会错的。

由廉江九时动身，过三十几里便是鸡笼山七星镇，据说那是土匪出没之地，联君去岁经此，彼（被）匪抢劫过，过那里的人，如请了县府的兵保护过去便无问题。我们搭在另外六个客人一齐，合份请了三个兵跟着过去，共用了六十元，另加酒钱十元，他们三人全付武装陪我们过岭。

小莹与我都有点兴奋，心中也想遇见土匪见识见识，但也怕真得（的）遇到土匪。她一路问人到了鸡笼山没有，过大来桥遇一粗大老人及二年青人要收路钱时，她又害怕了。据后来说，老人等如人少且并无兵相送时，他们便要强收买路钱了。在鸡笼山上时，有手拿白布旗自卫团三人向路人捐钱，不给他们钱也没作声，据说这也是土匪一种。七星镇及鸡笼山形势均不雄壮，土匪想来也不是什么大规模的。

由廉江到石角，一路风景颇不坏，公路亦宽，惜现已破坏了。电线杆沿路歪的斜的，甚至以一根细竹竿代替的，样子十分贫乏可怜，为什么无人注意呢？

四时半到石角，那里有财政部派之关员查关，所有箱箧均需打开，检查极为□细，费了一小时工夫，查完已五时半过了，因石角无地可宿，所以带挑夫走过十数步之蟠龙下店。到了蟠龙便是广西了，此地查关的好在尚懂人情，不太麻烦，大约看一二件便放走，否则十分钟内检查二次，令人厌烦死了。蟠龙酒店之店房是新筑，尚属清洁，唯十分嘈闹。联君带我们走去石角吃晚饭，顺便看看街市。

小莹很高兴，因为她发现了自己在十分钟内走两省，在广东吃饭，在广西睡觉。石角街道十分古旧狭窄，所以铺面人家在市上的均有宽阔屋檐，遮了半边街道。大约南方多雨，此种办法，专为下雨着想，赤坎旧街亦如此，街道狭窄黑暗，很不方便。

次日天方明（近七时）即由蟠龙动身到良田，只有六十里路。沿途水田甚多，农家均瓦屋，竹林大树掩映中，常有几株红白山茶。村中妇孺，衣着齐整，过大屋前，时闻儿童读书声，令人觉得到了太平盛世了。

下午一时半到良田，下榻良田酒店。此处店房一间只索八元，二铺有被褥，不过还是不干净。街市狭窄，人烟稠密，我们在店中吃了客饭，价也较廉江稍廉。

同路来之上海年青人，二男一女占据了厨房，大做菜食。厨夫喃喃骂他们，他们也不懂。据说此三人一顿，耗费厨房一日柴火。占了厨房，甚为不便。此店供应冷热水均多，我们沐浴洗衣，旅行疲乏稍减。

次日天明即起程赴陆川，由良田去约行六十里，出良田一里许，即有独木桥一条，横一大河中，两岸风景甚美，水流变急，惜行桥不易，无心观赏。同行有一缠足老妇，她叫两个人前后牵着走过去，约走了半点钟云。以后还过了三四次独木桥，因有的是私人建筑，故派有老人小孩守着桥要收渡钱。几个人给一元便可，但有人不给，他们也无办法。我同小莹下轿走了近二十里路，约十时在路上席棚饭摊打尖。轿夫在地上吃卷粉及年糕，看了流涎。我幼时在广东乡下曾吃过，但现时不敢吃，因想到地上之物，带了病菌。饭后我们又走了十几里路，山路甚少，地势平坦易行，上轿不多时便到了陆川。

陆川石牌坊甚多，雕刻细致。宗祠亦有两处，规模宏大，惜未能打听以前本地出过什么人物。我们下榻现代旅铺，房屋破旧，但有楼房大院。收拾后我们吃饭，在一小饭铺，价尚不贵。后去附近文庙瞻仰一下，建筑也甚壮观，惜里面驻兵，未敢进去。在一磁（瓷）器店买茶杯〔有盖的一元一个〕，偶与店女闲谈，知道初小学生半年要交六十元学费，每月还要交米二斗，为此上学极不易。广西妇女喜戴银制首饰，陆川更显。她们无论老幼大多都戴项圈，如古画中格式，时髦一点的，便戴长长的银表练（链）子和镯子。外穿军装大衣。

因为陆川到郁林要九十里，故次日天方明即须动身。不巧得很，天适大雨，冷风刺骨，轿夫嚷闹不肯上路，而挑夫已走，我们大家（此时在路遇到的已有十几人了）却不愿意住下来，于是硬硬心肠，坐上轿子，一路听轿夫埋怨。别人不懂□粤语的，倒也耳根清净，我就心不安静。小莹半路因腹痛要下来走路，但路上泥浆陷足，尤其是田边小路，走一步一滑，走起来极是吃力。后过马坡，须过检查处，我们打开箱子，任其查看，还算不麻烦。同行有两上海商人，他们带的都是西洋毛织品及药品，最意料不及的是一小箱里都是各式舶来的气球，检查员拿起来吹着玩，我心想战时的重庆，还需要大批这样奢侈的玩艺吗？此种气球在上海已卖到十几元一个，到重庆岂不该四五十元一个？

到郁林过石桥一驻兵检查站，他们对路人很客气，查几件便放过去。郁林是一大县分(份)，市面街道均较路上所见的宽大，店员都能说国语，有一小店，伙计居然用国语同小莹谈话不少，他说是由学校学来的。本来在路上，我们可以用撕开之半张纸币，如一元半张即为五角，有法币有桂币，均可撕开两张用。一元桂币值法币五角，但到了郁林，一起均按法币算，撕开之纸币亦不通用了。我们大多数人下榻玉林饭店，店为本地最大者，房内有玻璃窗有电灯，惜不甚亮。我们因在此可多用水且须候汽车，故放下行李，便开始沐浴洗衣服。

轿夫挑夫均在此算账，行李分量须按广西秤算，我们付了定价之外，另外赏了挑夫二十元。轿夫因沿途骂人，且轿上多放一个小包裹亦不肯，我们赏了他十元，说明还是看某一和善轿夫面子给的。轿夫头脸色极不适，这叫我们稍为解恨。

次日与联君出外吃中饭，发现同来之上海商人，遗失了他的一担行李，均为贵重货物。原来他由沪走此路到渝专办洋药及毛绒内衣等，光合本钱，便已二万余元，此款乃借来者，故他急得要死。行李是过马坡后走失的，他本人与另一商人乘轿，行李担独自走路，挑夫是由广州湾友人处工人荐来的，有保单云云。他本人到郁林总府去告发，县方面叫他回玉林去告，因行李在马坡遗失，地点应由陆川管辖云云。商人自云身上只余二百元，另有四千现款都存在行李内，如由此回陆川，再由陆川回此，二百元不足三天用度，我们也替他着急，他的同伴因怕旅费不足，不肯借钱与他，也不肯留此陪他，大家均为他抱不平。

玉林饭店的账房以及二三住客均为汽车拉客，他们来问我们要乘车到柳林否。他们大约讨价很大，且行李亦如挑夫按斤计算，有一捎客每票要四百元，行李每市斤二元，我们行李有七八百斤，就合千数百元了，所以决意不乘汽车，我看了汽车也着实怕，车棚是薄薄的木板，身长五尺的人抬不了头，车座也特别窄，要坐在里面两三天，可真受罪。联君说，最舒服还是由此搭车到贵县，乘木船到桂平，由桂林(平)换搭旧式火轮走柳江到鸡喇转柳州。他是曾走这条路的，自然我们一切信服他的提议，不过他说，"此一时，彼一时，到那里搭得上什么船儿，都是问题，碰运气好了。"同路走的粤人何某及李老太因要到韶关，不识路，故要求加入我们一齐走，我到此方知乘轿走旱路并不是困难的旅行。在沪时人们听到要乘轿走六天旱路，都觉得十分苦，却不晓得有比坐轿还苦的路，那是"碰运气的旅行"。运气不济的人，在路上遇不上舟车，常常在旅店等上几个月，旅费用完，求告无门，

那才是真的苦呢！听说路上常有这种人。

我们决定先到贵县，联君就去打听去贵县汽车，定了次日清早，去买车票候车。我们次晨七时，就到汽车站坐在行李上候车，每票约五十五元，行李因过了二十公斤分量，另添了三百元行李票，联君因行李在另一车上（两汽车同时开，本日因招待回国华侨多开一车，他们由东江来的），他乘另一汽车。约八时半开车，由郁林到贵县须四小时，但半路有空袭警报，我们急下车走避树林内或山坡上，同车的李老太拖住我手不放，我手中又拿着沉重的皮包。她体格肥大，缠足甚小，手提数包裹（内为柚子及水瓶），一步一停，小莹焦急催我走路，我被她牵扯走不得，心中焦急，不觉汗湿衣衫，但也不忍撇此老妇不管。她的同伴，二人都是年青人，他们明告她不要跟他们，他们是不管她的。本来打算在小站上吃中饭，但警报解除就开车行，我同小莹饿极了，只好吃些花生充饥，下午二时到贵县。

据说到贵县后，行李暂存汽车站，等打听好桂平之船，再搬运省事一些，我们到了贵县即急去找地方吃饭。贵县街市甚宽广，市面似乎繁荣，虽然也有一二条街被炸过。我们找到金龙酒店吃饭，有大鱼有肥鸡，还有两三个荤菜，五人吃，花不到二十元，我们笑说避难的人，莫如到贵县住下吧，这地方也还干净。

本夜适有一大木船即旧式楼船开桂平，每官舱铺四元，十五小时便到。我们饭后即赶快把行李运去木船，每人买了一铺，铺尚清洁。天黑开船，次早我们在船上吃预备的客饭（五元一份），饭后查海关的官及兵来，像海上海关人一样，拿着手电筒到处照射，因贵县红糖价廉物美，有数人带了十几斤私糖，均被抓走了。

近午到了桂平，据联君说与其下客栈不如下小艇省些钱，且有警报时，小艇可以开到僻静处暂避，人也免奔走之苦，我们均然其说。何氏夫妇及李老太也随我们下一小艇。联君出去打听去柳州之船，当日没有，于是我同何太太上岸入菜市买菜及米预备在船上做饭吃。五时左右菜饭均好，我们大家饱食一餐，计六人合用七元光景，油、米、菜酱都有了。柴火是借用的，当晚在小艇上铺了六张被，我们笑说六条沙丁鱼，因为挤得紧急了，行李都放在板下之舱，小莹晚上跟何氏夫妇到岸上玩，吃了几个汤圆及柚子，次日醒来便发烧，到百零二度。

次日清晨，我们又去买米菜，今天因小莹不适，买了鸭肾肝粉子，也只多了三几元，大家吃得很饱。正在打听船，忽见岸上挂出空袭警报黑灯笼，于是我们把船摇到对岸树荫下暂避。

广东的甘和茶实在是旅行不可少之药品，煮了一包给小莹喝，过了两三小时便退烧了。早上她急得只流泪，我也怕旅行有什么杂病侵了她，无医无药，人地生疏，不免忧虑，此时方放了心，警报也解除了。下午五点吃晚饭，饭后问人说有一汽船到了就要开柳州，联君急去打听，我也走了。船上不但票卖完了，另卖的私座也没有了，及与船上司机讲好将他们四人之铺位卖与我们，每铺法币百元，每食另包与厨房（饭每餐五元），我因小莹新愈，与他们说我多出二十元占两上铺，何氏夫妇为省钱，两人一铺，联君在后舱另买一铺，行李均存船头。

船开时天已将黑了，（小船上结账给了二十元，比在旅馆开房间省了一半。）我们终日踞坐在五尺长的小铺位上，身体极不适。幸几个司机都十分和蔼爱说话，他们终日立在我们面前一边开轮，一边闲谈。由他们谈话，我们知道不少广东广西内地情形，尤其是那个年近七十，开了几十年船的老司机，他肚子内故事真不少。

轮船是最旧式之船，前面还有小汽船拖带，一只小汽船拖三个大船，另有两只大木船，一为货船，一为桂府运送敌人坠落飞机之木船。船在夜里已停泊一小村前。次晨满江大雾，对面山都不见了。河中礁石极多，我们的船即泊在一堆大礁石前，船上人见船不开，很多人跑到石头上玩耍，看见本要走香港去沪的萧氏父女，也在此船上，小莹同他们谈得很熟。

八时雾散了开船，才见面前青山真像。柳江水极清澈，色如翡翠。船走得很慢，我卧在床上开了旁面小窗，看山看水，好比看一卷很长的卧游图。每次船转一个弯，我就兴奋一下。广西山水妙处全在峰峦奇峻，在北方我们看了不少更崇高雄壮的大山，在江南看了不少秀丽天成的平山，但像广西山峰这样奇拔不凡的还是初次。身边恰有竹纸铅笔，顺手描了几张（画）稿。

午前十时左右过勒马滩，水流甚急，船上载重过甚，船主请求客人上岸路行，于是船靠一石礁上，船客百余人均上岸步行。山路崎岖不易行，而日光猛烈，晒人皮肤甚痛，行了近一小时方上船，大家已汗淋了。下午五时左右到武宣，船即

泊此不行，我们上去散步，此处山村风物甚佳，峰奇石怪，树老屋古，居民亦朴实异常。次晨七时船开时，我急找出纸笔，把武定山容留我画囊。

立在旁边开船的陈司机说，此处水性甚寒，但洗濯至易去污，居民在柳江大多须食辣椒等物。大约因山峦形状大多肖物，故迷信风水之风甚盛，有许多故事是附会山水编造的，有几个大人家因祖坟风水不好，硬迁至他处因而兴讼动人命官司。司机讲着甚觉有趣，我到（倒）感觉不到为何人们要如此迷信风水。他指给我看那是龙山，那是蛇山，或其他肖形如笠山斗山等等，我看了毫不觉得相像。风水在中国，迷信时期甚长，《儒林外史》所写，风水已为士大夫阶级所迷信，真不可解。是日下午五时到石龙，船停河中，有小艇摇来渡客上岸，码头石级近百级，甚似重庆，上去令人疲倦。石龙街市有两三条尚属宽大，铺面如贵县，有数处先日被炸尚未修理。在街头见去柳州之马车，完全是木料做的，古拙耐用，据云运货甚好。又有公共汽车，规模比郁林所见的更加狭小，八人可坐，但坐在里面，恐比沙丁鱼还不如了。听说每票亦要百元方可到柳州。但石龙到柳州约九十华里。

买到前二日广西日报，上载九龙已撤退，港督拒绝投降，尚幸德国在俄战事不利。在街上买了几个柚子几个米饼回船销夜，原来船上下午四时即吃夜饭，故须销夜。

次早（二十二日）九时开船，石龙下去水甚浅，只有四五尺深，船头量水人喊四尺八，四尺九，未曾到过五尺。前面电船拖带过重故船行甚慢，幸天时不寒不热，人在船上，相当适意，尤其是性爱山水的人，并不觉得要快。到广西气候虽在冬季，亦只等于北京之八九月，河内芦苇方作花，乌桕□红，掩映青山间，令人想到故都前两月光景，心上惆然。

柳江之山，以过石龙后为最奇，有奇特玲珑如北京故宫御花园之假山，有大理石状之颓垣，残缺不全之状如圆明园西洋楼故址，有石柜层层，上列藏书百卷，有奇花异树，罗列山洞前后，如仙人洞府。我一边欣赏，一边任我的想象力跑野马，此乐已多年没有尝过了。过了六七小时，只觉一霎工夫，怪不得说"山中方七日，世上几千年"了。

午后二时泊象县，远望有粉白一楼一所，云是学校，小莹随联君上岸观光，回来都说其余只是乡村房屋。船家及岸上人家均杀鸡买肉，祭祀神祇，甚至有提着全个烧乳猪去的。我问起今日何日，方知是冬至了。在此停了两小时，司机和火夫水夫都在岸上吃酒买物。又因水过浅，非等拖带之小电船回来拖不能开船，谁知愈等愈不来了。直到五时左右，电船回来拖，此船方开。在夕阳返照中，附近无草木之岩山幻成一片通明玛瑙色，景致奇美。途中有数次见到层层沙滩隔着帆船，令我想起白石老人画境。夜泊于一不知名小村旁。

次早（二十三）七时半开船，遇雾稍停，后仍由电船拖带。十时许到运江，远望楼房在晨曦中黑白分明，绿树红花掩映其间，有若仙境，等到船泊近了方知原亦平常。在此泊了三小时，因船上货物过重，（沿途船上都在买柴，因其价廉云云）买办另雇了一大木船把船上货运出去以减分量。据说冬季柳江水浅，有时浅到一尺几，今年有四尺尚算运气好，可以行船。午后一时过螺蛳山，此虽为名胜之一，但远弗如昨日山水之妙。下午近六时抵白沙。

次晨天明便开船，因水太浅，司机云不知今日究可到鸡喇否，幸一路水有三四尺，近午见山峦奇削，与江中山水不同，知中午可到鸡喇，由鸡喇可坐轻便大车到柳州云。

船停江中心，另搭小艇上岸，此间小艇及挑担均长（涨）了价（在广西挑担摇船大都妇女居多），鸡喇站本有轻便车可装人及行李到柳州，每辆官价四元，惟因我们到晚了，官价票已卖完，于是只好买十九元一辆的高价，其实是同一的车。由鸡喇到柳州只有四十里，我们同联君、何氏夫妇共雇了两辆车，人及行李均载车上。车是平常铁路上装货物顺着铁轨推行的车，此刻后面亦有一人手推，等车开了便可停手不推亦走，走得很快，小莹非常高兴，大约是坐慢船以后的一个改变。此处山峰奇峻，均起于平地，鸡喇路上，四面均此奇特之峰峦，沿路有罗汉松甚多，乌桕叶殷红如血，景致奇美。推车人云今年鸡喇、柳州均经数度轰炸，幸山均有山洞，死人不多，柳州房屋烧了不少云云。半小时后到柳州，市内见文鱼山、马鞍山，山形经妆点树木楼阁，反无鸡喇山可看了。下榻光华酒店，店前大街经轰炸后，铺面十去四五，唯各行现均营业如常。

到附近立鱼山、马鞍山看了看，无甚可记。市场经过时亦望了望，东西并不多，人甚拥挤，外人亦多，想是逃难来的。午后六时，我同（小）莹走浮桥到柳州

北岸,我们想搭夜车去桂林游两日,再回柳州转贵阳北去。

柳州北岸未遭轰炸,铺户人烟均密,街道楼房均像香港,此为柳州商业中心,惜天黑,未能细看。

(载《妇女新运》杂志 1942 年第四卷第八期)

嘉定的愉快时光

邱燕楠 译

一九三八年夏天，日本入侵而南京沦陷，估计不出下个月，侵略军必定进兵长江上游，袭击汉口，武汉大学则面临威胁。中国这么一座闻名的重点高校——武汉大学，决定立刻远远迁到四川的一个小城——嘉定。

消息传来，立即引起大家骚动："嘉定在何方？""那是个什么模样的城镇？"

我们翻开四川地图，看到嘉定仅是岷江与大渡河中间的一个小黑点，它连接着海拔上万尺的峨眉山。中文系的一位教授告知大家，很久以前嘉定已经是座有名的城市，以它坐落的地理位置有着得天独厚的优美而著称。宋代诗人苏东坡和黄山谷，都曾经栖身嘉州许多岁月。然而，这对我们来说却无动于衷，战争年代，没有谁奢望去当一名诗人。

后来我们收到一封女教授来信，她随学校领导已先去了嘉定，打探那里的情况。信里写道：

"嘉定是一个极为可爱的小城；风景优美，物资丰富，而且便宜。一元钱就可以买一百个鸡蛋了（那时八元国币相当于一英镑）。那里有非常好的特产土货，譬如当地的盐、糖、蔬菜、粮油什么的。丝绸也很便宜，真丝一匹只需要5元钱（一匹相当于十五英码幅度）。还有印花或彩色条纹细布，仅2元一匹。家具的价钱和房子的租金也都合理，以我们一个月的薪水便能买到一幢住房！这里的百姓，看去很面善，待人友好，可就是不太容易交上朋友。他们，一部分是四川本地人，一部分由西藏移民过来，还有一些人来自苗族部落。我觉得他们十分善良、真诚。

"但是有一两点我必须提醒你们，昨天看到像个黑猫的动物穿街而过。待它们靠近，我才认出是野鼠，可怕的大老鼠！你们来的时候要多带些铁盒，以便储藏物品，不然老鼠会肆无忌惮地把东西咬坏。另外，还有件紧要的事情必须告知同事们。我到嘉定后得知，这里有一种叫做 Pa-ping 的可怕病毒，能够在二十四小时内致人死地。据说，当观赏风景的时候，如果突然感觉一阵刺骨寒风吹过，可

能你就感染了这种病毒。

"这里还有诸多我从没见过的稀奇古怪的各种虫子,研究这些昆虫将是非常有兴味的活动。我亲爱的朋友们,你们或许不喜欢那些昆虫,但是你们到嘉定来时,千万别忘记带上药箱。"

哎!我们将要去一个什么地方啊!乐观的人设想嘉定乐观的一面,相反,有人则念叨它糟糕的方方面面。我属于前者,乐意向往美好。

尽管有这些与每个人息息相关的负面消息,武汉大学终究不得不在敌人进攻汉口前夕迁往嘉定。我丈夫,一位大学教授,以及我,抱着一摞铁盒,还有一大箱子西药中药,踏上西去的航程。我们带着五岁女儿和北京雇来的女佣,乘大轮船出发,穿过三峡抵达重庆。在重庆换乘一只小汽船,沿一条支流去了岷江。

八月一个晚上我们到了嘉定。目睹嘉定景色秀美,我欢欣不已。江面呈浅橘红色,江水满是泥沙。泥沙是从峨眉山上冲刷下来,另外夏季西藏高山积雪融化也夹带了不少。两边江岸全是山,郁郁葱葱,在晴朗夜空映衬下,山廓格外清晰。山上植满树木,明丽鲜亮,悦人眼目,让我想起北京园林——园林里堆着珍稀的汉白玉、太湖石。对岸粉白的悬崖峭壁,雕刻着巨大佛像,当地人说它高达五百多尺。

嘉定是一个仅有四万居民的小城,武汉大学迁来之前几乎没人知道这个小城的富庶。大学每个学科的教师各有自己倾心的研究领域,日本战机还未疯狂空袭嘉定的两年,他们都十分安心于生活,沉醉于教学和研究。

战争爆发前,我们大多数人住在进入现代文明的城市,而现在,我们只得过着退回五十年的生活。我们用木柴燃火煮饭;起初这对于我们来说是件艰辛家务,大家却很快适应了。嘉定只有两三条街道安有电灯,别处家家户户,屋里都点的是煤油灯。用水必须到江边去拎,暑天江水相当浑浊,我们只好取明矾或 kwan chun pao——当地一种小草——净水。汉代起已开始用这个办法,人们相信,它能杀死水里所有对人体有害的杂质。这地方很多男人女人包裹着头巾,以此抵御一年到头的湿气,避免感冒。穿着讲究的人家戴礼帽,但乡下人看法,帽子不能像头巾那样有效防湿保暖。

整条街铺着碎块石头,雨天我们穿皮鞋走路非常不便。本地人大多穿草鞋或麻鞋，我们来了不久，出现了鞋靴铺子。嘉定一所中学食堂的厨师一辈子没穿过皮鞋，看到皮鞋的光亮，狠狠心给自己买了一双。那天他正给两百多学生煮饭，要把米倒进硕大的平底饭锅，可厨房的地太滑，一头栽进锅内。此后每当本地年轻人赶时髦，想买皮鞋，老人们总是提醒他们："你忘记那个厨师的事故了？"

学校和千佛寺住持一起决定，辟出山上寺庙旁边一块场地，让武大建十二幢宿舍，给优秀教职员的家庭，够居住资格的家庭抽签选定。我们家幸运地抽得山前一幢住房，房边有个斜坡，可以养花莳草，拾掇成小花圃。它面朝江对岸的大佛山，能时常观赏山景。

我家住房是三间屋子，一间卧室，一间客厅，一间厨房。我们把卧室分给用人睡，我跟丈夫，加上我们的小女儿，睡在客厅。留出厨房兼做客厅。纵然如此，起居种种并无什么不方便，反正屋前有足够的空间。并且，又很幸运的是，屋前耸立一棵挺拔的红杉树，炎热天气里为我们遮暑，全家大部分时光在树下活动。

"冬天来了，天天下雨的日子我们怎么办？"我问丈夫。

"树上搭间屋子，"他回答，"这岂不是你向往的么？"

是的，我承认，这曾经是我多年的浪漫幻景。

第二年我丈夫离开嘉定，作为战时的政府代表，受命派遣出国。我随即决定在红杉树上建房。嘉定友人给我推荐一位木匠师傅，我同师傅商量建房的方案。他意见是，树上建屋有嫌浪费；再者冬天会更加潮湿。他建议挨红杉树建座两层小楼，十六尺长十尺宽。三面墙都开窗户，楼梯贴着树干。楼梯顶部宽宽大大，这样，我们方便坐在上面品茗赏景。

我同意了这个方案，便着手建房。墙是用木柱竹片编排的，屋顶盖黑瓦。又买了一块西藏旅游用的棕榈地毯，虽然只花了两美元，然而跟我简朴家具配在一起，好看极了。我自己设计了家具，用的各种木材，表面打上桐油，木纹袒露，几近象牙色，充溢着可爱情调。这么做并不化费多少钱，嘉定多的是我需要的木材和桐油。我的幻景很快变成现实，就在眼面前。

小楼底层用来做客厅，木匠完工，新楼落成，我召集了一个不大的茶会。喝完茶，我给了女儿和她的三个伙伴一把大刷子、一大盒颜料，随他们在客厅的墙上任意画画。孩子们非常开心，觉得很新奇。他们一边画画一边兴高采烈地大喊大叫。每个孩子都画了他们想要的东西,在他们的涂抹里,充分展露了创造天赋和对生活的敏感。

我买了两卷当地染印的麻布做窗帘,只黑白两色,画着花鸟、狮子、凤凰,酷似远古的图案。椅子坐垫,用亮红及黄、紫、橙多种颜色的丝绸缝制,这些丝绸都是我从乡村庙会上买的,只用了很少的几美元。素朴的木屋需要鲜艳色彩。春天,我常到附近的山上采集红色黄色的杜鹃花。夏天,就到嘉定城墙脚下采摘兰花、栀子花、粉色或者黄色的含羞草。秋天呢,上市场买菊花、秋海棠或者红枫叶。冬天了,这样的鲜花不大容易找到,但凡我逛街,总是带回一大束各色野花或红色浆果,也从卖蔬菜、木材、家禽的小摊上买来。我喜欢把花插在大花瓶里,要是在伦敦或巴黎,阔人才配有这风雅之举!

开春后漫山遍野覆盖着我最偏爱的绿色,第一次看到鲜红的芭蕉花挂在树上。楼前的树疯长,没过多久便要雇人来修剪树枝,不然就挡住楼前的风景。

我种的花草苗木很多,花圃里常常变换不同景观。女儿跟着其他孩子,喜欢捉蚱蜢、蜻蜓、萤火虫、没见过的甲壳虫。她与小伙伴把捕捉来的这些小动物放进玻璃瓶子,或者竹笼里,大家围过来指指点点。我想,这引起孩子们对大自然科学兴趣的方式很好,鼓励他们去收集,有时甚至我自己也会收集它们。

一天晚上我在房间里,忽然听到女儿大叫,喊疼痛。我慌忙下楼看究竟,女儿伤心大哭起来,她左手被红头矮脚的虫子咬了一口,原来是条蜈蚣。很快,手臂红肿了一大块。我们的北京女佣神色慌张,她一辈子没经历过这情景;女佣说,这样红肿下去很危险的。我从药箱里拿出这种那种药物,尝试结果都无济于事。去医院吧可天色太晚。红肿漫延至整个手臂,女儿脸色惊恐吓人。此时我意识到事情有多严重,顿时感到十分无助。正要先找位医生,遇山下一个当地妇女,她问是否需要帮助。我说了原委。

"这很简单,别担心,"她说道,"只要找两只蜗牛来,放在伤口上,就会把虫毒清理掉的。"

我赶紧按她说的照办,果然一会儿女儿的疼痛减轻了,手臂也不那么红肿。蜗牛清毒,即刻在山上各家传开,邻居都叫自家孩子帮我们寻捉蜗牛。接过一家家送来的蜗牛,我连连道谢。第二天早晨,女儿的伤口痊愈了,只是屋子到处爬着蜗牛。我心肠很软,不忍心残害任何小生命,于是,如何处置这许多蜗牛的难题便落在了我一人身上。

(原文刊 1951 年伦敦《乡村生活》杂志第 110 卷第 2857 期,
译文刊 2016 年 11 月 30 日上海《文汇报》)

回国杂写

一、我怎样回国及回国所见

自从美国前总统尼克松访问过中国,欧美电视上似乎忽然也发现中国山川人物的伟大,就不断的播映出种种镜头。于是,在欧美世界,访问中国忽然变成一种热门的事情了。可是在一个念念不忘祖国的中国人看来,这种趁热门搞出来的报道,大多数都有给人隔靴抓痒或多少有些画蛇添足之感。

我想,为了清除这些"生意经"起见,爱祖国的人,应该出来说几句话,哪怕你的话没人要听,也得讲讲才是。

自从我回国住了几个月之后,常有人问我以下的话:

"听说你去了中国大陆,印象怎样? 一定写了文章吧? 在什么地方发表呢?"

"我的回祖国,等于回老家,也有点像女人回娘家。在我说来,我只记得那里有亲热的面孔和熟习的声音等着我,同时还有数不过来的朴实的人民大众跟在祖国伟大的领袖后面做着种种劳苦工作。他们获得今日的成就,使世界人们瞩目,就是居留海外的中国人脸上也平添了不少光采,不是吗? 我们饮水思源,更加想回祖国了。这理由很简单,用不着多讲吧。"

可是有时令人猜想不到,去年春天也有别有用心的人在报上写文章,说什么"英国只有凌××和方××回中国去过",文内还特别指出这两人是年老遗孀,她们回大陆与否,不会有什么作用的。

据说,这是那个坐了豪华飞机到英国名为"投奔自由"的人写的。此人曾写过一本书,他的朋友以为他会因此得诺贝尔"和平奖金"的,可惜西方批评家不识货,竟落了空,这回,他无端的用了充满封建遗毒的字眼来作我们头衔("遗孀"的另一解释应是等死的人),大概这位七十年代的"大作家",思想倒退七十年了吧? 同时,他的报道也嫌不灵通,为什么他不举出那些大教授,例如陈省身、王浩、杨振宁、赵元任夫妇,以及赵浩生数不过来的有名人物等等去过大陆,而故意提出一二个小人物来说呢? 这未免有点恃强欺弱了吧? 在我倒该感谢这位"作家"的垂青,在这两年里,我的老朋友,我的旧学生,散处在世界各大城市的,不断写信、写明信片来问候我，问我去过中国大陆有没有写下文章？登在什么刊物上？他们要读一下。这也可见人同此心。爱祖国的心是没有法子改变的。时间也不会换掉它。

也有朋友写信来问："据说你这次回国是第二次了，为什么你可以一次又一次的回去呢？一定有什么人帮你的忙吧？或者你从前为祖国做过什么事，立了功吧？"

我答："在十二年前我回国去住了一个多月，这一次是我第二次回国了。我的回国，并没有请人帮忙；我很惭愧，我一向也没有在人民政府里服务过或立过功。我回国的唯一'法宝'，是我对祖国和领导们的忠诚和信任。"

我不妨讲一讲我在一九六〇年回去的事实。

那年春天，我向新加坡南洋大学辞了职，想到此后要回伦敦居住，离祖国愈加远了，不如趁未去英国之前，先回祖国走走，免得将来后悔，因为由英国去祖国旅费相当可观，这是我所担心的。那时，幸好有几个朋友回过祖国，有了先例。然而，当另一些朋友知道我要回国，都为我能否再回来而担心，还说我贸贸然回去是个书呆子的想法。但是，我至今还觉得，一个人爱一个人就得相信他，才有好的结果。我们既然爱今日的祖国，我们就应该相信国家和领导，他们绝对不会叫我上当的，因为我知道他们一定是爱护像我们这样的人民的。

那年到了广州，天气还是冷，我当夕住进华侨大厦。那里的澡房有热水，那里有餐厅。在那里，我吃到多年未吃过的烧鹅和新鲜芥菜。服务员很和气的招呼茶水，不要一文小费。我带的行李，不要加锁加捆，三天后放在京广线（原粤汉路是该线的一段）火车上平安的到了汉口，一丝不缺。回想从前火车上的各种捐税，客栈中小费、赏钱之叫人头昏脑胀，还得另付"茶房"赏钱，否则不但要常常吃一点意想不到的亏的情形，真是对比鲜明。

那年，我住在广州三天之后，即乘火车北上。车开后，服务员送来滚烫开水沏的一杯清茶，并代开了无线电方走出去。我听着祖国亲切的歌声，眼泪淌了一脸。我开始感觉到回到祖国怀抱的痛快和温暖。把眼泪擦干了之后，自己觉得真是不虚此行，也不白做中国人了。

从此以后，我就常常计划怎样可以回国，又憧憬着自己还能够在祖国服务，

参加大时代的建设，但又害怕自己住在西方廿多年，已失掉了中国人朴实坚强的素质了。

让我说完我从前的印象。

我到了汉口后，托华侨饭店的职员代找武汉大学的几个教授，因为已经十多年不通音信了，不知那（哪）一位还在大学教书。运气还好，那年我找到陈寅恪教授的弟弟陈登恪。他是一个新旧文学艺术都有好根基的学者。在解放前，他常卧病不出，这一次见到他，穿了一身蓝色解放装，精神充溢，人也显得年轻了，还很高兴的带领我去参观武汉大学。其后，去武汉长江大桥时，他提议步行过去。他说：这条长桥左右桥栏杆有百幅铁做的画，每一个画稿是由不同画家专心设计的。这样我们一边看画，一边步行过武汉大桥。这桥的设计以及它的长度，较之伦敦大桥实用堂皇。与美国的金门大桥相比，也毫不逊色。据说这大桥的设计和监工，主要都是中国的工程师和工人。以前筑钱江大桥的中国老工程师也来帮忙指导。由此可见，新中国的一切新成就，只要人民大众决定进行做，就一定可以得到伟大的收获的。在武汉住了三日，继续乘火车北上，两天后，到了北京前门车站。那时的前门一带，已经气象一新，天安广场的雄姿使得我们不觉扬眉吐气；古代建筑美的故宫，加上二十世纪的天安门广场设计，在千百盏玉兰花型的电灯照耀之下，使人如登仙境。北京是我的故乡，那里亲热的面孔和亲切的声音都在等着我。此情此景，对于我这个异国归来的游子，要用多少纸张才写得完呢！

又有人问道："你第二次回国办了什么手续呢？"

这是更简单了，我只去过伦敦的中华人民共和国驻英大使馆，说明我想回国探亲访友，并希望能在北京住些日子。

大使馆的秘书让我填写一纸申请表，写明要去看什么人，我写了一些亲戚朋友的姓名住址和他们现在的职业，不清楚的当然就不必写，并把我现在的旅行护照交下。过了两三周后，我去问讯，大使馆就问我几时动身，计划到什么地方，好让他们先与国内联系。于是，我决定搭飞机到香港，由九龙搭火车到深圳，过深圳换火车到广州。

记得这次回国，在广深线火车上有不少欧美人，他们大多数都惊讶中国火车竟会比九龙英段的车厢都清洁舒服；而且，火车供应饭菜之价廉物美，也是他们预料不到的。我还见到，过深圳换火车时，有些老弱客人，自己无力提行李，几个年轻女服务员便走过来帮着拿。她们不收小账，并且和颜悦色的问暖问寒。在深圳入境过海关大楼的时候，海关人员多数为男的，他们虽是仔细检查每一只箱子，但他们始终是态度诚恳而有礼貌。这些都使我觉得新中国不但有了伟大的新建设，在服务行业方面也都有过很可宝贵的训练，使得接触他们的群众心悦诚服。这也是我此行重要的收获之一。

第二次回国到广州时，还是住在华侨大厦。因在十月初，有许多为参加交易会而从各处赶来的商人，故广州特别拥挤。我因为女儿莹陪伴女婿住在医院养病（心脏病），所以在广州住了上十天，好在华侨大厦房钱较便宜，也乐得多住几日，趁机会看了广州的名胜，很是心满意足。

此次北上北京，路过长沙，即决定到韶山毛主席的故里观光。

由广州到长沙后，有湘江宾馆的服务员乘车来接。那宾馆原是一个旧日国民党军官的别墅，有厅房多间，大院子三几个，都已油刷一新，还可以想见当年的豪华场面。那里的饭食，也都是丰富价廉，全日三餐，都有四碟一汤，荤素都有，烹调甚美，只收数元人民币。

宾馆的人提议我可雇一天的汽车去游长沙名胜，包括毛主席读书工作的师范学校、岳麓山及橘子洲（毛主席常游的胜地，留有他的诗句及手迹）。长沙经过抗日战争的几次大轰炸，老建筑都不见了。八角亭原是很热闹的街市，此刻也找不到了。岳麓山上树林中，到处挂有广播喇叭，播唱着革命歌曲，游人又多。山上的爱晚亭也油漆得色彩鲜明，看不见那个浪漫诗人袁子才的题匾了。橘子洲是湘江大桥旁一片沙洲，上面住了近五百户人家，有两间小学，学生也有由洲外来的。洲上种了千百株的大橘子树，高与人齐。我们去时，橘子已成熟，每株树上都结着令人爱慕的累累橘红色果子。衬着油绿的叶，更令人垂涎。但是，当小学生一队队的走过，他们却没有一个私自跑过去偷偷摘一两个解馋。

把湘江两岸连接起来的湘江大桥只是我们去参观的前一天落成，这座大桥全部是白色大理石做的，它亭亭的伫立在淡绿色的湘江上面。桥下有各种帆船舢板穿梭往来，风物幽美，很似明人的山水工笔画。我忽然想到该去买些纸笔，司机

服务员就带我去市内一家纸笔文具店。在那里我居然买到各种宣纸，厚薄都有，还有大小画笔七八种。

路过近年发掘为世瞩目的马王堆古墓，那是一座很平凡、低低的像土垛子的小山，据说那时已把墓内古物取出送到北京了，古墓也暂行封闭。

在长沙时，替我们开车的司机是东北人，很喜欢讲话，他讲了不少人民政府的德政和长沙人民的享受，令人钦慕不已，顿生几生修得住长沙之感。我还清楚的记得，这个中年人指着路旁告我的一段话："你看，这是一个庄稼小户人家，三两间平房，门口却有一块不大不小的自留地，在这上面，只要他们不懒，天天做活，他们要吃鸡、鸭、鱼、肉都不必花一个小钱。青菜水果，也可以自己种，你瞧那边还有地瓜哩！"

第二天，宾馆代我雇了汽车去韶山。本来，去韶山可以坐火车去，但因时间和游览关系，仍以坐汽车合算。韶山是毛主席家乡，有他小时住的祖屋，每屋不过四码见方，地板是粗砖铺的，厅堂后面即为养猪的地方，门前一个大水塘，是一切用水的来源。

韶山风物之美，和韶山宾馆设计及建筑的完善，不是简单几句话描写的出。只好暂略，来日如有机会，当专写一篇游记。湘江宾馆服务员为我计划得很周到，不能不提一下，他们让韶山宾馆供给我午饭（也十分丰富），饭后让我在客房休息一下。这样用心为人民服务，使人真的感到宾至如归。除了在祖国里，我在任何地方都还未听说过这种富有人情味的待遇。

第二日，我离开长沙乘火车直达北京。车上有一位在柬埔寨生长的中年中国妇女，她带了几筐子中国零食，时刻拿出来吃，并且一定也要我吃。这样盛情难却，可惜大吃一天之后，次日就感到不消化了。

第二天下午到了北京，由华侨大厦派人来接。原因是在中国打电报十分便宜，故在长沙时便托宾馆的人打电报联系，这很叫外来客人感到方便。

到了华侨大厦，住进四楼。那里的客房有暖气和单人澡房，此外还有茶水供给，只收人民币七元半一天，约合二英镑，这价钱较之西方可算便宜三四倍，故很多海外归侨住进去就不舍得走。此外，餐厅还有各种中国菜饭面食，价廉物美，令人怀念。我记得我吃过晚餐之后立刻写了一短信给冰心，第一句就是："冰心，我又来了,经过十二年之久,我对祖国的依恋热度,有加无减。"

北京永远是那么可爱,碧蓝的天空笼罩着彩色纷纭的大地,下面涌动着朝气勃勃的人群。我知道已有不少生花之笔描写过它,我们再去描画,总不免有点锦上添花了吧。

我的朋友和亲戚已经十多年不见了,但我们见到了,一切依然如昨日一般,就是在睡梦里也觉得心宽体畅,一个老朋友听我诉说留在西方之苦,她笑说:"亏得你在西方挣扎了二十多年!"

因为北京的亲戚朋友和老同学很不少,所以我尽量把居留的时间拖长,以便有时间看望他们。有些人年近古稀了,有些人进过医院几次,我都特别要去看他们,他们也特别要见见我。深夜自问,我在什么地方能有这么多熟人想见我呢?

同时我发现我所敬爱的朋友们如杨振声、邓以蛰、周鲠生夫妇、陶孟和、许广平、陆小曼等都已早辞人世,他们的音容笑貌,都还清楚的浮现在我心头。

同时我很幸运的见到竺可桢、张奚若、丁西林、李逸等,因为我第二次回国离开北京不到半年,他们都辞世了。

此外,我那次还幸运的见到不少老朋友老同学如沈从文、张兆和、杨景任、邓颖超、林巧稚、张惠文、孙文雪、谢冰心、关瑞梧等等,他们对我情感一如往日,这不但是可感,亦是我的幸运之一。北京风光将会与我的朋友共同分享幸福的,我想,而且也永远相信。

在北京住了六七个星期,却好像六七日,真有"山中方七日,世上几千年"之感。觉得该作归计了,即订了飞上海的飞机,飞机费用之廉,在欧美是想不到的。

在上海住了头尾四天,住在上海饭店,往来人群真是如山如海,但当年的西洋流氓、中国地痞和"小瘪三"之类是看不见了;妓女之类的女人也没有了,真是快事!

到上海的第一晚,我同女服务员去徐家汇看了有名的革命京剧《龙江颂》,剧中有一段利用新式的布景灯光,传统的武艺工夫,表现防洪堤合龙的一场斗争,十分精彩,观众不断鼓掌赞赏。据说这剧已连演了几年,无一日座空的。

此外,我也极佩服上海少年宫的种种有意义活动。关于这点,已有许多人记载,此处从略了。

由上海坐火车到杭州,是极舒服的旅行,杭州的风物明丽,更胜当年。这些,也已有许多人报道过,将来如有机会,当去作一次写生旅行。

在杭州住了三日,游了天竺、九溪十八涧,还到六和塔上远望钱江大桥。那静美的江山船影,停留在如画的沙渚边,这种诗情画意,已经在中国人梦魂里流荡了好几百年了,我静静的对着,好像打开一本中国的古诗,又好像打开一卷古画。

对杭州今日的美,得感谢杭州的领导人努力,这是很不容易的工作呀!

由杭州搭火车过江西到广东,路过金华,看到站台上几辆推车,每车上堆满四五十条金华火腿,火车的旅客,其中有不少是穿了工人服装的劳动人民,都纷纷下去购买火腿,在肩头,再上火车(听说,那里火腿大约只售人民币数元或十余元一条)。过吉安时,这些人又下去买吉安冬酒和成筐的新鲜的小桔子。由劳动人民这种享受,也知今日中国的工农大众是如何安乐了。可怜许多欧美报道人还以为中国的劳动大众生活苦,这岂不可笑!

二、我为什么要回国(痛定思痛的回忆)

有一次一个爱说笑话的朋友下断语说:"国民党的政府只是一个只要大官快活,不管小民遭殃的组织。"他们是"只许州官放火,不许百姓点灯"的头子罢了。

抗日战争时在四川,有一篇情文并茂的辞呈,传遍了大后方,写在下面,可见一斑:"窃职一家数口,两袖清风,三餐不继,四肢无力,五内俱伤,六神无主,七窍生烟,八面受迫,九转回肠,实无十全之策……"这是当年公教人员的写真。公务员,若系科长以上阶层,就会稍有办法。教育界,则除了校长之外,以下都得挨穷挨饿。那时所吃的是八宝饭(八种石子和杂粮混合物)所穿的是百补衣,看书用的是光亮不见字的菜油灯,所以未及等到抗日战争结束,陈寅恪、燕树棠二教授都失明了。

笔者居住大后方整整前后六年,那时陈西滢被派赴英国做战时中英文化合作的事,我只好带了个小女儿天天作"衣奔食走"勾当,一不小心,饿倒病倒,也是常有事。好不容易挨到日本投降,大战终止,又得四方奔走,请求找交通工具出四川,以便回北京的老家。明知父母在抗战时辞世了,回去也只是屋在人亡,但是那时国民党政府却一本正经的说:"为了节省国家资源,妇女与儿童不能出国。即使他们的丈夫与父亲在外国也不能通融办理。"可是同时孔宋之家,连猫狗甚至美国运来的奶牛,也飞机来,飞机去。那时四川有一首流行打油诗,最后一句是:"恨不生为美国牛!"

第二次大战结束之后,在国内传遍的四字成语,也可说明当年情况:日本投降,欢天喜地,各地接收,昏天黑地,粮食飞涨,恨天怨地,国共停战,谢天谢地(这里的谢天谢地,反映了当时内地人民反对国民党的腐化政府发动内战)。

自从日本投降,战争结束后,人民大众的生活倒更加困苦了,我们得每天找些有用的东西拿出去当买,方能购买食物,而食物每天看涨,使得人心更加惶惶,惧怕不知那一天就会真的饿死,后来幸亏比利时大学来了封电报,邀请我去讲演中国绘画课,那项邀请由教育部送来,于是我才有理由申请到欧洲,也可以申请把女儿带去。

经过种种当卖的困难,又售出一座房屋,才买了两张到上海的二等船票。到了上海,由朋友相助,好容易挤进女青年会住下,等船去美转英。足足等了一个多月的船,每天须付现金的房钱一万元法币,并须付现款在外面吃两餐饭。此刻回想起来,还觉得惊心动魄!我永远不能忘记,当我同女儿走进饭铺,一看墙上价钱,菜饭一碗七千元,加肉两片三千元;我看看手里提的钞票袋子,常常扭头便走,有时女儿嚷饿不肯走,只好让她一个人独自吃饭,我坐在一边等她吃。难道我不饿吗?!

上海亲戚本来不多,他们都事先说明,在这年月留不起饭了,借钱纵是有抵押也无办法应付,因为钱是天天贬值,不易算账。

同时国民党政府又公布金银外汇须一切交归国管,国家可付还现款;如有人民私藏黄金、白银及外汇,一经发现,便全数没收并加处罚。

这命令公布之后,人心益加惶恐气愤,大家奔走相告:"这明明是官要民命了。钞票眼看已成了一堆堆废纸了,我们怎么活下去?!"

正在不知如何结束种种困苦的当儿,闻一多在昆明被特务谋杀的消息传到上海,住在女青年会的学生,竟嚎啕大哭起来。于是在女青年会开了一个大追悼会,赴会的人,发言激烈,我同小滢也去参加,一因闻一多是我们老朋友,二也因我

们十分悲悼他的遭遇。这消息不久也传遍我们的亲戚朋友,他们劝告我们应速离开上海,于是办手续及买船票,立刻动手进行,一切有人帮忙。等不到一个星期,我们便乘"戈登总统"号邮轮直航旧金山。

有一次一个二三十岁的中国学者问我:

"听说陈西滢先生是个十分忠心国民政府的人,所以他可以在文教组织做总代表二十多年,直到他辞职为止。"

"他是十分忠心在战后的西方做他所能做的事,可惜始终没有人欣赏他所费的力气。"我答。

事实也是这样。一九六六年,台北"教育部"接受他的辞呈。同时,西滢得到台湾亲友来信说,"据说凡政府委任的官员,到了退休年龄,政府一律发给退休金和养老金,你任职整整二十年了,这两笔发出来应该很不少,可以回来台湾养老,享一点清福了。"

经过函电到台北教育部、外交部申请催问,邮资不知耗掉多少,足足等了近百天,消息如石沉大海;同时听说台北已经派定某某人来接替。新代表已升级为大使级,所以他的薪水、办公费一切均增加一倍。这消息不久果然实现了。

这令人啼笑皆非的消息证明之后,西滢血压继续增高,而且睡眠每夕不过两三小时,家里人焦急气愤是不必说了,但也努力避免谈台北的荒唐行政。有一天西滢自己同我们说:"真是荒唐,我做了整整二十的代表,别的不说,我最后一月的薪水,同二十年前的薪水一样。别国的代表,他们已经依照生活指数,加上六七倍,我同政府提过几次,他们就装作不懂。我还没有告诉过你们呢,在十年前,那时是杭立武做'教育部长',他来信要我们自动减薪,因政府经费近来十分困难,我真傻瓜,竟自动减薪了。我不敢告诉你们这事。可是周鳞听了,就辞职不干。"

我听了只好苦笑,怕多说了话,反增加他的病状。不过我清清楚楚记得我在一九六六年秋天决定远去多伦多大学教书一年,以减轻西滢的经济负担。在那里,我常写信开解他说:"俗语说,朝里无人莫做官,这只怪你当初没有想到这句名言。算了吧,不要去催问了。"

我们亲戚朋友知道此事,很多人抱不平,他们都说:"就是一个老工人在人家做了二十多年，年纪大了要辞工，主人也会自动的拿出一笔像样的钱谢谢他吧。现在政府只肯为新上任的人花大本钱，真是荒唐。"

我在多伦多大学讲学一年之后，西滢病情并不见稍减，所以我只好回英陪伴他。一天讲到辞职事，在巴黎学术界的朋友也多抱不平，我忽然想起抗战时看到的一副春联："前线兵士日日打仗，后方官长天天过年"。我也曾看到不少人家贴出来，走过的兵丁倒也停足欣赏。我告诉西滢，并且说："中国人只要做了大官，就成了天之骄子。古来多少诗句谈到这种情形，唐诗里就可以挑出一大堆句子这样描写的。"我语未说完，看到西滢红胀的脸，急忙打住不讲下去。现在他已长眠地下快四年了，也无人再提这些事了，不过有些幸灾乐祸的人，有时还说一句不三不四的风凉话："若是陈西滢还活着，他的妻女是不是还要去大陆呢？"

我向来不答别有居心的人的话，因为那是浪费时间，我现在只想说，可惜西滢早没有勇气脱离那个老圈套，早去参加他的朋友弃暗投明的行伍。

话说回来，他的三四十年志同道合的老朋友，二十年前都早已参加了人民共和国一切大贡献了。他们一有机会就托人带信传语请西滢回去参加他们的工作；其中一些朋友到伦敦时，也劝他回国；我的老朋友来英时，也亲自来叫我劝他赶快回去。我在背后催问西滢，他的答辞，此刻想来，不免有点迂，他说："我做的事，与政治无关，所以也用不着立刻辞职吧。"

他的胞妹陈汲以后并且来信说，不要因为当年与鲁迅笔战的关系不敢回国。我对西滢说了这话，他笑说，"我早就知道章士钊正在管北京的文史馆，毛主席都敬重他。鲁迅的弟子，一句话都没说过。"他的答话，可见他对祖国事也十分关心的。

这苦痛的回忆是写不完的，我只想诉说一下西滢遗留的冤屈遗志而已。至于我呢，在二十多年受了种种刻薄待遇，多说也无益。我倒得感谢这刻薄待遇，它使我知道生活真相，使我多接近曾受社会虐待的人民大众，明了他们的思想情感。同时我因生活压迫，曾接受几处大学演讲事，我去过许多陌生的地方，认识许多有志气的青年，也认识不少在艺术文学有贡献的人物，同时因为这些鼓励，我自己读了不少新书，我也写了不少中西文字的文章，且印出了几本书，在几个大城开过画展。这些努力，不是一个享受现成安逸的女人所能做到的。

话说回来，在这十二年内，我回过祖国两次，住的时间也不算太短，我一次比一次看得清楚。我对祖国的未来，只充满光明的希望。过去的痛苦回忆，不久当成了陈迹，不必再说了。

一九七五年二月
（刊一九七五年三月六日至十日香港《大公报》）

参考书目

- 《凌叔华文存》（陈学勇编），四川文艺出版社
- 《中国儿女——凌叔华佚作·年谱》（陈学勇编撰），上海书店出版社
- 《古韵》（凌叔华著，傅光明译），辑入《凌叔华文存》，四川文艺出版社
- 《家国梦影》（美·魏淑凌著，张林杰译 李娟校译），百花文艺出版社
- 《散落的珍珠》（陈小滢讲述，高艳华记录编选），天津百花文艺出版社
- 《丽莉·布瑞斯珂的中国眼睛》（美·帕特里卡·劳伦斯著，万江波、韦晓保、陈荣枝合译），上海书店出版社
- 《西滢闲话》（陈西滢著），河北教育出版社
- 《西滢文录》（陈西滢著，陈子善等编），辽宁教育出版社
- 《南大第一届中文系纪念文集》（新加坡编印）
- 《南大中文系离校50周年纪念文集》，新加坡艺术出版社
- 《心潮的涟漪》（余秀斌著），新加坡人文出版社
- 《林徽因文存》（陈学勇编），四川文艺出版社
- 《民国才女风景》（陈学勇著），上海远东出版社
- 《新月怀旧》（叶公超著），上海学林出版社
- 《徐志摩散文全编》（韩石山编），天津人民出版社
- 《徐志摩诗歌全编》（韩石山编），天津人民出版社
- 《胡适来往书信选》（中国社科院近代史所编），中华书局
- 《志摩的信》（虞坤林编），上海学林出版社
- 《沈从文全集·书信卷》（张兆和主编），北岳文艺出版社
- 《徐志摩与他生命中的女性》（高恒文、桑农著），天津人民出版社
- 《绿天雪林》（沈晖编选），人民文学出版社
- 《飞回的孔雀——袁昌英》（杨静远编选），人民文学出版社
- 《苏雪林文集》（沈晖编），安徽文艺出版社
- 《苏雪林——荆棘花冠》（方维保著），广西师范大学出版社
- 《京派的文学世界》（许道明著），复旦大学出版社
- 《新月派的绅士风情》（朱寿桐著），江苏文艺出版社
- 《京派文人：学院派风采》（高恒文著），上海教育出版社
- 《京派文学批评研究》（黄健著），上海三联书店
- 《让庐日记》（杨静远著），武汉大学出版社
- 《在纪实与虚构之间——"朱利安与凌叔华"多重研究》（江淼著），未刊

- 《徐志摩传》(韩石山著),北京十月文艺出版社
- 《双佳楼往事》(陈烈),中华书局(香港版)
- 《回忆我的母亲凌叔华》(陈小滢口述),《新华月报》
- 《女作家凌叔华的最后岁月》(杨静远),《中国之友》杂志
- 《现代评论》杂志
- 《晨报副刊》
- 《大公报》"文艺副刊"
- 《武汉日报》"现代文艺"副刊
- 《直隶第一女子师范学校校友会报》

2010年版后记

《凌叔华的一生》原是我最先准备写的一本传记，然而刚开了数千字的头，一节尚未完毕，人民文学出版社即来约写《林徽因的一生》，于是搁下了凌氏传记。一搁便是经年，搁冷了，便没有再拾它起来的兴致。去年又是人民文学出版社约稿，这回约的正是《凌叔华的一生》。正好，与林氏传记配它姊妹篇，兴致再起，重新开笔。

作家传记，有的可以写成厚厚一册，像鲁迅、周作人，他们的巨册传记已经不下好几种了。然而，我向往的是那种不厚的写法，笔墨简约，舍弃读者已经谙熟的多余的叙事，偏重传主思想精神的探寻、勾勒。话说回来，周氏兄弟的传记可以这么写，凌叔华传尚不相宜。她远不及前两位那么为读者所熟知，若不先叙述明白她的生平事迹，其思想、精神也就可能悬空，至少会模模糊糊。就当下而言，读者、学者似更需知道这位女作家经历过怎样的一生，先得了解事实，所以拙著的笔墨仍多花在叙事上。

民国时期的女性作家，凌叔华不仅与左翼的白薇、丁玲泾渭分明，即使置于欧美派，如陈衡哲、苏雪林、袁昌英乃至冰心、方令孺她们，凌氏依旧自有她鲜明的个性。读者往往以为，凌叔华和林徽因更属同类女性，其实大不然，她俩很不一样的。从外表看来，凌叔华端庄、娴雅、温和、可人，比起林徽因的俏丽、直率、急躁、好胜，前者更容易为富有温柔敦厚诗教传统的中国读者所接纳。她俩的文学作品亦是各呈风貌，林徽因的文字灵动，处处闪烁；凌叔华的却素朴蕴藉，颇多回味。无疑，凌叔华是值得引为骄傲的优秀女性，她的才华和成就，学界已多有较深入的研究，其历史地位大体成了定评。单论文学成就，凌叔华要高于更富才气的林徽因；至于美术方面建树，尤不是林徽因堪可比肩。随时光推移，凌叔华或将愈益令人瞩目。

近年来林徽因出奇地越来越热，然而，读者对她生平的了解甚于作品的解读。凌叔华则恰好相反，学界对于她作品的评析很多，其为人、性格，却少有论及。偶尔说到，仅限于她光亮的侧面。二十世纪初涌现的新文学女作家，她们的思想、观念、意识还有思维，均无可避免的烙有时代转折的印痕，即亦新亦旧，新旧杂糅。胡适比喻自己那时的白话诗作是放大了的小脚，凌叔华们的精神状态亦不妨以此喻之。凌叔华一生很令人叹息的，同时期的女性作家，其创作缘起，为启蒙、为济世、为生计、为婚姻、为情感宣泄，各有自己的成因，凌叔华倒是与众不同，仅仅为作家而作家，自幼即立下美术和文学的志向。孜孜以求，志者事成，她总算青史留名了。而且，她的优雅气质赢得诸多朋友和广大读者的另眼垂青，不是每个成功的女性作家都有此幸运。事业达到了众多女性不易得到的辉煌，但作为一个女人，她的抱憾太大。凌叔华以千金之躯下嫁清贫的书生，因为陈西滢是文学教授。凌叔华的婚姻与其说是基于爱情，宁可说基于文学。她婚姻少有的顺利，也够浪漫，够人羡慕，遗憾在浪漫始而未得浪漫终。陈西滢的性格并不讨她喜欢，以"闲话"著称的才子，并不同于徐志摩、郁达夫那一类才子，没有他们的率性、洒脱。外表文静的凌叔华，其实内心蕴藏一团烈火。至于陈西滢爱上凌叔华，其中情愫怕也是才女多过淑女。凌叔华需要关怀，需要柔情，甚至需要甜言蜜语，陈西滢不能予以满足。恋爱成功的陈西滢全身心投入大学教育，由此冷落了闺中佳人。婚后凌叔华与陈西滢感情不谐，家庭生活孤寂。凌叔华与徐志摩已经失之交臂，一旦真正的登徒子出现，家庭风波则难以避免了。一个女性追求爱情本无可厚非，凌叔华的失当正在于她不能如林徽因似的坦然，尤不能为爱情牺牲既得好处的种种。她毕竟未能彻底摆脱旧式豪门的负面阴影，未能成为全新的女性。纵然在那场绯闻中她曾表现出少有的烈性，甚至试图弃生，可还是不外乎无数女性重复过的俗套故事。最终她与朱利安·贝尔分手，回归了不谐的家庭，那堵情感厚墙则始终横隔在她与丈夫之间。夫妇间不仅越来越少沟通，似乎尽量逃避照面，至少凌叔华是如此，两人以后的岁月分多聚少。更加可悲的是，她把自己包裹得太紧，连常人说"贴心小棉袄"的独生女儿也欠沟通，把女儿推向了父亲。凌叔华总防范他人，家里的一个房间只属于她个人，丈夫、女儿都不得入内。她去世后女儿进去收拾，仅仅意外地发现一宗秘藏的私人来函，暴露了让女儿极其惊讶的数十年隐情。除此都是平平常常的物件。显而易见，她最后飞往大陆前夕，料想不会再回伦敦，房间已作过一番仔细清理。清理得干干净净的空屋何以得留存这宗最该清理的私函，有点不可思议。自诩过"大众情人"的凌叔华，有着外人不了然的孤寂。这是她人生的一大失败，很叫人同情。我设想着凌叔华后半生的心路历程，只能在书外设想而已，在传记里无奈地留下一些空白——没有可供具体叙述的资料；即使知晓某一孤立材料，它也不足以窥全豹。若勉强笔墨，除非陷入演义。

说到材料，有的我虽已寓目，但而未敢采信。有说宋美龄托付旅居伦敦的凌叔华，请关照那里求学的重孙女；有的事情虽毋庸置疑，但未便采写，如凌叔华与日本政坛某要人非同一般的往来。此不只是为贤者讳，实无公开文字可供稽查，不得不谨慎下笔。还有些材料，虽缺少旁证，似还合乎情理或不悖史实，因此酌情取用。或可失之偏颇。因此很是警惕，尽量客观对待。收效如何，不敢自信的。

恪守这样的写作原则，笔墨上未能放松自如，只望不过于青涩乏味罢了。纪实文体的可信与可读，倘一时不可得兼，宁取前者而舍其后。当然，读者有理由要求读得惬意，容不才继续操练。

在此感念美国魏淑凌女士，她所著《家国梦影》英文本刚在美国面世即行题赠，越洋而至，它为拙著提供了若干难得的材料。魏淑凌是凌叔华的姨外孙女，也算是我未曾谋面的同道之友。《家国梦影》引证我以前的著述数十处，这回我也大量引述了她的著作，当然不是出于"礼尚往来"，实不得不如此。不引述它们，这本传记便会呈现一定程度的残缺。在此谢谢她。

传后所附"年表"，总体说比我前所编撰出版过的"年谱"篇幅为少，内容却丰富了许多，修正、补充，信息增添了近乎一半。

此传写到最后几万字时，内人突患恶疾，住院救治数月。日日侍

奉病榻，可想而知，不再有充裕时间从容写来。待病情稍缓，即勉力续写，留下诸多缺陷是在意料中的。还望方家、读者多多指正。

陈学勇　二〇一〇年夏于银花苑寓所

增订本后记

后记

我的两本作家传记，林徽因那本，一版再版，更重印多次，现在轮到凌叔华传这本出第二版了。计印数，凌传远不及林传，然而我还是偏爱凌。叙写林徽因生平，用力多在蒐集、梳理资料，认识传主上无多大突破。而于凌叔华，便多有罕见资料，且不乏陋识。此话忍了许久，还是忍不住交代一下。

初版书稿交付匆促，它的粗糙不言而喻。增订本增溢数万字，也不过是材料上零零碎碎的补充、修正。虽属细微，倒也不算琐屑。凌叔华与战时日本外相松冈洋右的非同寻常之过从，或尤显眼。

曾经指望以再版改观，现在看看，依然未得如意。无奈识见和笔力均遗憾处多多，连期许于来日该如何如何的勇气都没有了。

附录几件凌叔华集外作品，她散佚的篇章数量可观，选这几篇，是它们有助了解凌氏生平，以补传文的不足，而且，都是读者不易寓目的作品。

书稿交付前夕读到陈烈著《双佳楼往事》，撷取其中披露的凌叔华、陈西滢等人材料，补入年表若干条，谨致谢意。

本著系南通大学中国现代文学出版研究院成果。

陈学勇